BIRGIT EBBERT

Die Königin von der Ruhr

Weitere Titel der Autorin:

Ein Geschenk fürs Leben

BIRGIT EBBERT

Die
KÖNIGIN
von der
RUHR

Margarethe Krupp und die Gründung
der Margarethenhöhe

ROMAN

Lübbe

Originalausgabe

Copyright © 2023 by
Bastei Lübbe AG, Schanzenstraße 6 – 20, 51063 Köln, Deutschland

Bei Fragen zur Produktsicherheit wenden Sie sich bitte an:
Produktsicherheit@bastei-luebbe.de

Lektorat: Dr. Stefanie Heinen
Textredaktion: Dr. Frank Weinreich, Bonn
Umschlaggestaltung: zero-media.net, München
Satz: hanseatenSatz-bremen, Bremen
Gesetzt aus der Adobe Caslon Pro
Druck und Verarbeitung: GGP Media GmbH, Pößneck

Printed in Germany
ISBN 978-3-7577-0008-9

7   6   5   4

Sie finden uns im Internet unter luebbe.de
Bitte beachten Sie auch: lesejury.de

PROLOG

»Und das hier ist unser Schmuckstück, eure Majestät.« Friedrich Alfred Krupp breitete beide Arme aus, um Kaiser Wilhelm die Halle zu präsentieren, mit der sich sein Unternehmen auf der Industrie- und Gewerbeausstellung in Düsseldorf vorstellte.

Erst auf Drängen des Direktoriums war der Unternehmer aus Capri angereist, wo er in jeder Hinsicht freier atmen konnte. Schon als Kind hatte er unter Atemproblemen gelitten, in den letzten Jahren waren diese häufiger geworden, sodass er immer öfter auf die Insel im Golf von Neapel floh. Dort war er für das Direktorium stets erreichbar und hatte ein oder zwei Sekretäre an seiner Seite, die ihm die Arbeit erleichterten. Seit jeher blieb er Repräsentationspflichten wie dieser lieber fern, und auch diese hätte er gern seiner Frau überlassen. Am Ende hatte das Direktorium ihn jedoch überzeugt, wusste er doch um Margarethes zwiespältiges Verhältnis zum Kaiser. Sie sah in Wilhelm auch nach fünfzehn Jahren Regentschaft noch jenen Schüler, mit dem sie in Kassel Tennis hatte spielen müssen, weil sie als Tochter des Regierungspräsidenten eine halbwegs ebenbürtige Partnerin für den Sohn des angehenden Kaisers war. Dass dessen Vater nach dem Tod des ersten Wilhelm nur wenige Monate regieren und der exaltierte Kronprinz im Drei-Kaiser-

Jahr bereits mit 29 Jahren zum Kaiser gekrönt werden würde, hatte damals in Kassel niemand voraussehen können.

Friedrich unterdrückte ein Seufzen. Vor allem war er aus Capri angereist, weil seine Berater nicht müde wurden zu betonen, dass es für das Geschäft besser sei, wenn ein Krupp persönlich den Kaiser durch die Ausstellungshalle führe. Frauen gehörten nun einmal ins Haus und nicht in öffentliche Repräsentationsräume, und so freundlich und liebenswürdig seine Frau auch auftrat, konnte sie diesen Makel, eine Frau zu sein, doch nicht ablegen. Im Prinzip war Friedrich da ganz auf der Seite des Direktoriums, er konnte sich ebenfalls nicht vorstellen, einer Frau wichtige unternehmerische Entscheidungen zu überlassen, heute wäre er trotzdem lieber auf Capri.

Nur diesen einen Empfang des Kaisers, so viel hatte Friedrich sich ausbedungen. Er sah sich um. Wenigstens machte die Halle etwas her, die seine Architekten und Ingenieure für die Industrie- und Gewerbeausstellung gebaut hatten. Mit 4.280 Quadratmetern Grundfläche, einer Länge von 134 Metern, einer Breite von 35 Metern und einer Höhe von 18,5 Metern war der imposante Bau aus Krupp-Eisen ein einzigartiger Beweis der Leistungsfähigkeit seines Unternehmens. Von außen wirkte das Gebäude mit den Türmchen und Verzierungen wie eine Kathedrale, und das war die Halle in gewisser Weise auch, eine Kathedrale für seine Produkte. Obwohl der Ursprung der Firma, die sein Vater Alfred groß gemacht hatte, in stählernen Eisenbahnrädern lag, zeichnete sich bereits ab, dass Kanonen ihre Zukunft darstellen würden.

Friedrich schmunzelte bei dem Gedanken, dass die Besucher die Halle »Kanonenburg« nannten.

Kaiser Wilhelm nickte wohlwollend, als er die vier Geschütze im Zentrum der riesigen Halle bemerkte, und betrachtete sie eingehend. Er beugte sich vertraulich zu Friedrich herüber. »Ich glaube, da kommen wir ins Geschäft.«

Friedrich verzog keine Miene, obwohl er sich freute. Die Geste des Kaisers zeigte mehr als alles andere, welche Rolle er im Deutschen Reich spielte. Ohne ihn und die Firma ging wenig in dieser Zeit.

KAPITEL 1

November 1902

Margarethe blieb nur diese eine Nacht zur stillen Trauer. Schon morgen würde das Protokoll die Hände nach ihrem Mann ausstrecken und die Tage bis zur Beerdigung genauso bestimmen wie die vielen Wochen und Jahre, seit sie und Friedrich gemeinsam am Grab seines Vaters gestanden hatten. Die Leitung des Imperiums war mehr als ein Beruf, sie war eine Bestimmung, und die hatte Friedrich und sie vereinnahmt, seit Alfred Krupp im Juli 1887 verstorben war. Ihr Schwiegervater hatte seinem Sohn die Herrschaft über sein Stahlimperium nur nach langen inneren Kämpfen hinterlassen und diesem erst auf dem Totenbett vergeben, dass er gegen seinen Willen Margarethe von Ende geheiratet hatte. Die letzten Worte, die der alte Mann von sich gegeben hatte, lauteten gar: »Beste Marga!«

Margarethe stützte sich auf die Fußlehne des großen Bettes, in dem ihr Mann gestorben war und nun aufgebahrt lag. Am Ende hatte er dem Unternehmen sein Leben geopfert, so oder so.

Ein Rascheln an der Tür zwischen den Wänden mit der grünen Seidentapete mahnte zum Aufbruch. Nicht einmal diese Stunde hatte sie für sich allein; der Bestatter, die Prokura, das Hauspersonal – alle warteten darauf, dass sie ihre Routinen fortführen konnten.

Sie tat, als hätte sie nichts gehört. Es war immer schwer, dem Tod eines geliebten Menschen ins Auge zu sehen und ihn zu begreifen; die Ereignisse der letzten Wochen aber hatten ihr dies fast unmöglich gemacht. Dass sie ihren Mann, mit dem sie seit Langem zwar keine stürmische Liebe, aber doch eine tiefe Zuneigung verband, in seiner letzten Stunde nicht begleitet hatte, würde sie nicht verzeihen. Ihm nicht, den Ärzten nicht, die sie vor zwei Wochen zwangsweise in eine Klinik nach Jena geschickt hatten, und ihrem Bruder Felix nicht, der sie unter dem Einfluss all dieser Menschen zur Abreise überredet hatte. Vor allem aber verzieh sie sich selbst nicht, dass sie sich nicht stärker gewehrt hatte. Denn sie war immer stark gewesen, hatte sich gegen ihre Eltern durchgesetzt und dadurch ihren Schwestern einen guten Start ins Leben ermöglicht. Die ungeheuerlichen Angriffe auf Friedrich, die ihr vor Wochen anonym zugesandt worden waren, hatten jedoch ihren Geist vernebelt und ihre Kräfte aufgezehrt.

Wieder nahm sie ein Rascheln hinter sich wahr. Eine Bewegung der Türklinke war nicht zu hören, dafür aber der Rock des Dienstmädchens.

Margarethe wandte nur leicht den Kopf, und schon wurde es ruhig. Die Zeit lief dennoch unerbittlich weiter. Dabei hatte sie so viele Fragen, auf die sie nie eine Antwort bekommen würde. So viele Gerüchte, die sich wie Stachel in ihr Herz bohrten …

»Warum?« Margarethe sah ihren Mann an und entdeckte in seinem Gesicht jenen Zug von Traurigkeit, der ihr schon bei ihrer ersten Begegnung aufgefallen war. Damals, als sie noch ein Backfisch gewesen war.

Ein wehmütiges Lächeln stahl sich in Margarethes Antlitz. An jenem Nachmittag hatte sie, mit gerade mal achtzehn Jahren, ihren Vater bei seinem Antrittsbesuch bei Alfred Krupp begleitet. August von Ende war soeben Regierungspräsident in Düsseldorf geworden, und er wäre fehl an diesem Platz gewesen, hätte er nicht gewusst, wer der wichtigste Mensch in seinem Revier war: der Stahlmagnat, der reichste und mächtigste Industrielle aus Essen, von ihm »Ruhrkönig« genannt. Daher hatte ihn sein erster Weg auf den Hügel geführt, wo der Industrielle mit seiner Frau Bertha und ihrem Sohn Friedrich in einem Gutshaus residierte.

Margarethe erinnerte sich noch gut an ihre Verwunderung über die verkehrte Welt.

Die Krupps lebten auf einem Anwesen, das sich leicht mit dem Grundbesitz eines Grafen, Herzogs oder Fürsten messen konnte, während ihre Eltern, auf deren weitreichende Adelsgeschichte vor allem ihre Mutter so stolz war, in vergleichsweise nahezu beengten Verhältnissen wohnten.

Die Kutsche, die sie mit ihren Eltern zum Haus brachte, war auf einen Feldweg eingebogen, der einen kahlen Hügel hinaufführte, an dem sich Äcker und Felder befanden. Sie hielt vor einem zweistöckigen weißen Haus mit einem Giebeldach, das in ein einstöckiges Gebäude mit Uhrenturm überging.

»Wie schön, dass Sie uns im Klosterbuschhof gefunden haben.« Eine gut aussehende Frau begrüßte sie mit warmer Stimme. Bertha Krupp, die Dame des Hauses, hatte es zeit ihres Lebens verstanden, den Menschen um sie herum ein Gefühl von Sicherheit zu geben. Sie war freundlich, liebenswürdig und an ihrem Gegenüber interessiert. Ihr Gesicht war ebenmäßig, wie von einem Bildhauer aus Marmor gemeißelt, das dunkle lange Haar trug sie zurückgekämmt, wie es sich für eine Frau in den mittleren Jahren in jener Zeit gehörte, und die braunen Augen blickten freundlich auf die

Gäste. Nun, ihre Nase war vielleicht ein bisschen zu lang geraten, aber das fiel für Margarethe nicht ins Gewicht, da sie selbst unter einer weitaus gröberen Dreiecksnase litt, wie sie auch ihr Vater besaß. Wie oft hatte sie sich gewünscht, ein Mann zu sein und mit einem Schnurrbart die Wirkung des dominanten Dreiecks inmitten ihres sonst zarten Gesichts zu verändern.

»Bitte verzeihen Sie, dass wir Sie nicht in unserem neuen Domizil empfangen.« Bertha Krupp zeigte auf das imposante Gebäude nebenan. »Es sollte längst fertig sein, aber das kann mein Mann Ihnen besser erklären. Bitte kommen Sie herein.«

Margarethe konnte sich kaum vom Anblick Bertha Krupps lösen, die so hinreißend aussah und sie so freundlich begrüßt hatte, und sie spürte, dass auch ihre Eltern von der Frau des Industriellen verzaubert waren.

Beim Essen berichtete Alfred Krupp, dass die Bauarbeiten an der Villa durch den Krieg ins Stocken geraten seien. »Das Kellergeschoss war bereits fertiggestellt, da mussten die Franzosen die Baustelle verlassen, als Frankreich uns den Krieg erklärte. Die deutschen Steinmetze wurden eingezogen, und schon war keiner mehr da, um die Villa fertigzustellen. Ausgerechnet da brach auch noch das Mauerwerk, weil das Haus über einem Stollen errichtet worden war. Der Erker hat sich komplett vom Gebäude gelöst. Die reine Schlamperei! Ich sage Ihnen, diese Architekten und Techniker sind Kretins!«

Friedrich hätte sich keinen schlechteren Zeitpunkt aussuchen können, um sich zu seinen Eltern und den Gästen zu gesellen. Der junge Mann mit dem kurzen braunen Haar und den freundlichen Augen in einem runden Gesicht sprach nicht viel. Er wirkte zwischen der gewandten Mutter und dem dominanten Vater fehl am Platz. Vielleicht war es das, was Margarethe für ihn einnahm. Noch heute, nach so vielen Jahren, konnte sie die Beklemmung bei Tisch spüren und sah Friedrichs erstarrte Miene bei Alfreds Ausbruch vor sich.

Kaum hatte der junge Mann sich hingesetzt, sagte sein Vater wie aus dem Nichts: »Mein Sohn Friedrich will auch so ein Techniker werden! Er hat sich in den Kopf gesetzt zu studieren. Am Polytechnikum in Braunschweig. Was halten Sie davon?«

Er musste August von Ende nicht ansehen, um deutlich zu machen, wem die Frage galt. Die Frauen am Tisch hatten in der Konversation keine Rolle gespielt, sie waren schmückendes Beiwerk und lächelten einander allenfalls zu; mal freundlich, mal wohlwollend, manchmal besorgt.

Vielleicht hatte sich August von Ende durch das freundliche Wesen Bertha Krupps zu wohl gefühlt, womöglich hatte er auch einmal zu oft nach dem Weinglas gegriffen und die Fallstricke der Frage dadurch nicht bemerkt. Jedenfalls äußerte er freimütig: »Das ist ein gutes Ansinnen. Kinder sollten ihre Berufung erkennen, und Eltern sollten sie dabei unterstützen. Haben Sie bereits mit den Studien begonnen, Herr Krupp?«

Friedrichs Miene spiegelte Staunen und Interesse wider, während das Gesicht seines Vaters einfror. Jeder am Tisch spürte, dass dies das Ende einer nicht einmal begonnenen Beziehung zwischen dem politischen Beamten und dem Unternehmer war.

Friedrich rettete die Situation, indem er Margarethe ansprach. »Wie gefällt es Ihnen in Düsseldorf? Haben Sie sich bereits eingefunden? Wo haben Sie vorher gelebt?« Fragen, die Fremde stellen, wenn sie einander das erste Mal begegnen. Aber aus dem Mund des bis dahin schweigsamen 18-Jährigen entfalteten sie in dieser Situation eine besondere Wirkung.

Margarethe reagierte bewusst oder unbewusst klug, indem sie die Region pries und einiges von dem wiedergab, was ihr Vater während der Fahrt in der Kutsche über das Ruhrgebiet erzählt hatte. Sie spürte, dass Friedrich sie als intellektuell ebenbürtig ansah, obwohl sie sich neben seiner Mutter wie ein hässliches Entlein fühlte. Sie wusste, dass sie nicht hübsch war, aber sie besaß einen scharfen Verstand, war offen für Neues und hatte durch die ständigen Umzüge der Familie von Breslau über Kassel und Schleswig nun nach Düsseldorf viel zu erzählen, was sie in dieser Minute aber zurückhielt. Jetzt galt es, zuerst den Frieden am Tisch zu sichern.

Margarethe erinnerte sich noch gut an Berthas wohlwollenden Blick beim Abschied. »Besuchen Sie uns gerne wieder einmal«, hatte sie vorgeschlagen und mit einem warmherzigen Lächeln unterstrichen, dass dies nicht nur eine Floskel war. Bis heute fragte Margarethe sich, ob ihre Schwiegermutter sie damals bereits als mögliche Ehefrau für ihren Sohn ins Auge gefasst hatte oder einfach nur einer jungen Frau den Einstieg in die Gesellschaft ermöglichen wollte. Vielleicht hatte sie aber auch nur eine Gesprächspartnerin gesucht, die nicht wegen ihres Mannes auf den Hügel kam wie die unzähligen anderen Gäste, die ständig bewirtet werden mussten.

»Warum?« Die Erinnerung an die Anfänge ihrer Beziehung brachte Margarethe zurück in die Gegenwart, zu der Frage, die sie beschäftigte, seit sie das Telegramm mit der Nachricht über einen schweren Anfall ihres Mannes erreicht hatte. Sobald der unternehmenseigene Salonwagen in Jena eingetroffen war, hatte sie sich auf die Rückreise gemacht, in der Hoffnung, ihrem Mann bei seiner ernsten Krankheit beistehen zu können. Als Johanna Brandt, ihre Gesellschafterin, und Friedrichs Hausarzt Dr. Vogt sie auf dem Bahnsteig in Trauerkleidung erwarteten, war sie zusammengebrochen. Wie immer, seit sie auf den Hügel gezogen war, hatte die Dienerschaft schon geahnt, was geschehen könnte, und so war ein Stuhl zur Stelle, in dem man Margarethe den Hügel hinauftrug. Hinter dem Hut mit schwarzem Schleier, den Johanna Brandt ihrer Herrschaft mitgebracht hatte, versuchte Margarethe, ihre Fassung zurückzugewinnen. Sie hatte sich mit einem Fächer, den sie in den letzten Jahren stets bei sich trug, um Hitzewellen wegzuwedeln, frische Luft zugefächelt, um die Tränen zu trocknen, die ihr angesichts der Trauer und der schwierigen Situation über die Wangen rannen. Ihrem Mann konnte sie nicht mehr helfen, sie konnte nur Abschied nehmen und ihren Töchtern Bertha und Barbara beistehen. Noch im Reisemantel war sie an das Totenbett geeilt.

»Ihre Töchter brauchen Sie jetzt!«

Margarethe hatte nicht wahrgenommen, dass Johanna Brandt neben sie getreten war. Jetzt sah sie auf. »Ich komme gleich!«, versprach sie.

Nachdem die junge Frau, die in den letzten zehn Jahren von der Hauslehrerin zur Gesellschafterin und Vertrauten geworden war, den Raum verlassen hatte, stellte Margarethe sich neben Friedrichs Bett und legte eine Hand auf seine kalte Rechte. Sie versuchte beiseitezuschieben, was die Zeitungen in den vergangenen Wochen über ihn geschrieben hatten. Stattdessen klammerte sie sich an die Worte seines letzten Telegramms, das sie am Tag zuvor erhalten hatte: *Innigen Dank für lieben Brief, hoffe, morgen oder übermorgen schreiben zu können. Herzlichen Gruß, Fritz.* Sie waren der Versöhnung so nah gewesen. Das Telegramm widersprach zudem den Gerüchten und Mutmaßungen, Friedrich habe seinem Leben selbst ein Ende gesetzt. Er mochte seit einigen Jahren in anderen Sphären schweben, aber seine Versprechen hatte er immer eingehalten.

Sein letzter Gruß war für Margarethe das wahre Vermächtnis ihres Mannes. Dies und sein häufig geäußerter Wunsch, das Lebenswerk der Familie sicher in der Hand seines Kindes zu wissen. Mit ihren gerade sechzehn Jahren war Bertha zu jung, um diesen Wunsch zu erfüllen. Aber sie, Margarethe Krupp, geborene von Ende, würde dafür sorgen, dass alles nach Friedrichs Vorstellungen geschah und dass sein Name und der Name seines Werkes von den Schatten der letzten Wochen befreit wurden und fortan heller strahlten als je zuvor. Und dennoch …

»Warum?« Sie musste es wissen und schüttelte Friedrich an den Schultern, als könnte sie ihn aufwecken. Die Tränen, die vorher nur vereinzelt über ihre Wangen gelaufen waren, flossen jetzt in Sturzbächen. Sie konnte sie nicht zurückhalten, obwohl Johanna Brandt leise neben sie trat.

»Friedrich! Warum?« Sie warf sich auf ihren Mann, ihr Körper wurde geschüttelt von der Trauer, die sie bis dahin mit der Disziplin, die ihr von klein auf beigebracht worden war, zurückgehalten hatte.

Widerwillig ließ sie sich von Johanna Brandt vom Bett wegzerren.

»Sie können nichts mehr für ihn tun, Frau Krupp«, flüsterte die junge Gesellschafterin ihr zu, während sie sie in das Ankleidezimmer führte.

Margarethe drückte ihr dankbar die Hand. »Ich möchte ein paar Minuten allein sein.«

Johanna Brandt ging zur Tür.

Margarethe sah, dass sie sie einen Spalt weit offen ließ, um jederzeit zur Stelle zu sein.

Sie richtete sich so weit her, dass sie sich im Haus zeigen konnte. Sie kämmte die Haare zurück, die sich während der Fahrt und bei ihrem Abschied von Friedrich gelöst hatten, und befestigte sie zu einem straffen Knoten. Sie wusste, dass diese Haartracht auf viele Menschen streng und unnahbar wirkte, aber so sah sie stets gepflegt aus und musste sich den Tag über nicht darum kümmern, ob ihre Frisur noch saß. Angesichts der Aufgaben, die sie jetzt zu bewältigen hatte, schien ihr dies auch heute die beste Lösung zu sein.

Auf dem Weg in die obere Halle, die sie nach Alfreds Tod für die Familie und ihre Gäste als gemütlichen Treffpunkt eingerichtet hatte, fiel ihr Blick auf zwei Bilder. Bruno Piglheim hatte sie vor einigen Jahren in Friedrichs Auftrag gemalt; eine der vielen Gesten, durch die ihr Mann Künstlern geholfen hatte, ihren Lebensunterhalt zu sichern. Als hätte Piglheim die Zukunft der Familie vorausgeahnt, war auf dem einen Bild Friedrich zu sehen, wie er am Schreibtisch stand und ernst auf die Zukunft seines Unternehmens schaute. Auf dem zweiten Gemälde hatte der Maler Margarethe, Bertha und Barbara eingefangen. Wie jung sie damals gewesen war! Ihre Nase hatte das eigentlich zierliche Gesicht auch da schon dominiert. Der Maler war nicht auf die Idee gekommen, etwas zu beschönigen, und nur der Mund wirkte nicht ganz so breit, wie er ihr vorkam, wenn sie sich selbst im Spiegel betrachtete. Fast sah es aus, als hätte sich ein Lächeln hinter ihren Lippen versteckt. Woran sie beim Modellstehen gedacht hatte, wusste sie nicht mehr genau. Hatte eines der Mädchen vielleicht einen Scherz gemacht? Die sechsjährige Bertha in ihrem Lieblingskleid mit der rosa Schärpe schaute den Betrachter des Bildes wohlwollend an. Sie war sich ihrer Rolle als älteste Tochter des Ruhrbarons sehr wohl bewusst, auch wenn Margarethe Wert darauf legte, dass diese nicht zu Privilegien führte. Sie hatte viel Wert darauf gelegt, dass ihre Töchter bodenständig aufwuchsen. Die kleinere Barbara klammerte sich an die rechte Hand ihrer Mutter und drückte mit der anderen ihre Lieblingspuppe an sich. Ihr Blick wirkte eher skeptisch.

Margarethe lächelte. Erstaunlich, wie Piglheim ihre Kinder eingefangen hatte, obwohl das Bild ein Gemälde und kein Foto war! Sie wusste, dass ihre Töchter dennoch nicht wirklich richtig getroffen waren. Eigentlich war Bertha die Nachdenkliche, die vieles kritisch beobachtete, während Barbara offen und neugierig durch die Welt stolperte und manchen gesellschaftlichen Patzer mit ihrem Liebreiz ausglich. Das war also nun der Rest ihrer Familie.

Margarethe schüttelte die Gedanken ab und ging mit großen Schritten in die Halle, in der die beiden Mädchen blass und verunsichert mit Johanna Brandt in einer Ecke saßen und stickten.

Bei ihrem Anblick ließen Bertha und Barbara ihre Handarbeiten fallen, rannten zu ihrer Mutter und fielen ihr von rechts und links um den Hals. Ihre Tränen zerzausten das straff gekämmte Haar und hinterließen Flecken auf Margarethes untadeligem Kleid.

»Gestern hat Papa noch mit uns gespielt!«, stießen die 16-jährige Bertha und ihre knapp zwei Jahre jüngere Schwester Barbara gleichzeitig hervor. »Es war ein so schöner Abend. Und heute Morgen …«

»Als wir hochgingen, hat er mich untergehakt und ist mit

mir die Treppe hinaufgehüpft.« Barbara schluchzte. »Komm, Bärbchen‹, hat er gesagt. Das kann er nun nie wieder.«

Trauer und Tränen überwältigten beide Mädchen. Margarethe und Johanna Brandt führten sie zurück auf ihre Plätze und drückten ihnen Taschentücher in die Hände.

»Es ist doch schön, dass ihr euren Vater so fröhlich in Erinnerung behaltet, wie ihr ihn gekannt habt«, versuchte Johanna Brandt, ihre Zöglinge zu trösten.

Bertha brachte ein trauriges Lächeln zustande. »Das stimmt.«

Barbara trauerte stumm um ihren Vater.

»Nachdem die Mädchen im Bett waren, hat er wie immer im Treppenhaus gesessen«, berichtete Johanna Brandt. »Er müsse noch einen Brief an den Kaiser schreiben, hat er mir erklärt, als ich fragte, ob er sich nicht auch zur Ruhe begeben wolle. Ich bin dann in mein Zimmer gegangen und war kurz davor einzuschlafen, als ich Geräusche im Haus hörte. Das war gegen elf Uhr.«

Margarethe blieb neben Johanna Brandt stehen und senkte die Stimme. »Herr Herms hat mir erzählt, dass mein Mann nach seinem Kammerdiener geläutet hat. Als dieser eintraf, schien es ihm wieder gut zu gehen.«

»Mir hat man morgens gesagt, dass er schwer krank sei. Ich habe dann entschieden, dies den Kindern erst einmal zu verheimlichen. Jetzt mache ich mir Vorwürfe. Hätte ich Bertha und Barbara zu ihm schicken sollen?«

»Sie haben alles richtig gemacht, Fräulein Brandt.« Margarethe legte ihre Hand auf den Arm der Gesellschafterin. »Die Mädchen haben ihren Vater so in Erinnerung, wie er immer war, wenn sie zusammen waren: fröhlich, zu kleinen Späßen bereit und erfüllt von tiefer Liebe zu ihnen. Dr. Vogt hat mir erklärt, dass mein Mann einen Gehirnschlag erlitten hat und die meiste Zeit nicht bei Bewusstsein war. Ich bin Ihnen sehr dankbar, dass Sie den Kindern den Anblick ihres sterbenden Vaters und auch die Unruhe erspart haben.«

»Frau Krupp!« Einer der Diener hatte sich den Frauen leise genähert. »Der Pfarrer möchte wissen, was Sie wünschen.«

Margarethe sah ihn an. »Ich komme gleich.« Sie schaute von einem Mädchen zum anderen. »Wie möchtet ihr Abschied nehmen von Papa? Wollen wir allein sein oder inmitten der vielen Menschen, die ihm das letzte Geleit geben?«

Ihr kam die Trauerfeier für ihren Schwiegervater in den Sinn. Damals, vor fünfzehn Jahren, waren die Straßen der Stadt gesäumt von Menschen, und sie war gemeinsam mit Friedrich dem Sarg an der Spitze des Zuges gefolgt. Sie schüttelte den Kopf. Das würde sie in dieser Situation nicht durchstehen. Erst recht nicht, wo sie damit rechnen musste, dass die Leute hinter ihren Trauermienen nur darauf lauerten, was sie sagte und wie sie sich bewegte. Jedes unbedachte Wort von ihr und den Kindern würden sie auf die Goldwaage legen, diese Hyänen, die Friedrich wie auch immer in den Tod geschrieben hatten.

Ehe sie es ihren Töchtern erklären konnte, sagte Bertha: »Ich möchte nicht bei einem großen Umzug dabei sein wie bei Großvaters Begräbnis. Können wir Papa nicht nur mit Oma Ende, Onkel Felix und den Direktoren beerdigen?«

Margarethe lächelte kurz. Bertha war damals zu klein gewesen, um sich an die Trauerfeier für ihren Großvater zu erinnern, aber sie kannte die Fotos und hatte sich mehr als einmal staunend darüber geäußert, dass so viele Menschen ihren Großvater auf seinem letzten Weg begleitet hatten.

Barbara nickte, sie hatte sich wieder in eine Stickarbeit vertieft. Nur die über ihre Wangen rinnenden Tränen, die sie gelegentlich wegwischte, verrieten, dass sie sehr wohl wusste, was geschehen war, aber nicht darüber sprechen mochte.

»Ich kümmere mich darum, dass alles in eurem Sinne geschieht«, versprach Margarethe und erhob sich, um dem Bestatter, dem Pfarrer und den Vertretern des Unternehmens, die vor der Tür warteten, ihre Entscheidung bekannt zu geben.

»Wir werden uns im kleinsten Kreis von meinem Mann verabschieden«, verkündete sie wenig später vor den versammelten Herren und gab sich Mühe, trotz ihrer Trauer stark und gefestigt zu wirken. Sie sollten nicht denken, sie hätte sich nicht unter Kontrolle und wäre besser in der Klinik geblieben. Dabei war ihre körperliche und geistige Konstitution für ihr Alter ausgezeichnet; sie hatte allenfalls gelegentlich mit Hitzewellen und anderen Beschwerden der Wechseljahre zu kämpfen. Vielleicht waren ihre Gefühle auch deshalb stärker durcheinandergeraten, als sie es von sich selbst nach allem, was sie bisher schon erlebt hatte, jemals erwartet hätte.

Margarethe sah in die Runde. »Ist seine Durchlaucht bereits vom Tod meines Mannes in Kenntnis gesetzt worden?«

Die Männer nickten. Selbstverständlich hatte einer der Direktoren längst an den kaiserlichen Hof in Berlin gekabelt, dass Friedrich verstorben war. Der Kaiser war in den letzten Wochen zu eng in den Skandal um den Ruhrkönig verwickelt gewesen, als dass er nicht umgehend hätte informiert werden müssen.

»Der Kaiser wird an der Trauerfeier teilnehmen«, berichtete Ernst Haux, Friedrichs engster Vertrauter im Direktorium.

Margarethe wusste, dass ihr Mann Ernst Haux als Testamentsvollstrecker bestimmt hatte, eine Entscheidung, die nicht mit ihr abgesprochen war. Aber sie war in ihrem Sinn. Sie vertraute dem Schwaben, der 1896 eine verantwortungsvolle Position im Stuttgarter Finanzministerium aufgegeben hatte, um an die Ruhr zu ziehen, wo er sich seither nahezu unentbehrlich gemacht hatte.

Margarethe wusste, was die Teilnahme des Kaisers an der Beisetzung bedeutete. Sie würde allen Missgünstigen den Wind aus den Segeln nehmen, und das war eine Erleichterung. Seit sie Mitte Oktober das anonyme Schreiben aus Capri bekommen hatte, war kein Tag vergangen, an dem nicht ein vermeintlicher Freund nachfragte, was denn mit Friedrich los sei, oder ein Feind mehr oder minder verdeckt das Ende des »kleinen Kanonenkönigs« heraufbeschwor.

Niemand wusste, was wirklich auf der Felseninsel geschehen war. Hatte Friedrich dort tatsächlich Orgien mit jungen Männern gefeiert? Oder wollten sich nur diejenigen rächen, die er nicht in seinen engeren Freundeskreis aufgenommen hatte?

Margarethe seufzte. Die Wahrheit würde nie mehr ans Licht kommen. Friedrich war gestorben, bevor das Verleumdungsverfahren, das er mit einer Anzeige in Gang gesetzt hatte, zur Verhandlung gekommen war. Ein weiterer Beweis dafür, dass Friedrich nicht freiwillig den Tod gewählt hatte. Niemals wäre er gegangen, bevor sein Ruf wiederhergestellt war. Oder war doch etwas an den Gerüchten, und er hatte keinen anderen Ausweg gesehen, um das Unternehmen und seine Familie zu beschützen? Sie sog hastig Luft ein und atmete wieder aus. Diese Frage würde sie ihr restliches Leben beschäftigen. Trotzdem … Sie würde ihre Hand dafür ins Feuer legen, dass Friedrich nicht aus freiem Willen aus dem Leben geschieden war.

Die Gewissheit, dass sie niemals gänzlich Klarheit über den Tod ihres Mannes bekommen würde, lag schwer auf ihrer Seele. Es gelang ihr nicht, diese trüben Gedanken zu verbergen, als sie zurück in die Halle ging.

»Was hast du, Mama?« Bertha sah ihre Mutter besorgt an.

Margarethe suchte das Lächeln, das jedes Mal in ihr aufstieg, wenn sie ihre Töchter betrachtete. Sie war stolz darauf, dass es ihr gelungen war, Bertha und Barbara zu natürlichen Mädchen zu erziehen, denen der Reichtum des Vaters nicht zu Kopf gestiegen war.

Sie blickte Bertha besonders lange an. Ob ihr bewusst war, dass sie nun vermutlich das reichste Mädchen Deutschlands war? Friedrich hatte in seinem Testament festgelegt, dass das Krupp-Imperium nicht zerschlagen werden durfte, sondern an das älteste Kind übergehen sollte.

»Ich war nur in Gedanken«, beruhigte Margarethe ihre Tochter. »Ich bin traurig, dass Papa nicht mehr ist, und erinnere mich an die schönen Zeiten mit ihm.«

Dass sie gerade an die weniger schönen Zeiten gedacht hatte, mussten die Mädchen nicht wissen. Auch nicht, dass sie nun lächelte, weil ihr Schwiegervater sich vor seinem Tod als liberaler erwiesen hatte, als er es im Leben je gewesen war. Niemals hätte er zu Lebzeiten zugelassen, dass eine Frau an der Spitze seines Lebenswerks das Sagen hatte. Dabei waren es seine Urgroßmutter Helene Amalie und seine Großmutter Therese gewesen, die den Grundstein für den Erfolg der Krupps gelegt hatten. Hätte Helene Amalie nach dem Tod ihres Mannes zu dem von ihm einst gegründeten Kolonialwarengeschäft nicht die Eisenhütte »Gute Hoffnung« hinzugekauft, hätte ihr Enkel Friedrich sicher nie sein Faible für Metall entdeckt. Und ohne seine Mutter Therese hätte Alfred aus dem kleinen Unternehmen seines

Vaters niemals ein Weltunternehmen entwickeln können. Schließlich war er bei dessen Tod gerade mal vierzehn Jahre alt gewesen.

Margarethe setzte sich zu ihren Töchtern. Vielleicht war ihrem Schwiegervater dies ja erst beim Abfassen des letzten Willens klar geworden. Er wusste, dass das älteste Kind seines einzigen Sohnes und Erben ein Mädchen war, und hatte dennoch bestimmt, dass der jeweils erste Nachkomme das gesamte Werk übernehmen und dieses nicht aufgeteilt werden sollte. Margarethe hatte ihm immer zugutegehalten, dass die Zeiten den Frauen nun einmal weniger erlaubten und sie vor allem viel geringere Rechte hatten als die Männer. In den letzten Jahren hatte sich zwar manches geändert, aber nur langsam.

Wieder seufzte Margarethe. Wieder sahen die Mädchen von ihren Handarbeiten auf.

»Ich dachte nur gerade daran, welches Glück im Unglück wir haben«, erklärte Margarethe. »Wäre euer Vater vor drei Jahren gestorben, hätte die Stadt einen Vormund für euch bestellt, weil Frauen diese Aufgabe damals noch nicht übernehmen durften.«

Bertha und Barbara sahen einander an. »Dann hätte ein fremder Mann über unser Leben bestimmt?«

»Vermutlich hätte man Onkel Felix oder Herrn Haux bestellt«, mutmaßte Margarethe. »Vielleicht auch Papas Cousin Arthur. Immerhin geht es nicht nur um euer Leben, sondern auch um die Fabrik.«

»Entschuldigen Sie bitte, Frau Krupp, da ist ein Herr, der Ihnen kondolieren möchte.«

Die Frauen hatten nicht mitbekommen, dass ein Diener den Raum betreten hatte.

Margarethe schaute auf die an der Hosennaht liegenden

Hände des Bediensteten. Keine Visitenkarte? Kein Gruß? Wer mochte der Besucher sein? Die Direktoren hatten ihre Anteilnahme bereits entboten. Ihre Mutter und ihr Bruder würden einen Tag für die Anreise benötigen.

»Wer ist es?«

Obgleich der Diener sich um einen neutralen Gesichtsausdruck bemühte, erkannte sie, dass es kein Gast war, den sie gern beherbergte.

»Herr von Keimsdorff.«

Margarethe stand auf. Sie hatte damit gerechnet, dass die Schmarotzer aus den Löchern kommen würden. Zwar wusste niemand außer Friedrichs engsten Vertrauten, dass ab heute sie die Herrscherin über das Krupp-Imperium war, aber man würde damit rechnen, dass sie in der Stunde der Trauer keine Kraft zur Gegenwehr hatte.

»Ich komme!«

Für einen Moment hatte sie den Eindruck, als husche ein verschmitztes Lächeln über den Mund des sonst so auf Contenance bedachten Dieners.

»Ich denke, wir möchten den Herrn nicht in unserer familiären Runde empfangen, auch wenn er der Neffe meiner Mutter ist.«

Bertha nickte heftig. Barbara stickte weiter an dem Deckchen, das sie begonnen hatte, als sie vom Tod ihres Vaters erfuhr.

Bevor sie zur Eingangshalle weiterging, prüfte Margarethe in ihrem Ankleidezimmer ihr Aussehen. Sollte ihr Cousin ruhig warten. Sie verteilte mit einer Quaste Puder im Gesicht, um die Spuren der Tränen zu überdecken. Waldemar von Keimsdorff sollte nicht sofort erkennen, wie traurig und verletzt sie war. Ihr Blick fiel auf den Hut, den Johanna Brandt ihr am Bahnhof überreicht hatte. Der schwarze

Schleier würde den unangenehmen Mann auf Abstand halten, durch den Stoff konnte er den Schmerz in ihren Augen nicht lesen.

Margarethe schob die Haarsträhnen, die sich bei der Umarmung ihrer Töchter aus dem Knoten gelöst hatten, zurück und zählte langsam bis zwanzig, um weitere Zeit verstreichen zu lassen. Dann schob sie die Schultern nach hinten, um sich selbst Halt zu geben und eine größere Unnahbarkeit auszustrahlen.

Auf dem Weg in die Eingangshalle kam sie erneut an dem Gemälde von Friedrich an seinem Schreibtisch vorbei. In ebendieser Haltung schritt sie langsam, Stufe für Stufe, nach unten.

»Margarethe!« Waldemar von Keimsdorff kam ihr mit weit ausgebreiteten Armen entgegen, als wollte er sie umarmen.

Das hatte Margarethe vorausgesehen. Daher blieb sie auf der untersten Treppenstufe stehen, eine Hand auf dem Holzknauf am Ende des Geländers. Fast bereitete es ihr Vergnügen, auf ihren Cousin herabzusehen, der zwar ihre Körpergröße hatte, aber nun eine Stufe unter ihr stand. Innerlich dankte sie den Modeschöpfern dafür, dass sie für verheiratete Frauen Kleider mit weit ausgestelltem Rock vorsahen, sodass auf der schmalen Treppe kein Platz für eine zweite Person war.

Margarethe sah, dass Waldemar schluckte. Auch ihm war die Symbolik des Augenblicks wohl bewusst. Sie ärgerte sich bereits, dass sie nicht gleich drei Stufen höher oder auf dem Zwischenabsatz stehen geblieben war. Nicht dass er noch auf den Gedanken kam, er stünde nur eine einzige Stufe unter ihr!

»Es tut mir so leid! Wir alle trauern mit dir um den lieben

Friedrich. Unser Schmerz ist unendlich. Er wird uns so sehr fehlen.« Das Tempo seiner Worte verriet, wie aufgesetzt sie waren. In Wahrheit hofften er und die Seinen darauf, mehr vom Reichtum der Krupps abzubekommen, als Friedrich zugelassen hatte.

Fast hätte Margarethe geantwortet: »Sag doch, dass euch sein Geld fehlen wird.« Aber sie zwang sich zu einem höflichen: »Danke schön. Du wirst verstehen, dass wir in diesem Augenblick keine fremden Menschen um uns haben können.«

Waldemars Gesicht nahm eine rötliche Farbe an, als hätte Margarethe ihm eine körperliche und keine verbale Ohrfeige gegeben. Er öffnete den Mund, um etwas zu sagen, doch seine Cousine kam ihm zuvor.

»Die Verwaltung wird dir mitteilen, wann Friedrich beerdigt wird«, sagte sie. »Vielen Dank, dass du eure Anteilnahme persönlich übermittelt hast. Jetzt entschuldige mich bitte, es gibt viel zu tun.«

Sie wandte sich um und stieg ebenso langsam, wie sie heruntergekommen war, die Treppe wieder hinauf. In ihrem Rücken spürte sie den zornigen Blick ihres Cousins. Sie konnte sich dennoch sicher fühlen, hatten doch während des kurzen Gesprächs zwei Diener bereitgestanden, um Waldemar von Keimsdorff von einem Übergriff auf die Hausherrin abzuhalten.

Als Margarethe an Friedrichs Bild vorbeiging, wirkte sein Gesicht plötzlich nicht mehr ernst, es schien ihr vielmehr, als hätte sich der Mund zu einem zufriedenen Lächeln verzogen. Auch Margarethe erlaubte sich hinter dem schwarzen Schleier ein Lächeln. Trotz der Trauer, die sie mit jeder Faser ihres Körpers verspürte, machte sich ein sanfter Hauch von Freude breit. Durch Friedrichs Tod hatte sie an Macht gewonnen, wenigstens bis zu Berthas Volljährigkeit, und bis dahin waren es immerhin vier Jahre. Vier Jahre, in denen sie dafür sorgen konnte, dass ihre Tochter sich mit diesen Schmarotzern nicht weiter beschäftigen musste.

KAPITEL 2

November 1902

Margarethe versuchte, die Begegnung mit ihrem unverfrorenen Cousin abzuschütteln. Ihre wichtigste Aufgabe bestand nun darin, ihrem Mann durch eine würdige Beisetzung ein erstes, rasches Denkmal zu setzen. Friedrich musste wieder wegen seines Wirkens in die Köpfe der Menschen gelangen, damit die Diskussion über seinen Tod zurückgedrängt wurde ...

»Frau Krupp, die Direktoren möchten Sie sprechen!« Eines der Hausmädchen kam ihr entgegen und hatte Ernst Haux und Gustav Hartmann im Schlepptau.

Margarethe unterdrückte ein Seufzen. Lieber hätte sie Zeit für sich und ihre Töchter gehabt. Doch es musste geklärt werden, wie die Arbeiter der Werke, die Geschäftspartner und die Öffentlichkeit vom Tod ihres Mannes in Kenntnis gesetzt wurden und wie die Beisetzung vonstattengehen sollte. Vermutlich hatte längst irgendjemand eine Indiskretion begangen und die Meldung an die Presse durchgestochen.

Ernst Haux hielt ihre Hand und sah sie voller Mitgefühl an. Gustav Hartmann, der nicht nur ein Vertrauter ihres verstorbenen Mannes, sondern auch der Schwager ihres Lieblingsbruders war, legte seine Hand auf ihren Arm, als wollte er ihr dadurch Kraft geben.

Margarethe blieb in der Halle stehen, um den beiden zu

zeigen, dass sie keine langen Diskussionen wünschte. »Ich überlasse es Ihnen, den Weg und das Prozedere der Bestattung festzulegen. Beachten Sie aber, dass Bertha nicht derart auf dem Präsentierteller der Öffentlichkeit stehen möchte, wie es meinem Mann und mir bei Alfreds Begräbnis zugemutet wurde. Wir werden uns also im kleinsten Kreis der Angehörigen hier auf dem Hügel von Friedrich verabschieden. Ich werde meinen Bruder bitten, die Familie beim öffentlichen Leichenbegängnis zu vertreten.«

»Seien Sie versichert, dass alles in Ihrem Sinne vorbereitet wird.« Ernst Haux nahm noch einmal ihre Hand.

»Daran habe ich keinen Zweifel.« Margarethe verabschiedete sich von den Direktoren, um ein letztes Mal in das Schlafzimmer des Toten zu gehen, ehe dieser im Sarg aus dem Haus getragen werden würde.

Den Abend verbrachten die Frauen zusammen mit dem Werdener Pfarrer Geibel. Er hatte schon die Mädchen konfirmiert und würde bei der Beisetzung das kirchliche Zeremoniell übernehmen.

»Ich werde wie besprochen die Abläufe mit Herrn Haux abstimmen«, versprach der Pfarrer, ehe Johanna Brandt ihn zur Haustür begleitete.

Als Johanna danach die Halle betrat, hielt sie einige Briefe in der Hand. »Ein Bote hat gerade die ersten Kondolenzschreiben gebracht. Sehen Sie hier, ein Telegramm des Kaisers.«

Margarethe nahm das Schreiben mit gemischten Gefühlen entgegen. Sie war dankbar, dass das Staatsoberhaupt offenbar umgehend auf die Nachricht reagiert hatte. Aber in ihr saß noch der Schmerz über die Abfuhr fest, die sie bekommen hatte, als sie Wilhelm vor Friedrichs Tod um Hilfe gebeten hatte. »Soeben erhalte ich die erschütternde Nachricht, dass Ihr Gemahl für uns alle unerwartet entschlafen ist«, las sie ihren Töchtern vor.

Wir erinnern uns gut an unseren Besuch bei Ihnen und Ihrem Mann im Sommer. Die Kaiserin und ich trauern tief erschüttert mit Ihnen um den Verewigten, welcher so jäh aus dem Streben gerissen ist, der ihm vom Schicksal übertragenen gewaltigen Aufgabe in strengster Pflichterfüllung gerecht zu werden. Möge Gott der Herr Ihnen und Ihren Töchtern die Kraft geben, das Schwere, das er Ihnen auferlegt hat, zu tragen.

Margarethe stiegen die Tränen in die Augen, als sie die Worte las und die persönliche Erinnerung des Kaisers an den letzten Besuch auf dem Hügel sie überwältigte. Wilhelm hatte darum gebeten, den Schießstand zu besuchen, als er zusammen mit seiner Frau zwei Tage bei ihnen gewohnt hatte. Es kam ihr so vor, als hätte sie erst gestern mit Auguste Viktoria darüber gescherzt, dass es typisch war, dass die Männer sich mit den zerstörerischen Waffen beschäftigten, während die Frauen in den Gewächshäusern begutachteten, wie neues Leben und Schönheit heranwuchsen.

An Schlaf war in dieser Nacht nicht zu denken, zu viel schwirrte Margarethe durch den Kopf: schöne Momente aus der Vergangenheit, aber auch die Bilder, die jene Gerüchte in ihr hervorriefen. Was kam jetzt alles auf sie zu? Würde sie es schaffen, ihren Töchtern Mutter und Vater zugleich zu sein? War sie den Aufgaben gewachsen, die im Unternehmen auf sie warteten? Wie sollte sie allein die Verantwortung über das Imperium tragen?

Margarethe drehte sich von einer Seite auf die andere auf der Suche nach Antworten. Sie war durchaus in der Lage, Verantwortung zu übernehmen, das hatte sie in ihrer Jugend und während ihrer Anstellungen bewiesen. Aber da waren ihr die Menschen, für die sie verantwortlich war, vertraut gewesen. Das Krupp-Imperium jedoch umfasste mehr als 40.000 Beschäftigte, nur wenige davon kannte sie von ihren Wohltätigkeitsaktionen und aus Sprechstunden persönlich. Was erwarteten sie und die anderen? Und was war gut für sie?

Ihr Schwiegervater war als Herrscher über sein Reich gefürchtet gewesen. Aber die Leute hatten ihn auch respektiert, weil er nie das Wohl seiner Arbeiter aus den Augen verlor. Nachdem sich seine Frau von ihm im Unfrieden getrennt hatte, war die Organisation des Hügellebens Margarethe zugefallen. Obwohl er sich gegen ihre Hochzeit mit Friedrich gestellt hatte, hatte er stillschweigend akzeptiert und gefördert, dass seine Schwiegertochter die neue Herrin des Hügels wurde. Friedrich hatte das hiesige soziale Geflecht sowieso nicht durchschaut und ihr diesen Part bereitwillig überlassen. Stattdessen hatte er Geld in Wissenschaft und Forschung investiert und wohl auch in die Unterstützung junger Männer, wenn Margarethe glauben durfte, was sie in den letzten Wochen gelesen hatte.

Sie schüttelte die Gedanken ab, stand auf und holte eines der Fotoalben, in die sie mit viel Liebe die Fotos von ihren Reisen eingeklebt hatte. Wie oft war sie belächelt worden, weil sie selbst eine Kamera in die Hand nehmen und ihre eigenen Aufnahmen machen wollte! Dabei hatte sie die Fotografie immer fasziniert, besonders die Vorstellung, die Zeit festzuhalten und beim Betrachten der Fotos heraufzubeschwören. Sie hatte deshalb zu den Ersten gehört, die eine

Kodak Nr. 1 besaßen, und sich damit das Fotografieren selbst beigebracht. Bertha und Barbara waren damals drei oder vier Jahre alt und glucksten vor Vergnügen, sobald Margarethe rief: »Hier kommt das Vögelchen!«, ehe sie auf den Auslöser drückte. Seither war kaum ein Staatsbesuch oder Familienfest, keine Ruderpartie auf dem Parkteich und kein Schlittschuhrennen der Mädchen auf der Eisbahn vergangen, ohne dass sie sie im Bild eingefangen hätte. Sämtliche Pferde waren abgelichtet worden, dazu unzählige Blüten aus der Orchideenzucht, die ihren Obergärtner Friedrich Veerhoff über die Stadt hinaus bekannt gemacht hatte.

Margarethe strich über ein Foto von ihrer Familienreise nach Capri. Friedrich und die Mädchen lagen bäuchlings an Deck ihrer Yacht, während diese im Golf von Neapel ankerte, und spielten Karten. Die Fotografien bewiesen, dass die schöne Zeit, die sie in ihrem Herzen spürte, kein Traum, sondern Wirklichkeit war.

Eine Wirklichkeit, die sich nie wieder einstellen würde. Aber die letzte, an die sie sich gern erinnerte.

Endlich war der Tag der Trauerfeier gekommen. Margarethe begrüßte ihn mit gemischten Gefühlen. Einerseits hieß es nun, endgültig Abschied von Friedrich zu nehmen. Andererseits war sie erleichtert, dass die Unruhe im Haus bald ein Ende haben würde. Kein Tag war vergangen, an dem nicht jemand kam, um ihr persönlich seine Anteilnahme auszusprechen. Ihre Mutter, ihr Bruder Felix mit seiner Frau und ihre Schwester Irene mit Ehemann hatten sich auf dem Hügel einquartiert, um ihr in dieser schweren Stunde beizustehen. Sie, das Direktorium und viele weitere Weggefährten Friedrichs erwarteten sie, als sie die obere Halle betrat.

Der sonst so heimelige Raum hatte sich in eine Trauerkapelle verwandelt. Wie überall im Haus waren auch hier zahlreiche Trauerschleifen angebracht. An den Wänden standen große Töpfe mit Farn, Gummibäumen und Zimmerlinden. Margarethe traten Tränen in die Augen beim Anblick der exotischen Pflanzen, die sie mit Friedrich von ihren ersten Reisen mitgebracht hatte. Sie war froh, dass ihr Bruder sie untergehakt hielt und sanft an ihren Platz vor dem Sarg führte, in dem ihr Mann aufgebahrt war.

Warum? Sie versuchte, diese Frage beiseitezuschieben, um sich an die schönen Zeiten zu erinnern und Friedrich für all das zu danken, was sie gemeinsam erlebt und was er ihr ermöglicht hatte. Sie musste nicht hinter sich blicken, um zu sehen, wie viele Menschen von ihrem Mann Abschied nahmen. Vertreter der Stadt, des Reiches und des Adels hatten sich eingefunden, um Friedrich eine letzte Reverenz zu erweisen, aber auch, um ihr zu zeigen, dass sie nicht nur in frohen Stunden an ihrer Seite standen.

»Wir nehmen heute Abschied von Friedrich Alfred Krupp, den der Herr viel zu früh zu sich gerufen hat«, begann der Pfarrer seine Ansprache. »Die meisten von Ihnen trauern um Herrn Krupp als Unternehmer, als Gönner, als Geschäftspartner. Aber das war nur eine Seite seines Daseins.« Der Pfarrer sah Margarethe, Bertha und Barbara lange an. »In erster Linie war Friedrich Alfred Krupp Mensch, Ehemann und Vater. Daher gestatten Sie mir, dass ich hier in diesem Raum nicht an seine Werke im Namen Krupp erinnere, sondern an sein Leben als Friedrich.«

Margarethe tupfte ein um die andere Träne aus dem Gesicht. Neben sich hörte sie Bertha und Barbara schluchzen.

»Wir verabschieden uns von Friedrich Alfred Krupp und überantworten ihn in die Hände Gottes«, drangen irgendwann die letzten Worte des Pfarrers an ihr Ohr, dann sang der Werkschor begleitet vom Krupp-Orchester *Wie sie so sanft ruh'n.*

Das gab Margarethe Zeit, sich zu sammeln und einen letzten Blick auf Friedrich zu werfen. *Ich sorge dafür, dass dein Werk fortgesetzt wird,* versprach sie ihm in Gedanken.

»Komm, Margarethe.« Felix beugte sich zu ihr und legte seine Hand unter ihren Ellbogen. Er leitete sie so, dass sie die Beileidsbekundungen der Trauergäste entgegennehmen konnte, ohne dabei auf Friedrichs Leichnam zu sehen.

Nach der Trauerfeier zog Margarethe sich gemeinsam mit ihren Töchtern und Johanna Brandt in ihre Privaträume zurück. Schlafen konnte keine der Frauen. In Gedanken waren sie bei Friedrich, der ins Stammhaus überführt wurde, wo die Werksangehörigen von ihm Abschied nehmen konnten. Margarethes Bruder Felix von Ende und Friedrichs Cousin Arthur würden dort die Familie vertreten.

In der Villa wurden Bertha und Barbara nicht müde, den letzten Abend mit ihrem Vater Revue passieren zu lassen.

»Wir haben zu Abend gegessen wie immer«, berichtete Bertha, und ihre Schwester Barbara und Johanna Brandt sprangen ihr mit der Schilderung der Speisen, die aufgetischt worden waren, zur Seite.

»Papa hat mit uns Domino gespielt«, erinnerte sich Barbara und strich traurig über die Schachtel mit den Dominosteinen auf ihrem Schoß. »Das ist das Letzte, was Papa in der Hand hatte. Er wird nie wieder seinen letzten Stein anlegen und sich über seinen Sieg freuen. Er wird mich nie wieder in den Arm nehmen und Bärbchen nennen.« Margarethe brach es fast das Herz, ihre jüngere Tochter so verzweifelt zu sehen. Sie ahnte, dass ihre Tochter sich sogar nach dem tadelnden Blick ihres Vaters sehnte, der sie immer dann traf, wenn sie wieder einmal über die Stränge geschlagen hatte. Sollte er doch tausendmal darauf verweisen, dass sich solches Verhalten für ein Krupp-Mädchen nicht gehörte, wenn er nur wieder bei ihnen wäre!

Immer wieder schwiegen die vier Frauen, und immer wieder schluchzte eine von ihnen unvermittelt auf.

»Herr Herms hat gesagt, dass er mit Herrn Donnier an Papas Bett gestanden und seine Hand gehalten hat«, sagte Barbara auf einmal. »Warum haben sie uns nicht geweckt?« Sie brach in Tränen aus. Die Vorstellung, dass ihr Vater nur wenige Meter von ihrem Schlafzimmer mit dem Tod gerungen hatte, während sie friedlich schlief, war für sie offensichtlich kaum zu ertragen.

»Euer Vater wollte euch Leid ersparen«, versuchte Johanna Brandt, die Mädchen zu trösten. Sie hatte Margarethe bereits berichtet, dass Friedrich Krupp seine Kinder nicht hatte sehen wollen, weil ihm die Kraft fehlte, ihre Trauer zu ertragen und ihnen Mut für ein Leben ohne den Vater zuzusprechen.

Margarethe blickte ihre Gesellschafterin eindringlich an. Sie wusste, dass ihr Mann noch mehr gesagt hatte. Aber auch das würde die Mädchen nur verwirren und belasten. Selbst sie verstand ja nicht, warum er im Todeskampf davon gesprochen hatte, dass er doch keinem etwas zuleide und niemandem Unrecht getan hatte. Wohin mochten die Gedanken Friedrich geführt haben? Kurz zuvor hatte er noch einen Brief an den Kaiser geschrieben und dafür gesorgt, dass dieser am gleichen Abend auf den Weg gebracht wurde. Wer würde um eine Audienz bitten, wenn er sich anschließend das Leben nehmen wollte?

Ihr Blick fiel auf die *New York Times*, die jemand mitgebracht hatte. Zwei Tage nach Friedrichs Tod hatte sie getitelt: »*Herr Krupp did not kill himself*«. Sie seufzte. Wer hätte gedacht, dass amerikanische Zeitungen mehr Verständnis für ihn zeigen würden als die Presse seines Heimatlands?

Kurz nachdem Friedrich den Auftrag erteilt hatte, den Brief unverzüglich nach Berlin zu expedieren, hatte er den ersten Anfall erlitten. Um elf Uhr hatte er nach seinem Kammerdiener geläutet, der wiederum seinen Vorgesetzten und Majordomus der Villa Theodor Herms gerufen hatte. Auf der Bettkante sitzend hatte Friedrich den beiden Männern erklärt, dass ihm auf unbestimmte Weise unwohl sei. Dennoch waren die Diener auf Friedrichs Wunsch schließlich schlafen gegangen. Irgendwann danach, so hatte es Dr. Vogt Margarethe erklärt, musste Friedrich in der Folge den todbringenden Gehirnschlag erlitten haben. Am Morgen hatte eine Kampfer-Injektion ihn noch einmal zu Bewusstsein kommen lassen, allerdings nur kurz.

Ob es stimmte, dass Friedrichs letzte Worte ihr und den Kindern gegolten hatten? Der Doktor hatte gesagt, dass Friedrich wusste, dass er im Sterben lag, und dass er ihn gebeten habe, seiner Frau zu versichern, dass er sie liebe und immer geliebt habe. Sie wiederholte in Gedanken, was der Doktor ihr noch berichtet hatte: *Ich gehe ohne jeglichen Hass und Groll aus dieser Welt und verzeihe all denen, die mir so wehgetan haben.*

Margarethe zog unwillkürlich die Schultern hoch. Die Worte passten zu Friedrichs letztem Telegramm. Sie passten nicht zu den Anschuldigungen auf den Titelseiten des *Vorwärts*. Ganz gleich, was auf dem Totenschein stand: Ihr Mann war an gebrochenem Herzen gestorben. Ihn, der so viel Gutes für seine Arbeiter und die Stadt getan hatte, hatten Missgunst und Neid getötet, die sich in Form von Gerüchten und Verleumdungen ihren Weg gebahnt hatten.

Erst spät in der Nacht gelang es Margarethe und Johanna Brandt, die Mädchen ins Bett zu schicken und sich selbst für wenige Stunden auszuruhen.

Am nächsten Tag sammelte sie früh alle Kräfte, um den Kaiser im Stammhaus zu begrüßen. Die Fenster waren schwarz verhangen, um der Trauer von Familie und Firma Ausdruck zu verleihen. Margarethe hob den Schleier ihres Hutes, als der Kaiser ihr gegenüberstand. Sie starrte auf die schwarze Schärpe, die sich von seinem schlichten, in der Taille gegürteten grauen Uniformmantel abhob.

»Eure Majestät, ich danke Ihnen, dass Sie meinem Mann diese Ehre erweisen.« Es fiel ihr schwer, ruhig zu sprechen, während Tränen in ihren Augen standen.

»Das ist doch selbstverständlich, verehrte Frau Krupp«, antwortete der Kaiser und reichte ihr die Hand.

»Bitte verzeihen Sie mir, dass Sie diesen Weg ohne mich gehen müssen.« Sie tupfte mit einem Taschentuch die Tränen ab, die ihr nun doch über die Wangen liefen.

»Das verstehe ich gut«, unterbrach Wilhelm sie. »Der Weg ist lang und schwer. Wir werden Sie auf dem Weg zu seiner letzten Ruhestätte würdig vertreten.« Er drückte noch einmal Margarethes Hand, ehe er sich mit ihren Brüdern, den Direktoren und Friedrichs Cousin auf den Weg machte, um dem Verstorbenen das letzte Geleit vom Stammhaus zum Krupp'schen Friedhof zu geben.

Obwohl Margarethe mit ihren Töchtern bewusst entschieden hatte, dass sie dem langen Trauerzug und der Beisetzung fernblieben, nagte der Zweifel an ihr. Wäre es nicht besser gewesen, sich deutlicher zu Friedrich zu bekennen? Und dann kam ihr wieder der Abschied von ihrem Schwiegervater in den Sinn. Der Gang vom Stammhaus zum Friedhof hatte nicht enden wollen. Das hätte sie nicht durchgestanden.

»Vielleicht hätten wir doch mitgehen sollen.« Offensichtlich wurde auch Bertha von Zweifeln gequält. Margarethe beruhigte sie. »Das war schon richtig, es nicht zu tun. Der Pfarrer hat doch gesagt, euer Vater hatte zwei Leben. Ein öffentliches und ein privates. Wir haben uns hier in seinem privaten Umfeld von ihm verabschiedet. Nun nimmt die Öffentlichkeit Abschied.« Sie öffnete eines der auf dem Tisch liegenden Kondolenzschreiben. »Wir werden später allein und in Ruhe das Grab besuchen.«

Bertha nickte. »Du hast recht.« Auch sie nahm einen der Briefe vom Tisch.

Am frühen Nachmittag ließ sich Ernst Haux anmelden. Margarethe schaute ihn verwundert an. »Ist etwas geschehen?«

»Keine Sorge, gnädige Frau«, beruhigte der Finanzrat sie, doch sie sah in seinem Blick, dass er nicht ohne Grund direkt nach der Grablegung auf den Hügel geeilt war.

»Der Kaiser hat sich in seiner Rede deutlich hinter Ihren Mann gestellt. Am besten lesen Sie selbst, sein Sekretär hat mir eine Abschrift der Ansprache für Sie überreicht.«

Margarethe lief ein Schauer über den Rücken, als sie die Rede las:

Die besonderen Umstände, welche das traurige Ereignis begleiteten, sind mir zugleich Veranlassung gewesen, mich als Oberhaupt des Deutschen Reiches hier einzufinden, um den Schild des deutschen Kaisers über dem Hause und dem Andenken des Verstorbenen zu halten. Eine Tat ist in

deutschen Landen geschehen, so niederträchtig und gemein,
dass sie aller Herzen erbeben macht. Diese Tat und ihre
Folgen sind weiter nichts als Mord.«

Sie schluckte. Genauso empfand sie es auch. Friedrich hatte sich nicht selbst getötet, er war in den Tod getrieben worden von der Meute seiner Gegner. Sie schämte sich für jegliches Ressentiment, das sie gegen Kaiser Wilhelm gehegt hatte. Er war ein wahrer Freund, der sich in dieser schweren Zeit deutlich hinter sie und Friedrich stellte. »Vielleicht hilft dies ja, Friedrichs Ruf zu retten«, sagte sie schließlich.

»Ihr Mann ist tot, nichts wird ihn zurückholen.« Ernst Haux legte ihr eine Hand auf den Arm und sah sie an. »Wir können nur alles dafür tun, dass sein Werk und seine Person nicht mit weiterem Schmutz beworfen werden.«

Margarethe lächelte ihm zu. »Ab morgen werden wir um sein Werk und Berthas Erbe kämpfen. Haben Sie Dank für Ihr Bemühen.«

Sie verabschiedete den Finanzrat, den Friedrich ihr immer als vertrauenswürdigen Mann empfohlen hatte und der nun ihr engster Berater werden sollte. Sein leicht schwäbischer Akzent erinnerte sie an die Wochen, die sie als junge Frau auf der Burg der Hohenzollern verbracht hatte, und an ihre Freundin Carmen da Silva. Es war eine schöne Zeit gewesen – vielleicht sollte sie dies als gutes Omen nehmen.

KAPITEL 3

Dezember 1902

Margarethe blieben nur wenige Tage, um sich auf das neue Leben einzustellen. Sie wusste, es würde nicht leicht werden, aber ihr war auch klar, dass sie sich den Herausforderungen stellen musste. Sosehr sie die Kompetenz von Max Rötger, Ernst Haux, Otto Budde, Ludwig Klüpfel, Max Dreger und den anderen Direktoren, die Friedrich in den letzten Jahren viel abgenommen hatten, auch achtete, ahnte sie doch, dass ein jeder der Herren sein eigenes Ziel verfolgte und das Unternehmen als Gelegenheit betrachtete, persönliche Wünsche und Ideen umzusetzen. Keiner von ihnen würde für Bertha kämpfen, wie Margarethe es für nötig hielt.

Seit Friedrich so viel Zeit in Italien verbracht hatte, war die Macht der Herren gewachsen. Sie hatten ihm regelmäßig Bericht erstattet, ob sie ihn aber wirklich über alle Vorgänge im Unternehmen in Kenntnis gesetzt hatten, konnten nur die Männer selbst wissen. Sie jedenfalls würde sich nicht mit einem dekorativen Platz am Katzentisch der Firma begnügen. Frauen mochten aus der Öffentlichkeit herausgehalten werden, es mochte sein, dass ihnen die Mitgliedschaft in Parteien oder Vereinen untersagt war, und von einem eigenen Wahlrecht waren sie – anders als die Neuseeländerinnen und selbst die Frauen auf einigen Südsee-Inseln – noch weit entfernt. Aber kein Gesetz verbot, dass eine Frau ein

Unternehmen leitete. Beispiele dafür, dass Frauen ihren Mann stehen konnten, gab es genug, allen voran Queen Victoria oder Margarethes Freundin Elisabeth von Wied, die rumänische Königin. In deren Familie hatte sie auch von einer Namensvetterin gehört, Margarete Steiff, die auf der schwäbischen Alb trotz einer körperlichen Behinderung ihr eigenes Unternehmen aufgebaut hatte.

Das Krupp-Unternehmen musste nicht erst aufgebaut werden, es existierte bereits, drohte jetzt allerdings durch vermeintliche Eskapaden ihres verstorbenen Gatten – eines Mannes! – Schaden zu nehmen. Schlimmere Auswirkungen konnte die Herrschaft einer Frau auch nicht haben, da mochte Friedrich noch so dezidiert darauf verwiesen haben, dass Frauen einer solchen Aufgabe nicht gerecht werden könnten. Sie würde der Welt zeigen, dass Frauen mehr konnten!

Margarethe lächelte sich im Spiegel kampfeslustig zu, während sie die Haare zu einem Knoten band. Wie oft hatte sie in ihrem Leben gehört: »Ein Mädchen kann das nicht. Ein Mädchen braucht das nicht.« Immer hatte sie ihre Brüder beneidet, die lernen und alles tun durften, wonach ihnen der Sinn stand. Sie hingegen war schon früh mit Haushaltspflichten betraut worden, die ihr bis heute keine Freude bereiteten. Das Kochen, Waschen, Bügeln und Anleiten der Hausmädchen sowie die Betreuung jüngerer Geschwister mochten eine gute Schule für ihre Aufgabe als Herrin vom Hügel gewesen sein, wo sie zeitweise über fünfhundert Bedienstete instruieren musste. Befriedigt hatte sie diese Tätigkeit allerdings nie – als junges Mädchen nicht und nicht als Frau.

Als Backfisch hatte sie dafür gekämpft, eine Schule besuchen und eine Ausbildung als Lehrerin beginnen zu dürfen. Es war ein ständiges Ringen gewesen, vor allem mit ihrer

Mutter, die offenbar gern Kinder bekam, aber kein Interesse an der Leitung des damit verbundenen Haushaltes hatte. Schon immer war es Eleonore von Ende wichtig gewesen, sich in der Gesellschaft zu zeigen, in die sie ihrer Meinung nach als geborene von Königsdorff und damit Nachfahrin einer alten schlesischen Adelsfamilie gehörte. Wann immer die Mutter ihre Launen bekam, hatte sie Margarethe nach Hause beordert, bis die vielen Töchter in ihrem Haus sie plötzlich störten und sie diese ziemlich unsanft vor die Tür setzte. Zum Glück waren in jener Zeit in England händeringend deutsche Lehrerinnen und Erzieherinnen gesucht worden. Vielleicht weil man am Beispiel des deutschstämmigen Königspaares Victoria und Albert gesehen hatte, wie gut die Erziehung im Deutschen Reich funktionierte. So war es Margarethe gelungen, über Referenzen ihres Lehrers, ihrer künftigen Schwiegermutter Bertha Krupp und der Baronin von der Leyen, die sie nach dem Rauswurf aus dem Elternhaus bei sich aufgenommen hatte, eine Stelle in Nordwales zu finden. Dort, auf Holy Island, durfte sie die beiden jüngsten Töchter eines Admirals im Ruhestand betreuen. Dabei hatte sie nicht nur nebenbei ihre Englischkenntnisse verbessert, sondern von ihrem Einkommen ihren Schwestern eine gute Ausbildung ermöglicht. Wenn Margarethe also eines konnte, dann war es kämpfen.

Ihr scharfer Verstand war die zweite Gabe, von der die Männer im Unternehmen bisher wahrscheinlich wenig wussten; anders als die Bediensteten, die unter Margarethes Anleitung so manches große Fest und einige diplomatische Herausforderungen bewältigt hatten.

Sie schmunzelte. Wenn die Herren Direktoren wüssten, wie viele Entscheidungen sie hatten umsetzen müssen, weil Friedrich vorher den Rat seiner Gattin eingeholt hatte!

Nachher würde sie den Herren mitteilen, wie sie sich die Zusammenarbeit künftig vorstellte. Zunächst aber wollte sie in Ruhe die Kondolenzbriefe durchsehen, die sie in den letzten Tagen zur Seite gelegt hatte. Nur einige wenige hatte sie ihren Töchtern vorgelesen, um ihnen zu zeigen, dass Friedrich – was auch immer sie in den nächsten Wochen, Monaten und Jahren über ihn hören würden – ein von vielen Menschen geschätzter Mann gewesen war.

Als sie Friedrichs Büro betrat, erwarteten seine Privatsekretäre Franz Otto Müller, Otto Marotz und Rudolf Korn sie bereits.

Einen Moment lang betrachtete Margarethe den großen Schreibtisch mitten im Raum, an dem sie ihren Mann vor einigen Wochen zum letzten Mal gesehen hatte. Dann nahm sie auf dem Stuhl hinter dem Tisch Platz. Nein! Den würde sie austauschen lassen, er war hart und unbequem. Die vielen Andenken an die Reisen ihres Mannes, die überall auf dem Tisch standen, störten ihren Sinn für Ordnung, auch die würde sie wegräumen. Auf jeden Fall aber mussten die Gardinen geöffnet werden, damit sie einen Blick nach draußen hatte. Wie hatte Friedrich, dem die Natur so wichtig gewesen war, in diesem Raum arbeiten können!

Margarethe drückte den Rücken durch. Es war einiges zu tun, um das Arbeitszimmer zu ihrem zu machen. Heute aber war vor allem wichtig, zu zeigen, dass dieser Platz hier von nun an der ihre war. Ab jetzt war sie die Herrscherin über das Unternehmen.

Ihr Blick fiel auf den Stapel von Briefen und Telegrammen zu ihrer Rechten. Die konnte sie unmöglich alle durchlesen und beantworten.

»Sortieren Sie bitte die Briefe aus, die an das Unternehmen oder an das Direktorium gerichtet sind«, bat sie Otto

Marotz und Rudolf Korn. »Ich werde mich zunächst um die Kondolenzgrüße kümmern, die an mich oder an die Familie geschickt wurden.«

Während die beiden Herren näher traten, um die Briefe an sich zu nehmen, sprach Margarethe bereits weiter: »Herr Müller, Sie würde ich gern unter vier Augen sprechen.«

Die anderen beiden sahen sie erstaunt an, und Margarethe war bewusst, dass sie noch aus allen Wolken fallen würden, wenn sie ihnen später mitteilte, dass sie ausschließlich Franz Otto Müller als Privatsekretär an ihrer Seite haben wollte. Vielleicht war es ein Fehler, die beiden nicht enger an sich zu binden. Schließlich waren sie oft mit Friedrich auf Capri gewesen und, wie sie inzwischen wusste, ebenfalls Mitglieder der seltsamen Bruderschaft, der Friedrich angehört hatte. Der *Vorwärts* würde sich die Finger nach Kronzeugen wie ihnen lecken. Sie war allerdings nicht unvorbereitet und hatte zusammen mit Max Rötger und Ernst Haux für beide Männer neue interessante Aufgabenfelder als Referenten in anderen Abteilungen des Unternehmens gefunden, die mit einer Beförderung und einem höheren Gehalt verbunden waren.

»Herr Müller, ich frage Sie ganz direkt: Wären Sie bereit, als mein Privatsekretär zu arbeiten?«, fragte Margarethe, sobald sich die Tür zum Arbeitszimmer hinter den beiden geschlossen hatte.

Franz Otto Müller sah sie erstaunt an. »Bin ich denn nicht zu alt dafür? Die beiden«, er deutete mit dem Kopf auf die Tür, hinter der seine Kollegen verschwunden waren, »kennen sich mit allem besser aus. Ihr Mann hat sie wegen ihrer Fremdsprachenkenntnisse sogar mit nach Capri genommen.«

»Ach, wissen Sie …« Margarethe lächelte freundlich. »Ich

bin auch nicht mehr die Jüngste und habe nicht vor, Berge zu besteigen oder wilde Feiern auszurichten. Ich brauche jemanden, dem ich vertrauen kann. Jemanden, der sich darum kümmert, dass ich keinen Termin verpasse, und der meine Korrespondenz sichtet, damit ich nicht jeden Bettelbrief selbst lesen muss. Können Sie das?«

Franz Otto Müller nickte. »Gern, sehr gern. Briefe, Termine und so etwas, das kann ich.«

Margarethe freute sich aufrichtig. Müller war altgedient und erfahren. Wenn Bertha in vier Jahren ihr Erbe antreten würde, war er vermutlich alt genug, um in Rente zu gehen, sodass ihre Tochter sich unbeschwert einen neuen Vertrauten aussuchen konnte. Sie bedankte sich bei ihrem neuen Sekretär, der ihr nun endlich den Poststapel überreichte, den er die ganze Zeit in den Händen gedreht hatte.

»Vielleicht finden Sie eine Mappe, in die Sie die Post einsortieren können«, bat Margarethe und widmete sich dann den Briefen.

Zuoberst lag ein Schreiben der Großherzogin von Baden, mit der sie sich angefreundet hatte, als sie einige Zeit in Meineck, ihrer kleinen Villa in Baden-Baden, verbracht hatte. »Wenn du mich überlebst, kannst du hier deine letzten Jahre verbringen«, hatte Friedrich scherzhaft gesagt, als er ihr die kleine Villa geschenkt hatte. Sie hatten damals beide darüber gelacht, schließlich war er gerade einmal vier Wochen älter als sie, was in der Familie und der Gesellschaft lange für Gesprächsstoff gesorgt hatte. Eine gleichaltrige Frau zu heiraten war nicht üblich, und was nicht üblich war, stellte Anlass für Gerede dar. Aber sie hatten sich nicht darum geschert, und schließlich waren die diesbezüglichen Gespräche verstummt. Jedermann sah ja, wie glücklich sie miteinander waren, und vier Jahre nach ihrer Hochzeit war

Bertha und ein Jahr später Barbara auf die Welt gekommen. Niemals hätte einer von ihnen gedacht, dass Friedrich so früh gehen könnte.

Sie schüttelte die Gedanken ab und lenkte ihre Aufmerksamkeit wieder auf den Brief von Herzogin Luise. »In der schweren Heimsuchung, welche über Sie und Ihre Kinder gekommen ist, sind wohl Worte der Teilnahme, wie herzlich sie auch empfunden sind, zu schwach, um auszusprechen, was das treueste Mitgefühl so gern sagen möchte«, begann das Schreiben und hob anschließend Friedrichs Verdienste hervor, »der Segen der gemeinsamen Vergangenheit möge auf der traurigen Gegenwart und der dunklen Zukunft ruhen! Gott sei mit Ihnen!« Margarethe ließ den Brief sinken und wischte sich Tränen von den Wangen.

Franz Otto Müller legte unterdessen diskret zwei Mappen auf den Tisch. »Ich habe die Post, die Herr Korn und Herr Marotz für Sie sortiert haben, in die Mappen gelegt. Sie sind nach der Bedeutung der Absender geordnet, damit jeder eine angemessene Antwort bekommt.«

Immer diese ungeschriebenen Regeln. Margarethe spürte, wie unter der großen Traurigkeit der Widerspruch in ihr erwachte, den sie als Kind gespürt hatte, wenn ihre Mutter ihr das Protokoll für Familien der gehobenen Gesellschaft erklärte. Ihrem Vater war seine adelige Herkunft gleichgültig gewesen, er empfand sie höchstens als hilfreich für seine Karriere. Da die von Endes weder ein Gut noch Geld besaßen, dachte er normalerweise nicht weiter darüber nach. Vielleicht auch aus dem Grund, dass er immer bedeutende Positionen innegehabt hatte – als Regierungspräsident von Düsseldorf und Oberpräsident der Provinz Hessen-Nassau musste man sich nicht auf vergangene Ehren besinnen. Ihre Mutter hingegen hatte nichts außer ihrem Namen, für sie war es schwer, nur Frau von Ende zu sein. Gerade deshalb hatte sich kein Fehlverhalten der Kinder zugetragen, anlässlich dessen sie nicht darauf verwiesen hätte, was sich für Mädchen und Jungen mit dem Namen Königsdorff im Stammbaum geziemte.

Auch jetzt führten Protokoll und Etikette Margarethe bei der Antwort die Hand, weshalb sie es sich versagte, ihre Gedanken und Ängste, den Zwiespalt ihrer Gefühle, ihre Wut und ihre Verlassenheit zu beschreiben. Auch wenn sie beide sich bei ihren Begegnungen stets wohlgefühlt hatten, blieb sie trotz allem eine Untertanin der Herzogin und keine Freundin.

Kurz entschlossen klappte Margarethe die Mappe zu. Die anderen Briefe würde sie zusammen mit ihren Töchtern lesen.

Ein Lächeln ging über ihr Gesicht. Johanna Brandt hatte ihr versprochen, ein kleines Programm auszuarbeiten, um Bertha und Barbara auf andere Gedanken zu bringen und sie von Anfeindungen fernzuhalten. Noch immer wurde die Rede des Kaisers, vor allem die Andeutung, dass Friedrichs Tod ein indirekter Mord war, in der Öffentlichkeit heiß diskutiert. Und diejenigen, denen Macht und Reichtum der Krupps ohnehin ein Dorn im Auge waren, rissen mit immer neuen »Beweisen« jeden Tag frische Wunden auf.

Dass nun auch alles, was Friedrich für seine Arbeiter getan hatte, in den Schmutz gezerrt wurde, ertrug Margarethe nicht. Ja, ihr Friedrich war ein reicher Mann gewesen, aber anders als viele andere Industrielle hatte er immer auch das Wohl seiner Arbeiter im Blick gehabt. Niemand wusste das so gut wie sie. Seit ihrer Heirat hatte sie fast täglich die großen und kleinen Probleme der Arbeiter und ihrer Familien in den Bittstunden angehört und nicht wenige von ihnen gelöst. Wie vielen hatten sie mit Rat und Geld geholfen, einen Engpass zu überwinden oder aus einer Krise herauszukommen? Darüber hatte niemand je geschrieben, kein Mensch hatte je danach gefragt.

Um ihren Zorn zu zügeln, öffnete sie die Schubladen des Schreibtischs. Im obersten Fach entdeckte sie auf einem Stapel Papier ein Schreiben aus Capri. Es stammte offensichtlich von Friedrichs Freund Vincenzo – Dr. Vincenzo Como – und war auf den 12. September datiert. Neugierig nahm Margarethe es heraus, um es zu überfliegen. Es ging um die Bruderschaft, der Friedrich auf Capri angehört hatte und deren Sinn sich ihr bis heute nicht erschloss. Aber wie sollte er das auch, wo Friedrich kaum mit ihr darüber gesprochen hatte.

»Leider drohte die Einflussnahme der Lokalpolitik in letzter Zeit, die Grundlagen unserer Bruderschaft zu erschüttern«, hatte Vincenzo geschrieben.

Margarethe lehnte sich zurück. Auch davon hatte sie nichts gewusst. Vielleicht war Friedrich an manchen Tagen unruhiger als sonst gewesen, aber das war er immer, wenn er nicht auf seiner geliebten Insel weilte.

Sie las weiter und erfuhr, dass Vincenzo nur zugestimmt hatte, Oberhaupt der Bruderschaft zu bleiben, weil diese sich »auf der Grundlage der Heiligen Regeln« jeglicher politischen Einmischung enthalten sollte. Er habe die Brüder versammelt und in aller Offenheit mit ihnen geredet, wie es auch »unser geliebter Bruder Frederico« getan habe.

Bruder Frederico! So hieß Friedrich in dieser seltsamen Bruderschaft also! Was hatte ihr Mann wohl von diesem Brief gehalten? Hatte sein Freund sich damit gegen ihn gestellt oder für ihn das Wort ergriffen? Selten hatte sie einen so verklausulierten Brief gelesen. Wenn sich selbst Freunde derart unklar positionierten, war es umso wichtiger, das Gerede um Friedrichs vermeintlich widernatürlichen Lebenswandel aus der Welt zu schaffen. Sie wusste, dass Friedrich den *Vorwärts* wegen Verleumdung verklagt hatte. Die Parteizeitung der Sozialdemokraten hatte als Erste in Deutschland die Gerüchte aus Italien publiziert. Sie mussten unbedingt klären, wie weit der Prozess gediehen war.

»Ich denke, das reicht für heute«, erklärte Margarethe ihrem Sekretär, der auf Anordnungen wartete. »Ich werde nach meinen Töchtern sehen und heute Nachmittag einige Gedanken für die morgige Direktoriumssitzung notieren.«

KAPITEL 4

Dezember 1902

Am nächsten Morgen bereitete Margarethe sich sorgfältig auf ihr erstes Auftreten im Direktorium vor. Ihr schwarzes Seidenkleid lag eng am Körper an, keine Falte ließ den Verdacht zu, sie würde Nachlässigkeit dulden. Um ihre Trauer, die ohnehin jeder von ihrem Gesicht ablesen konnte, zu unterstreichen, trug sie einen schwarzen Spitzenkragen. Ihr Gesicht war blass, daran konnte auch das Puder nichts ändern, mit dem sie die Krähenfüße unter den Augen bedeckt hatte.

»Frau Krupp!« Johanna Brandt klopfte an die Türzarge, um auf sich aufmerksam zu machen. »Die Kutschen sind vorgefahren, die Herren werden gleich eintreffen.«

Margarethe nickte. Sie betrachtete sich ein letztes Mal im Spiegel und war zufrieden mit sich. Dass ihre Augen verweint waren, war unter dem Puder kaum noch zu sehen, und davon abgesehen waren ihr als Witwe Tränen erlaubt. Sie musste sie lediglich während des bevorstehenden Gesprächs zurückhalten.

»Ich komme!« Sie schob die Schultern zurück, um ihrem Körper die nötige Spannung zu verleihen. Was auch immer Friedrich sich beim Abfassen seines Testaments, das ihr und dem Direktorium bereits lange bekannt war, gedacht hatte, sie würde sich an seine Wünsche halten, jedenfalls bis auf eine wichtige Ausnahme. Um die würde sie kämpfen.

Als Margarethe im Sitzungszimmer eintraf, standen die Direktoren beisammen vor einer der mit Holz vertäfelten Wände. Sie sah, dass einige Plätze an dem langen, mit Leder bezogenen Tisch, der exakt mittig unter dem Kronleuchter stand, bereits mit Akten und Kalendern belegt waren. Auch vor dem Stuhl am abgerundeten Kopfende, den schon ihr Schwiegervater für sich beansprucht hatte, lagen Papiere. Lediglich am Rand gab es noch Plätze ohne Unterlagen.

Margarethe begrüßte die Männer, ließ Fragen nach ihrem Befinden über sich ergehen und ging zugleich zielsicher auf den Stuhl zu, von dem aus Friedrich und vor ihm Alfred die Geschicke des Krupp-Imperiums gelenkt hatten. Ohne Umschweife schob sie die Unterlagen auf dem Tisch beiseite und breitete stattdessen ihre Notizen aus.

»Da wir vollzählig sind, können wir mit der Sitzung beginnen, denke ich«, sagte sie mit fester Stimme. Sie war erleichtert, dass ihr offenbar niemand anmerkte, dass sie ganz genau wusste, wie sehr sie mit dem Feuer spielte. Die testamentarische Anmerkung Friedrichs, dass eine Frau das Unternehmen nicht lenken könne, war schließlich eindeutig. Sie bezweifelte jedoch, dass es einer der Männer wagen würde, ihr den ersten Platz streitig zu machen. Friedrichs Wunsch mochte sie nicht unterstützen, aber das Gesetz war auf ihrer Seite. Ihre Tochter war nicht großjährig, und in diesem Fall sah das Recht vor, dass ihre Mutter sie vertrat. Noch war das Unternehmen zudem in Privatbesitz und keine Aktiengesellschaft, bei der selbst die Hauptaktionäre ihre Entscheidungen allenfalls auf Aktionärsversammlungen treffen konnten.

Die Männer nahmen ihre Plätze ein, und Margarethe beobachtete mit klammheimlicher Freude, wie Max Rötger mit hochrotem Kopf seine Unterlagen holte. Als er einen

Platz gefunden hatte, hob sie den Blick. »Auch wenn der Schmerz uns alle, vor allem natürlich mich, niederdrückt, so tragen wir doch eine Verantwortung. Wir müssen dafür sorgen, dass das Erbe meines Mannes weitergeführt und nicht von Gerüchten beschädigt wird, die Widersacher derzeit aus verschiedenen Richtungen streuen.«

Sie machte eine Pause, um den Männern Gelegenheit zu geben, ihre Gedanken zu sortieren. Als wären die Meldungen, ihr Mann sei vermeintlich bei homosexuellen Handlungen auf Capri erwischt, ja, sogar fotografiert worden, nicht schlimm genug, behauptete nun ein junger Kellner aus Berlin, dass Friedrich sich dort am Rande seiner Treffen mit Unternehmern und Politikern an ihm vergangen habe. Und immer wieder tauchten Fragen zu Friedrichs Tod in der Presse auf. Vier Ärzte hatten auf dem Totenschein einen Schlaganfall als Todesursache bescheinigt, und dennoch hieß es, er habe sich das Leben genommen. Einige ganz Vorwitzige meinten gar, Friedrich sei gar nicht tot, sondern mache sich irgendwo ein schönes Leben. Es gebe sogar Zeugen, die dies beeiden würden.

»Wir müssen darüber sprechen, wie wir die Gerüchte aus der Welt schaffen, um Schaden von der Firma abzuwenden!« Damit hatte Margarethe das Thema der Sitzung vorgegeben, ehe einer der Direktoren das Wort an sich ziehen konnte. »Doch zuvor möchte ich die aktuelle Situation festhalten.«

Erst jetzt setzte sich auch Margarethe. Von ihrem Sessel aus sah sie jedem der Männer ins Gesicht. »Sie kennen das Testament meines Mannes, das sich an dem seines Vaters orientiert. Erbe ist immer das älteste Kind des letzten Inhabers, und das ist unsere Tochter Bertha. Da sie noch nicht volljährig ist, werde ich ihre Treuhänderin sein, wie es – das wissen Sie besser als ich – das neue Familiengesetz von 1900 vorsieht. Natürlich werde ich Ihre Unterstützung benötigen – genau wie mein Mann und mein Schwiegervater in den letzten Jahrzehnten. Aber ich werde es mir nicht nehmen lassen, das Erbe meiner Tochter und alles, was diesbezüglich unternommen wird, zu überwachen.«

Sie meinte zu hören, wie die Männer angesichts ihrer Ankündigung schluckten. Ihnen war offensichtlich klar, dass sie fortan weniger Freiheiten als in den letzten drei Jahren haben würden, in denen ihr Vorgesetzter fast zweitausend Kilometer entfernt geweilt hatte.

»Das Testament sieht auch vor, dass die Gesellschaft in eine Aktiengesellschaft umgewandelt wird.« Max Rötgers Stimme klang gequetscht, als müsse er aufkeimenden Zorn unterdrücken, doch er blieb sachlich und freundlich.

Ludwig Klüpfel dagegen wagte es, Bedenken anzumelden: »Wir müssten einen Plan aufstellen, wie wir Sie so rasch wie möglich in die Materie einarbeiten. Oder haben Sie Erfahrung in der Leitung eines Unternehmens von der Bedeutung des Krupp-Imperiums?«

Margarethe sah ihn an. »Natürlich fehlen mir viele Kenntnisse, aber ich bin sicher, die kann ich mir aneignen. Ich habe ja doch eine Menge von meinem Mann und meinem Schwiegervater gelernt.«

Die Erwähnung Alfred Krupps raubte den Männern für einen kurzen Moment den Atem. Jeder wusste, dass die Beziehung zwischen Margarethe und ihrem Schwiegervater seit dem ersten Augenblick angespannt gewesen war. Wenige Menschen ahnten, wie sehr sie als neue Herrin ihrem Schwiegervater die letzten Monate seines Lebens erleichtert hatte. Fast war sogar so etwas wie familiäre Verbundenheit entstanden, wenn der alte Mann dazu überhaupt in der Lage war, nachdem seine heiß geliebte Bertha ihn verlassen hatte und aus der Villa ausgezogen war. Man munkelte, dass sie Alfred zuvor noch unter Druck gesetzt hatte, Margarethe als Schwiegertochter zu akzeptieren. Nicht wenige behaupteten, sie habe Bertha Krupp bereits bei ihrer ersten Begegnung so entzückt, dass diese durch Einladungen und initiierte Treffen mit Friedrich gezielt auf eine Ehe hingearbeitet habe.

Margarethe konnte darüber nur lächeln. Als hätte sie sich etwas vorschreiben lassen, schon gar eine Ehe! Und auch Friedrich hatte trotz seiner Krankheiten und dem Eindruck von Wankelmut, den er verbreitete, seinen eigenen Willen besessen. Den sie sich nun zu eigen machen würde.

»Friedrich hat mir oft erzählt, was in der Fabrik vor sich geht, welche Projekte er plant, welche Firmen er zukaufen und wie er expandieren möchte.« Margarethe hoffte, dass dies die Direktoren so weit beruhigte, dass sie nicht nachbohrten. »In finanziellen Dingen bin ich natürlich eine Gans, um Tony Buddenbrook zu zitieren, aber auch in die Finanzen werde ich mich hereinfinden. Ich habe mit Ihnen ja zuverlässige Berater.«

Als sie von sich selbst als Gans sprach, feixten einige der Männer. Das hatte sie erwartet, obwohl der Roman *Die Buddenbrooks* von Thomas Mann bereits das ganze Jahr über hochgelobt wurde und sie es besser hätten wissen müssen. Aber es waren eben doch eher die Frauen, die zu Hause hockten und Gesprächsthemen für gesellschaftliche Anlässe benötigten und daher Romane lasen. Die Herren ließen sich allenfalls bei Theateraufführungen oder Konzerten blicken, wo sie dann in den Pausen oder auch während der Darbietung über Geschäfte fachsimpelten.

»Ehe wir uns um die drängendsten Fragen kümmern, wäre es gut, wenn Sie mir berichteten, womit mein Mann sich in diesem Jahr besonders beschäftigt hat und welche Themen aktuell anstehen.« Margarethe schob jeden schmerzhaften Gedanken beiseite. Es war wichtig, das Zepter in die Hand zu bekommen, nachdem sie den Herren bei der Beisetzung noch freie Hand gelassen hatte. Jetzt kam es darauf an, vom ersten Augenblick zu signalisieren, wer das Sagen hatte. Ganz gleich, wie viel Kraft es sie kostete. Sie tat dies schließlich auch und vor allem für ihre Tochter Bertha.

Die Männer berichteten zunächst von der Düsseldorfer Gewerbeausstellung, als deren Mittelpunkt die eigens erbaute Krupp-Halle gedient hatte. Sie war das Ereignis des Jahres gewesen.

»Ich erinnere mich. Mein Mann ist auf Ihren Wunsch hin extra aus Capri angereist, um den Kaiser zu begrüßen.« Sie verzog das Gesicht zu einem ironischen Lächeln. »Seiner Majestät reichte es wohl nicht, von einer Frau Krupp durch die Halle geführt zu werden. Na ja, Schwamm drüber, das hat er mit seiner Teilnahme an der Trauerfeier wettgemacht.«

Margarethe beobachtete amüsiert, wie die Männer einander ansahen. Hatten sie wirklich gedacht, sie wüsste nicht, dass der Kaiser insistiert hatte, als es so aussah, als wollte Friedrich ihr die Repräsentation auf dem Messegelände überlassen? Er hatte solche Termine mit jedem Lebensjahr mehr gehasst, und sie liebte sie; vielleicht kam da das Erbe ihrer Mutter durch.

Margarethe hörte sich geduldig an, wie die Männer wie kleine Jungen von ihren Zinnsoldaten von der Krupp-Halle schwärmten. Es war ein Dialog in Superlativen, der in der Aussage gipfelte, dass die Halle mit ihren Erzeugnissen aus Stahl, Erz und Eisen für alle unvergesslich gewesen sei. Niemand würde diesen Eindruck vergessen. Neben Beispielen für die Krupp'sche Produktion war auch das soziale Engagement des Unternehmens in maßstabsgetreuen Miniaturausgaben der Siedlungen präsentiert worden, für die sich Friedrich zeit seines Lebens eingesetzt hatte.

»Das ist eine gute Grundlage, um weiter am Bild der Firma in der Öffentlichkeit zu arbeiten«, stoppte Margarethe den Redefluss der Direktoren. »Damit unsere Bemühungen wirken, müssen wir dafür sorgen, dass die negativen Schlagzeilen aus den Blättern verschwinden.«

»Dann sollten wir überlegen, ob wir das Strafverfahren gegen den *Vorwärts* vorantreiben oder doch eher zurückziehen«, meldete sich Ernst Haux. »Ihr Mann hätte sicher gute Chancen gehabt, einen Prozess zu gewinnen. Ein Redakteur hat versucht, in Italien Belege für die Behauptungen zu finden. Vergebens. Selbst Sozialdemokraten halten den Angriff inzwischen für ungeschickt und falsch.«

Margarethe verfolgte aufmerksam, was der Finanzrat sagte. Natürlich konnte diese Information die Unsicherheit nicht völlig ausräumen. Die Wahrheit hätte nur Friedrich sagen können. Aber es bestätigte ihre Vermutung, dass Friedrich bewusst diskreditiert werden sollte. Sicher hatte er durch seine Mitgliedschaft in dieser seltsamen Bruderschaft Neid geweckt und Misstrauen gesät, aber er war sowieso seit Langem bei den Sozialdemokraten verhasst, die Industrielle aus Prinzip ablehnten und ihn besonders, weil er durch seine Wohltaten einige Arbeiter vor die Wahl stellte: Krupp – oder Gewerkschaft und Partei. Da war manch einem sein kleines Lehen wichtiger als das große Ganze. Sollte Friedrich posthum vor Gericht verlieren, würden seine politischen Feinde sich wie Wolfshunde auf die Spur ihres Opfers setzen und vermutlich auch nicht vor ihr oder der jungen Frau haltmachen, die mit dem Erbe der Krupps gesegnet war.

»Das Problem ist, dass wir keine Möglichkeit haben, uns

an diesem Prozess zu beteiligen«, fuhr Ernst Haux fort. »Der Staatsanwalt wird weiter ermitteln und irgendwann das Verfahren eröffnen. Ihr Mann hätte als Verleumdeter das Recht gehabt, eine Nebenklage einzureichen. Sie oder das Unternehmen können das nicht. Vor Gericht säßen also die Redakteure des *Vorwärts* – persönlich engagiert und betroffen – auf der einen Seite und der Staatsanwalt auf der anderen Seite.«

Margarethe verstand, was Ernst Haux ihr damit sagen wollte. Die Öffentlichkeit würde nicht verstehen, warum kein Krupp-Vertreter als Nebenkläger auftrat. Wer kannte sich schon mit juristischen Finessen wie diesen aus? Die Leute würden das daher als Schuldeingeständnis interpretieren, selbst wenn der Prozess zu Friedrichs Gunsten ausging. So oder so, ihre Familie würde nicht zur Ruhe kommen, und jeder Tag, an dem sie sich mit Gerüchten und Verleumdungen herumschlagen musste, fehlte dem Unternehmen.

»So ein Prozess kann sich über Jahre hinziehen«, mahnte auch Max Rötger, der Vorsitzende des Direktoriums. Als ehemaliger Landrat wusste er zu gut, wie der politische Hase lief.

»Dann sollten wir uns umgehend darum kümmern«, befand Margarethe. »Wer ist mit der Anklage betraut?«

»Die Sache liegt bei Oberstaatsanwalt Dr. Isenbiel.« Ernst Haux legte ihr die bisherige Akte vor.

»Ich werde ihm einen Brief schreiben«, entschied Margarethe. »Vielleicht bewegen ihn die Worte einer Witwe dazu, die Sache nicht weiterzuverfolgen. Auch wenn es mir wehtut, dass damit der Vorwurf gegen meinen Mann unwidersprochen im Raum stehen bleibt.« Sie sah in die Runde. »Noch etwas?«

Max Rötger nickte. »Wir werden uns in den nächsten

Jahren vor allem um den Ausbau des Hüttenwerks in Rheinhausen kümmern.«

Margarethe ließ ihn einige Minuten ausführen, was das konkret bedeutete. Dann ergriff sie erneut das Wort: »Bitte halten Sie mich über die Fortschritte auf dem Laufenden, auch was die vorgesehene Umwandlung der Firma in eine Aktiengesellschaft angeht.« Sie sah noch einmal in die Runde. »Mir liegt derzeit noch ein anderes Thema am Herzen. Und zwar werde ich in Übereinstimmung mit einem Wunsch und einer letztwilligen Bestimmung meines entschlafenen Gatten eine Stiftung zu seinem Gedenken ins Leben rufen. Die Friedrich-Alfred-Krupp-Stiftung. Damit folge ich dem Beispiel meines Mannes, der nach dem Tod seines Vaters die Alfred-Krupp-Stiftung gegründet hat. Vier Millionen Mark aus dem Firmenvermögen sollen zu diesem Zweck aufgeteilt werden: Ein Viertel bekommt die Stadt Essen, um damit Gutes zu tun, ein Viertel geht in den Fonds der Krupp'schen Beamten, und fünfzig Prozent gehen in die Pensions- und Unterstützungskasse der Arbeiter.«

Margarethe sah Ernst Haux an. »Dieses Konzept habe ich gemeinsam mit Finanzrat Haux entwickelt. Wir sind der Ansicht, dass wir Krupp damit wieder in ein positives Licht rücken und die öffentliche Diskussion über die kursierenden Gerüchte stoppen können.«

KAPITEL 5

Dezember 1902

»Frau Krupp, die Herren sind eingetroffen.« Johanna Brandt hatte sich ohne ein Rascheln des Rockes und Knirschen der Sohlen neben sie gestellt.

»Danke!« Margarethe löste sich von ihrem Spiegelbild und drückte den Rücken durch. Es gab viel zu tun, wenn sie Friedrichs letzten Willen umsetzen wollte. Obwohl er mit seinen 48 Jahren nicht mit dem Tod hatte rechnen müssen, hatte er ihr zwei vertrauenswürdige Berater an die Seite gestellt, mit denen sie heute die nächsten Schritte besprechen wollte. Finanzrat Ernst Haux war ihr ebenso zugewandt wie Gustav Hartmann, der frühere Leiter der Dresdner Bank und Schwager ihres Lieblingsbruders Felix. Er war ein langjähriger Weggefährte Friedrichs und hatte erst vor wenigen Jahren die Luhansker Lokomotivfabrik in Russland gegründet. Er agierte nachdenklich, bedachte stets alle Seiten, ehe er Entscheidungen traf, und hatte ein gutes Gespür für Menschen und Finanzen gleichermaßen.

Mit diesen beiden Männern an ihrer Seite würde es ihr gelingen, das Richtige für das Unternehmen und ihre Tochter zu tun.

»Ihr Mann hat sich viele Gedanken darüber gemacht, wie er Sie und Barbara gut versorgt, da Bertha die Firma und alles, was damit verbunden ist, erben wird«, erklärte Gustav

Hartmann etwas, das Margarethe längst wusste. Aber es tat gut, dies aus berufenem Munde zu hören.

»Sie, Frau Krupp, erhalten sämtliche Gelder, die auf Privatkonten liegen – das sind etwa 1,5 Millionen Mark –, sowie ein Zehntel des Inventars der Villa auf dem Hügel. Sie dürfen es mitnehmen, wenn Sie irgendwann ins Logierhaus umziehen. Aber das hat noch Zeit.« Gustav Hartmann lächelte verschmitzt. »Oder steht demnächst eine Hochzeit ins Haus?«

Margarethe lächelte ebenfalls. Das Gesetz sah vor, dass sie als Treuhänderin ihrer Tochter Bertha fungierte, bis diese volljährig war oder heiratete und anstelle der Mutter der Ehemann die Geschäfte wahrnahm. Bisher interessierte Bertha sich jedoch nicht für junge Männer. Sie hatte vor allem die Malerei im Kopf und erfreute sich ansonsten daran, mit ihrer jüngeren Schwester über das Anwesen zu streifen oder auf gemeinsamen Reisen die Welt zu entdecken.

Margarethe sah von ihren Papieren auf. Wenn sie jetzt weniger Zeit für die Mädchen hatte, musste sie sich Gedanken machen, ob es nicht sinnvoll wäre, ihre Töchter auf eine Heimschule zu schicken, in der sie lernten, was ihnen Johanna Brandt und die Hauslehrer nicht beibringen konnten. Vor allem dachte sie dabei an Alltagsfähigkeiten, um den Haushalt einer Familie zu führen, denn die fehlten Bertha und Barbara. Sie waren es gewohnt, dass eine Köchin das Essen kochte, ein Bediensteter den Tisch deckte und das Küchenmädchen das Geschirr abspülte.

Sie konzentrierte sich wieder auf das Gespräch. Darüber würde sie sich zu gegebener Zeit Gedanken machen. Jetzt galt es, Friedrichs Wunsch umzusetzen.

»Ihr Mann hat auch Barbara abgesichert. Sie erhält zwei Landgüter aus dem Besitz der Familie im Osten sowie Aktien der Demminer Zuckerfabrik und der Eisenbahn-Hauptkasse

Stettin«, fuhr Gustav Hartmann fort. »Ein sehr gutes Aktien-
depot, wenn ich das aus meiner Warte ergänzen darf.«

»Sollten Sie Hilfe benötigen, um Ihren Besitz oder den
Ihrer Töchter zu verwalten, stehe ich gern zur Verfügung«,
versprach Ernst Haux und sah Margarethe ehrlich und
wohlwollend in die Augen.

Sie erwiderte den Blick und war einmal mehr dankbar
für die Weitsicht ihres Mannes. Der Finanzrat hatte sie immer liebenswürdig und respektvoll behandelt und, anders als
manch sonstiger Geschäftsmann, den sie in den Jahren ihrer
Ehe kennengelernt hatte, nie als bloß lästiges Anhängsel des
großen Friedrich Krupp betrachtet.

Obwohl sie Friedrich dankbar war, dass er ihr die beiden
Männer zur Seite gestellt hatte, wurmte sie diese Bevormun-
dung auch.

Als hätte Gustav Hartmann ihre Gedanken gelesen, ging
er von den privaten Legaten zur Leitung des Unternehmens
über. »Sie wissen ja, was Ihr Mann dazu geschrieben hat,
verehrte Frau Krupp.«

Ja. Der Satz im Testament, der ganz allein ihr gegolten
hatte, saß wie ein böser Keil in ihr und schmerzte auch jetzt
wieder, als Gustav Hartmann ihn vorlas.

*Ich halte nach dem Umfang der Ansprüche, die die oberste
Leitung des Werks an den Leitenden stellt, für ausgeschlossen,
dass diese Aufgabe einer Frau angesonnen und von
ihr gelöst werden kann, selbst wenn sie sich ihr mit der
Gewissenhaftigkeit, Umsicht und Energie widmet, welche
Dir zu Gebote stehen.«*

Die beiden Männer sahen sie mit undurchdringlichen Mie-
nen an. War das nun Zustimmung oder Widerspruch zu

Friedrichs Ansicht? Verrieten ihre Blicke Mitleid oder das Versprechen, dem alten Freund zu zeigen, dass er im Unrecht gewesen war? Sie holte tief Luft, ehe sie reagierte.

»Sie werden verstehen, dass es mich betrübt, dass mein Mann einer Frau – auch mir! – nicht zutraut, das Unternehmen zu leiten. Ich werde gern auf Ihren Rat hören, aber ich werde auch versuchen, ihm und Ihnen zu beweisen, dass er in diesem Fall irrte. Vielleicht hatte er zu viel Umgang mit Männern, um zu sehen, dass die Zeit fortgeschritten ist und auch Frauen Großes bewegen können.«

Sie sah zuerst Gustav Hartmann und dann Ernst Haux lange an. »Denken Sie nur an Königin Victoria. Mehr als sechzig Jahre lang hat sie über das Vereinigte Königreich geherrscht. Oder nehmen Sie Margarete Steiff. In Heidenheim hat sie sogar trotz körperlicher Beeinträchtigungen ein Unternehmen gegründet.«

»Ich muss gestehen, darüber habe ich noch nie nachgedacht«, gab Gustav Hartmann zu. »Königin Victoria ist in der Tat ein wunderbares Beispiel dafür, was eine Frau zu leisten vermag.« Er schmunzelte. »Als Witwe des Kanonenkönigs sind Sie nun die Kanonenkönigin.«

Margarethe verzog das Gesicht. Die Kanonen, wie Waffen überhaupt, waren ihr nicht geheuer.

»Oder die Königin von der Ruhr«, schlug Ernst Haux vor, als er ihren Blick bemerkte. »Die Königin vom Hügel waren Sie ja schon immer.«

Sie lachte. »Wir werden sehen! Auf jeden Fall möchte ich daran mitwirken, dass das Unternehmen wächst und sein guter Ruf gewahrt bleibt. Da hilft es sicherlich, dass ich viele Geschäftspartner bereits kenne, weil ich sie auf dem Hügel beherbergt habe.«

»Die Menschen kennen Sie, Frau Krupp! Sie haben im

Verborgenen so viel Gutes getan, daran wird man sich erinnern.«

Margarethe schnaubte verächtlich. »Ja, und manche werden jetzt wieder vor der Tür stehen und Hilfe fordern. Da brauche ich Ihre Unterstützung. Mein Mann hat einigen entfernten Verwandten, vor allem aus meiner Familie, viel zu lange ein gutes Leben ermöglicht. Dafür sollten wir Lösungen finden. Noch am Todestag hat sich der Erste bereits gemeldet. Ich konnte ihn abwimmeln, aber es werden mehr werden, fürchte ich.«

Gustav Hartmann und Ernst Haux nickten. Beide wussten, um wen es ging, und hatten bereits angedeutet, dass Friedrich Krupp viel zu lange gute Miene zum bösen Spiel gemacht hatte.

Der Finanzrat seufzte. »Ich hoffe, wir haben die unangenehmen Aufgaben bald vom Tisch und können uns dann in Ruhe der Umwandlung des Unternehmens in die Aktiengesellschaft widmen, die Ihr Mann im Testament festgelegt hat.«

Margarethe lehnte sich zufrieden zurück. »Dann haben wir für heute das Wichtigste besprochen, oder? Sie kümmern sich um die Umwandlung und die Finanzen. Ich kümmere mich darum, Kontakte zu pflegen und durch wohltätige Aktionen den Ruf der Firma zu stärken. Gemeinsam werden wir das Werk meines Mannes stabilisieren, sodass meine Tochter ein solides Fundament für ihr Engagement haben wird, wenn sie in die Interessen der geschäftlichen Unternehmungen eingeführt wird.«

War Margarethe in früheren Jahren Anfang Dezember immer damit beschäftigt gewesen, sich Gedanken über die Gästeliste für das Weihnachtsfest zu machen und die Weihnachtsfeier auf dem Hügel vorzubereiten, so warteten in diesem Jahr andere Aufgaben auf sie.

Vor allem der Brief an Staatsanwalt Isenbiel lag ihr auf der Seele. Denn auch in dem Stapel von Zeitungsartikeln, den das Krupp'sche Presseamt ihr über Friedrichs Tod und die Trauerfeier mit dem Kaiser brachte, tauchten immer wieder Bemerkungen zur »Affäre Capri« auf. Sogar einen Namen hatten sie für das unselige Gerücht also erfunden!

Täglich feilte sie an ihrem Schreiben an die Staatsanwaltschaft, mit dem sie bewirken wollte, dass diese die Strafanzeige fallen ließ. Es dauerte einige Tage und viele Besprechungen, bis sie und das Direktorium zufrieden waren.

»Euer Hochwohlgeboren bin ich eine kurze Mitteilung darüber schuldig, wie ich nach dem Ableben meines Gatten zu dem durch seinen Strafantrag gegen die Redakteure des *Vorwärts* und anderer Blätter eingeleiteten Strafverfahren stehe«, schrieb sie schließlich am 10. Dezember und erklärte, ihr erster Gedanke gelte dem Andenken ihres verstorbenen Mannes und dem Ziel, seinen Namen reinzuwaschen.

Wenn ich auch von jeder Rücksicht auf meine Person am liebsten absehen möchte, kann ich die Warnung der Ärzte doch nicht ganz außer Acht lassen angesichts der ernsten Pflichten, die nach dem Ableben meines Gatten auf mir ruhen. An der Bestrafung der Verleumder ist mir nichts gelegen. Ich bedarf für meine Überzeugung keiner gerichtlichen Ehrenerklärung. In meinen Augen steht das Andenken des Verewigten rein und unbefleckt da. Nachdem sogar unser erhabener Kaiser und König Allerhöchstpersönlich für die Ehre des Verewigten eingetreten ist und sein Andenken mit dem kaiserlichen Schilde gedeckt hat, habe ich kein Verlangen nach weiterem Schutze.

Besonders um die Passage zu ihrer Gesundheit hatte sie mit dem Direktorium gerungen, das fand, dass diese Dinge nicht in ein offizielles Schreiben gehörten. Sie hingegen hätte gut darauf verzichten können, dass am Ende des Briefes auf die Rede des Kaisers an Friedrichs Grab verwiesen wurde.

Je länger es allerdings dauerte, bis der Brief endlich fertig war, umso stärker waren ihre Zweifel gewachsen. War dies tatsächlich der richtige Weg? Würde nicht doch immer ein Makel an Friedrichs Namen haften bleiben?

»Es gibt nichts Unwichtigeres als die Zeitung von gestern«, versuchte Johanna Brandt, ihre Bedenken zu zerstreuen. »Heute gelesen, morgen gewesen.«

KAPITEL 6

Dezember 1902

Margarethe nutzte die Zeit bis zur Sitzung des Direktoriums und überflog die Wunschzettel ihrer Töchter. Obwohl sie längst dem Kindesalter entwachsen waren, bestanden sie darauf, weiterhin vor Weihnachten ihre Wünsche aufzuschreiben.

Während sie die Papiere überflog, kam ihr das letzte Weihnachtsfest in den Sinn, das sie mit Friedrich allein verbracht hatte. Sie war im sechsten Monat schwanger mit Bertha und hatte mit der Schwangerschaft zu kämpfen. Mit einunddreißig galt sie als Spätgebärende, wie Arzt und Hebamme stets aufs Neue betonten. Es hatte vier Jahre gedauert, bis sie ihrem Mann und dem Schwiegervater endlich die frohe Botschaft hatte überbringen können. Vier Jahre, in denen täglich hinter ihrem Rücken getuschelt wurde, weil sie noch immer nicht in anderen Umständen war. Margarethe hatte die heiteren Plaudereien der Gäste kaum ertragen, obwohl sie es liebte, Gäste, etwa ihren Bruder Felix und die Mentorin ihrer Jugend, Baronin Mathilde von der Leyen, um sich zu haben. Sie erinnerte sich genau an ihre Sorge darüber, wie ihr Leben sein würde, als Mutter, nur mit dem Kind und vielleicht noch einem Kindermädchen. Ihr Schwiegervater hatte bereits durchblicken lassen, dass er bei der Organisation auf dem Hügel nicht mehr mit ihr rechnete. Dass im kommenden Jahr ihr eigener Christbaum in der Villa und nicht im Nebenhaus stehen und Alfred an der Weihnachtstafel fehlen würde, hatte niemand vorhersehen können.

»Frau Krupp, sind Sie so weit?«

Margarethe sah erstaunt auf. Sie war so in die Erinnerungen versunken gewesen, dass sie die Direktoriumssitzung vergessen hatte.

»Danke, Fräulein Brandt!« Rasch schob sie die Wunschzettel der Mädchen beiseite und lächelte die Erzieherin ihrer Töchter an. »Ich habe mich an frühere Weihnachtsfeiern erinnert, als es die Kinder noch nicht gab.«

Johanna Brandt lächelte zurück. »Ich denke auch gern an die Feste meiner Jugend. Wollen wir es in diesem Jahr so halten wie immer? Je Familie ein Karton mit Wäsche und Kleidung und ein Karton mit Lebensmitteln?«

Margarethe bat ihre Gesellschafterin, Platz zu nehmen. »Ich bin sicher, dass bereits feststeht, welche Kinder in diesem Jahr zur Weihnachtsfeier kommen dürfen.« Jährlich wurden sechzig Kinder zum Fest neu eingekleidet und in die große Halle zu einer Weihnachtsfeier eingeladen. Diesen Brauch hatte sie nach Alfreds Tod eingeführt.

»Die Schneider arbeiten bereits an den Kleidern, und in der Küche wird seit Wochen gebacken.«

Margarethe stellte sich die Tische vor, auf denen Spielzeug sowie ein Teller mit Gebäck und Süßigkeiten, Feigen, Nüssen und ein Rosinenbrot für jedes Kind warteten. Alle erhielten außerdem einen Nesselsack, in dem sie die Geschenke transportieren konnten, nachdem sie mit Kakao und Kuchen bewirtet worden waren. Es war ganz sicher auch in Friedrichs Sinn, diese Tradition fortzuführen.

»Die Lehrerin hat mir verraten, dass sie mit den Kindern

schon Weihnachtslieder übt. Manche lernen sogar bereits Gedichte, um sie aufzusagen«, verriet Johanna Brandt, während sie Margarethe einen Mantel reichte.

Margarethe nickte. »Ich bin bereits verschiedentlich gefragt worden, ob es eine Weihnachtsfeier gibt. Das Personal der Villa übt ja vorab immer die Weihnachtslieder.« Sie hatte sich daher mit Bertha und Barbara beraten, und sie waren sich einig gewesen, dass Trubel an den Weihnachtstagen besser wäre als Trübsal.

»Die wöchentlichen Gesangsstunden sind für die Leute etwas Besonderes, damit wird für sie das Weihnachtsfest eingeläutet, na ja … eingesungen.« Johanna Brandt lachte. Aber es war so: Im Advent bekam das Personal einmal in der Woche Gesangsstunden, und danach konnten sie vierstimmig Weihnachtslieder singen.

»Ich habe mich noch nicht endgültig entschieden. Aber wie es aussieht, kann ich die Feier gar nicht streichen.« Margarethe sah ihre Gesellschafterin nachdenklich an. Dann zog sie entschlossen den Mantel über. »Heute steht uns erst einmal eine schöne Aufgabe bevor. Baurat Schmohl wird uns seine Entwürfe für die Arbeitersiedlung in Rheinhausen vorstellen. Ich halte es für eine hervorragende Idee, in nächster Nähe zum neuen Werk Wohngelegenheiten für die Arbeiter und ihre Familien zu schaffen. So müssen sie nicht viel Zeit mit dem Arbeitsweg verbringen und können sich mehr ihren Kindern widmen. Ich glaube, dass dies die Zukunft ist.«

Ein Lächeln ging über Margarethes Gesicht. Auf diese Sitzung des Direktoriums freute sie sich. Seit sie ihre Position in der Männerriege klargestellt hatte, konnte sie sich auf neue Aufgaben konzentrieren, und was sie heute erwartete, war ganz nach ihrem Geschmack. Sie war neugierig, was der Baurat sich hatte einfallen lassen, um den Arbeitern kurze Wege zwischen Arbeitsstelle und Familie zu ermöglichen. Ursprünglich war der Bau von Arbeiterwohnungen Alfreds Idee gewesen – in Margarethes Augen das Beste, was er in dem halben Jahrhundert seiner Unternehmertätigkeit geschaffen hatte. Die Wohnungsnot war groß gewesen, als er vor vierzig Jahren die ersten Meisterhäuser an der Hügelstraße hatte bauen lassen. Bereits bei ihrem ersten Besuch in den Reihenhaussiedlungen war sie fasziniert davon gewesen, dass jede Familie dort über einen eigenen Eingang verfügte. Sie hatte gestaunt, wie geräumig die Wohnungen waren, sogar einen Keller für Vorräte besaßen manche. Von außen hatte ihr das leicht gewölbte Dach gut gefallen, das so freundlich wirkte.

Friedrich – bei dem Gedanken an ihren Mann wischte sich Margarethe verstohlen eine Träne aus dem Gesicht – war vor Jahren dem Vorbild seines Vaters gefolgt. Als Dank für ein Denkmal, das die Arbeiter zu Ehren Alfred Krupps errichtet hatten, hatte er die Altenhof-Siedlung gestiftet, in der ehemalige und arbeitsunfähige Mitarbeiter ihren Lebensabend verbringen konnten.

Sein letzter Auftrag an das Baubüro des Unternehmens war die Siedlung nahe dem neuen Werk in Rheinhausen gewesen.

»Frau Krupp, darf ich Ihnen helfen?« Robert Schmohl hielt Margarethe die Tür auf.

Sie musste unversehens schmunzeln, weil der Architekt auch nach zehn Jahren in Essen die Sprachfärbung seiner Allgäuer Heimat nicht verloren hatte. »Danke, Herr Schmohl. Ich bin sehr gespannt, was Sie uns vorstellen werden.«

Robert Schmohl lächelte. »Ach, hegen Sie nur keine zu hohen Erwartungen.«

Dass er damit sein Licht deutlich unter den Scheffel stellte, wurde bei der Präsentation deutlich. Mit jedem Wort gewann der Baurat an Sicherheit. »In England entwickelt sich gerade eine neue Form des Siedlungsbaus«, erklärte er. »Sir Ebenezer Howard hat diese Idee aufgebracht. Statt Häuser nebeneinander in eine Reihe zu stellen, wie in unserer Wohnkolonie im Westend, versucht man, die Gebäude lockerer zu platzieren, wie die Meisterhäuser, die Ihr Schwiegervater, Frau Krupp, Anfang der Sechzigerjahre hat bauen lassen. Die Straßen werden nicht mehr nur schnurgerade geplant, sondern geschwungen, damit sie lebendig wirken und die Häuserflucht den Betrachter nicht gleich erschlägt.«

Robert Schmohl ließ eine Zeichnung herumgehen. »Die habe ich nach dem Vorbild von Sir Howard angefertigt. Er stellt sich seine Gartenstadt sehr geometrisch vor. Das ist natürlich nur ein Muster, das noch mit Leben gefüllt werden muss. Und genau das würde ich in Rheinhausen gern versuchen. Wir gehörten dann zu den Ersten, die so etwas im Reich umsetzen.«

Max Rötger und die anderen Direktoren nickten wohlwollend.

»Wenn es nicht teurer wird als die Reihenhaussiedlung«, sagte Ernst Haux mit einem Nicken. Er nahm seine Aufgabe als Finanzrat des Unternehmens ernst, auch wenn ihn der Gedanke, an der Spitze einer neuen Entwicklung zu stehen, wahrscheinlich ebenso faszinierte wie den Rest der Herren. Das Haus Krupp hatte schon immer für Fortschritt gestanden, hier konnte es das auf eine neue Weise zeigen.

»Was genau haben Sie denn geplant?«, erkundigte sich Margarethe.

Nun erst entrollte Robert Schmohl seinen Entwurf für die Rheinhausener Siedlung. »In der Mitte der Anlage stelle ich mir analog zur Planung Howards die Gemeinschaftseinrichtungen vor: eine Konsumanstalt, eine Lesehalle, eine Kleinkinderschule, vielleicht sogar eine Badeanstalt.«

»Das wäre ganz im Sinne meines Mannes«, befand Margarethe. »Er hätte sich sicher sehr für die Badeanstalt ausgesprochen; das Wasser war neben dem Unternehmen sein Leben.«

Die Direktoren nickten zustimmend.

»Aber wo sollen die Menschen leben?«, warf Max Rötger ein. »Denn darum geht es doch: Wohnraum zu schaffen, damit wir die besten Arbeiter bekommen.«

»Die Häuser mit den Wohnungen werden um das Zentrum herum angeordnet, sodass die Bewohner kurze Wege haben und die Männer schnell bei der Arbeit sind.« Robert Schmohl deutete auf Kästchen, die er um das Zentrum gezeichnet hatte.

»Das sieht aus wie eine Reihenhaussiedlung. Wo ist da das Neue?«

Margarethe sah Max Rötger unwillig an. »Lassen Sie Herrn Schmohl doch erst einmal zu Ende referieren!«

»Danke, Frau Krupp.« Der Baurat nickte Margarethe zu. »Die Häuser stehen natürlich dicht beieinander, schließlich möchten wir so viele Menschen wie möglich unterbringen. Das Besondere ist, dass die Häuser nicht alle gleich aussehen und auch nicht aneinanderkleben wie Bienenwaben, sondern jeweils unterschiedlich ausfallen. Selbst für die Doppelhäuser habe ich mir etwas einfallen lassen: Ihre Fassaden sind als Spiegelbilder gestaltet, was dem Ganzen eine besondere Note verleiht. Ich habe achtundzwanzig Gebäudetypen konstruiert, die in der Siedlung immer wieder auftauchen.

Darunter sind Einzelhäuser für unsere Beamten oder große Familien, aber auch Häuser mit mehreren Wohnungen.«

Robert Schmohl ließ weitere Skizzen herumgehen. Auf einer war eine Straße zu sehen, an der sich kleine Häuschen mit Grün, Zaun und Garten reihten. Andere zeigten die Häuser, wie er sie sich vorstellte.

Wie gemütlich mochte das Leben in einem solchen Häuschen sein? Kein Personal, das beschäftigt werden musste, keine Einladungen mit zig Gästen, keine Besprechungen mit dem Direktorium. Margarethe schmunzelte. Nach wenigen Tagen würde sie sich in die Villa mit ihren Annehmlichkeiten zurücksehnen, da konnte ein Häuschen noch so praktikabel geplant sein.

»Während der Vater hart für uns arbeitet, kann ihm die Frau ein gemütliches Heim bereiten, das lob ich mir«, bekundete Max Rötger zufrieden. »Ich denke, daran sollten Sie weiterarbeiten. Wann können wir den Bauantrag stellen?«

»Von mir aus morgen.« Robert Schmohl lächelte.

»Da wären Sie ja eher fertig als das Werk!« Max Rötger sah ihn anerkennend an. »Nun, so schnell schießen die Preußen nicht. Aber bereiten Sie alles vor, und klären Sie vorab, wie die Stadt zu dem Bauvorhaben steht.«

»Nun ja, die ersten drei Hochöfen sind bereits seit vier oder fünf Jahren in Betrieb«, mischte Margarethe sich ein. »Sogar ziemlich genau, oder? Waren wir nicht kurz vor Weihnachten dort zum Anblasen?«

»Richtig. Die ersten beiden Hochöfen wurden am 18. Dezember 1897 angeblasen, der dritte am 28. November 1898.« Robert Schmohl sah Max Rötger unsicher an.

Dieser nickte unwillig. »Sie haben recht, seit zwei Jahren läuft der Probebetrieb für die beiden Siemens-Martin-Öfen, und wir haben dort noch einiges vor. Ich sagte ja: Machen

Sie weiter, und klären Sie, wo welche Genehmigungen erforderlich sind.« Er schmunzelte. »Irgendwo auf den 255 Hektar wird wohl Platz für Ihre Siedlung sein, und das Geld werden wir auch entbehren können, was, Haux?«

Ernst Haux nickte. »Ich bin gespannt, was uns die Siedlung kosten wird. Aber ich sehe schon, unsere verehrte Frau Geheimrat ist begeistert, und auch ich denke, dass wir so unser Image aufbessern können, gerade außerhalb von Essen.«

Damit beschloss Max Rötger diesen Tagesordnungspunkt und leitete zu einigen kleineren Fragen weiter, die noch zu klären waren. So konnte Margarethe bald Ernst Haux zu sich winken.

»Ich hätte etwas mit Ihnen zu besprechen«, sagte sie leise. »Unter vier Augen.«

»Ja, gern. Gleich hier?«

»Begleiten Sie mich doch auf den Hügel, da wartet sicher eine gute warme Mahlzeit, und wir können in Ruhe reden.«

Gemeinsam fuhren die beiden mit der Kutsche von der Hauptverwaltung durch die verschneiten Gärten rund um den Hügel. Margarethe lächelte, als sie aus der Richtung der Eisbahn das Quietschen ihrer Töchter hörte. Die Mädchen hatten ohne Zweifel ihren Spaß, was ihr erlaubte, ungestört mit Ernst Haux zu sprechen.

»Herr Marotz hat mir nach Friedrichs Tod nahegelegt, den Besitz auf Capri zu verkaufen.« Margarethe kam ohne Umschweife zum Thema, sobald sie die Mäntel aufgehängt und in ihrem Arbeitszimmer Platz genommen hatten.

Ernst Haux nickte zustimmend. »Das sehe ich genauso. Ich war selbst überrascht, welche Immobilien Ihr Mann dort erworben hat. Das Hotel Schweizerhof hat einen Wert von vierzig- bis fünfzigtausend Mark, und die Villa Wedekind wird auf fünfunddreißig- bis vierzigtausend Mark geschätzt.« Der Finanzrat schnaufte empört. »Die Villa hat Ihr Mann erst vier Wochen vor seinem Tod gekauft und nie bewohnt. Und dann sind da noch vier Gärten in der Nähe der Via Krupp.«

Via Krupp! Es versetzte Margarethe einen Stich, das zu hören. Diese Straße trug nur deshalb Friedrichs Namen, weil er sie finanziert hatte; sämtliche Capreser hatten sich gefreut, dadurch schneller auf ihrer felsigen Insel unterwegs sein zu können. Dennoch waren sie rasch dabei gewesen, als sich eine Möglichkeit ergeben hatte, ihrem Gönner bildlich gesprochen das Messer in den Rücken zu stechen. Vergessen all die Wohltaten – und es war viel Geld auf die Insel geflossen, aus dem Firmen- wie dem Privatvermögen. Das alles aber zählte nicht mehr, weil ein missgünstiger, da unterlegener Bürgermeisterkandidat die Leute aufgehetzt hatte. Sie rieb sich die Arme.

»Ist Ihnen kalt?« Ernst Haux sah sich nach der Klingel für die Dienstboten um, damit diese das Feuer im Kamin stärker anfachten.

»Lassen Sie nur. Es waren meine Gedanken, die mich zum Frösteln brachten. Sehen Sie zu, dass Sie auf Capri alles loswerden, damit ich nicht mehr daran denken muss.«

Sie unterdrückte ein Seufzen. Der gemeinsame Urlaub auf Capri war damals außergewöhnlich schön gewesen. Selten hatte Friedrich so viel Zeit mit den Mädchen verbracht, die zu jener Zeit zehn und elf Jahre alt waren, und so ungezwungen, fast kindlich mit ihnen gespielt. Das Foto, das sie zu viert vor dem Hotel zeigte, war eines der letzten Bilder, auf denen die Familie komplett zu sehen war. Sie selbst mit Sonnenschirm und einem weißen Hut mit Schleifen, der ihr nicht viel Bewegungsspielraum ließ, neben ihr Barbara und Bertha hinter ihrer rechten Schulter, die freundlich in die Kamera schauten, während Friedrich unter seiner Kappe den Blick schweifen ließ, wie immer mit seinen Gedanken und Augen woanders.

Das Klopfen an der Tür des Arbeitszimmers war eine willkommene Unterbrechung. »Lassen Sie uns zu Tisch gehen«, bat Margarethe. »Sicher haben Bertha und Barbara nach dem Vormittag auf dem Eis viel zu erzählen. Tauchen wir ein in die unbeschwerte Freude der Jugend. Die Sorgen des Alters holen uns schnell genug wieder ein.«

In den Tagen vor dem Weihnachtsfest war Margarethe froh über die vielen Traditionen und Gewohnheiten, die sich auf dem Hügel gefestigt hatten. Überall wuselten Menschen herum und sorgten für eine fröhliche Stimmung. Bertha und Barbara halfen, den Baum zu schmücken, und ihr Kichern verriet, dass sie für diese Minuten nicht an den Verlust ihres Vaters dachten. Seit Friedrich und sie in der Villa wohnten, hatten sie über die Feiertage immer Gäste gehabt; ihre Mutter kam aus Wiesbaden, ihr Bruder, zunächst allein, dann mit seiner Frau Elisabeth, ihre kleine Schwester Irene reiste an, Freundinnen und Freunde, gelegentlich sogar Staatsgäste oder Menschen, von denen sie wussten, dass sie Weihnachten ansonsten allein zu Hause sitzen würden.

In diesem Jahr waren nur Familienmitglieder zu Gast. Margarethe wollte sich mit ihren Töchtern in Ruhe an die schönen Erlebnisse mit ihrem Ehemann und Vater erinnern, auch wenn dabei sicherlich einige Tränen rollen würden.

»Mama, der Chor hat sich bereits aufgestellt.«

Margarethe war den ganzen Tag über im Haus unterwegs gewesen, während ihre Töchter die Halle mit dem Weihnachtsbaum nicht verlassen hatten.

»Der Baum sieht so schön aus. Er bringt so viel Licht in diese trüben Tage«, befand Bertha, als sie versuchte, ihre Mutter in die Halle zu zerren.

»Lass mich kurz in den Spiegel schauen«, bat Margarethe.

»Du siehst wunderbar aus«, beruhigte Barbara ihre Mutter, die es sich dennoch nicht nehmen ließ, in ihr Ankleidezimmer zu gehen und sich für die Feier umzuziehen.

Sie sah die beiden unruhig zappelnden Mädchen an. Es war beinahe wie früher, als sie den ganzen Heiligabend gefragt hatten, wann das Christkind denn endlich komme. Obwohl sie wussten, dass Bedienstete die Geschenke für die Kinder der Mitarbeiter besorgten und verpackten, waren sie fest davon überzeugt, dass die echten Geschenke, die zu Hause in der Familie überreicht wurden, vom Christkind gebracht wurden.

Das Christkind kann schließlich nicht überall sein, deshalb bringt es nicht alle Geschenke nach Hause. Um die anderen kümmern sich die Menschen. Margarethe lächelte, als ihr die Erklärung einfiel, die Barbara mit vier oder fünf Jahren von sich gegeben hatte.

»Erinnert ihr euch an Weihnachten, als ihr klein wart?«, fragte sie, um ihre erwartungsfrohen Töchter zu beschäftigen, während sie letzte Hand an ihre Frisur legte und sich die Nase puderte.

»Es waren immer viele Leute da«, fiel Bertha ein. »Haben wir jemals nur als Familie gefeiert?«

»Als euer Großvater noch lebte, sind wir nach der großen Bescherung nach Hause gegangen, und dort gab es noch eine kleine Bescherung. Aber da warst du kein Jahr alt, Bertha, und dich, Barbara, gab es nicht. Ihr habt also tatsächlich nur Weihnachtstage erlebt, an denen Gäste im Haus waren.«

»Dann wird das heute wie immer, nur ohne Papa.« Barbara rieb sich die Augen. »Aber wir denken an ihn, dann ist er bei uns.«

Margarethe strich ihr über den Kopf. »Das ist das Wichtigste: dass er in unseren Herzen ist.«

Sie war erleichtert, dass Johanna Brandt in dem Augenblick an die Tür klopfte. »Es ist fertig vorbereitet, und es sind alle da. Wir können mit der Feier beginnen.«

Aus der Ferne hörten die Frauen den Chor, der das Personal auf das Fest einstimmte. Der Hausmeister, die Hausdame, die Kammerjungfern, die Kutscher, die Gärtner, der Küchenmeister – alle standen in ihrem besten Sonntagsgewand da. Manche bewegten leise den Mund, wenn sie die Verse kannten. Andere standen nur da und schienen den Gesang zu genießen.

Margarethe schob Bertha vor. Sie hatten vereinbart, dass die Mädchen die Gäste zuerst begrüßten; Bertha als offizielle Besitzerin der Villa, dann Barbara, um die Symbolkraft etwas abzumildern, und schließlich Margarethe, die über allem wachte und jede Frau und jeden Mann mit Namen ansprach und frohe Weihnachten wünschte.

Die Mädchen halfen den Gästen, ihre Geschenke zu finden, und Margarethe freute sich, wie engagiert sie sich dabei zeigten. Anscheinend hatten sie den Tag über nicht nur den Christbaum angehimmelt, sondern sich auch eingeprägt, wo welche Geschenke lagen. Daher konnten sie nun jeden schnell an die richtige Stelle geleiten.

Für die Frauen hatte Margarethe wie immer Wäsche besorgen lassen und Wolle. Sie liebte es, an Wintertagen mit ihnen zusammenzusitzen und zu stricken, was ihre Aufgaben ihr seit Friedrichs Tod viel zu selten erlaubten. Sie wusste aber, dass die jungen Mädchen fleißig an ihrer Aussteuer arbeiteten. Die Männer erhielten Tabak, Pfeifen oder auch einmal eine neue Mütze. Alle bekamen zudem ein Geldgeschenk und zwei Lose für die Tombola, über die allerhand Außergewöhnliches verschenkt wurde – Kleinigkeiten aus der Villa, Vasen, Mitbringsel von Gästen aus aller Welt. Bei ihren regelmäßigen Besuchen der Familien hatte Margarethe so manchen dieser Gewinne aus den letzten Jahren in einer Vitrine wiedergesehen.

»Das Essen wäre bereitet«, verkündete in diesem Augenblick Küchenmeister Christian Dorst, der sich mit den Köchinnen und Küchenmädchen schon früh in sein Reich zurückgezogen hatte.

Margarethe gab das Zeichen, dass sich alle an die festlich gedeckte Tafel setzen sollten. Sie hatte bei der Platzverteilung darauf geachtet, dass Bertha einen ihr gebührenden Platz am Kopfende bekam. Neben ihr saß Barbara. Als alle sich Wein eingeschenkt hatten, hob Margarethe ihr Glas und nickte zunächst ihren beiden Töchtern zu, ehe sie das Signal zum Essen und Trinken für alle gab: »Zum Wohlsein und guten Appetit.«

Mit jedem Gang und jedem Glas Wein wurde die Gesellschaft lustiger. Irgendwann spürte Margarethe, dass ihr diese Ausgelassenheit zu viel wurde. Sie wusste aber auch, dass dieser Abend einen Höhepunkt im Leben ihrer Angestellten darstellte, und wollte diesen nicht durch eine Bemerkung oder einen frühen Aufbruch zerstören. Sie konzentrierte sich daher auf den silbernen Salm, den Köchin Katharina Fierenkotten wieder einmal hervorragend zubereitet hatte, und war erleichtert, dass sie das Essen auf vier Gänge begrenzt hatte: Suppe, Vorspeise, Hauptgang und Dessert. Schon am Nachmittag hatte sie mit Bertha und Barbara verabredet, dass sie sich nach dem Hauptgang verabschieden würden, um dem Personal Zeit für sich zu lassen.

Eine kluge Entscheidung, wie Margarethe ein Blick auf ihre beiden Töchter bestätigte.

Als die Teller nach dem Hauptgang abgeräumt waren, klopfte sie mit einem Löffel an ihr Weinglas und stand auf. »Meine Töchter und ich möchten eine neue Tradition einführen: Wir lassen Sie beim Dessert allein, sodass Sie gemeinsam noch eine unbeschwerte Stunde ohne uns verbringen können.« Margarethe nickte Bertha zu, auch sie und Barbara hatten sich erhoben. »Wir bedanken uns sehr herzlich bei Ihnen, dass Sie diesen Abend mit uns verbracht haben, und wünschen Ihnen frohe Weihnachten.«

Das Personal zögerte kurz, bis der Hausmeister, Theodor Herms, seinen Stuhl zurückschob, um ebenfalls aufzustehen. »Wir danken Ihnen, dass Sie uns auch in diesem Jahr so fürstlich beschenkt und aufgenommen haben.«

Die anderen applaudierten, und Margarethe, Bertha und Barbara verließen die Halle. Sie gingen in Friedrichs ehemaliges Arbeitszimmer, das nun Margarethe bezogen hatte. Die Mädchen hatten hier einen kleinen Weihnachtsbaum aufgestellt, unter dem die Geschenke lagen.

»Nun haben wir ein wenig Zeit für uns«, sagte Margarethe und umarmte ihre Töchter. »Ich wünsche euch trotz allem, dass ihr dieses Weihnachtsfest gut in Erinnerung behalten werdet.«

Barbara zog das Grammophon auf, und zu den Klängen von *Stille Nacht* packten sie ihre Geschenke aus.

Margarethe hatte für jede Tochter ein Fotoalbum mit Bildern ihres Vaters zusammengestellt. Dabei war manche Träne geflossen, aber es hatte auch ihr Herz erwärmt, dass sie dank der eigenen Kamera so viele private Fotografien von ihrer Familie besaß. Keine Reise und kein Ausflug waren vergangen, die sie nicht eingefangen hatte. Sie lächelte wehmütig. »Da seht ihr, wie gut es war, dass ihr manches Mal stillstehen musstet, damit ich euch fotografieren konnte.«

»Vielen, vielen Dank!« Die Mädchen umringten sie und umarmten sie rundum, wie sie es schon als Kinder so gern getan hatten. Wie damals geriet Margarethe irgendwann ins Schwanken und begann zu lachen. Die traurige Stimmung verflog, und sie sprachen über ihre Geschenke, tauschten Erinnerungen aus und knabberten Nüsse, bis es an der Tür klopfte.

»Ein Telegramm.«

Die Mädchen drehten sich weg, damit der Diener ihr Lachen nicht sah. Es war aber auch zu komisch, wie der junge Mann in seinem besten Anzug in der Tür stand und seine Nachricht eher lallte als vermeldete. Wer rechnete an Heiligabend auch schon mit einem Telegramm?

»Danke!« Margarethe nahm den Umschlag entgegen. »Feiern Sie nur schön weiter!«

»Es ist von Großherzogin Luise«, sagte sie nach einem raschen Blick auf das Kuvert. »Sie schreibt:

… die Vereinsamung des heutigen Heiligen Abends wird schwer auf Ihrer Aller Herzen liegen. Auch Ihren Kindern bitte ich das Herzlichste zu sagen: Auch ihnen beiden ganz besonders wird das Christfest die jungen Herzen mit schmerzlichem Vermissen füllen, an dem Tage, der sonst Freudentag war. Gott mit Ihnen. Mit Ihnen fühlend Louise, Großherzogin.

»Wie schön sie geschrieben hat«, sagte Barbara unter Tränen.

Bertha und Margarethe nickten nur. Das Telegramm hatte die Wunde wieder aufgerissen, aber es war tröstlich, zu wissen, dass Menschen mitfühlten.

»Lasst uns die Tränen abwischen, das hätte Papa so gewollt.« Margarethe tupfte ihren Töchtern mit einem Spitzentaschentuch die Wangen trocken. »Und dann lasst uns schauen, wie es Oma und den anderen Gästen ergangen ist.«

Sie legte die Arme um ihre Töchter und warf einen letzten Blick auf Friedrichs Bild, das auf ihrem Schreibtisch stand. Von ihr fotografiert, nicht von einem Fremden gemalt. Vielleicht kam es ihr deshalb so vor, als nicke er ihr zustimmend zu.

KAPITEL 7

Januar 1903

Nachdem die Weihnachtsgäste abgereist waren, machte sich in den großen Räumen Leere breit. Margarethe, Bertha und Barbara spürten die Lücke, die Friedrich hinterlassen hatte, in jedem Moment, obwohl er in den letzten Jahren so oft verreist gewesen war. Johanna Brandt und die anderen Hauslehrer versuchten, die Mädchen mit interessantem Unterricht abzulenken, und in der Küche bereitete Katharina Fierenkotten täglich neue Lieblingsgerichte zu. Erleichtert beobachtete Margarethe, dass diese kleinen Alltäglichkeiten Bertha und Barbara immer mehr beschäftigten und ihnen halfen, die alte Tagesroutine wiederzufinden.

Sie selbst verbrachte viel Zeit an ihren Schreibtischen in der Villa und in der Hauptverwaltung. Auch hatte sie die Sprechstunden wieder aufgenommen, in denen die Arbeiter und Angestellten mit ihren Sorgen zu ihr kommen konnten. Manchmal fehlten ein paar Mark für die Aussteuer der Tochter, ein anderes Mal das Geld für eine Kur der erkrankten Ehefrau, und gelegentlich vermittelte Margarethe sogar, wenn es in der Lehre eines Buben Probleme gab. Jedes Problem drängte ihre Trauer in den Hintergrund, jegliche Aufgabe gab ihr neuen Halt. Sie musste weitermachen, aber sie wollte auch weitermachen. Vor allem musste sie jedoch mit den unangenehmen Dingen abschließen.

Viele Stunden verbrachte sie damit, hinter verschlossener Tür Briefe zu lesen, zu zerreißen und im Kamin zu verbrennen. Besonders die Briefe an und von Friedrich aus den letzten drei Jahren. Aus ihnen war herauszulesen, wie sich ihr Verhältnis eingetrübt hatte. Keiner von ihnen hatte benennen können, was die Entfremdung ausgelöst hatte. Als im Oktober der anonyme Brief eingetroffen war, hatte sie sich gefragt, ob es das gewesen war, was zwischen ihnen stand. Hatte Friedrich sich von ihr zurückgezogen, weil er sich zum eigenen Geschlecht hingezogen fühlte? War er verunsichert und wagte nicht, darüber mit ihr zu sprechen? Dabei waren es gerade die Gespräche gewesen, die sie bei ihren ersten Begegnungen füreinander eingenommen hatten.

Margarethe erinnerte sich gut an die Wochen nach ihrer ersten gemeinsamen Reise nach Capri im Mai 1898. Kurz danach hatte Friedrich versucht, sie zu einer Kur in Berlin zu überreden. Sie war der Meinung gewesen, dass er die Kur sehr viel nötiger hatte als sie, so schwach, wie er körperlich und nervlich war. Daraufhin hatte er ihr vorgeworfen, gereizt und hysterisch zu sein. Ganz gleich, was sie sagte oder schrieb, wie entgegenkommend sie sich zeigte, alles hatte er kritisiert. Einmal hatte sie sogar mitbekommen, dass er ihre Beziehung mit seinen Ärzten diskutierte, die natürlich seine Sichtweise einnahmen. Ein Satz aus einem Brief, den sie einmal versehentlich geöffnet hatte, war ihr seither nicht aus dem Sinn gegangen:

Von meiner Frau erhielt ich einen sehr entgegenkommenden Brief, worauf ich nicht gefasst war. Ich bin deshalb nicht weiter auf das Entgegenkommen eingegangen, sondern habe mich darauf beschränkt, einige Irrtümer aufzuklären und mir ähnliche Korrespondenzen in Zukunft zu verbitten.

Auch diesen Brief warf Margarethe nun ins Kaminfeuer. Lediglich das letzte Telegramm bewahrte sie auf. Es erinnerte sie an den Friedrich, der sie schon als Achtzehnjährige fasziniert hatte.

Zum Glück waren einige Dinge bereits erledigt. Der Verkauf der Immobilien auf Capri lag in der Hand des treuen Ernst Haux, und die Staatsanwaltschaft hatte auf ihr Schreiben hin die Klage gegen den *Vorwärts* eingestellt. Das Blatt hatte dies zunächst als Eingeständnis gefeiert, aber langsam schien es ruhiger zu werden.

»Entschuldigen Sie bitte, Frau Krupp.« Hans Groß, der erste Diener, steckte seinen Kopf durch den Türspalt. »Sie haben mein Klopfen nicht gehört. Bitte verzeihen Sie, dass ich Sie störe.«

»Sie werden einen wichtigen Grund haben«, beruhigte Margarethe ihn.

»Herr von Keimsdorff wartet in der Halle. Er sagt, er habe eine Verabredung mit Ihnen.«

Margarethes Augen verengten sich sofort zu schmalen Schlitzen. Wie konnte ihr Cousin es wagen, unangemeldet im Haus aufzutauchen! Ganz sicher hatte sie *keinen* Termin mit ihm vereinbart. Sie hatte ihm sogar ausdrücklich mitgeteilt, dass jeglicher Kontakt über Ernst Haux zu erfolgen habe.

»Schicken Sie ihn weg. Ich habe keinen Termin mit ihm!« Sie wunderte sich selbst über die Härte in ihrer Stimme und hätte nicht gedacht, dass sie dazu fähig wäre.

»Ich habe ihm gegenüber bereits angedeutet, dass Sie nicht zu sprechen seien«, druckste der Diener herum. »Er lässt sich nicht abwimmeln. Soll ich die Polizei rufen?«

»Danke.« Sie seufzte. »Ich kümmere mich darum. Aber sorgen Sie dafür, dass einige kräftige junge Männer in der unteren Halle sind, wenn ich erscheine. Teilen Sie Herrn von Keimsdorff mit, ich komme in Kürze, aber lassen Sie ihn irgendwo warten, wo es keine Sitzgelegenheiten gibt.« Sie zwinkerte dem Mann zu. »Und wenn Sie heute noch nicht gelüftet haben, stellen Sie ruhig Türen und Fenster auf; frische Luft ist gesund.«

Für einen kurzen Augenblick schob sich ein Lächeln in das Gesicht des Dieners, der sich üblicherweise um einen neutralen Ausdruck bemühte. Er würde es diesem Herrn schon ungemütlich machen.

Margarethe nahm wieder den Federhalter zur Hand, mit dem sie gerade den längst fälligen Brief an Friedrichs Freund Anton Dohrn hatte verfassen wollen. Der Professor war Leiter der Zoologischen Station in Neapel, die nur dank der großzügigen Unterstützung ihres Mannes hatte erbaut und ausgebaut werden können. Er war Margarethe ebenso zugetan wie ihrem verstorbenen Mann. Ihm konnte sie ihr Herz ausschütten.

»Sehr verehrter Herr Geheimrat, wenn ich Ihnen erst heute für Ihr freundliches Schreiben vom 12. Dezember danke, so entschuldigen Sie dies hoffentlich liebenswürdigerweise«, begann sie und bedankte sich für sein Mitgefühl und die Wertschätzung des Verstorbenen.

Sie hielt einen Moment inne, bevor sie beschrieb, was sie nach wie vor besonders bedrückte:

Selbst wenn seine sensitive Natur dem ersten Schlag grausamer Enttäuschung hätte widerstehen können, so wird mir jetzt, wo gewisse Parteien und Menschen ihn nicht einmal im Grabe Ruhe lassen, immer klarer, dass für ihn fortan sein Leben vergiftet und sein Gemüt bedrückt geblieben wäre und er an der Undankbarkeit und der

Grausamkeit der Menschen langsam hätte zugrunde gehen müssen. In diesem Sinne ist es mir ein Trost, dass er nur kurz gelitten und ohne körperliche Schmerzen rasch dahingerafft worden ist.

Margarethe legte die Feder beiseite und wischte die Tränen weg, die ihr über die Wange liefen. Beim Schreiben wurde ihr noch einmal deutlich, wie Friedrich gelitten haben musste. Wie mochte es ihm in dem halben Jahr ergangen sein, seit er die ersten Nachrichten von Capri bekommen hatte? Sie legte den Kopf in den Nacken und starrte an die Decke, um sich zu sammeln. Nach einigen Minuten beendete sie den Brief.

Es war ihm leider nicht gegeben, sich durch Aussprache das Herz zu erleichtern oder aufrichten zu lassen. Jetzt empfinde ich doppelt, wie schwer er daran getragen hat, und danke Gott für ihn, dass er nicht länger an der Last hat tragen müssen, denn das Martyrium war groß genug, dass er schon sterbend, mit vollem Bewusstsein, seinen Gegnern, ich kann wohl sagen Mördern, vergeben hat.

Ihr eigener Glaube an die Menschheit habe allerdings einen schweren Stoß bekommen, fuhr sie fort: »Sie können sich wohl auch denken, wie sehr mich der Gedanke gequält hat, ob es nicht möglich gewesen wäre, den Gang der Ereignisse aufzuhalten oder zu verhüten.«

Nachdem sie dem Professor für seine freundschaftliche Verbundenheit zu Friedrich gedankt und ihn nach Essen eingeladen hatte, legte Margarethe den Federhalter zur Seite. Sie dachte daran, wie sie Professor Dohrn das erste Mal begegnet war. Friedrich hatte ihr und den Mädchen damals mit so viel Freude in der Stimme die Zoologische Station im Golf von Neapel gezeigt, wo er dank seiner finanziellen Unterstützung den Traum seiner Kindheit leben konnte. Die Naturwissenschaftler hatten ihn als interessierten Laien freundlich in ihren Kreis aufgenommen, und er fühlte sich bei ihnen zu Hause.

Ein Räuspern an der Tür unterbrach Margarethes Gedanken.

»Oh, jetzt haben wir Herrn von Keimsdorff wohl lange genug warten lassen, was?« Sie zwinkerte dem Hausdiener zu, der sich ein Antwortlächeln nicht verkneifen konnte.

»Ich fürchte, dem Herrn ist etwas kalt geworden.«

Margarethe erhob sich und zog die Schultern nach hinten. Sie tastete auf ihrem Kopf und in der Stirn, ob die Haare ordentlich saßen und nicht vorwitzig hervorlugten. Wenn sie privat unterwegs war oder mit Menschen beisammen, die ihr vertraut waren, achtete sie nicht auf solche Dinge. Sie wusste allerdings nur zu gut, dass ein nachlässiges Äußeres ihre Autorität untergraben konnte.

»Was willst du hier, Waldemar?«, begrüßte sie ihren Cousin von der vorletzten Treppenstufe aus. Natürlich war es ein Affront, auf eine Grußformel zu verzichten. Durch den Höhenunterschied demonstrierte sie Waldemar von Keimsdorff zugleich das gesellschaftliche Gefälle zwischen ihnen. Sie hatte den Sohn des unsympathischen Bruders ihrer Mutter noch nie gemocht. Bereits als Junge hatte er sich in den Vordergrund gespielt und andere ausgenutzt und heruntergemacht.

»Ich brauche deine Hilfe für meine Mutter!«, antwortete ihr Vetter forsch. »Wenn du mir schon jede Unterstützung versagst, wirst du sie deiner Tante doch wohl nicht abschlagen.«

Margarethes Stirn legte sich in Falten. Für Menschen, die sie gut kannten, war das ein untrügliches Zeichen, sich zurückzuhalten und am besten sogar zurückzuziehen. Doch Waldemar schien in ihr weiterhin das kleine Mädchen zu sehen, das er nach Belieben herumschubsen konnte.

»Es ist deine Pflicht, meiner Mutter ein standesgemäßes Leben zu ermöglichen!«

Margarethe zwang sich, ruhig zu bleiben, obgleich ihr die schlimmsten Beleidigungen auf der Zunge lagen. Stattdessen ging sie rückwärts eine Stufe nach oben, um den Abstand zu vergrößern. »Soviel ich weiß, hat deine Mutter genug zum Leben. Sie hat ein Mädchen, sie kann Essen und Kleidung kaufen, ich wüsste nicht, was sie sonst bräuchte.«

Sie war gemein, und sie wusste das. Hätte ihre Mutter sie gehört, sie wäre bei diesen Worten in Ohnmacht gefallen und hätte anschließend erklärt, dass eine Frau des Standes von Margarethes Tante eine große Wohnung mit Salon für eigene Gesellschaften benötige. Zudem könne sie zu Empfängen und Galas nicht ständig in denselben Kleidern erscheinen, weshalb eine eigene Schneiderin und eine Kutsche samt Fahrer und Gespann unabdingbar seien. Die Liste der Bedürfnisse, die so selbstverständlich für ihre Schwägerin galt, wäre unendlich lang, gerade weil Eleonore von Ende selbst all dies so lange nicht gehabt hatte. Sogar als Frau eines Regierungspräsidenten hatte sie ihren Haushalt mit Hilfe eines ihrer Mädchen organisieren müssen. Das wiederum war Margarethe gewesen, die ihr das meiste abnehmen musste, sobald sie das entsprechende Alter erreicht hatte. Bei dem Gedanken daran wurde Margarethe zornig.

Waldemar merkte davon nichts. »Du kannst nicht ernsthaft erwarten, dass meine Mutter wie eine Bürgerliche lebt«, behauptete er. »Sie ist eine von Steinfels, ihr Vater war Generalmajor.« Er trat einen Schritt auf sie zu, und die Diener waren sofort neben ihm.

Margarethe schwieg, bis sich ihr Zorn gelegt hatte. »Du sagst es: Das war ihr Vater«, sagte sie schließlich. »Er hat sich Verdienste erworben, und ihm standen die Privilegien zu. Weshalb, meinst du, stehen sie deiner Mutter zu? Weil sie dich zur Welt gebracht hat?«

Zu gern hätte sie ihn gefragt, weshalb der Frau eines Spielers und Schmarotzers, wie es sein Vater gewesen war, irgendwelche Privilegien zustehen sollten. Doch im letzten Moment gelang es ihr, sich zu zügeln. Was auch immer sie sagte, würde ihrer Mutter hinterbracht werden, zu der sie ohnehin ein angespanntes Verhältnis hatte.

»Damit du siehst, dass ich wohlwollend bin, schlage ich vor, dass du einen Termin mit Herrn Haux vereinbarst. Vielleicht hat er eine Arbeit für dich, mit der du Geld verdienen kannst.«

Wieder unterdrückte sie den Rest des Satzes. *Sonst wird dich ja niemand einstellen,* wollte sie am liebsten sagen, aber sie wusste, an Waldemar würde das abprallen wie eine Billardkugel an der Bande, und es würde über ihre Mutter wieder auf sie zurückfallen. So nickte sie ihrem Cousin nur zu, drehte sich um und ging mit langsamen Schritten die Treppe hinauf.

»Das wirst du mir büßen!«, rief er ihr nach, während die Hausdiener ihn bereits zur Eingangstür geleiteten.

Der Hass in seiner Stimme erschreckte sie, erst recht, da sie wusste, wie viel Geld Friedrich ihrem Cousin bereits gegeben hatte, weil er Zwist mit ihrer Familie vermeiden wollte. Und das, obwohl sie ihn eindringlich gebeten hatte, von der Unterstützung abzusehen.

Sie seufzte. Bereits Waldemars Vater hatte immer Unfrieden gesät. Er war der Lieblingsbruder ihrer Mutter gewesen und hatte ihre Eltern schon in Margarethes Kindheit alle paar Monate um Geld angebettelt. Sie hatte noch nie erlebt, dass das Sprichwort »Der Apfel fällt nicht weit vom Stamm« so zutraf. Hatte Waldemars Vater schon für viel unangenehmen Gesprächsstoff zwischen den Eltern gesorgt, so hatten Margarethe und Friedrich immer wieder über den Sohn gesprochen. Friedrich sorgte sich, dass Waldemar ihn und das Unternehmen in ein negatives Licht rücken könnte. Als irgendwann die Forderungen überhandnahmen, hatte sich Margarethes Bruder Felix eingeschaltet und seinem Cousin in einem Brief deutlich gemacht, dass er von den Krupps kein Geld mehr zu erwarten habe. Die Folge war, dass sich Eleonore von Ende auf die Seite ihres nichtsnutzigen Neffen schlug, statt die eigenen Kinder und ihren Schwiegersohn zu verteidigen. Dabei hatte Friedrich anfangs ernstlich versucht, Waldemar von Keimsdorff eine Stellung zu verschaffen, doch dieser war offensichtlich der Meinung, mit reichen Verwandten in der Hinterhand müsse er nicht arbeiten.

Margarethe drückte den Rücken durch. Das musste endlich ein Ende haben! Ja, sie waren reich, das war keine Frage. Und der Reichtum ermöglichte es ihnen, Bedürftige zu unterstützen. Aber ausnutzen ließ sie sich nicht. Schon gar nicht von einem solchen Tunichtgut.

»Frau Krupp, der Fahrer ist bereits da, um Sie zur Sitzung des Direktoriums abzuholen.«

Margarethe stand erst auf dem mittleren Treppenabsatz, als ein Diener sie an ihren Termin erinnerte. Der Brief an den Professor und der Streit mit ihrem Cousin hatte sie die Zeit vergessen lassen.

»Danke!« Sie schlüpfte in den Mantel, den der Diener

bereits über dem Arm trug, und setzte den passenden Hut auf, während sie zum Ausgang eilte.

Sie war gespannt auf Robert Schmohls Bericht die Fortschritte bei der Wohnsiedlung in Rheinhausen betreffend und wollte auch den Bau des Altenhofs ansprechen. Erst kürzlich hatten sie einen langjährigen Mitarbeiter zu Grabe geleitet, dessen Witwe nun aus ihrer Arbeiterwohnung ausziehen musste. Da im Altenhof bald auch Wohngelegenheiten für Witwen entstehen würden, hatte die Firma der Frau erlaubt, noch einige Wochen in ihrem Häuschen zu bleiben. Aber die Warteliste dafür war lang. Erst einmal standen jedoch Projekte an, über deren Fortschritte sie in der Sitzung hoffentlich einiges erfahren würde.

Margarethe lehnte sich in ihrem Sessel im Kreis der Direktoren zurück. Inzwischen machte ihr niemand mehr den zentralen Platz streitig. Gerade berichtete Robert Schmohl, dass der Bauantrag für die Siedlung in Vorbereitung war. Margarethe nickte erfreut. Mehr gab es dazu nicht zu sagen, nun mussten die Mühlen der Behörden mahlen. Sie nickte Max Rötger zu, der über die Entwicklung des Werkes in Rheinhausen nahe Duisburg berichten wollte.

»Wir brauchen dringend weitere Hochöfen«, sagte der Direktor. »Die Nachfrage ist groß, die vorhandenen Anlagen sind voll ausgelastet.«

»Außerdem brauchen wir eine Eisengießerei sowie ein Stahl- und Walzwerk, damit wir die Produktionswege verkürzen können«, warf Otto Budde ein. »Gut wäre auch eine Reparaturwerkstatt, dann wären wir nicht auf Hilfe von außen angewiesen.«

Margarethe sah in die Runde. Ernst Haux hatte sie gut auf die Sitzung und die Forderungen der Direktoren vorbereitet, und sie hatte in den letzten Tagen die Dossiers der Abteilungen durchgearbeitet. »Spricht etwas gegen diese Projekte?«, fragte sie nun.

»Das finanzielle Polster ließe sie durchaus zu«, sagte Ernst Haux. »Zumal bereits Vorbestellungen für mehrere Monate vorliegen.«

»Dann sollten wir es angehen«, entschied Margarethe. Es erfüllte sie mit einer gewissen Befriedigung, dass es ihr so schnell gelungen war, sich an die Spitze des Unternehmens zu setzen. Sie wusste zwar nicht genau, wie Stahl gewonnen wurde, aber sie verfügte über einen scharfen Verstand, der ihr erlaubte, Zusammenhänge leicht zu erkennen und zu verstehen. Sie lächelte. »Also können wir diesen Punkt abhaken. Mit drei neuen Hochöfen gehen wir zwar über die Planung meines Mannes hinaus, und wenn ich es richtig gesehen habe, hat Herr Gillhausen 1894 einmal fünf Öfen geplant.« Sie tat, als sehe sie die erstaunten Gesichter der Direktoren nicht. »Aber wenn drei weitere Öfen nötig sind, sollten wir sie bauen.«

Sie richtete sich auf und beobachtete, wie die Herren zufriedene Blicke wechselten. »Was mich im Moment noch viel mehr interessiert, ist die Frage, wie es mit dem Altenhof weitergeht«, fuhr sie dann fort. »Sie wissen sicherlich, wie sehr seine Errichtung meinem Mann am Herzen gelegen hat.«

Max Rötger, Ernst Haux und die anderen Herren sahen einander überrascht an. Der Punkt stand nicht auf der Tagesordnung, er war Margarethe erst auf dem Weg zur Hauptverwaltung in den Sinn gekommen, als sie an die Witwe dachte, die in jeder Sprechstunde erschien und sich nach ihrer neuen Wohnung erkundigte.

»Ich denke, dass Herr Schmohl wartet, ob wir Fragen

zur Siedlung in Rheinhausen haben«, vermutete Max Rötger und bat den Assessor, der die Sitzung protokollierte, den
Baurat noch einmal hereinzuholen.

Robert Schmohl betrat erneut das Sitzungszimmer.

»Frau Krupp interessiert sich für den Baufortschritt des
Altenhofs«, erklärte der Direktor.

»Ihre Frage ist berechtigt«, mischte sich Finanzrat Ernst
Haux ein. »Uns beschäftigt gerade das Schicksal der Witwe
eines Vorarbeiters. Sie müsste ihre Werkswohnung jetzt eigentlich räumen, und es wäre gut, wenn wir ihr zeitnah eine
Wohnmöglichkeit im Altenhof anbieten könnten. Genau
dafür bauen wir die Siedlung ja. Wenn wir die Frau einfach
auf die Straße setzen, könnte das Unmut hervorrufen. Der
Mann war sehr angesehen.«

Margarethe nickte Ernst Haux dankbar zu.

»Die Häuser im Witwenhof am nördlichen Rand des
Altenhofs sind fast bezugsfertig«, berichtete Schmohl eifrig. »In den Häusern 54 und 58 haben wir Einzelzimmer für
Witwen vorgesehen, dort gibt es zudem eine kleine Küche,
in der sie sich Speisen zubereiten können.« Er sah Margarethe in die Augen. »Die Frage der Verpflegung ist allerdings
bislang ungeklärt, denn laut Satzung sollen die Bewohner
Logis und Kost bekommen. Die Witwer aus Haus 56 und
60 erhalten Letztere aus der Küche des Kaiserin-Auguste-
Viktoria-Erholungshauses, sie zahlen allerdings ein kleines
Entgelt dafür.«

»Das hört sich gut an. Dann schauen Sie, dass Sie die
erste Wohnung rasch bezugsfertig bekommen«, bat Margarethe. »Die Frage der Kost sollten wir kurzfristig klären.
Ich finde es in Ordnung, wenn die Witwer für das Essen
zahlen. Sie wohnen mietfrei und arbeiten teilweise weiter
oder bekommen eine Rente. Bei den Witwen ist die Lage

anders. Sie erhalten nur eine kleine Pension. Da wäre es gut, wenn sie einen Essenszuschuss bekämen oder ihre Mahlzeiten ebenfalls beim Erholungshaus bestellen könnten.«

»Wir kümmern uns darum«, versprach der Finanzrat. »Da wir Herrn Schmohl gerade bei uns haben, fällt mir noch etwas ein. Ich weiß allerdings nicht, ob das in Ihr Ressort fällt, Herr Schmohl. Es war ja geplant, die Orangerie auf dem Hügel zu erweitern. Wie weit sind die Pläne gediehen?«

Robert Schmohl zog die Schultern hoch. »Dazu kann ich nichts sagen, ich bin lediglich mit den Werkssiedlungen beschäftigt. Aber ich gebe die Frage gern weiter, schließlich müssen Sie, Frau Krupp, ja wissen, ob in Ihrem Garten gebaut wird.«

»Das wäre schön.« Margarethe nahm sich vor, gleich nachher die Orangerie zu besuchen und sich über die Notwendigkeit eines Neubaus aufklären zu lassen. Die Vorstellung, dass den ganzen Sommer über Fuhrwerke und Handwerker auf dem Gelände unterwegs sein sollten, behagte ihr nicht. »Ich bin nicht sicher, ob das in diesem Jahr klug wäre«, sagte sie. »Seit Friedrichs Tod tauchen viele Reporter vor dem Zaun und an der Pforte auf. Vereinzelt sehen wir sie noch immer dort, und oft versuchen sie, mit ihren Kameras Fotos von meinen Töchtern zu machen. Wenn viele Handwerker auf dem Gelände unterwegs wären, könnten sie sich daruntermischen.«

Ernst Haux nickte ernst. »Das ist mir zu Ohren gekommen. Bei uns in der Hauptverwaltung treffen zudem Briefe ein, in denen die Familie bedroht wird. Ich hätte nie gedacht, dass die Presse sich an einer Meldung so festbeißen würde.«

Damit hatte auch Margarethe nicht gerechnet. Und doch kam es gelegentlich vor, dass sich Drohbriefe unter die geschäftliche und private Post mischten. Vor allem Bertha war das Ziel von Beschimpfungen – ausgerechnet Bertha, die mit ihren sechzehn Jahren noch nichts mit der Stellung des Krupp-Werkes zu tun hatte und am meisten unter Friedrichs Tod litt. Sie hatte nicht nur ihren Vater verloren, sondern musste als vermutlich wohlhabendster Backfisch des Reichs immer damit rechnen, dass vermeintliche Freunde sich als Schmarotzer entpuppten, dass Tanzpartner nicht sie, sondern ihr künftiges Vermögen im Blick hatten und ihr bisher unbeschwertes Leben von nun an auf ihre Rolle als Herrscherin über das Krupp-Reich ausgerichtet war.

»Wir sollten herausfinden, wie dringend ein Aus- oder Neubau ist«, fand auch Ernst Haux.

Margarethe sah in die Runde. »Nachdem wir heute viele kleinere Fragen geklärt haben, schlage ich vor, dass wir uns in der nächsten Sitzung damit beschäftigen, wie die Umwandlung in die Aktiengesellschaft erfolgen soll. Mein Mann hat einige klare Vorschläge gemacht, die ich ergänzen möchte.«

Die Direktoren, die bereits dabei gewesen waren, ihre Papiere zusammenzuschieben, sahen auf.

»Ich denke, wir sollten darüber sprechen, wem die Einzelaktien überschrieben werden, die von Gesetzes wegen ausgegeben werden müssen«, sprach Margarethe weiter. »Dass Bertha fast hundert Prozent der Aktien erhält, steht ja fest.«

Ernst Haux sah Margarethe warnend an. Sie wusste, dass sie sich vorher mit ihm hätte besprechen sollen, aber der Gedanke war ihr spontan gekommen, als sie gelesen hatte, wen Friedrich als Einzelaktionäre vorgesehen hatte. Nicht alle Männer waren ihr bekannt, und das gefiel ihr nicht.

»Das ist ein so gewichtiges Thema, dass wir es nicht am Ende der Sitzung nebenbei besprechen sollten«, wandte Max Rötger ein. »Noch dazu ohne Vorlage!«, fügte er mit einem bissigen Unterton hinzu.

»Genau das war mein Vorschlag. Ich möchte Sie bitten, sich darüber Gedanken zu machen. Alles andere ist meines Erachtens bereits geklärt. Wenn sonst niemand ein Thema hat, sollten wir uns wieder an die Schreibtischarbeit machen.« Damit beendete Margarethe die Sitzung, ohne eine weitere Diskussion aufkommen zu lassen. Wenn sie eines von ihrem Vater gelernt hatte, dann derartige Finessen, die er aus seiner Arbeit in die Familie getragen hatte. Wann immer er etwas hatte durchsetzen wollen, hatte er es beim letzten Löffel des Desserts angesprochen und dann sofort die Tafel aufgehoben.

»Frau Krupp, können wir Sie sprechen?« Ernst Haux und Max Rötger kamen auf Margarethe zu, als sie sich von ihrem Stuhl erhob.

»Mir wäre ein Termin in den nächsten Tagen lieber«, antwortete Margarethe. »Ich habe den Mädchen eine Kutschfahrt im Schnee versprochen und vermute, dass dafür inzwischen alles vorbereitet ist.«

Ihr Sekretär nahm bereits ihren Mantel entgegen, den der Diener herbeigebracht hatte. Sie ließ sich von ihm hineinhelfen, setzte den Hut auf und verließ mit einem »Einen schönen Abend noch!« die Runde.

Vor der Tür wartete der Kutscher, um sie sicher zur Villa auf dem Hügel zu bringen.

Als sie die Auffahrt zur Villa hinauffuhren, betrachtete Margarethe einen Augenblick lang die Laternen rechts und links des Weges. Für die geplante Schneefahrt mit den Mädchen waren sie um Fackeln ergänzt worden.

»So hell könnte es von mir aus immer sein«, sagte der Fahrer und wandte sich lachend zu Margarethe um.

»Das sieht die Dienerschaft sicher nicht so. Sie musste

durch den Schnee stapfen und die Fackeln entzünden«, erwiderte Margarethe. »Ich hoffe nur, dass die Fackeln brennen, bis wir die Rundfahrt hinter uns haben. Aber darum kümmert sich ja Ihr Kollege. Sie haben sich den Feierabend nach dieser Fahrt wirklich verdient.«

»Vielen Dank, und eine schöne Rundfahrt wünsche ich Ihnen«, verabschiedete sich der Kutscher, als Margarethe schließlich ausstieg.

Sie wurde sofort von ihren Töchtern umringt, die sich in warme Mäntel, Mützen, Schals und Handschuhe gehüllt hatten. »Wir dachten, du kommst nicht mehr!«, riefen sie und zogen ihre Mutter zu der Kutsche, die auf dem Platz zwischen der großen und der kleinen Villa stand.

»Und ich dachte, wir würden vorher eine Kleinigkeit essen«, wandte Margarethe ein. Doch die Mädchen waren nicht zu stoppen.

»Sie freuen sich schon den ganzen Nachmittag.« Johanna Brandt tauchte in der Tür auf. »Sie haben sogar versucht, den Kutscher zu überreden, dass er mit ihnen allein fährt. Aber er hat sich nicht bezirzen lassen.«

Margarethe überreichte ihr die Akten. »Dann will ich sie nicht länger auf die Folter spannen. Bitte bringen Sie das in mein Arbeitszimmer. Nicht, dass die Unterlagen in den Schnee fallen und unlesbar werden.« Sie zwinkerte der Gesellschafterin zu. »Wobei es um manche nicht schade wäre.«

Noch ehe sie einen Schritt in Richtung Kutsche gemacht hatten, setzte sich diese bereits in Bewegung und kam zu ihnen.

»Hü!«, rief der Kutscher, sobald sie eingestiegen waren und es sich bequem gemacht hatten. Er lenkte die Pferde über die Wirtschaftswege, die das Hügelgelände durchzogen.

Die Mädchen konnten sich nicht sattsehen an den Fackeln und Laternen, auf und unter denen der Schnee leuchtete.

Lange hatten sie keine so entspannte Zeit mehr miteinander verbracht. Doch dann, als sie soeben die letzte Kurve genommen hatten und der Weg fast geradeaus zum Vorplatz der Villa führte, ertönte ein lauter Knall.

Margarethe und die Mädchen erschraken, und die Pferde scheuten. Nur mit Mühe konnte der Kutscher verhindern, dass sie ausbrachen.

»Was war das?«, wollten die Mädchen wissen.

Margarethe hatte keine Antwort darauf. Beunruhigt blickte sie ins Dunkel am Rand des Hügelgeländes. Schnee rieselte von einzelnen Bäumen, und ein Rascheln verriet, dass jemand weglief. Sie sagte jedoch nichts und war froh, dass die Mädchen eher neugierig denn verängstigt rätselten, was wohl das Geräusch verursacht haben konnte.

»Geht bitte vor ins Speisezimmer«, bat Margarethe Bertha und Barbara, als der Kutscher – noch immer kreidebleich – sie wenig später vor der Villa aussteigen ließ. Sie rief sodann Hausmeister Herms und schilderte ihm, was geschehen war, nachdem die Mädchen in Johanna Brandts Obhut verschwunden waren.

»Gleich morgen schauen wir uns die Stelle an«, versprach er. »Jetzt werden wir ohnehin nichts sehen können.«

Margarethe wusste, dass der Mann recht hatte. Wer auch immer wie auch immer die Pferde erschreckt hatte, war sowieso längst über alle Berge. Was blieb, war das unangenehme Gefühl, das sie stets überfiel, wenn sie einen der Drohbriefe las oder sich Neidern entgegenstellen musste. Wie ein dicker Klumpen steckte es in ihr und trat manchmal mehr und manchmal weniger zutage. In diesem Moment schien es sie mit sich in die Tiefe zu ziehen.

»Neben dem Fahrtweg haben wir eine schwarze Stelle gefunden«, berichtete der Hausmeister am nächsten Morgen. »Es sieht ganz danach aus, als hätte dort jemand einen Feuerwerkskörper oder etwas Ähnliches abgebrannt.«

»Einen Feuerwerkskörper hätten wir doch sehen müssen.« Margarethe konnte sich nicht an ein Leuchten erinnern.

»Wenn er gezielt in Richtung Wald gezündet wurde, könnte der Lichtschein von den Bäumen verdeckt worden sein«, mutmaßte Herms.

»Aber wer besitzt denn Feuerwerkskörper?«

»Vor Weihnachten waren sie frei verkäuflich«, berichtete Hügelverwalter Karl Bernsau, den der Knall ebenfalls in Alarmstimmung versetzt hatte. »Ich vermute, dass es sogar in der Krupp'schen Konsumanstalt welche zu kaufen gab. Manche Menschen sparen das ganze Jahr für ein Feuerwerk an Silvester.«

Margarethe mochte Feuerwerk, wäre aber nie auf den Gedanken gekommen, selbst eines zu entzünden. »Sind Sie sicher?«, fragte sie daher.

»Wie gesagt, es kann auch jemand mit Dynamit oder mit einer anderen chemischen Reaktion den Knall verursacht haben. Da müssten wir einen Experten kommen lassen.«

»Das ist zu viel Aufwand«, entschied Margarethe. »Vielleicht hat es auch nur an der Ruhr einen Zusammenstoß gegeben.« Sie glaubte selbst nicht daran, aber es widerstrebte ihr, sich länger mit dem Vorfall zu beschäftigen. »Haben Sie Spuren gefunden? Im Schnee müsste es doch auffallen, wenn dort jemand gewesen wäre.«

Der Hausmeister zog die Schultern hoch. »Der Schnee war zu tief, um etwas aus den Spuren abzulesen. Da gab es zwar Löcher im Schnee, aber die waren zugeschneit. Oder es ist beim Weglaufen Schnee nachgerutscht.«

»Dann belassen wir es für heute dabei«, bestimmte Margarethe. »Bitten Sie jedoch die Wachkräfte, ab sofort besonders aufmerksam zu sein. Es mag sein, dass sich ein Junge einen Scherz erlaubt hat, ich schließe aber auch nicht aus, dass jemand danach trachtet, uns das Leben schwer zu machen.« Sie seufzte. Als wenn das Leben ohne solche Menschen nicht schon schwer genug wäre!

KAPITEL 8

Januar 1903

Am nächsten Morgen bat sie Franz Otto Müller, für 10 Uhr anspannen zu lassen. »Ich fahre zu meiner Sprechstunde. Nach den Feiertagen und bei der Kälte haben sicher einige Familien ein Anliegen.«

Sie blätterte in der Zeitschrift, die der Krupp'sche Bildungsverein seit gut einem Jahr herausgab. Hier fanden die Familien unter dem Stichwort »Nach der Schicht« Ratschläge, wie sie sparsam mit ihrem Salär umgehen, ihre Kinder beim Lernen unterstützen und ihren eigenen Horizont erweitern konnten. Die Redakteure versuchten, mit Bildern und Beiträgen die Freude der Arbeiter an Kunst und Kultur zu wecken, und empfahlen Bücher, die sie und ihre Angehörigen in der Bücherhalle ausleihen durften. In den drei Jahren seit der Gründung der Halle war die Zahl der Bücher stetig angestiegen. Inzwischen waren es knapp 28.000, und für jedes Interesse war etwas dabei. Vielleicht sollte sie Friedrichs stattliche Sammlung naturwissenschaftlicher Werke auch dorthin geben. Margarethe zögerte; sie hatten Platz genug, und möglicherweise entdeckten Bertha und Barbara ja noch ihre Leidenschaft für die Wissenschaft.

»Der Wagen steht bereit«, meldete der Hausmeister.

»Ich komme gleich.« Margarethe beendete die Lektüre

des Briefs ihrer Schulfreundin Hedwig; die einzige Freundin, die aus der kurzen Schulzeit übrig geblieben war. Die meiste Zeit waren die Mädchen der Familie von Ende zu Hause unterrichtet worden, in Fächern und Themengebieten, die ihre Mutter wichtig fand, um Konversation bestreiten zu können. Die Köchin hatte dafür gesorgt, dass sie Handarbeiten, Lesen, Schreiben und Rechnen lernten, und Mutter von Ende hatte es übernommen, ihren Töchtern grundlegende Kenntnisse in Kunst, Literatur sowie das Klavierspiel zu vermitteln und ihnen beizubringen, wie man einen Haushalt führt.

Margarethe war bereits zwölf Jahre alt gewesen, als sie endlich in den Genuss kam, mit Gleichaltrigen auf dem Schulhof zu spielen und zu kichern. Eine kurze Freude. Nach der Konfirmation entschied ihre Mutter, dass es genug sei mit der Schulbildung für ein Mädchen. Dennoch hatte Margarethe sich mit der Tochter des Direktors angefreundet, und obwohl sie nur für kurze Zeit gemeinsam die Schule besuchten, hatten sie sich nicht aus den Augen verloren.

Noch immer wusste Hedwig, wie sie ihre alte Freundin aufheitern konnte. Mit der Erinnerung an einen Klassenausflug mit der Eisenbahn nach Waldenburg. Während ein Teil der Schülerinnen unter Führung von Direktor Luchs zu Fuß zum Fürstensteiner Schloss wanderte, fuhr eine andere Gruppe zusammen mit Frau Direktor im Pferde-Omnibus.

Margarethe schmunzelte. Beim Lesen des Briefes war sie wieder in dem kleinen Dorf, in dem der Pferde-Omnibus voller Mädchen für Aufsehen gesorgt hatte. Zwanzig, wenn nicht gar dreißig Studenten hatten den Bus umringt und waren an ihm herumgeklettert, um den Mädchen den Hof zu machen. Sie warfen sogar Eichenkränze in den Bus, die

die Mädchen sofort wieder hinausschleuderten. Ja, das war lustig gewesen! Wie die Studenten gerufen hatten: »Lassen Sie die Täubchen heraus, gnädige Frau!« Erst als die Frau Direktor ein bekanntes Gesicht unter den jungen Männern entdeckt hatte, gelang es ihr, die Gruppe zu beruhigen. In den Wochen danach hatten sich die Schülerinnen nur »Täubchen« zurufen müssen, um in hysterisches Gelächter auszubrechen.

»Frau Geheimrat!«

Die Stimme ihres Sekretärs trieb Margarethe zur Eile. Rasch schob sie die Schublade zu, um den Kutscher nicht länger warten zu lassen. Zwar verfügte das Unternehmen auch über zwei Automobile, allerdings war die Fahrt darin keine Freude. Friedrich war von dem Scheele-Elektroauto so begeistert gewesen, dass er direkt eines bestellt hatte, um damit auf dem Hügel schneller voranzukommen. Auf dem unebenen Gelände hatte sich das mit der Beschleunigung jedoch als Trugschluss erwiesen, und am Ende war das Gefährt im Unternehmen gelandet, wo es nun sein Dasein als Transportmittel für die Werksboten fristete. Auch der Versuch, einen der modernen Daimler-Wagen zu nutzen, um die Post und leicht verderbliche Ware schneller zu transportieren, wurde abgebrochen, weil Briefe und Lebensmittel bei der Ankunft auf dem Hügel so stark nach Diesel rochen, dass niemand die Fracht lesen oder essen mochte.

Sei's drum. Margarethe zuckte mit den Schultern. Anders als ihr Mann war sie nicht technikverliebt und konnte gut warten, bis sich Neuerungen etabliert hatten und alle Kinderkrankheiten beseitigt waren. Sie genoss das elektrische Licht und das warme Wasser auf dem Hügel und auch das dank Alfreds ausgeklügelter Heiztechnik angenehme Klima in der Villa. Sollten sich die stinkenden Automobile durchsetzen, würde sie diese auch irgendwann nutzen, da sie um einiges schneller waren als die Kutsche. Bis dahin war sie jedoch lieber länger unterwegs, roch nach ihrem guten Eau de Toilette und nahm, wenn sie Freude daran hatte, auch selbst die Zügel in die Hand.

Vor ihrem Büro in der Hauptverwaltung warteten bereits einige Arbeiter und Frauen.

»Ich bin gleich so weit«, versprach Margarethe, als sie hinter der Tür verschwand. Auf dem Schreibtisch lag zu jedem der Wartenden eine von Franz Otto Müller vorbereitete Notiz. Ihr Sekretär hatte diesen Ablauf zusammen mit ihr und Johanna Brandt eingeführt, um in der Sprechstunde möglichst viele Anliegen entscheiden zu können. Seither musste sie auf dem Blatt lediglich notieren, was sie versprochen oder auch abgelehnt hatte, damit es umgesetzt und vermerkt werden konnte.

Sie hängte ihren Mantel auf, steckte vor dem Spiegel im Schrank die letzten losen Strähnchen fest und setzte sich an den Tisch. Rasch überflog sie das erste Dossier. »Der Arbeiter Schaefer ist seit circa sechzehn Jahren im Wald und im Wirtschaftsbereich, insbesondere längere Zeit im Kuhstall, beschäftigt«, las sie.

Er hat sich als sehr treu erwiesen, konnte in den letzten sieben bis acht Jahren allerdings nur halbe Tage arbeiten, da seine Frau kränklich war und er die Hausarbeit verrichten musste. Frau Schaefer liegt nun seit 17 Wochen krank danieder. Der Mann muss, da er von seiner geringen Einnahme eine Pflegeperson nicht bezahlen kann, die Kranke selbst pflegen und kann manchmal überhaupt nicht zur Arbeit kommen, verdient also gar nichts.

»Bitten Sie Herrn Schaefer herein«, bat Margarethe.

Ein Mann mit verhärmtem Gesicht betrat in gebückter Haltung den Raum, die Mütze in den Händen drehend. Margarethe sah ihm das Leid der letzten Wochen und Monate an. Trotzdem bemühte er sich, sie mit einem Lächeln zu begrüßen.

»Guten Tag, Herr Schaefer, setzen Sie sich doch.« Margarethes Sekretär rückte einen Stuhl zurecht, damit der Mann nicht suchen musste und vor Sorge, etwas falsch zu machen, stehen blieb.

»Guten Tag, Frau Krupp ... äh, Frau Geheimrat ... äh, Exzellenz.« Der Mann wurde rot.

Margarethe war gerührt, wie sehr er sich um die korrekte Anrede bemühte, überging die Versuche jedoch, um ihn nicht zu verunsichern. »Ich habe gehört, Ihrer Frau geht es nicht gut«, begann sie das Gespräch und freute sich, dass ihre Strategie wieder einmal Erfolg hatte. Sie hatte schon früh gelernt, dass man Menschen zum Reden bringen konnte, wenn man mit ihnen über ihre Liebe sprach – zu einem Menschen oder einer Idee. Und dieser Mann liebte seine Frau, sonst hätte er sich nicht viele Jahre lang so für sie aufgeopfert.

Eine Träne rollte über die Wange des Mannes. »Sie ist sehr krank, und ich weiß nicht, was ich machen soll. Ich kann sie doch nicht allein zu Hause lassen.«

»Da haben Sie völlig recht, Herr Schaefer, das geht nicht. Aber ich habe eine Idee. Was halten Sie von Folgendem ...« Sie versprach dem Mann für vier Wochen einen Zuschuss von sechs Mark pro Woche, mit dem er eine Pflegerin bezahlen konnte.

»Danke!« Obwohl der große Schreibtisch zwischen ihnen stand, griff der Mann nach Margarethes Hand und drückte sie so fest, dass sie sich verstohlen die Finger rieb, als er sie endlich losließ. Doch das Strahlen in seinem Gesicht berührte sie, denn es verriet die Hoffnung, dass es auch für ihn und seine Frau wieder aufwärtsging.

Der nächste Fall war weniger tragisch, aber auch weniger erfreulich, das sah Margarethe beim ersten Blick in die Notizen. Ein Dienstmädchen, das erst kurze Zeit bei ihnen beschäftigt war, verlangte um die fünfzig Mark für Zahnfüllungen.

Margarethe bat Franz Otto Müller, ihr den Fall zu erklären, bevor sie mit der jungen Frau sprach. »Ich denke, Kosten dieser Art werden von unseren Vertragsärzten direkt mit uns oder der Krankenkasse abgerechnet?«

»Sie haben völlig recht: Wir haben Verträge mit zwei Ärzten, die ein Jahreshonorar bekommen, um unsere Arbeiter und Angestellten zu betreuen. Die Grundversorgung ist für die Familien daher kostenfrei, lediglich Besuche der Angehörigen bei Fachärzten müssen aus eigener Tasche bezahlt werden. Für die Mitarbeiter übernimmt auch das die Firma.«

»Wie kommt es dann, dass das Dienstmädchen für sich selbst einen Zuschuss möchte?«

Der Sekretär schmunzelte. »Nun ja ... ich habe mit dem Zahnarzt gesprochen. Das Fräulein hat Porzellanfüllungen erbeten, und da muss ein Eigenanteil geleistet werden, der für sie fünfzig Mark beträgt.«

»Oh! Dann holen Sie die junge Dame herein.« Margarethe stellte sich darauf ein, dem Mädchen die Meinung zu sagen. Doch dann trat ein verschüchtertes junges Mädchen in Barbaras Alter ein. Es schlich mit gesenktem Kopf und hängenden Schultern zum Schreibtisch, hinter dem Margarethe saß.

Das Verhalten der jungen Frau versetzte Margarethe einen Stich. Wie gut ging es ihren Mädchen im Gegensatz zu der jungen Dienstmagd!

»Womit kann ich Ihnen helfen?«, fragte sie freundlicher als geplant.

Die junge Frau schniefte. Während sie die Privatrechnung auf den Tisch legte. »Ich habe das Geld nicht. Ich wusste das nicht.« Tränen liefen ihr über die Wangen.

»Sie wussten nicht, dass Sie Porzellanfüllungen selbst zahlen müssen?«

Die Antwort bestand aus einem heftigen Nicken, bei dem die Zähne klapperten.

»Passen Sie auf! Nicht, dass Ihre Füllungen kaputtgehen!«, scherzte Margarethe. »Sie wissen doch, Porzellan kann leicht zerbrechen.«

Während Franz Otto Müller grinste, sah das Mädchen Margarethe erschrocken an. »Meinen Sie, die Füllungen gehen kaputt beim Essen?«

»Nein, keine Sorge, ich habe auch welche«, beruhigte Margarethe es. »Ich wollte Sie nur etwas fröhlicher stimmen. Aber vermutlich kann ich das nur, indem wir die fünfzig Mark für Sie übernehmen, was?«

»Das würden Sie wirklich tun?« Zum ersten Mal, seit sie den Raum betreten hatte, schaute die junge Frau auf. »Ich … ich bin Ihnen ja so dankbar!«

»Das ist eine Ausnahme«, mahnte Margarethe. »Aber zeigen Sie mir die teuren Stücke doch einmal.«

Das Mädchen stellte sich dicht vor den Schreibtisch, öffnete den Mund und schob ihren Finger hinein, um auf die Füllungen zu zeigen.

»An der Stelle sehen Porzellanfüllungen wirklich besser aus. Aber passen Sie gut darauf auf, und pflegen Sie sie so, wie der Zahnarzt es Ihnen geraten hat.« Margarethe gab ihrem Sekretär ein Zeichen, dass das Gespräch beendet war, notierte auf dem Blatt ihre Entscheidung und widmete sich sodann den nächsten Besuchern, die ähnlich große und kleine Probleme hatten.

»Das war der Letzte«, stellte Franz Otto Müller schließlich fest. Sie waren beide erleichtert. Es war schön, Gutes zu tun, aber auch anstrengend und belastend, Einblick in so viele Schicksale zu bekommen.

»Heute haben wir wieder einer Menge Menschen geholfen, nicht wahr?« Margarethe reichte Franz Otto Müller die Dossiers mit ihren Anmerkungen. »Ich überlege gerade, ob wir jemals eine Bitte abgeschlagen haben.«

»Oh ja! Denken Sie nur an den Gärtnergehilfen, der wiederholt um Unterstützung für seine kranke Mutter gebeten hat. Beim ersten Mal haben wir sogar einen Zuschuss zu einer Kur ausgezahlt. Der Gärtner hat sich für den Jungen verwendet, deshalb haben wir die familiäre Situation zuerst nicht hinterfragt. Erst als er ein Jahr später wieder um Hilfe für seine Mutter bat, sind wir der Sache nachgegangen.«

»Stimmt. Ich erinnere mich daran. Der Junge hat das Geld auf dem Rummel ausgegeben. Seine Mutter war zwar wirklich krank, aber unsere Hilfe hat sie nicht erreicht.«

»Seither prüfen wir solche Fälle vorab, und vor allem lassen wir uns von den Kurheimen die Rechnungen schicken, wenn die Kranken nicht ohnehin in unser Kaiserin-Auguste-Viktoria-Erholungsheim gehen.«

Margarethe kam ein Gedanke, der ihr nicht behagte. »Was ist aus dem Jungen geworden?«

»Wir haben ihm angeboten, das Geld abzuarbeiten. Er hat es allerdings vorgezogen, sich eine andere Stelle zu suchen.«

»Genau!« Jetzt erinnerte Margarethe sich. »Er hat damals gedroht, dass wir schon noch sehen würden, was wir davon hätten. Können Sie mir eine Liste solcher Fälle zusammenstellen, bei denen wir Hilfe ablehnen mussten und die Bittsteller daraufhin Drohungen ausgesprochen haben?« Vielleicht lag hier ja der Ursprung für die Drohbriefe, die sie seit Friedrichs Tod erhielt.

Sie dachte zudem an den Feuerwerkskörper oder was auch immer den Knall ausgelöst hatte. Wäre der Kutscher nicht so versiert und hätte er nicht so schnell reagiert, hätte ein schwerer Unfall geschehen können. Im Schnee, im Dunkeln, auf teils abschüssigen Wegen. Ab sofort würde sie wachsamer sein, zumal sie nicht ausschließen konnte, dass ihr Cousin sich rächen würde. Sollte sie sterben, würden er und einige andere auf ihrer schwarzen Liste ... Nein, daran durfte sie nicht denken!

In Gedanken versunken ließ Margarethe sich nach Hause bringen. Nach einem leichten Mittagessen mit Johanna Brandt und ihren Töchtern ging sie sofort wieder an den Schreibtisch, um die Korrespondenz zu erledigen.

»Berthold Wansleben«, las sie auf einem der Briefköpfe. Der Name sagte ihr nichts. Die Anrede »Eure Exzellenz Frau Geheimrat Krupp« war ungewöhnlich, die wenigsten Menschen wussten, dass der Geheimratstitel ihres Mannes auch für sie galt. Neugierig überflog sie den Brief. Dann läutete Margarethe nach dem Diener und bat ihn, Johanna Brandt ins Arbeitszimmer zu bitten.

»Ja, Frau Krupp, kann ich etwas für Sie tun?«

Es war erstaunlich, wie schnell Johanna Brandt stets zur Stelle war. Und immer hatte sie die Mädchen im Blick, auch wenn diese inzwischen von anderen Hauslehrern unterrichtet wurden, zumindest in Mathematik und Naturwissenschaften. Fächer wie Geschichte, Literatur und Sprachen waren unterdessen die Domäne der jungen Lehrerin geblieben, die inzwischen längst zur Gesellschafterin geworden war.

»Erinnern Sie sich an den Namen Berthold Wansleben?« Margarethe hielt ihr das Schreiben hin.

»Soweit ich mich erinnere, war Herr Wansleben Chefredakteur der *Berliner Neuesten Nachrichten*. Ihr Mann hat sich für ihn eingesetzt«, sagte Johanna Brandt. »Ich glaube, er hat ihm auch sonst einige Gefallen getan.«

Sofort hatte Margarethe wieder die Schlagzeilen über die vermeintliche Homosexualität ihres Mannes vor Augen, mit denen der *Vorwärts* Friedrich zu Tode gebracht hatte. »War er ...«

Sie atmete erleichtert aus, als Johanna Brandt den Kopf schüttelte und berichtete, dass sich Berthold Wansleben um die Propaganda des 1898 gegründeten Flottenvereins kümmern sollte, dabei allerdings keine gute Figur machte. »Sie wissen ja, dass Ihr Mann schon lange vorher auf Anraten von Herrn Menshausen ein Nachrichtenbüro eingerichtet hat, das sich um die Propaganda für ihn und das Unternehmen kümmert.«

Margarethe nickte. Das war zu einer Zeit gewesen, als Friedrich seine Ideen noch mit ihr besprochen hatte. Ihr hatte der Gedanke ebenfalls zugesagt, dass die Firma Reporter und Zeitungen von sich aus mit Mitteilungen versorgte und nicht darauf angewiesen war, dass diese sich meldeten.

»Ja, ich habe damals bei Herrn Lauter nachgefragt, und in dem Zusammenhang hat sich der Kontakt zu Herrn Wansleben ergeben, den Ihr Mann aber lange vor seinem Tod beendet hat.« Johanna Brandt betrachtete das Schreiben erneut. Berthold Wansleben bot Margarethe an, ihre Interessen in der Öffentlichkeit zu vertreten, obwohl er von der Existenz des Nachrichtenbüros wusste.

»Ich kenne den Mann nicht.« Margarethe konnte sich nicht erklären, wie er auf die Idee kam, sie könnte seine Unterstützung benötigen.

Johanna Brandt sah sie an. »Am besten geben Sie das Schreiben ans Nachrichtenbüro, damit es in Ihrem Namen absagt. Ich weiß nicht genau, was zu dem Bruch geführt hat, aber ich meine mich zu erinnern, dass dieser Wansleben Ihrem Mann eher geschadet als geholfen hat, da er vor allem seine eigenen Interessen im Blick hatte.«

Margarethe ließ sich telefonisch mit dem Verwaltungsgebäude verbinden. »Ich schicke Ihnen einen Brief von einem Herrn Wansleben«, begann sie das Gespräch.

Kaum hatte sie den Namen ausgesprochen, schimpfte der Mitarbeiter des Archivs am anderen Ende der Leitung auch schon los. »Dieser hinterlistige Egomane, der hat uns fast ruiniert mit seinem doppelten Spiel! Jahrelang hat Herr Lauter versucht, das Vertrauen der Presse zu gewinnen, indem er Informationen transparent vermittelt. Dann setzt diese Wanze, Verzeihung ... dieser Wansleben Ihrem Mann den Floh mit dem Flottenverein und der Beteiligung an der Tageszeitung ins Ohr! Ehe Herr Lauter in Pension gegangen ist, hat er mir die ganze Geschichte erzählt. Wir haben hier einen dicken Ordner mit allen Unterlagen. Schicken Sie mir den Brief, ich hefte ihn gerne dort ab.«

Margarethe versuchte vergebens, den Redefluss des Manns zu stoppen.

»Im Sommer 1900 hat Ihr Mann sogar darüber nachgedacht, sich aus dem Unternehmen zurückzuziehen, weil er das Gefühl hatte, seine Person schade der Firma!«

Margarethe zog die Stirn kraus. Das war die Zeit ihrer Ehekrise. Ihr Mann war noch häufiger als sonst auf Capri oder einem seiner Schiffe unterwegs gewesen, weshalb sie von alledem nichts mitbekommen hatte. »Bitte schreiben Sie Herrn Wansleben, dass ich keinen Bedarf habe«, beendete sie das Telefongespräch kurz entschlossen. »Formulieren Sie das so deutlich, dass er mich ab jetzt in Ruhe lässt.«

»Wenn Sie meine Hilfe nicht mehr benötigen, würde ich zu den Mädchen gehen. Sie wollen eine Runde Schlittschuh laufen«, sagte Johanna Brandt und schlug vor: »Kommen Sie doch mit, das wird Sie auf andere Gedanken bringen. Es ist unfassbar, wer sich jetzt plötzlich alles bei Ihnen meldet.«

»Gehen Sie nur, ich komme nach.« Die Gesellschafterin wusste gar nicht, wie recht sie hatte. Vor allem Verwandte aus der Linie ihrer Mutter meldeten auf einmal Ansprüche an. Neben ihrem Cousin Waldemar verlangten besonders zwei alte Tanten, deren Verwandtschaftsgrad sie noch immer nicht ganz durchschaut hatte, plötzlich eine finanzielle Unterstützung wie bereits zu Friedrichs Lebzeiten. *Von Steinfels* – als sie diesen Namen auf einem Brief nur las, fröstelte es sie.

Ausgerechnet diese beiden Frauen, die laut ihrer Mutter immer nur schlecht über Margarethe und ihr Interesse am Lernen geredet hatten. Als sie darauf bestanden hatte, das Lehrerinnenseminar zu besuchen, um selbstständig und unabhängig zu sein, hatten die beiden gehässigen Alten ihrer Mutter zugeredet, das gehöre sich für ein Mädchen von Stand nicht. Und nun baten sie nicht einmal um Hilfe, nein, sie forderten diese ein, als hätten sie ein Anrecht darauf. Sie zögerte. Wenn sie das Ansinnen ablehnte, würde das den Ärger mit ihrer Mutter nur verschärfen, die ohnehin zornig war, weil Margarethe diesen unsäglichen Waldemar von Keimsdorff aus dem Haus gewiesen hatte.

Gerade die Tatsache, dass sie sich auch ihrem Cousin gegenüber behauptet hatte, bestärkte Margarethe dann jedoch in ihrer Entscheidung.

Entschlossen warf sie den Brief ins Kaminfeuer. Es kam immer vor, dass Post verloren ging. Bis die Tanten feststellten, dass sie keine Antwort erhielten, würde viel Wasser die Ruhr hinunterfließen. Sie würde jetzt zu ihren Töchtern runtergehen, statt Zeit auf einen diplomatisch formulierten Brief zu vergeuden, der ohnehin nur Ärger bringen würde.

KAPITEL 9

Februar 1903

Margarethe zog den Mantel enger um ihre Schultern. Es war kalt an diesem 17. Februar, dem ersten Geburtstag, an dem sie Friedrich nicht Glück und Erfolg für das neue Lebensjahr wünschen konnte.

Vor einem Jahr hatten sie den Tag auf dem Hügel gefeiert, Bertha und Barbara hatten mit Freunden ein kleines Stück aufgeführt. Das Foto von Trinidad Fuentes, der mit der Laute den Mädchen und Elisabeth von Kretschmar Friedrich ein Ständchen gebracht hatte, war eine lebendige Erinnerung an jenen Abend. Die Fotos vom heutigen Tag würden ebenfalls in ihr Fotoarchiv aufgenommen, aber sie würde nicht selbst fotografieren, sondern neben dem Relief ihres Mannes zu sehen sein.

Heute war sie frühmorgens mit Bertha und Barbara in der Kirche gewesen, wo der Pfarrer in seinem Gottesdienst für Friedrich betete. Danach hatten sie Lilien am Grab niedergelegt.

Nun standen sie im Altenhof, wo ein Bronzerelief zu Friedrichs Gedenken angebracht worden war, das gleich enthüllt werden würde. Wie im Gussstahlwerk nach Alfreds Tod eine Statue errichtet worden war, sollte an dieser Stelle die Dankbarkeit der Alten und Witwen Ausdruck finden.

»Das Denkmal für Opa Alfred hast du enthüllt, Bertha.«

Margarethe erinnerte sich gut an den feierlichen Moment, dem ihre damals dreijährige Tochter durch ihren Liebreiz viel von dem Pathos genommen hatte, das sich durch die Reden aufgebaut hatte. Wie stolz war sie gewesen, dass sie an dem Klingelzug ziehen und damit die Verkleidung des Denkmals lösen durfte. Ihre großen Augen und den vor Staunen geöffneten Mund hatte Margarethe nie vergessen. So sah ein Kind aus, das etwas aus eigener Kraft bewirkt hatte. In diesem Moment hatte sie erkannt, wie wichtig es war, ihren Kindern Möglichkeiten zu bieten, etwas zu schaffen, auf das sie stolz sein konnten. Auch wenn sie in ihrem Elternhaus Handarbeiten gehasst hatte, waren gehäkelte, gestrickte oder gestickte Werke heute für sie ein Beispiel dafür, wie ihre Töchter und die Dienstmädchen erfuhren, dass sie etwas zu bewegen und fertigzustellen vermochten.

»Wenn ich Opas Denkmal enthüllen durfte, ist heute Barb dran, findest du nicht auch, Mama?«

Margarethe streichelte ihrer ältesten Tochter über die Wange. Wie groß sie geworden war und wie verständig! Immer hatte sie auch das Wohl der anderen im Blick, ganz wie ihr Vater und ihr Großvater. Wahrlich eine echte Krupp und eine würdige Nachfolgerin Friedrichs.

»Oh ja!« Barbara freute sich. »Das mache ich gern!«

Sie hatten den Altenhof als Ort des Gedenkens gewählt, da Friedrich die Siedlung nach dem Tod seines Vaters gestiftet hatte. Wenn etwas in der Firma seine Handschrift trug und nicht die seiner Vorfahren, war es dieser Ort. Er zeigte, wie wichtig es ihm gewesen war, sich um die Seinen zu kümmern – nicht nur seine drei Frauen, wie er Margarethe, Bertha und Barbara gern genannt hatte, sondern die Gemeinschaft aller im Unternehmen. Gerade deshalb hatten ihn die Anfeindungen der Sozialdemokraten, er beute die Arbeiter aus, so sehr getroffen.

Margarethe schüttelte die Gedanken ab und streichelte auch Barbaras Wange. Ihr Lächeln war hinter dem schwarzen Schleier nicht zu sehen, doch die vertraute Berührung zeigte ihre Zustimmung und ihre Nähe.

Ungeduldig wartete Barbara, bis die letzte der Reden verklungen war, die die Enthüllung der Bronze begleiteten. Dann endlich zog sie an einer Ecke des Tuches. Margarethe sah, dass ihr Tränen in die Augen traten. Ihr erging es ähnlich, als sie unvermittelt Friedrichs Blick auf sich spürte.

Ehe Margarethe reagieren konnte, eilte Bertha zu ihrer Schwester, legte einen Arm um sie und führte sie aus dem Blickfeld der Öffentlichkeit. Margarethe blieb stehen, war aber erleichtert, dass sich die Menge bereits zerstreute, während das Krupp-Orchester Friedrichs Lieblingslied intonierte.

Auf der Rückfahrt in der Kutsche hingen die drei Frauen ihren Gedanken nach. Immer wieder rollten ihnen Tränen über die Wangen. Die drei Monate seit Friedrichs Tod waren mit organisatorischen Fragen angefüllt gewesen, und Margarethe hatte dafür gesorgt, dass die Mädchen immer beschäftigt und abgelenkt waren. An diesem Tag aber gab es keinerlei Ablenkung, und das Gefühl, der Vater sei einfach wieder einmal auf einer längeren Reise, stellte sich nicht ein. Hier, vor dem Bronzerelief, hatten auch Bertha und Barbara schließlich akzeptieren müssen, dass der Tod endgültig war und ein neuer Lebensabschnitt begonnen hatte.

Die Wochen darauf verliefen vergleichsweise ruhig. Margarethe behielt ihre Sprechstunden bei und nahm darüber hinaus an den Sitzungen des Direktoriums teil. Da jeder

Verständnis dafür aufbrachte, dass die Familie in der Zeit der Trauer unter sich bleiben wollte, hatten sie auf dem Hügel recht wenig Besuch, und entsprechend wenig gab es für Margarethe zu organisieren.

Um Abstand zu gewinnen und sich über ihre neue Rolle in Ruhe klar zu werden, reiste Margarethe mit ihren Töchtern im März nach Wiesbaden. Am 10. März hatte ihre Mutter Geburtstag, und wenn ihr Verhältnis auch distanziert war, so legte Margarethe doch Wert darauf, dass ihre Töchter den Kontakt zu ihrer Großmutter pflegten. Friedrichs Mutter war im Jahr nach Berthas Geburt verstorben, drei Monate, ehe Barbara auf die Welt kam. Margarethe bedauerte es, dass ihre Töchter keine Erinnerung an diese gütige Frau hatten, die ihr mehr mütterliche Gefühle entgegengebracht hatte als Eleonore.

Margarethe staunte über sich selbst, dass sie es schaffte, bis zu ihrem eigenen Geburtstag am 15. März im Haus ihrer Mutter zu bleiben. Lieber hätte sie sich auf Haus Meineck zurückgezogen, dem kleinen Schlösschen am Ende der Kaiser-Wilhelm-Straße in Baden-Baden. Dort, mit dem Blick auf den Schwarzwald, war es ihr schon immer gelungen, wieder zu sich zu finden. Selbst die Kaiserin hatte sich vor Jahren hier aufgehalten, um einige ruhige Tage mit ihren Kindern zu verbringen.

Heute konnte sie darüber schmunzeln, aber damals? War das eine Aufregung gewesen! Nur zehn Tage hatten ihr für die Vorbereitung zur Verfügung gestanden. Für fünfzig Personen mussten sie Schlafgelegenheiten schaffen. Betten und Möbel wurden vom Hügel in die Villa gebracht, die Haushälterin zog für die Zeit mit vier Dienstmädchen und zwei Dienern nach Baden-Baden.

Hier und heute, in Wiesbaden, ging das Amüsement über

den damals betriebenen Aufwand schnell in Bitterkeit über. Natürlich erwartete sie von ihrer Mutter nichts Vergleichbares, wenn die Krupps anreisten. Und doch wäre ein wenig mehr Entgegenkommen ein schönes Zeichen gewesen. Stattdessen ließ Eleonore keine Gelegenheit aus, um ihre eigene – adelige – Familie in ein gutes Licht zu rücken, besonders ihren Neffen Waldemar von Keimsdorff. Margarethe hatte angekündigt, dass sie sofort abreisen würde, sollte dieser während ihres Aufenthaltes bei der Mutter vorstellig werden. Anscheinend kannte Eleonore ihre Tochter so gut, dass sie wusste, sie würde ihre Drohung wahrmachen, auch mitten im Fest oder bei einer Mahlzeit. Weder Waldemar noch die Tanten von Steinfels oder sonst jemand aus der Familie ihrer Mutter ließ sich blicken.

Wie angespannt sie die ganze Woche dennoch gewesen war, spürte Margarethe erst, als sie am Tag nach ihrem Geburtstag im Salonwagen Richtung Essen saßen. Es war, als fiele ein Anzug aus Stein von ihr ab. Endlich konnte sie ihren Gedanken freien Lauf lassen und sagen, was ihr in den Sinn kam, ohne auf spitze Bemerkungen Eleonores zu achten. Auch behagte ihr das überhebliche Getue ihrer Mutter nicht, die sich wie eine gut situierte Gräfin aufführte, obwohl sie nicht auf einem eigenen Gut mit entsprechender Entourage lebte, sondern in einer kleinen Wohnung von der Pension ihres Ehemanns. Den Mangel an Geld und Gütern versuchte sie dadurch wettzumachen, dass sie sich als Künstlerin inszenierte, die der Kunst zuliebe die Annehmlichkeiten ihres Standes aufgegeben hatte. Für Menschen, die nicht aus dem einen oder anderen Milieu kamen, war das nur schwer zu ertragen.

»Ich bin froh, wenn wir wieder zu Hause sind«, befand Barbara, ohne dies weiter zu erklären.

Bertha nickte. »Oma Eleonore kann anstrengend sein. Schade, dass ich mich nicht an Papas Mutter erinnern kann!«

Margarethe lächelte wehmütig. »Die Mutter eures Vaters war ganz anders als Eleonore. Es tut mir weh, das zu sagen, aber bei ihr habe ich mich mehr als Tochter gefühlt als bei meiner eigenen Mutter. Sie hat sich für andere Menschen interessiert, egal wie arm oder reich sie waren und welchen Familienstammbaum sie vorweisen konnten. Es ist wirklich schade, dass ihr sie nicht erleben durftet – und sie euch nicht. Aber ich bin sicher, sie wäre glücklich darüber, zu welch offenen jungen Damen ihr euch entwickelt habt.«

KAPITEL 10

April 1903

In der Direktoriumssitzung am 22. April wurde der Grundstein für die Krupp Aktiengesellschaft gelegt. Das Direktorium wurde in einen Vorstand umgewandelt, auch wenn die Mitglieder weiterhin intern Direktoren genannt wurden. Max Rötger würde wie bisher der Vorsitzende des Gremiums bleiben, das die Geschicke des Unternehmens leitete. Für die Übernahme von Sitzen im Aufsichtsrat, eine für Aktiengesellschaften verpflichtende Institution, hatten sich Vertraute Friedrichs bereit erklärt. Gustav Hartmann würde den Vorsitz übernehmen und an seiner Seite Staatsminister von Thielen, Justizrat August von Simson und Bankier Ludwig Delbrück die Geschicke des Unternehmens im Blick behalten. Margarethe saß in keinem der Gremien, sie vertrat die Hauptaktionärin und würde dafür sorgen, dass nicht in Vergessenheit geriet, wem die Firma gehörte: Bertha. In ihrer Hand befanden sich alle Aktien mit Ausnahme der Papiere, die dem Gesetz nach im Besitz anderer Personen sein mussten, um die sie mit den Direktoren gerungen hatte.

»Am ersten Juli werden wir die Umwandlung dann offiziell vollziehen«, erklärte Rötger, nachdem die rechtlichen Formalitäten mit dem Notar abgeschlossen waren.

»Haben Sie an die Sicherheitskräfte gedacht?«, erkundigte sich Gustav Hartmann.

»Sicherheitskräfte?« Margarethe blickte fragend in die Runde.

»Nun ja, das Gesetz sieht vor, dass ein Viertel des Aktienkapitals in bar einzuzahlen ist. Bei hundertsechzig Millionen Mark sind das vierzig Millionen.«

»Ich dachte, das Geld würde nur nominell geliehen und eingezahlt. Heißt das, wir fahren mit Koffern voller Geld durch Essen?«

»Sie müssen natürlich nicht mitkommen«, versuchte Max Rötger, Margarethes Bedenken zu zerstreuen. »Wir schaffen das schon. Und selbstverständlich haben wir Herrn Bernsau gebeten, in dieser Zeit die kräftigsten Männer aus dem Sicherheitsdienst zu unserem Schutz abzustellen.«

»Es ist in der Tat von Amts wegen vorgeschrieben, dass das Geld vom Gesellschaftskonto abgehoben und auf das neue Konto der Aktiengesellschaft eingezahlt werden muss.« Gustav Hartmann wandte sich an Margarethe. »In dieser Zeit kann es natürlich im Tresor meiner Bank aufbewahrt werden.«

Margarethe seufzte. Sie sah im Geiste Waldemar von Keimsdorff und die Tanten von Steinfels vor sich, wie sie sich auf das Geld stürzten. So viel Bargeld war schon sehr verlockend. »Ich hoffe nur, dass alle«, sie sah in die Runde, »wirklich alle, die von diesem Prozedere wissen, Diskretion wahren und dass nichts an die Öffentlichkeit gerät. Es gibt genug Menschen, die eine große Freude daran hätten, wenn uns dieser Coup misslänge.«

»Glauben Sie etwa, wir würden in die Welt hinausposaunen, dass wir mit vierzig Millionen Mark unterwegs sind?«, empörte sich Max Rötger.

Wie immer war es Ernst Haux, der sich berufen fühlte, die Wogen zu glätten, ehe sie weiter in die Höhe schossen. »Ich bin sicher, dass jeder hier weiß, was diese Transaktion für das Unternehmen sowie für Sie und Ihre Töchter bedeutet.« Er lächelte beruhigend. »Seien Sie unbesorgt, es wird alles gut gehen. Sie könnten auch für ein paar Tage nach Meineck fahren und erst zurückkehren, wenn alles erledigt ist, wenn Sie mögen.«

»Das kommt überhaupt nicht infrage! Schließlich sprechen wir hier vom Besitz meiner Tochter.« Auch wenn es Margarethe auf der Zunge lag, von ihrem Eigentum zu sprechen, hatte sie sich wie immer unter Kontrolle. Sie ärgerte sich zwar weiterhin, dass ihr Mann verhindert hatte, dass sie das Unternehmen selbst weiterführen durfte, aber inzwischen hatte sie sich in ihrer Rolle als Treuhänderin eingerichtet und fand sogar Freude daran. Es mochte absehbar sein, dass ihre Herrschaft in vier Jahren mit Berthas 21. Geburtstag endete, aber die begrenzte Zeit bis dahin würde sie nutzen.

»Ich glaube, das Thema ist abgeschlossen, oder?«, meldete sich da Max Rötger zu Wort.

Margarethe fragte sich, ob sie etwas übersehen hatte. Warum drängte er darauf, diesen Tagesordnungspunkt so schnell abzuschließen? Hatte er Sorge, dass sie eine versteckte Finte entdeckte? Gustav Hartmann und Ernst Haux stimmten ihm zu, sie sollte ihr Misstrauen also zügeln.

»Wir haben eine Anfrage des Kaisers.«

Margarethe sah Max Rötger an. Das erklärte die Eile des Direktoriumsvorsitzenden.

»Er wünscht, auf dem Schießplatz in Meppen einige Waffen zu besichtigen. Wäre das nicht ein guter Anlass, den persönlichen Kontakt zu Seiner Majestät wieder aufzunehmen?«

Sein Blick blieb an ihr hängen. Jeder am Tisch wusste, dass sie mit Wilhelm zwar freundlich umging, aber nicht allzu viel von ihm hielt. Ohne seine Unterstützung wäre es jedoch sicher nicht gelungen, das Unternehmen und die Familie so schnell aus dem Fokus des *Vorwärts* zu bugsieren. Der Kaiser hatte dafür gesorgt, dass die komplette Auflage der Zeitung konfisziert wurde, und damit verhindert, dass sich die Verleumdung noch weiter verbreitete.

Margarethe nickte ergeben. »Gibt es bereits einen konkreten Termin, wann er in Meppen eintreffen wird?«

»Es sind einige Wochen bis dahin. Angemeldet hat er sich für den 18. Juni.« Max Rötger blickte in seine Unterlagen, um den Termin zu überprüfen.

»Dann schlage ich vor, dass ich ihm einen Brief schreibe und frage, ob wir uns dort treffen und die Beziehungen unserer Familien wiederaufleben lassen sollten.« Sie schmunzelte. »Natürlich im Interesse des Unternehmens, aber das muss ich im Brief ja nicht erwähnen.« Fast hatte Margarethe Freude daran, dass das Direktorium sie um Unterstützung bat. Ganz ging es scheinbar doch nicht ohne sie. Schließlich hatte niemand einen so direkten und persönlichen Draht zu Wilhelm, was sicher auch dessen Frau zu verdanken war, zu der Margarethe seit Jahren ein freundschaftliches Verhältnis pflegte, sofern so etwas zwischen Unternehmergattin und Kaiserin möglich war. Die Herren mussten nicht wissen, dass sie in wenigen Tagen ohnehin mit Bertha und Barbara nach Berlin reisen und dort sicher ein Gespräch mit Auguste Viktoria haben würde.

Sie wollte gerade aufstehen, als Ernst Haux das Wort ergriff. »Eine Nachricht haben wir noch für Sie, verehrte Frau Geheimrätin.«

Margarethe sah ihn überrascht an. Was sollte jetzt noch kommen? Die Glückwünsche des Direktoriums zu ihrem Geburtstag hatten sie bereits in Wiesbaden erreicht.

»Dass der Bauantrag für die Siedlung in Rheinhausen genehmigt ist, wissen Sie ja längst.«

Sie nickte. Das war nichts Neues, sie hatte mit ihren Töchtern nach der Rückkehr aus Wiesbaden bereits die ersten Wohnhäuser besichtigt.

»Die Siedlung hatte bisher noch keinen Namen«, fuhr Haux fort. »Wir haben zunächst über ›Krupp-Siedlung‹ nachgedacht, die Idee dann aber verworfen. Stattdessen ist sie nun unter dem Namen ›Margarethenhof‹ eingetragen. Auch wenn der Anstoß für die Siedlung von Ihrem Mann stammt, hielten wir dies doch für eine angemessene Würdigung Ihres Engagements. Vor allem Herr Schmohl hat uns berichtet, wie interessiert Sie sich am Fortschritt der Siedlung zeigen.«

Margarethe starrte Ernst Haux an. »Das ... das steht mir nun wirklich nicht zu«, stammelte sie, weil sie, die sonst immer so kontrolliert war, sich nicht so schnell sammeln konnte.

Als die Männer auf den Tisch klopften, um ihr die Ehre zu erweisen, stand sie kurz auf. Sie konnte gerade noch verhindern, dass ihr die Tränen, die ihr in die Augen gestiegen waren, über die Wangen liefen. Dieses Bild weiblicher Schwäche würde sie den Männern nicht gönnen. Sie zwang sich zu einem Lächeln und einem »Dankeschön«, das tief aus dem Herzen kam.

Ab sofort würde sie noch genauer verfolgen, wie sich Siedlung und Werk entwickelten. Friedrich mochte Rheinhausen zwar geplant haben, aber unter ihrer Ägide wurden seine Pläne umgesetzt. Das konnte ihr keiner nehmen. Damit würde sie in die Geschichte des Werkes eingehen und vielleicht in die Geschichte der Frauen, die sich auch in Deutschland auf den Weg machten, die Geschicke der Nation zu beeinflussen. Ihre eigenen Flügel waren noch gestutzt, aber schon ihre Töchter würden mehr bewegen können. Dafür würde sie in den nächsten Jahren arbeiten.

KAPITEL 11

Juli 1903

Den ersten Brief an den Kaiser hatte dann doch das Direktorium verfasst. Margarethe hatte es für besser befunden, sich dem Kaiser nicht aufzudrängen – es oblag ihm, sie zu dem Treffen auf dem Krupp'schen Schießplatz hinzuzubitten. Zwar war sie die Hausherrin, aber sie hielt es für angemessen, Zurückhaltung zu üben, zumal niemand wusste, ob ihr womöglich Reporter auf den Fersen waren und darüber wachten, welche Schritte sie als Nächstes tun würde.

Das Nachrichtenbüro sorgte wie gewohnt dafür, dass die Öffentlichkeit über alles informiert wurde, was öffentlich werden sollte und durfte, etwa die Enthüllung des Bronzereliefs auf dem Altenhof und die Fertigstellung der ersten Häuser im Margarethenhof. Über die Umwandlung des Unternehmens in eine Aktiengesellschaft bewahrte es hingegen Stillschweigen, solange das Verfahren nicht abgeschlossen war. Allein die Höhe des Aktienkapitals würde Kritiker auf den Plan rufen, und je mehr Zeit bis dahin seit dem Aufruhr um Friedrichs Tod verstrichen wäre, umso besser.

So hatte Margarethe beschlossen, dem Kaiser zu telegrafieren, sobald er auf dem Schießplatz eingetroffen war. Das hatte den Vorteil, dass sichergestellt werden konnte, dass das Telegramm ihn direkt erreichte. Zwar reiste Wilhelm mit einer Abordnung, jedoch ohne seine komplette Verwaltung, in der sich Korrespondenz schon mal verlieren konnte.

»An des Kaisers und Königs Majestät, Schießplatz Meppen«, diktierte Margarethe ihrem Sekretär:

Eure Majestät werden mir die Gnade gestatten,
Allerhöchstdieselbe bei dem Betreten des Krupp'schen
Schießplatzes Meppen in wehmütiger Erinnerung meines
lieben Mannes in tiefster Ehrfurcht zu begrüßen. Ich tue dies
in dem Gefühl unauslöschlichen Dankes für die Huld und
Gnade, welche Eure Majestät meinen Kindern und mir nach
dem Heimgang meines Mannes zu bezeugen geruht haben,
und für den heutigen Beweis des fortdauernden Wohlwollens
für die Unternehmungen meines Mannes. Eurer Majestät
bitte ich dabei namens meiner Tochter Bertha das Gelübde zu
Füßen legen zu dürfen, dass auch fernerhin die Krupp'schen
Werke alles daransetzen werden, sich des erhabenen Schutzes
Eurer gnädigen Majestät würdig zu zeigen.
In tiefster Ehrfurcht allerunterthänigst Margarethe Krupp

Sie hatte lange an diesem Text gefeilt, der Papierkorb quoll über von verworfenen Versuchen und Notizen. Der kurze Brief durfte nicht zu aufdringlich wirken, aber auch nicht zu anbiedernd klingen, obwohl sie den Kaiser dafür gewinnen wollte, das Unternehmen weiterhin mit lukrativen Aufträgen zu versorgen und sich in der Öffentlichkeit zu Krupp als dem wichtigsten Unternehmen seines Reiches zu bekennen.

Dass sie den richtigen Ton getroffen hatte, zeigte sich daran, dass die Antwort nicht lange auf sich warten ließ.

Erleichtert las sie:

Frau Krupp Excellenz, Essen. Ich hatte den hiesigen
Schießplatz in wehmütiger Erinnerung betreten, als Mir Ihr
Telegramm übergeben wurde, dessen Inhalt Mich tief bewegt.
Ich danke Ihnen für die darin ausgesprochene Gesinnung
von Herzen mit der Versicherung, dass ich niemals vergessen
werde, was der Verstorbene und unter seiner Leitung
die Firma Krupp für das Vaterland getan haben. Mein
Vertrauen, welches Ihr seliger Mann voll besaß, gehört in
demselben Maße Ihnen, Ihrer Tochter und der Firma, deren
patriotische Wirksamkeit und rastloses Streben in dankbarer
Erinnerung an Ihren verstorbenen Mann Mein wärmstes
Königliches Interesse immer begleiten wird.
Wilhelm, I. R.

»Bitte leiten Sie das Telegramm umgehend an die Direktoren weiter«, bat Margarethe ihren Sekretär. Sie stockte. »An
die Herren Aufsichtsräte, so muss ich jetzt wohl sagen.«

Franz Otto Müller lächelte. »Erst in zwei Wochen, um
genau zu sein. Noch ist die Umwandlung nicht vollzogen.«

Margarethe nickte. Sie war weiterhin unsicher, ob es richtig war, dass die Personengesellschaft, die ihrer Tochter Bertha gehörte, nun in eine Aktiengesellschaft umgewandelt
wurde, auch wenn Bertha als Hauptaktionärin die Inhaberin
blieb. Alfred und Friedrich hatten damit verhindern wollen,
dass das Unternehmen zerschlagen wurde, um es unter vielen Erben aufzuteilen. Ernst Haux und Gustav Hartmann
hatten ihr wiederholt erklärt, dass sichergestellt sei, dass niemand einzelne Aktien verkaufen und Berthas Macht schwä-
chen konnte. Solange Margarethe die Vormundschaft über
ihre Tochter habe, könne sie dafür sorgen, dass der Wunsch
ihres Mannes geachtet wurde, hatten die Herren versucht,
sie zu beruhigen. Aber was, wenn Bertha sich von schlechten

Beratern etwas anderes einflüstern ließ, sobald sie das Sagen hatte? Oder einen Ehemann, der sich nicht der Familie verpflichtet fühlte? Margarethe lehnte sich zurück und betrachtete nachdenklich ihre Hände. Seit ihrer Heirat erlebte sie in ihrer eigenen Familie zur Genüge, dass es schwarze Schafe gab, die sich aushalten oder ihre Vergnügungen von besser gestellten Angehörigen finanzieren ließen.

»Frau Krupp?«

Wie es Johanna Brandt nur immer gelang, so geräuschlos umherzugehen, um sie nicht zu stören. In allem nahm sie sich zurück. Niemals forderte sie etwas für sich selbst, das Wohl der Mädchen und inzwischen auch das der Hausherrin war ihr oberstes Gebot. Nun, vielleicht lag es daran, dass sie hier ein zweites Zuhause gefunden hatte. Sie war im Elsass geboren und in Hessen aufgewachsen, wo ihr Vater als Musiklehrer tätig gewesen war. Auch nach seinem frühen Tod hatte ihre Mutter alles darangesetzt, ihrem Kind den Besuch der Schule und später des Lehrerinnenseminars in Karlsruhe zu ermöglichen.

Margarethe rechnete nach: Im Oktober 1890 hatte Johanna Brandt ihren Dienst angetreten, als Kindermädchen zunächst, obwohl die Position weit unter den Möglichkeiten lag, die ihr der Abschluss als Oberlehrerin bescheinigte. Mehr als zwölf Jahre war sie nun auf dem Hügel, und sie hatte nicht nur dafür gesorgt, dass ihre Töchter fließend Französisch sprachen, sondern auch dafür, dass die Mädchen über sich und die Gemeinschaft nachdachten, über die Geschichte und die Zukunft.

Margarethe lächelte Johanna Brandt zu. »Ja, Fräulein Brandt? Wie geht es eigentlich Ihrer Mutter? Ich musste gerade daran denken, wie lange Sie schon bei uns sind und wie selten Sie von Ihrer Familie erzählen.«

Ein Strahlen ging über das Gesicht der jungen Frau. »Danke, dass Sie nach meiner Mutter fragen! Sie erfreut sich bester Gesundheit und wohnt nun bei ihrem Bruder. Dank Ihrer großzügigen Entlohnung, Frau Krupp, kann ich die Familie unterstützen, sodass sie ein gutes Leben hat.«

»Da bin ich froh.« Das war keine Floskel, Margarethe freute sich von Herzen darüber, wenn es anderen Menschen gut ging, besonders jenen, die ihr wichtig waren. »Ich habe manchmal Sorge, dass Ihre Mutter Sie vermisst, aber ich würde Sie ebenfalls vermissen, ein wenig sind Sie zu einer großen Tochter geworden.«

Johanna Brandt wurde rot. »Danke, das ist eine große Ehre, Frau Geheimrat.«

Margarethe winkte ab. »Nun kommen Sie nicht mit ›Frau Geheimrat‹. Ich weiß ohnehin nicht, warum mir ein Titel zustehen soll, der meinem Mann verliehen wurde. Was wollten Sie eigentlich?«

Johanna Brandt streckte den Rücken durch. »Herr Bernsau hat einen Boten geschickt, dass die neue Orangerie so weit wäre, dass Sie sie besichtigen können.«

»Oh, das hatte ich ganz vergessen! Ich dachte, der Umbau wäre nach dem Tod meines Mannes zurückgestellt worden.«

»Er war wohl nötig, weil die Pflanzen andernfalls nicht mehr richtig gehalten werden konnten.« Die junge Frau lächelte. »Und die Rose, die nach Ihrem Mann benannt wurde, braucht ja auch ihren Platz«, wagte sie zu scherzen.

Damit lockte sie ein Lächeln auf Margarethes Gesicht.

»Aber die Gärtner und Herr Bernsau können Ihnen das viel besser erklären.«

»Dann sollten wir uns auf den Weg machen«, fand Margarethe. »Wie ich Herrn Bernsau kenne, steht er für unseren Besuch schon bereit, seit er den Boten auf den Weg geschickt hat.«

Da der Frühsommer seinem Namen alle Ehre machte, gingen die Frauen die wenigen Schritte zur Orangerie zu Fuß. Auf dem Weg dorthin schlossen sich ihnen Bertha und Barbara an, die eigentlich auf dem Tennisplatz ihre Aufschläge hatten verbessern wollen.

Karl Bernsau winkte ihnen bereits von Weitem zu. Neben ihm stand der Hauptgärtner, Friedrich Veerhoff, sichtlich aufgeregt, was seine Dienstherrin wohl von den Neuerungen halten würde, die mit dem Umbau Einzug gehalten hatten.

KAPITEL 12

August 1903

»Ah, diese Luft!« Wohlig blickte Margarethe von der Terrasse von Haus Meineck über Baden-Baden. Endlich konnte sie sich einige Wochen Auszeit gönnen. Auch wenn sie kaum in die Formalitäten zur Umwandlung des Unternehmens in die Aktiengesellschaft involviert war, waren die letzten Wochen aufregend gewesen. Reporter hatten wiederholt versucht, auf dem Hügel zu ihr vorzudringen, manche waren sich nicht einmal zu fein gewesen, Bertha anzusprechen, wenn sie sie auf dem Anwesen antrafen.

Täglich hatten die Zeitungen von den »Großkopferten aus Essen« geschrieben, die ihr Vermögen in Aktien umwandelten, um es vor dem Staat zu schützen. Irgendwann hatte gar das Gerücht die Runde gemacht, die Aktien würden wie Banknoten in einem versteckten Tresor auf dem Hügel aufbewahrt. Danach hatte der Sicherheitsdienst immer wieder Männer abwehren müssen, die um die Pavillons und vor allem die neue Orangerie herumschlichen. Als dann auch noch die Meldung über den Neubau des Gewächshauses für Orangenbäumchen und andere Pflanzen mediterraner Provenienz, von denen Friedrich einige aus Capri mitgebracht hatte, die Runde machte, nahmen die Gerüchte kein Ende mehr. Unter dem Haus befinde sich der Keller für die Aktien, so wurde getuschelt. Bis es dem Direktor der Reichsbank endlich gelang, den Reportern zu erklären, dass die Aktien nicht als einzelne Papiere vorlagen, verging kein Tag, ohne dass ein Eindringling aufgegriffen wurde. Erstaunlich war nur, dass Waldemar von Keimsdorff nicht auftauchte. Stattdessen erbot sich der unsympathische Wansleben wieder, dafür zu sorgen, dass die Zeitungen keinen solchen Unsinn schrieben.

Margarethe schüttelte sich. All diese Gedanken und Erlebnisse sollte ihr die Schwarzwaldluft aus dem Kopf blasen. Wie gut Friedrich daran getan hatte, ihr dieses Abbild der Villa auf dem Hügel zu schenken! Damals hatten sie beide große Pläne gehabt. Waren sie bis dahin vornehmlich gereist, um fremde Länder als mögliche Märkte kennenzulernen, mischte sich in Friedrichs Gedanken immer stärker der Herzenswunsch seiner Kindheit, Naturwissenschafter zu sein. Das Krupp-Werk stand gut da, und er konnte es sich leisten, einige Wochen im Jahr auf einem Forschungsschiff im Mittelmeer unterwegs zu sein und die Fauna und Flora der Tiefsee zu erforschen. Dank seiner Unterstützung waren den Forschern zahlreiche bis dahin unbekannte Tierarten ins Netz gegangen; sogar neue Informationen über den Flussaal, nach dem seit Aristoteles' Zeiten gesucht wurde, hatten sich ergeben. Die Beschreibung der Entdeckungen überließ Friedrich bereitwillig den Wissenschaftlern, er freute sich aber wie ein Kind, wenn sein Name als *kruppi*, *kruppii* oder *fredericii* im Gattungsnamen des Tiers auftauchte. Für die Wurmschnecke *Kruppomenia minima Nierstrasz* hatte der Wissenschaftler Hugo Nierstrasz im Register der Meereslebewesen sogar eine neue Gattung einrichten müssen.

Als sie damals über seine Visionen gesprochen hatten, war Margarethe klar geworden, dass sie selbst nie einen vergleichbaren Traum gehabt hatte. Ihr Leben war vom Kampf mit den Eltern, vor allem mit der Mutter, um Bildung bestimmt gewesen. Schon als kleines Mädchen war sie neugierig und hatte alles Wissen in sich aufgesogen. Immer hatte sie ihre Brüder beneidet, die nach Herzenslust im Freien herumtollen durften und Wissen über die Natur und die Welt sammelten, während sie selbst in Handarbeiten und Konversation unterrichtet wurde. Wie hatte sie die Handarbeiten, die ihr heute so flott von der Hand gingen und sogar Freude bereiteten, damals gehasst! Aber früher hatte sie nur die Jubelschreie ihrer Brüder gehört, die sich im Sommer über die Wiese kugelten, im Herbst in das zusammengeharkte Laub stürzten und die im Winter bei einer Schneeballschlacht rote Wangen bekamen, während sie in der guten Stube saß und unter der Aufsicht ihrer peniblen Mutter Blumen und Wappen stickte, wie es sich für eine Tochter aus gutem Hause gehörte. Sie konnte froh sein, dass es in den Fünfzigerjahren üblich war, dass Mädchen Lesen, Schreiben und Rechnen lernen mussten. Dankbar war sie ihrer Mutter hingegen dafür, dass sie Französisch lernen durfte; für ihre Mutter die Sprache des Adels, für sie heute eine weitere Möglichkeit, sich mit den Gästen aus aller Welt auf dem Hügel zu verständigen.

Die Zeit, die für den Unterricht zur Verfügung stand, war jedoch immer weniger geworden. Ihre Mutter, die den Haushalt nie für eine Aufgabe der Herrin gehalten hatte, hatte Margarethe immer mehr Aufgaben der Haushaltsführung übertragen. Während sich Margarethe mit der Köchin über die Mahlzeiten beriet und dafür sorgte, dass die große Wäsche gemacht wurde, nahm Eleonore Zeichenunterricht und entwickelte Ambitionen als Künstlerin. Zwischendurch gebar sie ein weiteres Kind, das sie in die Obhut der älteren Töchter gab, wie es für eine Dame ihres Standes üblich war.

Eine Dame meines Standes – Margarethe konnte es nicht

mehr hören. Ihre Mutter war die Ehefrau eines höheren Beamten, der ohne Zweifel bedeutsame Ämter bekleidete, aber sie war keine Gräfin oder Herzogin wie Antoinette von Anhalt, in deren Haushalt Margarethe vor ihrer Hochzeit zwei Jahre lang gelebt hatte. Niemals hatte sie von der Herzogin gesagt bekommen, dass sich dieses oder jenes für eine Dame ihres Standes gehöre oder nicht gehöre. Antoinette von Anhalt packte an, wo es nötig war, auch wenn das meiste von dienstbaren Geistern erledigt wurde, und wenn sie in der Sommerfrische waren, kümmerte sie sich zusammen mit Margarethe selbst um die Kinder.

»Mama!«

Margarethe zuckte zusammen. Es kam ihr vor, als würde sie aus einem Traum herausgerissen. Sie schüttelte sich. All das war vorbei, zum Glück! Aber wie war sie überhaupt auf diese Gedankenreise gelangt?

»Fräulein Brandt hat uns gefragt, was wir am allerliebsten im Leben machen möchten.« Barbara stand mit geröteten Wangen vor ihr.

Das war es gewesen: Friedrichs Traum, Naturwissenschaftler zu werden. Ein Traum, der ihre Leben auseinandergeführt und ihm indirekt den Tod gebracht hatte. Hätte er nicht versucht, ihn in Italien zu verwirklichen, hätte Friedrich sich nicht in die Insel Capri verliebt, hätte er sich nicht dort ein zweites Refugium geschaffen, das ihn in den Abgrund gerissen hatte …

Sie schüttelte sich. Weg mit diesen Gedanken! »Und? Was möchtet ihr am allerliebsten machen?«, fragte sie.

»Malen«, antwortete Bertha, die sich mit Johanna Brandt zu ihrer Mutter und ihrer Schwester gesellt hatte. »Maltechniken ausprobieren: Aquarell, Öl, Kreide, alles, was die Maler verwenden.«

Margarethe lachte. »Das ist dir wohl lieber als Stricken, Häkeln und Sticken, was? Aber das Gute ist, Malen kannst du immer und überall, auch wenn du in wenigen Jahren das Unternehmen leitest und Mutter bist.«

Bertha nickte. »Ja, das denke ich auch. Ich würde gern Unterricht bei einem echten Künstler nehmen.«

»Frag doch Onkel Felix«, schlug Barbara vor.

Margarethe nickte. Ihr Bruder Felix hatte an der Kunstakademie in Düsseldorf studiert sowie später an der Königlichen Akademie der Bildenden Künste in München und sich längst einen guten Ruf erworben. Ein wenig beneidete sie ihn darum. Sie hatte zwar nie an der Kunstakademie studieren wollen, aber die Akademien und Universitäten waren in den Siebzigerjahren für Mädchen noch tabu gewesen. Sie konnte sich glücklich schätzen, dass sie ihren Eltern den Besuch des Lehrerinnenseminars abgetrotzt hatte. Selbst das war für ihre Zeit außergewöhnlich gewesen, es gab nur wenige öffentliche Ausbildungsstätten für Lehrerinnen. Margarethe unterdrückte ein Seufzen. Ihre Mutter hatte ihr nach der Geburt des jüngsten Kindes verboten, das Lehrerinnenseminar weiterhin zu besuchen. Sie sollte sich um ihre kleinste Schwester Irene kümmern, was zu einer besonders engen Beziehung zwischen ihnen führte. Aber ihr fehlte dadurch der Abschluss als Lehrerin. In England und später am Hof in Dessau hatte das niemanden gestört, aber sie hätte gern an einer Schule unterrichtet, um Mädchen Mut zum Wissen zu vermitteln.

»Ach, seine Bilder sind immer so düster und altbacken«, wehrte Bertha den Vorschlag ihrer Schwester ab.

»So hat man zur Zeit seiner Ausbildung eben gemalt«, mischte sich Johanna Brandt ein. »Euer Onkel hat vor dreißig Jahren mit den Kunststudien begonnen, wenn ich das richtig im Kopf habe. 1872, in Düsseldorf, oder?«

Margarethe nickte. »Ja, das passte damals, weil Vater dort Regierungspräsident geworden war und die Akademie gleich um die Ecke lag.«

»Und du hattest Papa gleich um die Ecke.« Barbara zwinkerte ihrer Mutter zu.

»Da war Mama doch gerade erst achtzehn!« Bertha sah ihre Schwester empört an. »Da hat sie doch noch nicht ans Heiraten gedacht.«

Margarethe und Johanna Brandt lachten laut. »Das denkt ihr! Als ich in eurem Alter war, hat meine Mutter bereits damit begonnen, die jungen Männer in unserem Umfeld auf Ehetauglichkeit zu prüfen.«

»Mädchen sollten damals möglichst früh unter die Haube gebracht werden«, stimmte Johanna Brandt zu. »Wenn sie keinen Mann abbekamen, mussten sie zu Hause im Haushalt helfen.« Sie seufzte. »In den Familien meiner Freundinnen war das exakt so. Nur bei uns war es anders, weil meine Mutter nach dem Tod meines Vaters selbst erlebt hatte, wie schlimm es ist, keinen Beruf zu haben. Sie hat uns sehr gefördert. Die Mutter meiner Freundin dagegen hat ständig darüber geklagt, dass sie sie durchfüttern müsse und sie womöglich das ganze Leben lang ihrem Bruder auf der Tasche liegen würde, wenn sie nicht endlich einen Mann fände.«

Bertha und Barbara sahen ihre Lehrerin mit großen Augen an. »War das wirklich so?«

Johanna Brandt nickte. »Wie gesagt, bei mir nicht, ich wollte Lehrerin werden und durfte das auch. Meine Freundin ließ sich schließlich vom Pfarrer überzeugen, dass sie ausersehen sei, eine Braut Christi zu werden und ins Kloster zu gehen. Ihre Eltern haben ihr so zugesetzt, dass sie diesen Weg am Ende dann auch gegangen ist.«

»Haben Sie deshalb gefragt, was wir am allerliebsten machen würden?« Barbara stützte sich auf die Balustrade der Terrasse und blickte auf die Schwarzwaldtannen, als würde sie dort eine Antwort finden.

»Genau! Ich wollte immer unterrichten«, erzählte Johanna Brandt. »Schon in der Schule habe ich den Kleinen geholfen, wenn sie etwas nicht verstanden haben und der Lehrer keine Rücksicht auf sie nahm. Der Traum, eine gute Lehrerin zu werden, hat mir Kraft gegeben, meine Mutter zu überzeugen. Sie hat das eingesehen und keinen Mann für mich gesucht. Ich musste aber versprechen, dass ich ihr und meinen Geschwistern mit dem Geld, das ich als Lehrerin verdiene, helfe, wenn sie in Not sind.«

»Wieso das denn?« Bertha war empört. »Das Geld brauchen Sie doch für sich!«

»Na ja, wenn ich heiraten würde, könnten sie im Notfall bei mir und meinem Mann wohnen.«

»Aber sie können selbst Geld verdienen«, widersprach Barbara.

»Was würdest du denn am allerliebsten machen?« Margarethe fand es an der Zeit, dem Gespräch eine andere Wendung zu geben. Zu helfen war das eine, ausgenutzt zu werden die Kehrseite der Medaille, aber dieses Thema wollte sie vor der Tür ihres beschaulichen Domizils lassen. Hier wollte sie sich erholen, Abstand gewinnen und mit den Mädchen besprechen, wie ihre nahe Zukunft aussehen sollte.

Barbara lächelte. »Ich liebe es, Menschen zu treffen. Vor allem aus anderen Ländern.«

Margarethe betrachtete ihre Tochter, die im Gegensatz zu Bertha quirlig und umtriebig war. Sie wusste genau, dass sämtliche Streiche der beiden auf die Jüngere zurückgingen.

»Und ich möchte reisen. Am liebsten einmal um die Welt.« Ein Leuchten trat in Barbaras Augen, als sie davon schwärmte, wie sie mit der Eisenbahn und dem Schiff, vielleicht sogar mit einem dieser modernen Automobile von Land zu Land reisen würde.

»Ganz allein?« Bertha sah ihre jüngere Schwester erstaunt an.

»Nein, mit meinem Mann.« Barbara kicherte. »Er muss vor allem gut aussehen und mich lieben. Wenn er Geld hätte, wäre das nicht schlecht, aber wenn nicht, kannst du mir ja helfen. Du bist doch so reich.«

Nun lachten alle vier Frauen. »Ich fürchte, dass sich schon bald die ersten Junggesellen einfinden werden, um dir den Hof zu machen, Bertha«, sagte Margarethe schließlich. Es bereitete ihr tatsächlich Sorge, wie sie ihre Töchter angemessen verheiraten konnte, ohne dass diese einem Hochstapler oder Betrüger auf den Leim gingen, der es nur auf das Geld abgesehen hatte.

»Pah! Die sollen nur kommen! Wenn sie mir nicht gefallen, können sie gleich wieder verschwinden«, beruhigte Bertha ihre Mutter.

»Vielleicht sollten wir euch zu einem Debütantinnenball in Berlin anmelden …« Margarethe verzog das Gesicht. »Nein, das machen wir nicht. Meine Erinnerungen an diese Bälle sind schrecklich. Ihr könnt euch das nicht vorstellen! Lauter junge Menschen aus der besseren Gesellschaft, die verheiratet werden sollen.« Sie schüttelte sich. »Die hübschesten Mädchen wurden sofort zum Tanz aufgefordert, die anderen mussten oft lange warten, ehe sich ein Mann erbarmte.«

Sie verriet nicht, zu welcher Gruppe sie gehört hatte. Das war auch nicht nötig, sie hatten schon oft darüber gesprochen, dass ihr Gesicht nicht so ebenmäßig war, wie es dem Schönheitsideal entsprach. Und schon immer hatten ihre

Augen nur geglänzt, wenn sie jemandem helfen konnte oder mit Menschen über etwas sprach, das ihre Aufmerksamkeit fesselte. Wie damals, als Friedrich ihr von seinem Wunsch, Ingenieur zu werden, vorgeschwärmt hatte.

»Darf ich den Tee servieren?« Das Dienstmädchen unterbrach die Gedanken.

»Oh ja, mit den köstlichen Gutsle!«, rief Barbara und flitzte zu dem Tisch am Rande der Terrasse, der bereits mit feinstem Meißner Porzellan gedeckt war und nur darauf wartete, dass Tee und Gebäck serviert wurden.

»Ist das Papas Rose?« Bertha deutete auf die gelbe Rose, die in einer kleinen Vase mitten auf dem Tisch stand.

»Die Rosen habe ich aus dem Garten meiner Mutter mitgebracht«, sagte das Dienstmädchen, während es Tee einschenkte. »Sie passen so gut zu der Tischdecke mit den gelben Blümchen.«

»Herzlichen Dank!« Margarethe überlegte, wie sie sich für diese Geste erkenntlich zeigen konnte, ohne das Mädchen in Verlegenheit zu bringen. Ihr Blick fiel auf das zarte Gebäck, das die Köchin gebacken hatte. Sie wusste, dass diese immer ein Auge darauf hatte, dass die Mädchen nicht naschten und erst recht nicht auf die Idee kamen, die Plätzchen mitzunehmen. »Was meinst du, würde deine Mutter sich über einige der Kekse freuen?«

Das Dienstmädchen strahlte und knickste stumm.

»Das soll wohl Ja heißen, nicht wahr?« Margarethe lächelte der jungen Frau wohlwollend zu und bat Johanna Brandt, sich darum zu kümmern, dass einige Kekse für sie eingepackt wurden.

»Danke!«, sagte das Mädchen, als es seine Sprache wiedergefunden hatte. Sonst war die junge Frau nicht auf den Mund gefallen, aber die Freude darüber, dass die Herrin ihre

Aufmerksamkeit mit einem Geschenk bedachte, war zu groß. So etwas hatte sie in den anderen Häusern an der Kaiser-Wilhelm-Straße, in denen sie während der Sommerfrische aushalf, wahrscheinlich noch nicht erlebt.

»Wir sollten wirklich überlegen, auch hier einige der Rosen anzupflanzen, die Nicola Welter eurem Vater gewidmet hat«, sann Margarethe. »Auf dem Hügel stehen bereits welche im Gewächshaus.«

Barbara prustete los. »Entschuldigung!«, nuschelte sie sodann unter dem strengen Blick ihrer Mutter, »aber es ist wirklich lustig, dass ausgerechnet eine Teerose nach Papa benannt wurde. Stellt euch vor, ihr sitzt am Tisch, und auf der Tafel stehen diese ›gelben, leicht gefüllten Rosen, die einen sanften Duft verströmen‹, wie die *Rosen-Zeitung* behauptet. Jemand fragt, was das für Rosen seien, und ihr sagt, das ist die Friedrich Alfred Krupp.«

Bertha fiel in das Lachen ein, Margarethe und Johanna Brandt verzogen lediglich den Mund zu einem Lächeln, immerhin ging es hier um den verstorbenen Vater.

Bertha fasste sich als Erste. »Ich wüsste gern, wie er auf diese Idee gekommen ist. Wir haben den Mann doch nicht beauftragt?«

Margarethe wand sich in ihrem Sessel. »Ich dachte, ich hätte euch das erzählt. Der Züchter hat Kontakt zu mir aufgenommen und gefragt, ob er den Namen wählen dürfe. Mir fiel kein Grund zur Ablehnung ein. Es ist sehr ärgerlich, dass die *Rosen-Zeitung* später den Eindruck erweckte, ich hätte die Züchtung erbeten.«

»Das hast du uns verheimlicht, Mama!« Barbara sprang empört auf. »Der hätte die Rose doch auch ›Barbara Krupp‹ nennen können oder ›Bertha Krupp‹. Das ist wirklich ungerecht.«

»Wenn, dann hätte er eher ›Margarethe Krupp‹ wählen sollen«, warf Johanna Brandt ein, die unterdessen das Heft geholt hatte. »Hier habe ich den Artikel: ›Die beiden Sämlinge dieser reich blühenden Teerose sind noch unbekannt. Aber das Ergebnis kann sich sehen lassen, die lange, kugelige Knospe öffnet sich sehr leicht. Die Blüte ist gelb, fast lachsgelb, und die äußeren Blütenblätter haben einen zarten rosa Rand.‹«

Barbara lachte. »Das passt doch gar nicht zu Papa.« Sie verzog das Gesicht. »Eigentlich wäre nur Bertha als Namensgeberin infrage gekommen, aber das wäre dann wirklich ungerecht Mama und mir gegenüber. Was steht da sonst noch, Fräulein Brandt? Vielleicht, wo man einen Rosenauftrag erteilen kann?« Sie warf ihrer Mutter einen verschmitzten Blick zu.

»Nicht viel. Vor allem, dass die Teerose einen besonderen Duft hat und eine der größten und schönsten Blumen in dieser Farbe ist.« Dass der Beitrag mit dem Hinweis endete, die Rose solle auf Wunsch von Frau Geheimrat Krupp den Namen Friedrich Alfred Krupp tragen, unterschlug sie.

Margarethe fragte sich dennoch, wie es dazu hatte kommen können. Am liebsten hätte sie das Nachrichtenbüro auf das Thema angesetzt, sollten die Herren dort es herausfinden. Aber vermutlich hatte in der Firma niemand etwas davon mitbekommen. Das Heft der *Rosen-Zeitung* war direkt auf den Hügel geschickt worden. Wenn sie zurück in Essen war, würde sie ihren Sekretär bitten, der Sache nachzugehen.

Sie stand auf. »Genug über Rosen geplaudert! Wir sollten bei dem schönen Wetter nicht nur am Tisch sitzen, sondern in die Berge gehen. Auf geht es! Macht euch für einen kleinen Spaziergang auf der Badener Höhe bereit.«

Sie wunderte sich, weil Bertha und Barbara keine Anstalten machten, sich zu erheben. »Wir haben etwas zu besprechen«, sagte Bertha.

»Stimmt es, dass wir hier in die Schule gehen sollen?«, erkundigte sich Barbara. Sie verdrehte dabei genervt die Augen, und ihre Stimme hatte mit einem Mal einen zornigen Unterton.

Erstaunt sah Margarethe sie an. Was war nur in die Mädchen gefahren? Gerade hatten sie noch gelacht und gekichert, und nun wirkten sie aufgebracht. »Fräulein Brandt und ich dachten, es wäre für euch schön, ein paar Monate auf der Großherzogin-Luise-Haushaltungsschule zu verbringen«, sagte sie. »Von der Vorsteherin Fräulein Schück habe ich nur Gutes gehört.«

»Ich will nicht kochen lernen.« Barbara schnaubte.

»Ich *brauche* nicht kochen zu lernen. Ich habe eine Köchin.« Entgegen ihrer sonstigen Gewohnheit warf Bertha arrogant den Kopf in den Nacken. »Und Handarbeiten hasse ich ebenso.«

Margarethe sah Johanna Brandt an. *Ich hätte nicht gedacht, dass die beiden so reagieren würden*, sagte ihr Blick. Sie hatte ihren Töchtern eine Freude machen wollen, zumal die beiden manches Mal darüber geklagt hatten, dass sie kaum Menschen außerhalb des Hügels kannten und keine Schule von innen gesehen hatten. Die Großherzogin-Luise-Haushaltungsschule hatte einen guten Ruf. Sie lag in einer alten Villa in der Nähe des Schlosses und war umgeben von einem Park, sodass die Mädchen sich wie zu Hause fühlen konnten. Sie hatte ihre Töchter für die Zeit vom 31. August bis Weihnachten angemeldet.

»Ihr lernt dort nicht nur kochen!«

Margarethe war froh, dass sie mit Fräulein Schück ausführlich über den Tagesablauf der Schule gesprochen hatte.

»Ihr könnt dort auch eure Kenntnisse in Französisch und Englisch auffrischen, das ist in einer Gruppe mit jungen Mädchen sicher lustiger als mit den alten Hauslehrern.«

Nicht dass die Lehrer auf dem Hügel alt waren, außer Dr. Kahrs vielleicht, der ihnen die naturwissenschaftlichen Fächer nahebringen sollte. Ansonsten schwärmten die Mädchen eher von den Lehrern, die sie in Mathematik und Geschichte unterrichteten.

»Vor allem seid ihr unter Gleichaltrigen«, fuhr Margarethe fort. »Vormittags bereitet ihr gemeinsam das Mittagessen zu, und am Nachmittag erfahrt ihr, wie man einen Haushalt organisiert. Außerdem habt ihr viel Zeit zum Lesen, zum Tennisspielen und …«, sie lächelte Bertha verschwörerisch zu, »zum Malen und Zeichnen. Ihr habt dort ganz andere Motive als auf dem Hügel: den Schwarzwald, die alten Villen … Ich habe die Leiterin bereits gebeten, einen Künstler zu engagieren, der euch unterrichtet.«

Die Vorstellung, einen Kunstlehrer und neue künstlerische Impulse zu bekommen, überzeugte Bertha, das war ihr deutlich anzusehen. Margarethe nahm es zufrieden zur Kenntnis. »Ich werde mich für die Zeit auf Haus Meineck einquartieren – für den Fall, dass ihr Langeweile habt. Fräulein Brandt kommt später nach.«

»Ich muss für einige Wochen zu meiner Familie«, erklärte Johanna Brandt auf die fragenden Blicke der Mädchen. »Da eure Mutter in der Firma sehr eingespannt ist, kann sich dann niemand um euch kümmern. Deshalb hatten wir die Idee.«

»Was ist das für ein Unsinn?« Bertha spürte offensichtlich, dass mehr hinter dem Schulbesuch steckte, als Margarethe ihnen gesagt hatte. »Herr Bernsau könnte sich um uns kümmern. Wir sind siebzehn und fünfzehn Jahre alt, tragen keine Windeln mehr, können unsere Wünsche aussprechen und sogar mit Messer und Gabel essen.«

Margarethe und Johanna Brandt tauschten erneut einen Blick, dann entschied Margarethe, den Mädchen die Wahrheit zu sagen. »Erinnert ihr euch an die Ausfahrt mit der Kutsche, als die Pferde fast durchgegangen wären?« Sie atmete einmal tief durch. »Das war vermutlich ein Anschlag. Alle paar Tage gehen in der Firma und auf dem Hügel Drohungen ein. Manche Absender kennen wir, andere sind unbekannt. Aber alle wollen sie Geld und hoffen darauf, dass sie uns auf diese Weise mürbe machen.«

Bertha und Barbara sahen ihre Mutter entsetzt an. »Warum hast du denn nichts gesagt?«

»Ihr wart doch die meiste Zeit auf dem Anwesen, und im Theater oder bei Ausflügen ist immer jemand bei euch.«

»Wieso haben wir das nicht bemerkt?«

»Fräulein Brandt hat dafür gesorgt, dass die Sicherheitsleute im Hintergrund bleiben.« Margarethe seufzte. »Mir wäre es anders lieber gewesen, aber die Polizei hat gesagt, so sei es besser, weil sie dann vielleicht jemanden fangen könnten, der sich heranpirscht.«

»Und?«, fragten Barbara und Bertha wie aus einem Munde. Anstatt wie sonst in Gelächter auszubrechen, sahen sie sich nur kurz an und wandten sich sogleich wieder ihrer Mutter und Johanna Brandt zu.

»Bisher hat sich niemand gezeigt. Allerdings ist das Anwesen eingezäunt, und es wäre schwierig, sich hineinzuschleichen.« Margarethe deutete mit der rechten Hand in die Umgebung. »Hier ist das übrigens anders, deshalb müssen wir hier besonders vorsichtig sein.«

»Und wie soll das in der Schule sein?«

Margarethe wollte gerade antworten, dass niemand etwas

von ihrem Aufenthalt dort wissen werde, da stand wie aus dem Nichts ihr Cousin Waldemar von Keimsdorff neben ihnen.

»Guten Tag, meine Damen«, grüßte er leutselig, als sei seine Ankunft das Selbstverständlichste von der Welt und als hätten die vier Frauen den ganzen Tag auf ihn gewartet.

Margarethe runzelte verärgert die Stirn. Warum nur hatte sie keinen Sicherheitsdienst für Haus Meineck angeordnet? Sie ärgerte sich, dass ausgerechnet dieser Kerl sie ausfindig gemacht hatte, und ahnte doch bereits, wem sie den überraschenden Besuch zu verdanken hatte: ihrer Mutter. Diese hatte bereits ihren eigenen Mann ruiniert, weil sie ihrem geldgierigen Bruder immer wieder von ihrem Ersparten gab. Vermutlich lag einfach ein Fluch auf dem Namen Waldemar von Keimsdorff, denn so hatte schon Margarethes Onkel geheißen: *Graf* Waldemar von Keimsdorff. Sein Sohn war um keinen Deut besser.

»Wie schön, euch alle hier so traut vereint zu sehen«, sagte der jüngere Waldemar von Keimsdorff nun. »Dann war es wohl ein Gerücht, dass einer der schönen Töchter bei einer Kutschfahrt etwas zugestoßen ist.«

Margarethe hatte Goethes *Faust*-Bände mit Interesse gelesen, wenngleich sie sich manches nicht hatte vorstellen können. Als sie jedoch den Blick ihres Cousins bemerkte, ahnte sie, was der Dichterfürst mit »mephistophelisch« gemeint hatte.

KAPITEL 13

Dezember 1903

Margarethe ließ die Stricknadeln mit dem angefangenen Schal sinken. Von ihrer Lieblingsecke aus konnte sie den oberen Saal überblicken, in dem Pflanzen und Sitzecken ein heimeliges Ambiente verbreiteten, wenn er nicht gerade für Diners oder Feste eingerichtet war. Hier hatte sie nach Alfreds Tod am meisten verändert. Des Schwiegervaters nüchternen Stil mit den teils leeren Wänden, die wirkten, als handele es sich um den reinen Putz, hatte sie nicht ertragen. Friedrich und sie fanden ihn auch für die Kinder nicht angemessen; die Kleinen sollten in einem Umfeld aufwachsen, in dem sie sich wohlfühlten. So hatten sie die Wände mit Holzvertäfelungen, Bildern und Wandteppichen geschmückt und die kargen Holzbänke und Stühle mit Korbgeflecht gegen gepolsterte Sitzgelegenheiten und Plüschsessel ausgetauscht. Die Pflanzen brachten Leben in den großen Saal, bei dessen Gestaltung Alfred ansonsten viel Geschick bewiesen hatte. Das gläserne Dach, das den Raum je nach Tageszeit in ein anderes Licht tauchte und es ermöglichte, nachts in den Sternenhimmel hochzuschauen, war noch immer außergewöhnlich. Da war ihr Schwiegervater seiner Zeit weit voraus gewesen, als er die Villa 1870 plante.

Sie legte das Strickzeug weg und nahm das Buch zur Hand, das auf dem Beistelltisch lag. *Unter der Blume* hieß der Gedichtband, den Carmen da Silva ihr aus Bukarest geschickt hatte. Niemals hätte sie gedacht, dass die Prinzessin, die sie auf Schloss Weinburg kennengelernt hatte, tatsächlich eine gefeierte Dichterin werden würde. Jahre waren seit ihrer Begegnung vergangen, doch der Kontakt zwischen ihnen war nie abgerissen. Elisabeth von Wied war damals schon mit Karl I. von Hohenzollern verheiratet gewesen und hatte bereits gewusst, dass sie als Ehefrau des Hohenzollern-Fürsten einst Königin von Rumänien werden würde. Margarethe war zu jener Zeit noch Lehrerin von Alexandra von Anhalt gewesen und hatte deren Familie begleitet, wenn diese im Sommer für einige Wochen von Dessau an den Bodensee übersiedelte.

Zur abendlichen Unterhaltung hatte Fürstin Elisabeth eigene Gedichte vorgetragen, die mehr oder weniger begeistert aufgenommen wurden. Margarethe schmunzelte, als sie daran dachte, dass Fürst Anton und Fürst Carol grundsätzlich wichtige Aufgaben vorschützten, sobald ihre Schwägerin sich mit Papier in der Hand zu einer Lesung erhob.

Umso erstaunter war Margarethe gewesen, als sie eines Tages ein Buch mit den Gedichten einer Carmen da Silva erhielt, dem ein Brief Elisabeths beilag. Das musste kurz nach ihrer Hochzeit gewesen sein, das Buch, *Pensées d'une reine*, hatte sie im Gartenhaus ausgepackt, im früheren Wohnhaus der Krupps, in das Alfred sie und Friedrich nach den Flitterwochen einquartiert hatte, weil es angeblich nicht rechtzeitig möglich gewesen war, die kleine Villa zu renovieren, die für sie als Wohnsitz vorgesehen war. Heute konnte sie über diese kleinen Gemeinheiten schmunzeln, mit denen der Schwiegervater ihr hatte zeigen wollen, dass er sie als Frau seines Sohnes nicht akzeptierte.

»Die Post ist da, Frau Krupp!« Franz Otto Müller winkte

auf dem Weg zu ihrem Arbeitszimmer mit der Mappe, in der er die geschäftliche Korrespondenz sortierte und vorbereitete.

Sie legte das Buch zur Seite und folgte ihm. Was würde sie heute erwarten? Die meisten, mit denen sie geschäftlich verkehrte, wussten inzwischen, dass sie ihre Schreiben an die Hauptverwaltung schicken sollten. Dort sichteten die Assessoren und Direktoren den Eingang, und nur persönliche Fragen oder Themen von besonderer Tragweite wurden ihr vorgelegt. Das funktionierte gut, davon hatte Margarethe sich im ersten Jahr ihrer Treuhänderschaft überzeugen können. Das Direktorium und der Aufsichtsrat agierten in ihrem Interesse und folgten getreu ihren Wünschen.

Allerdings hielt sie sich aus dem operativen Geschäft auch weitgehend heraus. Stahl und Kanonen waren nicht ihre Sache, ihr lagen die Menschen am Herzen, und so kümmerte sie sich um alles, was das Unternehmen zum Wohle des Menschen tun wollte und konnte. Darin stimmte sie mit ihrem verstorbenen Schwiegervater zu hundert Prozent überein. Besonders lag ihr die Wohnsituation am Herzen, was vielleicht daran lag, dass sie mit ihren Eltern oft umgezogen war und dabei erfahren hatte, wie schwer es war, eine passende Wohnung für die große Familie zu finden. Nicht immer war ihre Mutter mit der Wahl einverstanden gewesen, und oft genug hatten sie in beengten Verhältnissen leben müssen, weil das Gehalt des Vaters in der beliebten Stadt keine größere Wohnung erlaubte. Da ihre Mutter ihr die Führung des Haushalts überlassen hatte, kannte sie auch die Not, wenn Wasser erst mühsam aus dem Brunnen geholt und auf dem Herd erhitzt werden musste.

Gedankenverloren blätterte sie in der Postmappe. Erste Weihnachtsgrüße legte sie beiseite, um sie später in Ruhe zu lesen. Sie notierte lediglich die Namen auf einem Blatt Papier, auf dem sie all jene sammelte, die eine Weihnachtskarte bekommen sollten.

Bei einem handschriftlichen Brief, der auf einem dicken Stapel Papier lag, stutzte sie. *Rittmeister a. D. Freiherr Alois von Wertbach* las sie im Briefkopf, ein weiterer Verwandter, der ihre Heirat mit Friedrich als willkommenen Anlass gesehen hatte, ohne Arbeit an Geld zu gelangen. Ehe sie den Brief las, schaute sie die Unterlagen an, die darunterlagen; es war der Briefwechsel, den Friedrich vor einigen Jahren mit dem Rittmeister geführt hatte. Damals war Hanns Jencke Friedrichs engster Vertrauter gewesen, was dieser von Wertbach natürlich wusste, da Friedrich ihm nach einer aus der Krupp-Schatulle gezahlten Ausbildung die Generalvertretung für Österreich übertragen hatte. Sie waren lange davon ausgegangen, dass das Thema damit endgültig abgeschlossen war. Doch irgendwann, als Friedrich wieder einmal auf Capri weilte, war der Direktor mit dem Schreiben zu ihr gekommen, das jetzt zuoberst lag.

Margarethe überflog den Brief, der an Direktor Jencke gerichtet war. Alois von Wertbach hatte damit scheinbar sicherstellen wollen, dass seine Drohungen ankamen und Wirkung zeigten. Sie ärgerte sich, dass sie sich überhaupt mit diesem Mann beschäftigte, als sie in dem alten Brief las: *Ich habe geschworen, Herrn Friedrich Alfred Krupp als Repräsentanten des Kapitals und der Macht umzubringen, weil er verhindert, dass ich meinen Lebensunterhalt verdienen kann.*

Sie schüttelte sich. An den Wortlaut des Briefes hatte sie sich nicht erinnert, da war nur immer ein diffuses Gefühl gewesen, dass dieser Mann Unheil bedeutete. Ein Schauder lief ihr über den Rücken, als sie weiterlas: *Ich muss frisches Menschenblut sehen, um nicht verrückt zu werden, und kann mein Leben erst beschließen, wenn ich einen sehr reichen Mann getötet habe.*

Margarethe legte den alten Brief beiseite und las das neue Schreiben, das nun an sie gerichtet war. Es begann mit einer Beileidsbekundung – mehr als ein Jahr nach Friedrichs Tod. Dann wünschte Alois von Wertbach ihr ein schönes Weihnachtsfest, wobei er andeutete, dass es womöglich überschattet werden könne von betrüblichen Ereignissen. Das läge in ihrer Hand. Schließlich seien ihre beiden Töchter noch nicht wieder im heimischen Schloss an der Ruhr eingetroffen.

Sie sah sein Gesicht vor sich, wie er das Wort »Schloss« verächtlich und hasserfüllt ausspuckte. Sollte das eine Drohung sein? Hatte er etwa vor, Bertha und Barbara etwas anzutun?

Sie rief Franz Otto Müller zu sich. »Sorgen Sie dafür, dass die Mädchen unverzüglich mit dem Salonwagen abgeholt werden. Und stellen Sie sicher, dass genug Sicherheitskräfte dabei sind. Und lassen Sie mir eine Verbindung zu Auguste Schück in der Großherzogin-Luise-Schule herstellen.«

Dienstbeflissen wandte Franz Otto Müller sich ab. »Sofort, Frau Krupp!«

»Wie geht es meinen Töchtern?«, fragte sie aufgeregt, sobald das Gespräch mit der Schulleiterin einging.

»Frau Krupp, sind Sie das?«, erklang die Stimme der Schulleiterin.

»Bitte entschuldigen Sie.« Margarethe atmete tief durch und zwang sich, Ruhe zu bewahren. »Ich habe soeben ein Schreiben enthalten, in dem jemand droht, Bertha und Barbara etwas anzutun. Deshalb wollte ich sichergehen, dass bei Ihnen alles in Ordnung ist.«

»Die Mädchen backen gerade Eclairs«, beruhigte Auguste Schück sie.

»Bitte achten Sie darauf, dass sie im Haus bleiben und keinen Besuch erhalten. Auch nicht von jemandem, der sich als Verwandter vorstellt«, verlangte Margarethe. »Unser Salonwagen ist bereits unterwegs, um die Mädchen abzuholen. Bitte erklären Sie ihnen, dass es sich lediglich um eine Vorsichtsmaßnahme handelt. Sie sollen sich von ihren Freundinnen verabschieden, vielleicht können sie sie im neuen Jahr, wenn sich die Lage geklärt hat und wir wieder auf Meineck sind, besuchen und einen gebührenden Abschied nachholen.«

Erst als die Schulleiterin versprach, sich um alles zu kümmern, atmete Margarethe auf. Das Nötigste hatte sie in die Wege geleitet, nun musste sie zusehen, wie sie diesem Kerl für immer eine Grenze setzen konnte.

Das von Franz Otto Müller zusammengestellte Dossier verriet ihr, dass dieser von Wertbach auch nach ihrer Finanzspritze keineswegs demütig und arbeitsam versucht hatte, sich ein neues Leben in Afrika aufzubauen. Er hatte stattdessen das Geld verprasst und den großen Herrn gespielt, hatte Stellenangebote abgelehnt oder Arbeitsplätze gleich wieder aufgegeben, obwohl sich die Verwaltung und bisweilen sogar Friedrich persönlich größte Mühe gaben, eine möglichst wohlwollende Referenz zu formulieren, wenn diese eingefordert wurde. Wann immer ein Vertreter aus Transvaal in die Hauptverwaltung zurückgekommen war, hatte er die Nachricht mitgebracht, dass der frühere Rittmeister auf großem Fuß lebe und nie müde werde, zu betonen, dass sein Lebensziel sei, Friedrich Krupp, den er als Symbol für die Herrschaft der Reichen ansah, zu töten.

Nun war das Schicksal ihm zuvorgekommen. Margarethe und die Direktion waren davon ausgegangen, dass Alois von Wertbachs Hass mit Friedrichs Tod erloschen war. Doch anscheinend waren ihm die Mittel ausgegangen, und statt zu arbeiten, griff er erneut auf seine alte Taktik zurück. Wer ihm die Informationen über die Familie zuspielte, war nicht schwer zu ergründen – auch hier stand Eleonore von Ende auf der Seite ihrer Familie. Margarethe schüttelte den Kopf. Was konnte man von einer Frau auch erwarten, die das Ersparte für die Aussteuer der Töchter ihrem Stiefbruder in den Rachen warf?

Margarethe zögerte. Wenn sie ihre Mutter an Weihnachten mit dem Verhalten dieses von Wertbach konfrontierte, würden die Festtage für alle unerträglich. Sie griff sich eine Briefkarte und den Federhalter, öffnete das Tintenfass und teilte ihrer Mutter den Wortlaut des Briefes mit. Sie fügte auch die Morddrohung aus dem alten Brief hinzu, um ihr vor Augen zu führen, dass dies kein Ausrutscher war. »Ich erwarte von Dir, dass Du weder diesem Mann noch irgendjemandem sonst gegenüber je wieder etwas über meine Pläne und die meiner Töchter verrätst!«, schrieb sie. Sie hob kurz die Feder von der Briefkarte. »Andernfalls bleibt uns keine andere Wahl, als Dich aus unserem Leben zu streichen!«

KAPITEL 14

Februar 1904

Im Februar führte eine Reise Margarethe und ihre Töchter nach Kiel, wo an der Germaniawerft eine Bronzestatue für Friedrich enthüllt werden sollte. Für die vier Frauen, denn Johanna Brandt kam natürlich mit, war die lange Fahrt im Salonwagen eine willkommene Abwechslung im tristen Februar, den sich allenfalls Narren schönredeten. Die Werft in Kiel war erst wenige Wochen vor Friedrichs Tod erworben worden, nachdem das Unternehmen sie vorher einige Jahre lang gepachtet hatte, um dort die ersten U-Boote des Reichs zu bauen. Margarethe und die Kinder hatten Friedrich mehrmals begleitet, wenn ein neues Linienschiff vom Stapel lief.

»Wisst ihr noch, wie Mama die *SMS Braunschweig* taufen sollte und die Sektflasche nicht zerspringen wollte?« Bertha lachte. »Du hast sie immer wieder gegen die Schiffswand geworfen, aber sie war sehr widerstandsfähig.«

Margarethe lachte ebenfalls, auch wenn ihr eigentlich nicht zum Lachen zumute war. Bertha hatte von der letzten Schiffstaufe mit Friedrich gesprochen. Dem Stapellauf der *SMS Hessen* im letzten Jahr waren sie ferngeblieben, weil sie den Kindern den Schmerz über den Verlust ihres Vaters ersparen wollte.

»Wann wird das nächste Schiff fertig?« Barbara sah ihre

Mutter fragend an. »Und darf ich es dann taufen? Ich werfe die Flasche auch so fest, dass sie ganz sicher zerspringt. Tennislehrer Kramer hat gesagt, ich habe eine starke Vorhand und solle aufpassen, wenn ich einen Ball werfe.«

Margarethe und Johanna Brandt wechselten einen Blick. In wenigen Monaten würde das Linienschiff *SMS Deutschland* fertiggestellt, und es würde Berthas Aufgabe als zukünftige Inhaberin sein, das neue Flaggschiff des Prinzen Heinrich von Preußen zu taufen. Nachdem sich die öffentlichen Wogen über Friedrichs Tod geglättet hatten, sollte Bertha nun zunehmend an ihre neue Aufgabe herangeführt werden. Die zweieinhalb Jahre bis zu ihrer Großjährigkeit würden schnell vergehen. Noch machte Bertha keine Anstalten, sich für einen der zahlreichen jungen Männer zu interessieren, die sie umschwärmten und umwarben, und Margarethe war das nur allzu recht. Sie hatte viele Jahre lang erlebt, was es bedeutete, hinter einem Ehemann zurückzustehen, und diese Erfahrung wünschte sie ihrer Tochter nicht. Sie sollte die neue Frau verkörpern – was allerdings nicht hieß, dass sie die alten Tugenden nicht ebenso beherzigen sollte.

»Was machen eigentlich eure Taschentücher?«

Bertha und Barbara stöhnten. »Wieso müssen wir unsere Monogramme einsticken? Sobald wir heiraten, können wir sie wegwerfen.« Barbara verzog das Gesicht.

»Habe ich etwas verpasst? Bisher hat sich bei mir kein künftiger Ehemann vorgestellt!«, konterte Margarethe. »Und wenn einer kommt, bin ich sicher, dass wir im Unternehmen ein Mädchen mit euren Initialen finden.«

»Die Zugfahrt ist wirklich eine gute Gelegenheit für Handarbeiten«, bekräftigte Johanna Brandt. »Auf dem Hügel gibt es immer so viele andere Dinge, die ihr machen möchtet.«

Mit finsteren Blicken wandten sich die Mädchen ihrer Handarbeit zu.

Nach einiger Zeit wurde Margarethe das Schweigen im Abteil zu viel. »Was haltet ihr davon, wenn wir den Arbeitern in unseren Werken für ihre Dienstzugehörigkeit etwas Besonderes schenken?«

»Ein besticktes Taschentuch vielleicht!«, knurrte Barbara und stach mit der Nadel in den feinen Stoff, als wollte sie einen Karpfen tranchieren.

Bertha musste lachen. Sie steckte ihre Schwester an, und schließlich fielen auch Margarethe und Johanna Brandt ein.

»Das ist eine schöne Idee«, fand Johanna Brandt. Sie lächelte. »Obwohl ich bestickte Taschentücher für die Herren nicht so passend finde.«

Barbara und Bertha warfen sich lachend weitere unpassende Vorschläge zu: einen Kamm, eine Bürste, eine Puderdose, eine Haarspange.

»Eine Krawattennadel vielleicht?« Margarethe sah die anderen an.

»Die kann jeder Mann gebrauchen«, bestätigte Johanna Brandt.

»Den Frauen könnten wir ja zusätzlich ein Taschentuch schenken.« Barbara kicherte schon wieder.

Bei ihrer Ankunft in Kiel teilte Margarethe den Direktoren ihren Entschluss telegrafisch mit. Fünfundzwanzig Jahre Dienstzeit sollten künftig mit einem Geldgeschenk von hundert Mark und einer Krawattennadel als Erinnerungszeichen gewürdigt werden. Die Ehrung würden sie und ihre Töchter persönlich übernehmen, jeweils an Friedrichs Geburtstag in einer Feierstunde auf dem Hügel, in diesem Jahr ausnahmsweise im Herbst.

Nachdem sie das Telefonat in ihrer Suite beendet hatte,

lachte Margarethe. »Jetzt kümmern wir uns aber erst einmal darum, dass die Statue für euren Vater ordentlich enthüllt wird. Ich bin sehr gespannt, was die Bildhauer sich ausgedacht haben.«

Barbara schlüpfte in ihren Mantel und stülpte sich einen Hut auf den Kopf. »Hoffentlich ist das nicht so ein Riese wie in Essen. Pass bloß auf, dass du dich nicht in dem Tuch verhedderst, wenn du es herunterziehst, Bertha.«

Bertha winkte ab. »Ich hoffe, dass Mama dieses Mal wieder dran ist.«

Margarethe blickte noch einmal in den Spiegel, während sie ihren Töchtern erklärte, dass sie bei der Enthüllung nur zuschauen, Hände schütteln und freundlich lächeln mussten.

Einträchtig stiegen die drei mit Johanna Brandt in die Kutsche, die vor dem Hotel auf sie wartete, um sie zu der Zeremonie in die Germaniawerft zu fahren, bei der sie tatsächlich nur Hände schütteln und freundlich lächeln mussten.

KAPITEL 15

März 1904

Als Margarethe an ihrem fünfzigsten Geburtstag zum Frühstück in die Halle kam, empfing sie die Melodie ihres Lieblingsliedes. Gerührt sang sie leise mit, was Barbara auf der Geige und Bertha am Flügel spielten: »*Mein Herz ist voll Freude, die Seele voll Sang. Wohin ich nur wandle, sind Wonne und Klang*...«

Sobald ihre Töchter ihren Vortrag beendet hatten, sagte sie: »Das ist ja eine schöne Überraschung. Vielen Dank!«

Während Barbara ihre Geige in den Kasten legte, umarmte Bertha ihre Mutter. »Alles Gute zum Geburtstag, mein geliebtes Mütterchen.«

»Herzlichen Glückwunsch, Mama, viel Glück im neuen Lebensjahrzehnt, und vor allem viel Gesundheit, damit du uns noch fünfzig Jahre erhalten bleibst«, nuschelte Barbara ihrer Mutter ins Ohr. Schon ließ sie Margarethe los und griff nach dem Geschenk, das neben ihrem Geigenkasten gelegen hatte. »Wir wollten dir ja zuerst eine Krawattennadel schenken.« Barbara kicherte, als sie ihrer Mutter das Geschenk überreichte.

»Was habt ihr euch denn da ausgedacht?« Margarethe sah ihre beiden Töchter skeptisch an. Sie hatte sich eine Feier und Geschenke ausdrücklich verbeten. »Ich hoffe, ihr habt kein Fest organisiert!«

»Nein, nein«, versicherte Bertha. »Wir haben nur Onkel Felix, Herrn Haux und Herrn Hartmann mit ihren Frauen und natürlich Fräulein Brandt gebeten, heute beim Essen zu Gast zu sein.«

Ihre Mutter nickte. »Das ist eine schöne Idee. Ihr habt die Menschen ausgewählt, die ich am liebsten um mich habe. Abgesehen von euch natürlich. Wenn ihr nicht gerade einen Streich ausheckt. Was ist das?« Sie hob das Geschenk in die Höhe.

»Etwas, das Dornröschen und ihre Familie vor einem hundertjährigen Schlaf bewahrt hätte.« Barbara kicherte schon wieder. »So pack doch endlich aus!«

Vorsichtig löste Margarethe Schleife und Papier. »Oh nein!« Ihr Blick fiel auf eine Fünfzig, die aus silbernen Fingerhüten gelegt war. »Wie seid ihr auf die Idee gekommen?«

»Du hast kürzlich den Fingerhut gesucht, den du als Kind zum Geburtstag bekommen hast.« Bertha sah ihre Mutter an. »Gefallen sie dir nicht? Wir wollten die Fünfzig zuerst aus Krawattennadeln basteln, aber dann hatte Barbara diese Idee.«

Margarethe umarmte zuerst Bertha und dann Barbara. »Vielen herzlichen Dank! Das ist ein wunderbarer Einfall. Aber ich hätte euch vielleicht die ganze Geschichte erzählen sollen.«

Ihre Töchter sahen sie erwartungsvoll an. »Wieso? Was hat es damit auf sich?«

»Es stimmt, ich habe zum achten Geburtstag einen silbernen Kinderfingerhut bekommen und fand ihn wunderschön. Er lag auf einem roten Samtkissen in einem blauen Etui.«

»Wie schön!« Barbara seufzte bei dem Gedanken an diese Kindheitserinnerung ihrer Mutter.

»Ja. Ich habe mich auch gefreut. Bis meine Mutter sagte: ›Damit du mehr Freude am Nähen hast und es dir nicht so schwerfällt, stillzusitzen, bis du deine Pflichten erledigt hast.‹ Ich hätte so gern mit meinen Brüdern draußen gespielt, aber eure Oma Eleonore fand, das gehöre sich für ein Mädchen nicht.«

Barbara und Bertha stürzten sich auf ihre Mutter, um sie zu umarmen. »Und wir dachten, wir machen dir eine Freude!«

»Ich freue mich wirklich sehr darüber, dass ihr euch so viel Mühe gemacht habt. Sicher war es nicht leicht, all die Fingerhüte zusammenzubekommen.«

»Das stimmt.« Barbara lachte. »Wir haben jeden gebeten, uns Fingerhüte zu besorgen.«

»Wir waren in jedem Laden in Rüttenscheid und Essen«, stimmte Bertha ein.

»Die Schneiderin hat ihre Fingerhutvorräte geplündert«, verriet Barbara. »Und jeder im Haus hat in seiner Familie nachgefragt.« Sie zeigte auf einen Fingerhut. »Der ist, glaube ich, sogar von der Oma von Herrn Bernsau.«

Margarethe betrachtete gerührt die alten und neuen Fingerhüte, die ihr zeigten, dass die Villa auf dem Hügel wirklich ihr Zuhause geworden war.

Anlässe wie diese und auch die Reisen mit ihren Töchtern genoss Margarethe. Doch sie stellten Ausnahmen dar, und zumeist war ihr Tag bestimmt von Besprechungen mit den Herren des Vorstands, den Sprechstunden für die Bittsteller und Treffen mit wichtigen Geschäftspartnern auf dem Hügel. Wann immer sich die Gelegenheit bot, lenkte sie das Gespräch auf die vor allem in England verbreitete neue Art, Siedlungen zu bauen. In der Architekturzeitschrift, die sie auf Empfehlung Robert Schmohls abonniert hatte, verfolgte sie mit großem Interesse die Entwicklung der Gartenstadt in England. Statt Wohnkasernen zu bauen, empfahl der Autor Ebenezer Howard, eine Ansammlung kleiner Häuser mit eigenen Gärten zu errichten, am besten in einem Ring aus Grün oder Wald.

Je mehr Margarethe darüber hörte und las, umso stärker faszinierte sie die Idee. Wie sehr hätte sie sich ein solches Häuschen gewünscht, als sie mit ihren Eltern in Kassel, Düsseldorf und Schleswig gelebt hatte.

»Sie sind so gut vernetzt in der Stadt«, sagte sie bei einer der wöchentlichen Besprechungen zu ihrem Vertrauten Ernst Haux. »Wenn Sie hören, dass ein Grundstück zu kaufen ist, geben Sie mir bitte Bescheid.«

»Was haben Sie vor?« Der Finanzrat blickte Margarethe verwundert an.

»Ich denke derzeit viel über dieses Modell einer Gartenstadt nach. Vielleicht könnten wir so etwas auch hier bauen. Ich glaube fest daran, dass die Natur Menschen glücklicher und zufriedener macht. Sehen Sie sich die Familien auf dem Margarethenhof und dem Altenhof an: je mehr Grün, umso weniger Beschwerden.«

Dass dies vielleicht zu kurz griff, wusste auch Margarethe. Aber es war immerhin ein Anfang. »Ich habe mir *Garden Cities of Tomorrow* bestellt und bin gespannt, wie sich dieser Ebenezer Howard so eine Stadt genau vorstellt und was sich davon in einer Siedlung umsetzen ließe. Ich will ja keine ganze Stadt bauen, aber vielleicht ein Dörfchen.« Margarethe sah Ernst Haux an, dass er beeindruckt war. Es war nicht selbstverständlich, dass Frauen Bücher in englischer Sprache lesen konnten.

Der Direktor räusperte sich. »Da Sie das Thema Grundstück ansprechen … Die Evangelische Kirchengemeinde hat angefragt, ob sie Ihren Grund an der Meisenburgstraße nutzen darf.«

»Brauchen wir das Grundstück? Wenn nicht, sollen sie damit machen, was sie wollen. Ich weiß ohnehin nicht, weshalb Friedrich es gekauft hat.«

Der Finanzrat schmunzelte. »Sie überraschen mich immer wieder, verehrte Frau Geheimrat. Südlich des Mühlbachtals, direkt beim Nachtigallental, sind gut zweihundertdreißig Hektar zu haben«, sagte er dann. »Erst kürzlich wurde im Rat darüber gesprochen. Schmohl und ich haben bereits darüber nachgedacht, das Gelände für die Firma zu kaufen. Allerdings ist es kein ebener Grund. Wir müssten viel Arbeit hineinstecken, bis dort ein Hochofen oder eine Werkshalle angesiedelt werden könnten.«

Margarethe stutzte. »Ist das dort, wo früher einmal die Sommerburg stand? Ich erinnere mich daran, dass meine Töchter von einem Ausflug nach Hause kamen und von der Sage berichteten, dass sich dort eine von einem Kreuzzug mitgebrachte Frau aus lauter Heimweh ertränkt hat. Ein bisschen gruselig vielleicht, aber das klingt nach einem Gelände mit viel Grün, aus dem sich etwas machen lässt.«

»Ich kenne nur die Mär, dass dort ein Schatz vergraben sein soll, was einige Essener bewogen haben mag, den Boden mit dem Spaten aufzuwühlen.« Ernst Haux lachte. »Wie auch immer. Der Vorteil ist, dass die Anhöhe Teil des Rüttenscheider Luftsattels ist, dessen Erdrinde keine Kohle beinhaltet. Es ist daher dort kein Erdbruch zu erwarten wie seinerzeit bei dem Neubau auf dem Hügel. Allerdings befinden sich auf dem Gelände einige Höfe. Der Hülsmannshof und die Güter von Kersebaum und Wortberg. Wir müssten mit den Pächtern klären, was sie mit ihrem Pachtgelände vorhaben. Ich könnte mir vorstellen, dass die Familie Wortberg ihre Pferdezucht fortführen möchte, aber die ist ja nicht an Ackerflächen gebunden; ein Feld für Hafer, Stroh und Heu kann man immer irgendwo einplanen.«

»Das ist für Sie doch eine Kleinigkeit, mein lieber Herr Haux, oder sollte ich mich da in Ihnen täuschen?«

»Es ist schon fast erledigt. Das Gelände scheint mir jedenfalls eine gute Anlage zu sein. Oberbürgermeister Zweigert hätte es gern für die Stadt gekauft, allerdings haben die Stadtverordneten das Investment nicht bewilligt. Ich habe bereits mit den Bauern gesprochen und das Land vermessen lassen. Gern kümmere ich mich darum, dass der Kauf schnell vonstattengeht.«

Wenig später befand sich das Areal in Margarethes Besitz.

KAPITEL 16

Januar 1905

»Sie denken daran, dass Sie heute in Rheinhausen erwartet werden?« Franz Otto Müller hatte sich leise genähert und stand nun abwartend vor dem Tisch.

Margarethe nickte. »Danke, dass Sie mich erinnern, Herr Müller, ich war so in meine private Post vertieft, da hätte ich den Termin tatsächlich vergessen.« Sie schrieb noch einen Satz und faltete den Brief mit einem tiefen Seufzen zusammen. Das Jahr hatte mit einer traurigen Nachricht begonnen. Der Mann ihrer jüngsten Schwester Irene war nach einer kurzen schweren Krankheit verstorben. Seitdem schickte sie ihr täglich einen kleinen Gruß, um sie aufzumuntern. Aber jeder Brief erinnerte sie zugleich an Friedrichs Tod.

»Frau Krupp?« Die Stimme ihres Sekretärs riss sie aus den trüben Gedanken. Sie musste die Vergangenheit ruhen lassen und sich der Zukunft widmen. In der Friedrich-Alfred-Krupp-Hütte sollte in wenigen Stunden der nächste Bauabschnitt eröffnet werden. Sie war kurz versucht, ihre Teilnahme daran abzusagen, doch Termine wie dieser waren eine gute Gelegenheit, den Werksangehörigen zu zeigen, dass sie sich für ihre Arbeit interessierte.

»Der Salonwagen ist bereits vorgefahren. Die Herren Direktoren erwarten Sie am Bahnsteig, und Herr Haux steht unten, um Sie auf dem kleinen Abstieg zum Zug zu begleiten.«

Margarethe nickte und erhob sich. »Nun gut. Ich komme.« Wie immer, wenn sie eine längere Fahrt zu überwinden hatte, freute sie sich über den Haltepunkt der Bahnstrecke unterhalb der Villa. Dass ihr Schwiegervater dafür eine Sondergenehmigung der Eisenbahngesellschaft erwirkt hatte, bewies, welchen Stellenwert er und sein Unternehmen bereits vor vierzig Jahren gehabt hatten.

»Wie geht es Ihnen, Frau Geheimrat?«, bemühte sich Ernst Haux auf dem Weg zum Bahnsteig um Konversation.

»Danke, ich darf nicht klagen«, antwortete Margarethe und reckte den Kopf in den Wind, der wie immer über dem Hügel blies. »Was gibt es Neues aus der Firma?«

Sie sah, dass der Finanzrat mit einer Antwort zögerte. Wollte er nachfragen, wie es ihr wirklich ging? Was sollte sie ihm sagen? Sie hatte keinen Grund zu klagen, sie und ihre Töchter waren gesund, sie lebte in einem Haus, um das sie viele Menschen beneideten, und sie hatte nach Friedrichs Tod eine reizvolle Aufgabe. Was waren dagegen ihre kleinen gesundheitlichen Beschwerden?

»Ich glaube, wir sollten uns auf den Weg konzentrieren«, sagte Ernst Haux und balancierte mit seinen maßgeschneiderten Schuhen zwischen Eisplatten und Pferdeäpfeln den Abhang hinunter.

Margarethe ärgerte es, dass niemand daran gedacht hatte, eine der Kutschen für sie anzuspannen. Die Sohlen ihrer Schuhe waren glatt, aber wenigstens hatte sie kleine Absätze, mit denen sie die Füße in den Schnee rammen konnte. Das Problem war, dass sie gleichzeitig mit beiden Händen das Kleid anheben musste, um es zu schützen und die Balance zu halten, um auf dem winterlichen Weg nicht zu stürzen.

Sie war daher erleichtert, als sie den Bahnsteig unterhalb des Parks erreichten und Max Rötger ihr eine Hand entgegenstreckte.

Die anderen Direktoren hatten sich bereits an den kleinen Tischen im Wagen verteilt und einen Zweiertisch für sie und Ernst Haux freigehalten. Ihr war das gerade recht; sie konnten hier zwar kaum vertrauliche Gespräche führen, aber die Herren würden ohnehin bald im Zigarrennebel verschwunden sein.

Ernst Haux setzte sich ihr gegenüber und beugte sich vor. Als er zu sprechen begann, lachte sie innerlich auf. Es sah ganz danach aus, als wollten die Direktoren die Fahrt nutzen, um sie für eine neue Idee zu gewinnen.

»Wir denken darüber nach, etwas für unsere Beamten zu tun.« Der Finanzrat tat, als hätte es die kleine Pause seit ihrer Frage nicht gegeben. »Die Werkssiedlungen bieten vor allem Wohnraum für Arbeiter und Facharbeiter. Die Angestellten aus der Verwaltung sind bisher zu kurz gekommen. Das hat gelegentlich zu Unmut geführt, wenn jemand von ihnen vergebens eine Wohnung suchte und gleichzeitig Arbeiter in die Gebäude am Westend oder im Alfredhof vermittelt wurden.«

»Gut, dass Sie das angehen wollen. Was haben Sie im Sinn?«

»Wir dachten an die Gründung eines Bauvereins, der dann Wohnhäuser baut. Die Beamten werden bei der Planung soweit es geht einbezogen und müssen anders als in den Arbeitersiedlungen eine monetäre Eigenleistung erbringen. Aber wir stellen dafür Darlehen zur Verfügung und unterstützen mit Sachleistungen, Grundstücken und Baumaterial.«

»Was halten die Beamten davon?«

»Bisher ist die Idee gut angekommen. Baurat Schmohl sitzt an den ersten Entwürfen, und wie es aussieht, wird bald ein Bauverein Krupp'scher Beamter gegründet.«

»Über Langeweile kann unser Baurat wahrlich nicht klagen.« Margarethe lehnte sich zurück. »Erst das neue Werk mit dem Margarethenhof Rheinhausen, nun die Beamtenhäuser … Ich freue mich schon darauf, nach der Feier zum Betriebsstart dem Margarethenhof einen Besuch abzustatten. Sollen die Häuser für die Beamten ähnlich werden?«

»Ich denke, dass Schmohl bei seiner Bauweise bleiben wird. Die Beamtenhäuser sollen je zwei oder drei Wohnungen umfassen, also mehrgeschossig sein, aber auch das lässt sich ja schön bauen.«

»Wenn ich es richtig mitbekommen habe, sind die Meyer'schen Häuser in Leipzig ebenfalls als Mehrfamilienhäuser angelegt.« Margarethe erinnerte sich daran, in der Architekturzeitschrift über die Wohnungen gelesen zu haben, die der Verleger Herrmann Julius Meyer in Leipzig hatte bauen lassen. Träger der Häuser war inzwischen eine Stiftung, die dafür sorgte, dass die mehr als zweitausend Wohnungen am Stadtrand instand gehalten und an Menschen aus niedrigen Einkommensschichten vermietet wurden.

»Da wissen Sie mehr als ich.« Ernst Haux lachte. »Aber meine Aufgabe ist ja auch eher, die Penunzen zusammenzuhalten.«

»Das hört sich so an, als hätten Sie nur ein paar Mark zu verwalten. Noch müssen wir den Gürtel nicht enger schnallen, oder doch?«

»So weit ist es noch nicht.« Ernst Haux zwinkerte Margarethe schmunzelnd zu. »Es ist sogar noch Geld für das eine oder andere Wohlfahrtsprojekt in der Schatulle.«

»Das höre ich gern«, sagte Margarethe. »Ich habe da nämlich auch ein paar Ideen.«

»Oh, welche denn?«

»Die Gartenstadt spukt mir noch im Kopf herum. Wenn Bertha bald das Unternehmen führt, möchte ich nicht Däumchen drehen müssen – den ganzen Tag nur Menschen treffen oder malen.« Sie dachte an ihre Mutter, für die es nichts Wichtigeres gab als ihren wöchentlichen Salon, in dem sie Künstler, Dichter und Denker zu Gast hatte, und das Kopieren der Werke großer Meister. Als sie in Kassel gelebt hatten, war Eleonore die Idee gekommen, Margarethe könne sie ins Museum begleiten und ein Bild von Rembrandt abmalen. Doch Margarethe hasste Motiv und Farben und schuf lieber Aquarelle als Ölbilder. Vor allem aber wollte sie ihre Werke nicht bei den Salonnachmittagen ihrer Mutter präsentieren.

Die Salons der Gräfin von Oriola hingegen hatte sie als Siebzehnjährige genossen, als sie mit ihrem Vater nach seiner Wahl in den Reichstag einige Monate in Berlin hatte leben dürfen. Sie hatte bei ihm in der Wohnung übernachtet, und wenn er im Reichstag war oder andere Politiker traf, besuchte sie seine alte Freundin aus Breslauer Zeiten – Gräfin Maxe, wie alle Welt Maximiliane von Oriola, die Tochter der berühmten Dichterin Bettina von Arnim, nannte. In deren Wohnung an der Bellevuestraße wohnten immer einige Mädchen, denen die Gräfin gesellschaftlichen Schliff beibrachte. Die Wochen bei ihr waren wie Ferien gewesen. Tagsüber saß sie im Reichstag und hörte gebannt den Reden zu, besonders Bismarcks Ansprachen verpasste sie nie. Wurde es ihr auf der Besucherbank zu langweilig, ging sie in ein Museum oder entdeckte die Hauptstadt. Abends besuchte sie mit ihrem Vater wissenschaftliche Vorträge, Theaterauffführungen und Konzerte. Es war eine völlig andere Welt, man sprach über Literatur, Kunst und Politik, und das auf einem ganz anderen Niveau als bei den Salons ihrer Mutter.

»Frau Krupp!«

Ernst Haux' Stimme riss Margarethe aus ihren Erinnerungen. Sie schüttelte sich und sah überrascht um sich. In Gedanken hatte sie gerade mit den Freitagssöhnen der Gräfin, die sie manches Mal zu einem Abenteuer in Berlin mitgenommen hatten, gescherzt. Sie hatte es genossen, dass ihre Meinung gefragt war. Wen hatte diese bis dahin interessiert?

»Wir werden in wenigen Minuten eintreffen«, mahnte Ernst Haux, und Margarethe wurde bewusst, dass sie das sanfte Schaukeln des Waggons nicht länger spürte.

»Verzeihen Sie, Herr Haux, eine solche Fahrt setzt manchmal eine Gedankenreise in Gang.« Margarethe stieg eilig aus, da der Finanzrat ihr unbedingt den Vortritt lassen wollte.

Auf dem Werksgelände begrüßte sie den Direktor der Friedrich-Alfred-Krupp-Hütte und gab einigen Arbeitern die Hand. Die Maschinen waren bereits angefahren worden, aber noch war das Tor mit einem roten Band abgesperrt, das sie als offizielles Startsignal durchschneiden sollte.

Während Margarethe den kurzen Ansprachen lauschte, glitt ihr Blick zu der kleinen Wohnsiedlung, die ihren Namen trug. Was hatte sich seit ihrem letzten Besuch dort verändert? Wie lebten die Menschen inzwischen? Das interessierte sie weitaus mehr als das Thomasstahlwerk, das nun in Betrieb ging. Aber Margarethe wusste, was man von ihr erwartete. Nachdem sie das rote Band durchtrennt hatte, ließ sie sich geduldig erklären, wie das Stahlwerk arbeitete, und nickte beeindruckt, wann immer sie es für angemessen hielt.

Als sie schließlich zum Margarethenhof ging, hörte sie hinter sich, wie ein Arbeiter sagte: »Das ist was! Dass die Frau Geheimrat selbst gekommen ist. Und was sie alles wissen wollte! Die versteht, was wir hier machen.«

Margarethe lächelte. Leider verstand sie in Wahrheit nicht viel davon, aber es war schön, dass sie diesen Eindruck erweckt hatte. Es würde die Männer motivieren. Und das war in diesen Wochen das Wichtigste. Seit die Bergarbeiter in den Ruhrzechen Anfang Januar die Arbeit niedergelegt hatten, musste man ständig damit rechnen, dass auch andernorts gestreikt wurde. Allzu gut erinnerte man sich bei Krupp daran, wie Friedrich ein halbes Jahr vor seinem Tod an einem Palmsonntag höchstpersönlich den Betriebsfrieden wiederhergestellt hatte, nachdem ein Betriebsleiter neue Arbeitsregeln in Umlauf gebracht hatte. Noch während der Konfirmationsfeier für Bertha und Barbara hatte er eine Delegation der Arbeiter empfangen, um den Streit zu schlichten. So etwas wollte niemand erneut erleben. Ein Grund mehr für Margarethe, stets da präsent zu sein, wo sie das Zusammengehörigkeitsgefühl stärken konnte.

KAPITEL 17

April 1905

Nachdem ihr Schwager beerdigt worden war, hatte Margarethe entschieden, mit den Mädchen zu verreisen, und ihre Wahl war auf Nürnberg gefallen. Sie hatte in einer Zeitschrift gelesen, dass es dort moderne Wohnsiedlungen für Arbeiter geben sollte, die sie sich ansehen wollte.

»Ist das schön!«, rief Barbara, als sie durch den Bahnhof zum Droschkenplatz gingen. Sie zeigte in den hell und modern anmutenden Wartesaal.

»Der ist gerade fertig geworden«, verriet der Gepäckträger. »Warten Sie, ich habe mir extra was dazu aufgeschrieben.«

Margarethe schmunzelte über die Geschäftstüchtigkeit des Mannes und hörte interessiert zu, als er sagte: »Der Bahnhof ist ja noch nicht ganz fertig. Aber der Wartesaal schon. Er ist im …«, er warf einen Blick auf seinen Zettel, »im Jugendstil von einem Herrn Paul erbaut worden.« Ein breites Grinsen zog sich über sein Gesicht. »Das habe ich mir gemerkt, weil ich auch so heiße.«

»Und wie heißt der Jugendstil-Paul mit Nachnamen?«, fragte Barbara keck.

»Paul!« Der Mann sah wieder auf seinen Zettel. »Bruno Paul!«

»Danke!« Margarethe steckte dem Gepäckträger ein

Trinkgeld zu und bat ihn, die Koffer zur Droschke zu bringen.

In der Kutsche sah sie ihre Töchter an. »Möchtet ihr zu den Siedlungen mitkommen, die ich mir anschauen will?«

Bertha und Barbara blickten einander an. »Ist Nürnberg nicht die Fahrradstadt? Mich würde eher ein Besuch in einer Fahrradfabrik interessieren«, sagte Barbara.

»Ich glaube kaum, dass ihr dort so kurzfristig vorstellig werden könnt. Aber vielleicht kann euch jemand im Hotel weiterhelfen. Schafft ihr es, euch selbst darum zu kümmern?«

Die beiden jungen Frauen sahen sie empört an. »Wir sind doch keine Kinder mehr!«

Als Margarethe wenig später ohne Töchter und Gepäck auf ihrem Weg zur Siedlung des Bauvereins der Siemens-Schuckertschen Arbeiter in der Droschke saß, war ihr nicht ganz wohl dabei, die beiden sich selbst überlassen zu haben. Aber sie verstand, dass die Mädchen keine Lust hatten, sich Wohnsiedlungen anzusehen. Die Idee war tatsächlich etwas widersinnig, schließlich waren die Krupp'schen Einrichtungen das Vorbild für viele ähnliche Projekte im Reich. Dennoch wollte Margarethe gerne einmal eine Kolonie besichtigen, die nicht aus der Zeichenfeder Robert Schmohls stammte.

Als sie die Häuser sah, verzichtete Margarethe darauf, auszusteigen. Enttäuscht wandte sie sich an den Droschkenfahrer. »Kennen Sie sich hier aus?«

»Mein Bruder wohnt hier«, antwortete der Mann und lupfte seinen Hut.

»Ich dachte, es wäre eine Siedlung aus vielen kleinen Häusern.« Margarethe erinnerte sich genau, dass in dem Beitrag, den sie gelesen hatte, davon die Rede gewesen war. Die Idee war sogar, hieß es in der Zeitschrift, von den Arbeitern gekommen.

»So war das einmal geplant, ja. 1895 war das, da ist mein Ältester geboren, deshalb weiß ich das noch. Damals haben Arbeiter der Elektrizitätsgesellschaft die Betriebsleitung angesprochen, ob sie so eine Ansiedlung fördern würde. Irgendeiner hatte so etwas an der Ruhr gesehen.«

Margarethe nickte. Wie sie es sich gedacht hatte: Die Krupp-Siedlungen waren Vorbild oder Anstoß für ähnliche Ansätze. »Aber das hier sind Häuser für mehrere Familien, da wohnen die Menschen wieder dicht aufeinander.«

»Ja, das wurde dann geändert, weil die Firma diesen Luxus nicht wollte. Die Männer hatten extra einen Sparverein gegründet, doch da haben nur etwa dreihundert von ihnen mitgemacht. Sie haben zwar Kommerzienrat Wacker als Teilhaber gefunden, aber trotzdem reichte das Geld nicht für kleine Häuschen, sondern nur für diese Reihenhäuser.«

Der Kutscher schien zu spüren, dass Margarethe enttäuscht war. »Ich könnte Ihnen etwas anderes zeigen, wenn gnädige Frau wünschen.« Er blickte sich fragend zu ihr um.

»Mich interessieren nur Wohnsiedlungen«, entgegnete sie. »Zu einer Kirche oder einem Friedhof müssen Sie mich nicht fahren.«

»Das dachte ich mir schon. Aber auch dann habe ich etwas für Sie, und wenn Sie Glück haben, ist sogar mein Schwager dort.«

Während die Kutsche durch die Stadt fuhr, betrachtete Margarethe die Anlagen. Der Kutscher hatte ihre Zustimmung als Einladung verstanden, den Fremdenführer zu spielen. Mal sagte er »Das da ist die Pegnitz!«, dann wies er auf die Kaiserburg oberhalb der Stadt hin: »Die ist fast neunhundert Jahre alt!«, oder er empfahl, unbedingt den Neptunbrunnen auf dem Hauptmarkt zu besichtigen, dessen Zwilling in Sankt Petersburg im Innenhof eines Zarenschlosses stünde.

»Da sind wir«, sagte er schließlich und sah seine Kundin zufrieden an. »Das ist der Rangierbahnhof. Den gibt es erst seit zwei Jahren, und darum herum wird eine Kolonie für Arbeiter gebaut.«

Margarethe staunte. Von diesem Projekt hatte sie bis dato nichts gehört. Die Rangierstation und die ersten Häuser waren von Bäumen umgeben. »Standen die Bäume schon immer da?«

Der Kutscher nickte. »Das ist der Lorenzer Reichswald. Es sind erst ein paar Häuser fertig, aber da sollen noch welche hinzukommen.« Er kletterte von seinem Bock, hängte jedem Pferd einen Eimer Heu um und blickte suchend umher. »Schade, mein Schwager ist nicht zu sehen. Er arbeitet hier und hätte Ihnen mehr erzählen können. Ich weiß nur, dass das so was wie eine Waldstadt werden soll.« Er hob den Hut und kratzte sich am Kopf. »Oder Wiesenstadt?«

»Vielleicht eine Gartenstadt?«, schlug Margarethe vor.

»Genau, eine Gartenstadt. Da kommen Häuser hin und Läden und ein Bäcker und was man so braucht, um nicht in die Stadt zu müssen.«

»Haben Sie noch etwas Zeit? Ich würde gern eine Skizze anfertigen.« Margarethe war froh, dass sie im letzten Moment Notizbuch und Bleistift eingesteckt hatte. Nun schlug sie eine leere Seite auf und zeichnete den Rangierbahnhof, die Bäume und die wenigen Häuser, die dort bereits standen.

»Sind Sie eine Künstlerin?« Der Kutscher hatte die Heu-Eimer weggeräumt und betrachtete von seinem erhöhten Sitz, wie Margarethe an der Kutsche lehnte und ihre Eindrücke zu Papier brachte.

Sie lachte. »Nein. Aber ich mag diese kleinen Siedlungen und würde gern selbst so eine bauen.«

»Da müssen Sie aber sehr reich sein«, konstatierte der

Kutscher und sah dabei aus, als würde er gerade einen neuen Preis für die Fahrt berechnen.

Margarethe ging nicht darauf ein. Sie steckte ihr Notizbuch mit der fertigen Skizze ein und bat den Mann, sie zum Hotel zu fahren. Sie war neugierig, was Bertha und Barbara erlebt hatten, und freute sich über diesen aufschlussreichen Abstecher. Ihr Plan war weiterhin eine vage Idee, aber vielleicht war dieser Kutscher, der ihr die unbekannte Siedlung gezeigt hatte, ein Bote des Schicksals gewesen.

KAPITEL 18

Sommer 1905

Margarethe stand im Garten und betrachtete ihre Töchter, die mit Pinsel und Palette auf Klapphockern vor großen Staffeleien und kleinen Leinwänden saßen. Vor allem Bertha hatte lange darauf gedrängt, Malunterricht zu bekommen, und Barbara war alles recht, was sie von Lektionen in Mathematik und den Naturwissenschaften abhielt. Lediglich für Geografie konnte sie sich erwärmen, und es verging kaum ein Tag, an dem sie nicht von einem neuen Reiseziel sprach und davon schwärmte, wie sie später einmal mit ihrem natürlich gut aussehenden Mann die ganze Welt bereisen würde.

Bertha verdrehte dann nur die Augen. »Ich glaube nicht, dass du solch einen Mann findest.«

Barbara wurde nicht müde, sich diesen Traum auszumalen. Warum auch nicht? Das Erbe ihres Vaters ließ einigen Spielraum, und sie konnte sicher sein, dass ihre Mutter und ihre Schwester ihr notfalls einen Zuschuss zur Reisekasse gewährten.

»Du bist mit vierundzwanzig auch ganz allein nach England gereist«, erinnerte Barbara ihre Mutter, wann immer diese darauf hinwies, dass nicht alle Träume in Erfüllung gingen. An ihre eigenen Träume erinnerte Margarethe sich nicht, vielleicht hatte sie keine gehabt, weil sie so eingespannt war in familiäre Haushaltspflichten. Sie hatte jedoch immer lernen wollen, und ausgerechnet dies hatten ihr die Eltern verwehrt. Den Unterricht in Englisch hatte sie von dem Taschengeld bezahlt, das sie ihrer Mutter irgendwann als Belohnung dafür abgetrotzt hatte, dass sie den Haushalt erledigte und die Geschwister bei den Hausaufgaben beaufsichtigte. Die beste Ausgabe, die sie je getätigt hatte. Nur dank des Unterrichts hatte sie sich in der Familie von Admiral Mackenzie behaupten können.

»Mama, guck mal, erkennst du, was ich gemalt habe?«

Selbst wenn sie Barbaras Stimme nicht erkannt hätte, wäre ihr klar gewesen, dass diese Frage von ihrer jüngsten Tochter kam. Bertha ruhte in sich, wenn sie malte und zeichnete, sie brauchte niemanden, der ihr bestätigte, wie gut ein Bild gelungen war.

Ehe Margarethe antworten konnte, hörte sie, wie jemand von der Villa ihren Namen rief: »Frau Krupp, Frau Krupp!«

Das Dienstmädchen, das die Treppen und den Hang hinunterlief, wirkte aufgeregt. Es achtete nicht auf die Haare, die ihm ins Gesicht fielen, als sein Häubchen vom Wind weggeweht wurde. Die Schürze flatterte mal rechts, mal links, es achtete jedoch nicht darauf, sondern wedelte mit einem Papier in der Hand.

»Ein Telegramm! Aus Argentinien!« Das Mädchen rang zwischen jedem Wort nach Atem. »Ich soll es Ihnen sofort bringen.«

»Danke!« Margarethe nahm dem Mädchen das Papier aus der Hand. Ein Telegramm aus Argentinien konnte nichts Gutes bedeuten. Hatte sich nun auch ihr jüngster Bruder Armin daran erinnert, dass sie eine der größten Geldschatullen des Reichs verwaltete? Es war erst wenige Jahre her, dass Friedrich ihm mit hunderttausend Mark einen Neustart in Argentinien ermöglicht hatte, nachdem er in Deutschland ins Drogenmilieu abgeglitten war. Sie schüttelte den Gedanken ab, der sich ihr stets aufdrängte, wenn sie an den kleinen Bruder dachte.

Sie öffnete das Telegramm und erstarrte. Armin benötigte kein Geld, sondern war am 12. Juli verstorben. An den Folgen einer Infektion durch eine verunreinigte Morphiumspritze, wie ihre Schwägerin sie wissen ließ. Nahmen diese Schicksalsschläge denn kein Ende?

»Geht es dir nicht gut, Mama? Setz dich doch!«

Bertha war aufgestanden und hatte, als sie sah, dass ihre Mutter erstarrte und blass wurde, ihren Malhocker gebracht.

Margarethe wollte ihre Töchter beruhigen, aber es gelang ihr nicht, den Aufruhr in ihrem Inneren zu bändigen. Tränen liefen ihr über die Wangen. Der kleine Armin, den sie als junges Mädchen gewickelt und gefüttert, den sie mit Grimassen und Kinderversen zum Lachen und mit Tadeln zum Weinen gebracht hatte! Nun gab es ihn nicht mehr, und sie konnte nicht einmal Abschied nehmen. Das Telegramm war sieben Tage unterwegs gewesen, selbst wenn sie sich umgehend einschiffte, würde sie nicht rechtzeitig eintreffen, um sich von seinem Leichnam zu verabschieden. Und was brachte es, einen toten Bruder aufzusuchen?

Barbara und Bertha knieten neben ihrer Mutter und streichelten ihr verzagt über Arme und Rücken.

»Euer Onkel Armin ist gestorben«, sagte Margarethe leise. Was half es, wenn sie den Mädchen mehr über den Tod mitteilte? Sie sollten ihn so in Erinnerung behalten, wie sie ihn erlebt hatten: als Mann, der mit ihnen Fangen spielte. Bei seinen Besuchen auf dem Hügel hatte er stets dafür gesorgt, dass er mit Drogen versorgt war und niemand etwas von seiner Sucht bemerkte.

»Arme Tante Irene«, entschlüpfte es Barbara.

Margarethe strich ihr über das Haar. »Ja, arme Tante Irene. Arme Oma. Für Mütter gibt es nichts Schlimmeres, als ihre Kinder zu verlieren.«

Sie schwiegen gemeinsam, bis das Dienstmädchen begann, von einem Fuß auf den anderen zu trippeln.

»Ach, dich habe ich ganz vergessen«, entschuldigte sich Margarethe. »Du darfst natürlich wieder ins Haus gehen.«

Sie folgte dem Mädchen mit langsamen Schritten, nachdem sie ihre Töchter gebeten hatte, die Malstunde zu beenden. »Es ändert nichts, wenn ihr die Bilder angefangen zurücklasst. Wer weiß, ob es nicht beim nächsten Mal regnet oder jemand einen Ast von dem Baum abgerissen hat.«

»Ich habe es schon gehört«, empfing Johanna Brandt sie. »Mein herzliches Beileid. Es tut mir wirklich leid, dass der junge Herr Armin es nicht geschafft hat, seine Sucht zu bekämpfen.«

Margarethe nickte. »Ja. Das ist wirklich traurig. Auf dem Weg ins Haus habe ich mich gefragt, ob es nicht auch eine Gnade ist. Er hat so oft versucht, von den Drogen loszukommen. In Argentinien hatte er eine Frau, die ihn liebte, ein Haus, in dem er sich wohlfühlte, und dank der großzügigen Unterstützung meines Mannes genügend Geld für seinen Lebensunterhalt. Aber vermutlich war genau das sein Problem. Er hat nie gelernt, sich an eigenen Träumen und Zielen zu orientieren.« Sie verstummte. Auch wenn Johanna Brandt ihr fast eine Freundin geworden war, wollte sie sie nicht mit ihrer Familiengeschichte belasten.

»Wir müssen meiner Mutter telegrafieren.« Sie holte tief Luft und atmete langsam aus. Wie würde Eleonore reagieren? Würde der Tod ihres jüngsten Sohnes sie gleichgültig lassen, weil sie gerade die nächste Einladung vorbereitete? Oder würde sie in Tränen ausbrechen?

»Ich denke, wir laden sie ein, einige Tage hier zu verbringen«, entschied Margarethe. Sie wollte wissen, wie ihre Mutter zurechtkam. Friedrichs Tod hatte sie kaltgelassen, aber er war nur ein Schwiegersohn gewesen; ein reicher zwar, aus ihrer Sicht jedoch nicht standesgemäß.

Sie schüttelte sich und drängte ihre schlechten Gefühle beiseite. Es würde den Kindern und Irene, die zeitweise auf dem Hügel lebte, um ihre Trauer zu bewältigen, guttun, wenn Eleonore mit ihren manchmal völlig überzogenen Vorstellungen andere Themen aufbrachte. Sie könnte später mit im Salonwagen zurückfahren, wenn sie zum Empfang der Kaiserin nach Koblenz reisten.

Margarethe lächelte. Wann immer sie von diesem Termin sprach, schwärmten die Mädchen davon, dass sie dann endlich eine Kaiserparade erleben würden. Wenn das einmal nicht das Thema sein sollte, planten sie, welche Kleider sie bei der Hochzeit ihrer Cousine im Herbst anziehen würden. Eine neue Zuhörerin würde auch ihnen guttun, und Eleonore war die Richtige, um Bertha und Barbara die verwandtschaftlichen Beziehungen der Familie zu erklären.

»Wissen Sie was?« Margarethe wandte sich an Johanna Brandt. »Ich habe eine Idee, womit wir uns beschäftigen können, wenn es im Winter wieder trüb wird und wir nicht mehr draußen sitzen werden. Was halten Sie davon, wenn wir ein Archiv einrichteten, in dem die wichtigsten Informationen über die Familien von Ende und Krupp gesammelt werden?« Sie winkte mit dem Telegramm. »Und damit fangen wir an. Im Arbeitszimmer liegt noch die Todesanzeige von Irenes Mann, und Fotos und Berichte über Friedrichs Tod sind ohnehin vorhanden.«

»Das ist eine gute Idee«, stimmte Johanna Brandt zu. »Da könnten Sie auch die Fotos versammeln, die Sie auf Ihren Reisen aufgenommen haben.«

Margarethe stutzte. Sie hatte ihre Kamera lange nicht in der Hand gehabt. »Genau, die Fotoalben von den Reisen gehören auch in das Archiv, und später einmal die Tagebücher, die ich für Bertha und Barbara angelegt habe.« Nach der Geburt ihrer Mädchen hatte sie begonnen, wichtige Ereignisse dort hineinzuschreiben, inzwischen hatten ihre Töchter dies selbst übernommen. Sie ließ sie gewähren und bat nur gelegentlich darum, einen Blick hineinwerfen zu dürfen. Nie würde sie den Moment vergessen, als sie in Barbaras Schrift gelesen hatte: »½3 Uhr nachmittags verschied Väterchen.« Erst da war ihr klar geworden, wie knapp sie Friedrichs letzten Atemzug verpasst hatte.

Weg mit diesen Gedanken! Margarethe schrieb einen kurzen Gruß an ihre Mutter mit der Einladung und Armins Todestag und begann sodann, die Schubladen und Schränke in ihrem Arbeitszimmer nach Unterlagen für ein Familienarchiv zu durchsuchen, um sich abzulenken.

Sosehr es Margarethe auch beschäftigte, dass der Tod zum zweiten Mal in diesem Jahr in ihrer Familie Einzug gehalten hatte, behielt sie doch ihr Ziel im Blick. Um die Alltagsaufgaben kümmerten sich die Direktoren. Sie wählte sorgfältig aus, woran sie sich beteiligte. Dabei ließ sie sich davon leiten, ob sie das Thema interessierte oder ob sie es für erforderlich hielt, dass Bertha damit bekannt gemacht wurde.

So bestieg sie Ende Juli zusammen mit Bertha, Barbara und Johanna Brandt den Salonwagen, der sie ins Emsland zum firmeneigenen Schießplatz in Meppen brachte.

»Wieso besitzen wir eigentlich einen Schießplatz?« Barbara sah ihre Mutter nachdenklich an. »Wir sind doch kein Schützenverein?«

»Wir verkaufen Waffen!«, belehrte Bertha sie ungehalten. »Die Leute, die unsere Waffen kaufen, wollen wissen, ob sie funktionieren. Sie können ja schlecht in ihrem Garten eine Kanone aufstellen und abfeuern, um das zu testen.«

Ihre jüngere Schwester verdrehte die Augen. »Ist ja schon gut! Du musst dich nicht so aufspielen. Daran habe ich nicht gedacht.«

»Streitet euch nicht«, bat Margarethe. »Das ertrage ich bei der Hitze nicht.«

»Geht es dir nicht gut?« Sofort wandten die Mädchen ihre ganze Aufmerksamkeit der Mutter zu.

»Es ist alles in Ordnung.« Margarethe versuchte, ihre Töchter zu beruhigen, während sie sich mit einem Fächer Luft zufächelte. An manchen Sommertagen merkte sie, dass sie die fünfzig überschritten hatte; da setzten ihr die Wechseljahre sehr zu. Vor allem in diesem Bahnwagen, der, obwohl luxuriös eingerichtet, nicht viel mehr als ein rollendes Zimmer war, das ständig leicht ruckelte und das sie nicht für einen kurzen Moment verlassen konnte, um frische Luft zu schnappen.

»Seht nur, wir sind in Münster!«, rief Barbara, die das Fenster heruntergelassen hatte und sich herausbeugte.

»Du hast versprochen, dass wir uns die Stadt einmal ansehen«, fiel Bertha ein. »Ich möchte gern sehen, wo Annette von Droste-Hülshoff gewohnt hat und der Westfälische Frieden geschlossen wurde. In so einer geschichtsträchtigen Stadt würde ich gern leben.«

»In gewisser Weise ist Essen ebenso geschichtsträchtig«, gab Margarethe zu bedenken. »Überleg mal, wie alt die große Kirche ist und das Kloster daneben.«

»Und eine so schöne Villa auf einem Hügel gibt es in

Münster bestimmt nicht. Hier ist alles eben.« Barbara schob das Fenster wieder zu, der Geruch des Kohlenfeuers, das die Kessel der Lokomotive vorne heizte, verteilte sich in dem Abteil.

»Du hättest das Fenster nicht öffnen sollen«, nörgelte Bertha. »Jetzt haben wir die ganze Zeit diesen blöden Geruch hier.«

»Was ist denn mit euch los?« Margarethe fächelte sich Luft zu, die eher lauwarm als kühl war, was ein wenig gegen die Hitze half, die mit dem Gestank eingedrungen war. »Ich glaube, ihr seid nicht ausgelastet. Ihr könntet ein wenig sticken oder stricken.«

Die Mädchen schüttelten den Kopf. »Dann schwitzt man noch mehr.«

»Wir könnten Domino spielen!«, schlug Barbara vor. »Das haben wir mit Papa auf Reisen auch oft gemacht.«

Es dauerte einige Minuten, bis Johanna Brandt die Stille durchbrach: »So weit man sieht, nur Felder und Wiesen. Erstaunlich, wie unterschiedlich die Landschaften sind, oder?«

Als hätten die Mädchen auf das Signal gewartet, blickten sie aus dem Fenster.

»Haha, die Kühe dort spielen Fangen!« Barbaras Lachen klang befreit und steckte die Frauen an.

»Das sieht wirklich lustig aus«, fand selbst die eben noch schlecht gelaunte Bertha. »Sieh nur, dort stecken zwei die Mäuler zusammen. Bestimmt lästern sie gerade über die anderen.«

Die Mädchen fanden Freude daran, den Kühen menschliche Verhaltensweisen anzudichten; die einsame Kuh abseits interpretierten sie als Lehrer, der über seinen Unterricht nachdenkt, und die Kuh, die eine andere an der Seite anstupste, als verliebt.

»Apropos verliebt.« Bertha sah ihre Schwester an. »Freust du dich schon aufs nächste Wochenende, wenn die Samstagssöhne kommen?«

Sofort zog eine leichte Röte in Barbaras Gesicht. »Das ist immer sehr unterhaltsam. Mit so vielen Leuten macht alles gleich mehr Spaß.«

»Tu nicht so, dir reicht es doch, wenn einer kommt«, neckte Bertha weiter.

Barbara streckte ihr die Zunge heraus. »Immerhin kommt einer meinetwegen. Für dich würde niemand extra aus Düsseldorf auf den Hügel fahren.«

Bertha senkte den Blick.

Margarethe sah sie nachdenklich an. Es stimmte nicht, was Barbara da sagte. Es gab viele junge Männer, die wegen Bertha auf den Hügel kamen, aber sie ließen nur allzu schnell durchblicken, dass es ihnen nicht um sie ging, sondern um ihr Erbe und eine gute Position.

Margarethe versuchte zwar seit dem Tod des Vaters, ihrer älteren Tochter zu vermitteln, dass auch sie als Frau das Unternehmen leiten konnte, aber sie machte sich andererseits nichts vor: Nach wie vor hatten die Männer das Sagen, und die Frauen durften allenfalls beraten, Ideen einbringen oder gut gekleidet mit freundlichem Lächeln Empfänge geben. Kein Wunder, dass die Männer, die Bertha den Hof machten, in erster Linie im Sinn hatten, über ihr Unternehmen zu bestimmen. Bertha beneidete daher Barbara, die sich unter den jungen Männern, die samstags auf den Hügel kamen, unbeschwert den aussuchen konnte, der ihr gefiel. Im Moment schien ihr Herz für Tilo Wilmowsky zu schlagen, einen Referendar aus Düsseldorf mit dunklen Augen, ranker Gestalt, seitlich gekämmten Haaren und Schnurrbart.

»Ich bin sicher, dass Bertha bald einen Mann findet, der ihr gefällt«, sagte Margarethe laut. »Wir wissen alle, dass es nicht leicht ist, denn auf ihr lastet eine große Verantwortung. Wenn sie heiratet, gibt sie nicht nur ihr Herz und ihr Leben, sondern das Wohl vieler Menschen in die Hände ihres Ehemannes.«

»Es tut mir leid, ich wollte dir nicht wehtun.« Barbara streichelte den Arm ihrer Schwester.

»Was ist denn nun eigentlich mit deinem Tilo?«, wollte Bertha wissen.

Ein Strahlen ging über Barbaras Gesicht. »Ich glaube, er würde mich heiraten.« Sie seufzte. »Wie ich wohl in einem Hochzeitskleid wirke? Bei den Männern braucht man ja nicht viel Fantasie, um zu ahnen, wie sie im Frack, Smoking oder Cut aussehen. Die tragen immer Anzüge, man muss sich das nur in Schwarz vorstellen. Aber so ein weißes Brautkleid, mit langer Schleppe und Schleier, das vermag ich mir nicht auszumalen.«

»Guck dir ein Bild von Queen Victoria an«, sagte Bertha bissig. Es war deutlich zu spüren, dass sie mit Mühe den Zorn über ihre Schwester zügelte.

»Habe ich euch eigentlich schon einmal erzählt, dass ich in der Zeit, als Queen Victoria regiert hat, in England war?«, fragte Margarethe und schmunzelte, als sie sah, dass ihre Töchter gleichzeitig die Augen verdrehten.

»Einmal?!«, antwortete Barbara.

»Hundertmal, mindestens«, bekräftigte Bertha.

»Na gut. Dann erzähle ich es eben nicht. Und was dein Brautkleid angeht, Barbara? Noch ist es ja nicht so weit«, dämpfte sie die Schwärmerei ihrer Jüngeren. »Im Herbst geht dein junger Freund erst einmal nach Berlin, um seine Prüfungen abzulegen. Danach wird man weitersehen.«

»Wer weiß, vielleicht finde ich bis dahin jemanden, dann könnten wir Doppelhochzeit feiern.«

»Selbst wenn du einen Mann findest, Bertha ...« Margarethe schüttelte den Kopf. »Aus einer Doppelhochzeit wird sicher nichts. Vergiss nicht: Mit deiner Hochzeit wird dein Zukünftiger zugleich Herr über das Unternehmen. Deshalb kann sie nicht im kleinen, familiären Kreis stattfinden. Da werden die Direktoren kommen und andere wichtige Menschen.«

Bertha sah ihre Mutter entsetzt an. »Ehrlich? Ich kann nicht feiern, wie ich will?«

»Habt ihr gehört, dass es in Berlin künftig Automobilbusse geben soll?« Johanna Brandt fand offensichtlich, dass es Zeit für einen Themenwechsel war, um die trüben Gedanken zu vertreiben, die sich auf Berthas Gesicht spiegelten. »Die Omnibusse werden nur nachts noch von Pferden gezogen, tagsüber werden motorisierte Fahrzeuge eingesetzt. Die sind schneller.«

»Und sie hinterlassen nicht so viele Pferdeäpfel auf der Straße«, fügte Barbara hinzu. Sie verzog das Gesicht. »Wenn ich daran denke, wie ich kürzlich in der Stadt reingetreten bin ... Das Dienstmädchen musste meine Lieblingsschuhe wegwerfen, weil sie die Reste nicht aus den Ritzen bekam.«

Margarethe nickte ihrer Gesellschafterin dankbar zu. Johanna Brandt war es wieder einmal gelungen, ein Thema zu finden, zu dem die Mädchen ihre Erlebnisse austauschen konnten, ohne in Trauer oder Sehnsucht zu verfallen.

Wenige Wochen später traf Eleonore von Ende auf dem Hügel ein. Sie war älter geworden und ruhiger, außerdem hielt Margarethe sich mit Äußerungen zurück, die geeignet waren, Widerspruch und Streit hervorzurufen, auch wenn sie dafür so manches Mal die Faust hinter dem Rücken oder in der Tasche ballen musste. Wie Eleonore sich selbst als

Mutter sah, entsprach beileibe nicht dem, was Margarethe erlebt hatte. Oft wechselte sie einen Blick mit Irene, die es jedoch nicht lange auf dem Hügel hielt, nachdem ihre Mutter eingetroffen war.

»Ich bewundere es, dass du Mutter immer wieder aufnimmst«, hatte Irene ihr an einem Nachmittag gesagt. »Ich würde das nicht ertragen und bin froh, dass wir nie genug Platz hatten, um einen Logiergast aufzunehmen.«

Margarethe kniff die Augen zu. »Du könntest sie im Dienstbotenzimmer schlafen lassen.«

Irene sah sie entsetzt an, und ihre Augen wurden noch größer, als Margarethe ihr schließlich erzählte: »Du hast das damals nicht mitbekommen. Aber als ich aus England zurückkam und auf dem Weg nach Dessau bei unseren Eltern übernachten wollte, hat Mutter das abgelehnt. Ich sei eine Bezahlte, und die könne nicht bei ihnen schlafen, hat sie gesagt. Vater hat mit Engelszungen auf sie eingeredet, und so durfte ich am Ende immerhin im Dienstbotenzimmer nächtigen.«

»Unfassbar! Und ich dachte, ihre Torheiten seien nicht mehr zu übertreffen.«

»Zum Glück war ich danach am herzoglichen Hof in Dessau in einer Stellung, was in ihren Augen sogar für adelige Damen vertretbar ist. Sonst hätte ich in der Nacht vor meiner Hochzeit vermutlich auch im Dienstbotenbett schlafen müssen.«

Seit sie sich wieder an dieses Erlebnis erinnerte, fiel es Margarethe schwer, die Launen ihrer Mutter auszuhalten. Dass es dennoch harmonisch blieb, wunderte sie zutiefst. Selbst das Dienstmädchen, das Margarethe zu Eleonores Betreuung abgestellt hatte, schien zufrieden, da ihre Aufgabe ihr auch Freiräume bot, wenn die alte Dame Bertha und Barbara beim Tennisspiel zusah, mit der Herrin eine Kutschfahrt unternahm oder einfach mit einer Tasse Tee, Gebäck und einer Ausgabe der *Gartenlaube* auf der Terrasse saß.

Der Abreisetermin stand bereits fest, und es sah danach aus, als würden auch die wenigen verbliebenen Tage friedvoll vergehen. Da aber meldete ein Hausdiener, dass eine Kutsche unangemeldet vor der Tür gehalten habe. Bis in die obere Halle hörte Margarethe die lauten Stimmen Waldemar von Keimsdorffs und zweier Frauen.

»Wir möchten zu Gräfin von Ende, sie hat uns eingeladen.«

Margarethe war erleichtert, als sie mitbekam, dass Hausmeister Herms sich bereits um die Sache kümmerte, und ging ins Treppenhaus, um unmittelbar zu verfolgen, was ihre Verwandtschaft sonst noch verlangen würde.

»Wer sind Sie?«, fragte Theodor Herms in einem unverbindlichen Ton. »Geben Sie mir bitte Ihre Karte. Damit ich Sie der Frau Geheimrat melden kann.«

Margarethe schmunzelte. Selbstverständlich wusste der Hausverwalter, wer die ungebetenen Gäste waren. Aber er war geübt darin, Menschen mit Worten zu verunsichern.

»Äh!«, stammelte Waldemar von Keimsdorff, und seine Stimme war auf einmal weniger laut, als er erklärte: »Ich bin Waldemar von Keimsdorff, und das sind meine Tanten Maria und Minna von Steinfels.«

Theodor Herms blieb ungerührt. »Aha! Ich brauche dennoch Ihre Karte. Ich weiß nichts von einem Besuch. Frau Geheimrat pflegt uns ihre Gäste vorher anzukündigen.«

»Die Gräfin hat uns eingeladen!«, erklärte Waldemar von Keimsdorff, und Margarethe hatte sofort seinen herablassenden Gesichtsausdruck vor Augen.

»Die *Gräfin*?«, konterte Theodor Herms. »Auch davon

weiß ich nichts, aber ich werde das klären. Bitte warten Sie hier.«

Margarethe schickte einen Diener nach unten und schärfte ihm ein, die aufdringlichen Besucher nicht aus den Augen und erst recht nicht weiter ins Haus zu lassen.

»Eine Frechheit, uns hier so stehen zu lassen!«, hörte Margarethe, als Theodor Herms vor ihr auf der Treppe erschien. Sie winkte ihn in den Hauswirtschaftsraum, der sich auf halber Höhe befand.

»Ihr Cousin behauptet, Ihre Mutter habe ihn eingeladen. Er ist in Begleitung von zwei Frauen.«

Margarethe stöhnte. Wieso konnte der Besuch Eleonores nicht ein einziges Mal ohne Streit enden? »Ich habe es gehört. Wo ist meine Mutter denn?«

»Die Gräfin ist auf dem Tennisplatz, um den jungen Damen beim Spiel zuzusehen.«

»Oh. Da haben wir Glück gehabt, dass Waldemar sie nicht gesehen hat!« Margarethe war einerseits erleichtert, andererseits hätte sie vor dem Gespräch mit ihrem Cousin gern gewusst, ob ihre Mutter die Angehörigen tatsächlich eingeladen hatte. Eleonore war zwar halsstarrig, wie es eine egozentrische Person mit fast fünfundsiebzig Jahren oft wurde, aber hätte sie eine solche Einladung tatsächlich ausgesprochen, ohne sie darüber zu informieren? Zumal feststand, dass sie in zwei Tagen gemeinsam nach Wiesbaden reisen würden. Ihrem Cousin traute Margarethe jedenfalls zu, dass er sich mit einer Lüge Zugang zur Villa zu verschaffen suchte.

»Bitte stellen Sie sicher, dass meine Mutter und meine Töchter unseren ›Gästen‹ nicht in die Arme laufen«, bat Margarethe Johanna Brandt, die wie aus dem Nichts auftauchte.

»Das Dienstmädchen hat mir gesagt, was los ist«, sagte Johanna Brandt, als sie den überraschten Blick ihrer Dienstherrin sah: »Es war gerade im Haus, um eine Stola für die Gräfin zu holen, als der Diener mit der Nachricht erschien, dass Gäste für Frau von Ende angekommen seien.«

Margarethe sah sie entsetzt an. »Meine Mutter darf nicht auf meinen Cousin treffen.«

Johanna Brandt winkte ab. »Keine Sorge, ich habe das Mädchen gebeten, zu warten, bis es von Ihnen oder mir eine Anweisung erhält.« Sie schmunzelte. »So kalt ist es im August nicht, dass Ihre Mutter sich ohne die Stola etwas weghölt.«

»Ich verstehe nicht, warum wir nicht zu Gräfin von Ende vorgelassen werden.« Eine schrille Stimme hallte durch das Treppenhaus. »Ich bin Minna von Steinfels. Es ist unfassbar, wie ich hier behandelt werde. Das wäre unter dem alten Kaiser nicht vorgekommen!«

Margarethe wusste nicht, ob sie lachen oder weinen sollte. Ausgerechnet die geldgierigen Tanten seiner Mutter hatte ihr Cousin mitgebracht. Das war zum Weinen. Und doch hatte es etwas Rührendes, wie sie den alten Kaiser beschwor. Als hätte er jemals Einfluss auf die gesellschaftlichen Gepflogenheiten im Hause Krupp genommen, wenn er nicht gerade selbst zu Gast war und alles sich nach dem Protokoll richten musste. Es war unfassbar, dass die alten Damen es wagten, Forderungen zu stellen. Was hatte sie mit denen zu tun? Sie hatten keinen einzigen Tropfen gemeinsamen Blutes.

»Sie hätten sich eben anmelden müssen.« Theodor Herms sprang auf Margarethes Wink dem Diener bei, der völlig verunsichert stammelte, dass er auf eine Order warten müsse.

Margarethe ging hinter Theodor Herms einige Stufen hinunter und blieb auf der Hälfte der Treppe stehen. Was für ein kurioser Anblick! Sie zwang sich zu einer ernsten Miene.

»Ach, wir haben Gäste?«, fragte sie Theodor Herms.

»Sie behaupten, Ihre Mutter hätte sie eingeladen.«

»Pah, ›behaupten‹, das klingt ja so, als hätten wir uns das ausgedacht!« Maria von Steinfels presste die Lippen empört zusammen.

»Da scheint ein Missverständnis vorzuliegen.« Margarethe sah ihre entfernten Verwandten einen nach dem anderen an. »Sicher hat meine Mutter euch nach Wiesbaden eingeladen. In drei Tagen wird sie wieder dort sein. Wir werden sie nach Hause bringen, weil wir ohnehin in die Richtung fahren, zum Empfang der Kaiserin.«

Aus den Augenwinkeln bemerkte sie, wie Maria von Steinfels vor Wut oder Neid die Augen zusammenkniff. Wie schön, wenn man wusste, wie man Menschen auf subtile Weise ihren Platz zeigen konnte! Es war eigentlich nicht Margarethes Art, so mit anderen umzugehen, sie war lieber offen und freundlich. Aber diese Frauen, die sich stets aufs Neue an ihre Mutter heranmachten, damit diese bei ihr Geld erbettelte, verdienten es nicht anders.

»Ich habe gleich gesagt, dass die Gräfin ganz sicher niemanden eingeladen hat, da ihre Abreise kurz bevorsteht.« Theodor Herms drehte sich mit dem Rücken zu den Besuchern und zwinkerte ihr zu. »Ich hoffe, Sie haben die Kutsche nicht weggeschickt.«

»Doch, doch.« Waldemar von Keimsdorff verzog seinen Mund zu einem breiten Grinsen. »Bis sie wieder zurück ist, dauert es sicher. In der Zeit könnten wir Tante Eleonore unsere Aufwartung machen.«

Theodor Herms hatte dem Diener, der die drei in Empfang genommen hatte, längst ein Zeichen gegeben, vor der Tür nachzuschauen.

»Ach was, unsere Fuhrwerke werden heute nicht gebraucht«, erklärte Margarethe inzwischen. »Ich bin sicher, dass der Gärtner Sie mit seinem Pflanzwagen ins Dorf zum Bahnhof bringen kann. An unserem eigenen Bahnsteig hält ja nur unser Salonwagen oder der des Kaisers.« Diese kleine Spitze konnte Margarethe sich nicht verkneifen. Mit diebischer Freude registrierte sie, wie Waldemar und die beiden Tanten bei der Erwähnung des Kaisers zusammenzuckten.

»Der Kutscher ist noch da. Er wartet auf sein Salär«, verkündete in dem Augenblick der Diener von der Eingangstür aus.

»Wie praktisch, da können Sie die Hin- und Rückfahrt zusammen abrechnen.« Theodor Herms stand mit dem Rücken zur Treppe und deutete auf die Tür.

Waldemar von Keimsdorff und die beiden alten Tanten zögerten, dann erhoben sie sich von den unbequemen Stühlen, auf die man sie gewiesen hatte, und gingen zur Tür.

»Ich werde Mutter darauf vorbereiten, dass sie nach ihrer Rückkehr recht bald Besuch von euch bekommt«, sagte Margarethe mit eisiger Stimme.

An der Tür wandte Waldemar seinen Kopf nach hinten. Sein Blick war voller Hass. »Das wirst du bereuen«, war das Letzte, was Margarethe von ihm hörte, ehe Theodor Herms die Tür hinter ihm schloss.

»Achten Sie darauf, dass die Kutsche die obere Ausfahrt nimmt«, forderte er den Diener auf, ehe er ihn ebenfalls durch die Tür auf den Vorplatz ließ.

Margarethe sah noch, wie der Diener sich neben den Kutscher auf den Bock schwang und ihm zeigte, in welche Richtung er seine Pferde lenken sollte. Sie wusste, dieser Krieg war nicht beendet, aber diese Schlacht war auf jeden Fall an sie gegangen.

KAPITEL 19

September 1905

Auf dem Weg nach Koblenz standen die Münder von Bertha und Barbara kaum eine Minute still. Sie waren es gewohnt, mit gekrönten Häuptern und Herrschern, die auf dem Hügel logierten, umzugehen. Eine Einladung zu einem Empfang bei der Kaiserin war dennoch auch für sie etwas Besonderes. Das Kaiserpaar weilte während des Kaisermanövers für einige Tage im kurfürstlichen Schloss in Koblenz, und Kaiserin Auguste Viktoria nutzte die Zeit, in der ihr Mann mit dem 8. Armeekorps den Kriegsfall übte, um Kontakte zu pflegen.

»Hat die Kaiserin uns wirklich persönlich eingeladen?«, fragte Barbara mindestens zum dritten Mal. »Das ist eine große Ehre, oder etwa nicht?«

Margarethe lächelte nachsichtig. Natürlich war es eine Ehre, dass Auguste Viktoria sie einlud. Ihre Mutter hatte es kaum fassen können, als sie ihr die Einladung gezeigt hatten. Als Dame von Stand, wie Eleonore allzu häufig betonte, hatte sie einen anderen Bezug zu solchen Dingen. Margarethe selbst freute sich vor allem deshalb, weil die Einladung ihnen ein Reiseziel bot und sie mit den Mädchen einige erholsame Tage in Koblenz verbringen konnte. Das würde vor allem Barbara guttun, die in Essen nur von einem auf den nächsten Samstag lebte und dazwischen der folgenden

Begegnung mit dem umschwärmten Referendar aus Düsseldorf entgegenfieberte.

»Die Kaiserin übernachtet doch auch immer bei uns, wenn sie in Essen ist.«

Margarethe blickte auf ihre Hände, damit Bertha nicht sah, dass sie über diese logische Sichtweise lachte.

»Der Empfang bei der Kaiserin ist nur *ein* Programmpunkt unseres Besuchs in Koblenz.« Johanna Brandt wedelte mit einer Liste: »Einmarsch des Kaiserpaares, Großer Zapfenstreich, Illumination der Rheinufer.«

»Was ist ein Zapfenstreich?« Barbara blickte auf die Liste. »Und müssen wir das alles mitmachen?«

»Wir *dürfen* das mitmachen!«, widersprach Bertha. Sie schwenkte die Eintrittskarten für die *Rheingold*, das Schiff, von dem aus auch Wilhelm und Auguste Viktoria die beleuchteten Ufer des Rheins betrachten würden.

»Stell dir vor: Schon als Queen Victoria vor sechzig Jahren auf ihrer Hochzeitsreise an Koblenz vorbeifuhr, gab es bereits ein Feuerwerk.«

Barbara zeigte sich beeindruckt. »Was du alles weißt, Bertha!«

»Auf das Feuerwerk freue ich mich besonders. Wenn bei uns in der Stadt ein Feuerwerk ist, sehen wir ja immer nur einen Teil, weil Bäume davor sind oder nur die Spitzen des Glitzerns bis auf den Hügel dringen. Ich stelle es mir schön vor, auf dem Wasser zu fahren und rechts und links die Raketen aufsteigen zu sehen, von der Erde bis in den Himmel.«

»Ich denke auch, dass das ein Höhepunkt wird, und habe mich gefreut, dass die Kaiserin uns die Karten dafür geschickt hat, auch wenn Sie, liebes Fräulein Brandt, leider nicht dabei sein können.« Margarethe hatte kurz überlegt, diesen Teil der Einladung abzulehnen, um ihre Gesellschafterin nicht zu brüskieren. Aber auf das Schiff gebeten zu werden, auf dem auch das Kaiserpaar mit Gefolge und wenigen Vertrauten sein würde, war wirklich außergewöhnlich.

»Ach, ich bin ganz froh, dass ich mir das Feuerwerk vom Ufer aus ansehen kann.« Johanna Brandt winkte ab und zwinkerte den Mädchen zu. »Da kann ich mich benehmen, wie ich will, und so viel trinken und essen, wie ich mag.«

Bertha, Barbara und Margarethe lachten. Als hätte sich die Gesellschafterin jemals bei irgendeinem Anlass nicht korrekt benommen!

»Du wolltest wissen, was ein Zapfenstreich ist, das hatte ich fast vergessen. Der Zapfenstreich ist der Zeitpunkt, an dem die Soldaten des Heeres in ihrem Quartier sein müssen, in der Kaserne oder wo auch immer sie untergebracht sind«, erklärte Johanna Brandt. »Der Große Zapfenstreich ist die Verabschiedung von Generälen, die ausscheiden, wenn sie ein bestimmtes Alter erreicht haben.«

»Ist immer der Kaiser dabei? Das muss anstrengend sein, ständig im Land umherzureisen, um altgediente Militärs zu verabschieden«, fand Barbara.

Margarethe lächelte. Das aus dem Munde eines Mädchens, das es in die Welt hinauszog! Da war ihre Tochter dem Kaiser sehr ähnlich. Man sagte, er verbrächte drei Viertel des Jahres auf Reisen. Entweder weilte er in einem seiner vierzig Schlösser, oder er besuchte Fürsten, Herzöge oder Geschäftspartner, die wie die Krupps über angenehme Logiermöglichkeiten verfügten. »Nein, beim Abschied wichtiger Generäle ist er immer dabei, und wenn er wie jetzt einige Tage im Rheinland ist, wird das mit dem Großen Zapfenstreich verbunden.«

»Was machen wir da?« Für Barbara klang das Programm offenbar wenig verlockend.

»Wir schauen zu! Es gibt Musik, vielleicht auch eine Reitvorführung, wenn derjenige, der verabschiedet wird, bei der Kavallerie war.«

»Wartet einfach, bis ihr es seht«, schlug Margarethe vor. »Jetzt solltet ihr den Ausblick auf den Rhein genießen. Den Kölner Dom habt ihr beiden schon verpasst. Demnächst müsste der Drachenfels kommen.«

»Drachenfels?« Bertha und Barbara sahen sich an. »Was ist das? Lebt da ein Drache?«

»Der Drachenfels ist ein Felsen, der besonders markant aus dem Siebengebirge hervorsticht.« Johanna Brandt kramte in ihrer Tasche und holte eine Postkarte hervor. »Das ist er. Es sind nur die Reste einer Burg aus dem Mittelalter übrig, aber die Leute reisen aus der ganzen Welt dorthin.«

»Wie praktisch, dass wir vorbeifahren, dann können wir sagen, wir haben den Drachenfels gesehen.« Barbara hielt sich das Bild dicht vor die Augen. »Das ist ganz schön hoch, oder? Höher als unser Hügel.«

»Auf der Rückseite müsste stehen, wie hoch der Fels ist.« Bertha nahm ihrer Schwester die Karte aus der Hand. »Dreihunderteinundzwanzig Meter über null und zweihundertsiebzig Meter oberhalb des Rheins. Also ich würde da nicht runterspringen!«

»Saß dort die Loreley aus dem Lied?« Barbara stimmte an: »*Ich weiß nicht, was soll es bedeuten, dass ich so traurig bin ...*«

»*Ein Märchen aus uralten Zeiten, das kommt mir nicht aus dem Sinn*«, fiel Bertha in den Gesang ein.

Margarethe staunte, dass ihre Töchter das Lied von Heinrich Heine tatsächlich bis zum Ende singen konnten. »Erstaunlich, was Sie meinen Kindern beigebracht haben«, sagte sie anerkennend.

Die Gesellschafterin lächelte. »Wenn man viel Zeit verbringt, braucht man immer etwas Neues, damit Kinder sich nicht langweilen, und ich liebe Lieder über Sagen und Legenden. Es gibt da auch eine sehr schöne Geschichte von Clemens Brentano.«

Margarethe zögerte. Es hatte sich bisher nicht ergeben, dass sie Bertha und Barbara von ihrer Zeit bei Gräfin Maxe erzählte. Vielleicht war dies eine gute Gelegenheit. »Ja, ich weiß«, sagte sie daher. »Ich habe sie als junges Mädchen gehört, als ich in Berlin eine Zeit lang bei einer Nichte von Brentano lebte.«

Bertha, Barbara und auch Johanna Brandt starrten sie an.

»Das hast du noch nie erzählt«, beklagte sich Bertha, die ein besonderes Faible für die Märchen von Clemens Brentano hatte.

»Ich war damals siebzehn. Opa August war in Berlin im Reichstag, und weil er fand, dass ich einige Zeit von zu Hause wegmüsse, hat er mich mitgenommen. Ich habe natürlich bei ihm gewohnt, aber tagsüber konnte er sich nicht um mich kümmern. Damit ich nicht allein durch Berlin streune, hat er mich zu Gräfin Maximiliane von Oriola gegeben.«

»Kenne ich nicht. Ist ein Bild von ihr in deinem Sammelalbum, in dem auch die Fotos von Prinzessin Alexandra und Prinz Albert sind?«

Margarethe ließ in Gedanken die Bilder des Albums Revue passieren, das sie als junge Frau begonnen hatte. Es enthielt vor allem Fotos und Postkarten der Familie von Anhalt, bei der sie zwei Jahre gelebt hatte, und deren Verwandtschaft, den Fürsten aus der Familie Hohenzollern. An ein Foto von Gräfin Maxe konnte sie sich nicht erinnern. Ein Bild ihrer ehemaligen Schülerin Prinzessin Alexandra von Anhalt hatte natürlich Platz gefunden wie auch Karten von den Eltern und Geschwistern. Prinz Albert und seine Geschwister Baudoin, Henriette und Josephine hatte sie auf der Weinburg kennengelernt. Bereits damals hatte sie Fotografien geliebt, auch wenn sie noch selten waren. Aber die Bilder der Fürstenkinder wurden als Andenken verschenkt, und sie hatte diese aufbewahrt und in einem Album gesammelt, wie es üblich war.

»Nein, Gräfin von Oriola ist nicht in dem Album. Ihr habt sie als Kleinkinder kennengelernt, aber sie ist verstorben, als ihr sieben und acht Jahre alt wart. Wir wohnten schon auf dem Hügel, und dort hat sie uns besucht, aber sie war da schon vierundsiebzig oder fünfundsiebzig Jahre alt.«

»Wieso war sie die Nichte von Clemens Brentano?«

»Lasst eure Mutter doch in Ruhe erzählen«, bat Johanna Brandt, die ebenfalls sichtlich gespannt auf diesen Lebensabschnitt ihrer Dienstherrin war.

»Die Mutter von Gräfin Maxe war Bettina von Arnim.«

Bertha, Barbara und Johanna Brandt starrten Margarethe mit offenem Mund an. Sie schmunzelte über diesen seltenen Augenblick, in dem das frühere Kindermädchen ihre Rolle vergaß.

»Bettina von Arnim war die Schwester von Clemens Brentano, also war er der Onkel von Gräfin Maxe. Sie hatte in Berlin einen Salon, wo sich Künstler, Literaten, Wissenschaftler und Philosophen trafen und miteinander diskutierten. Von Gräfin Maxe habe ich die Idee der Samstagssöhne. Bei ihr gab es ›Freitagssöhne‹; sie lud junge Männer, die fern von ihrem Elternhaus lebten, freitagabends zum Essen ein, damit sie sich wenigstens einmal die Woche gesund ernährten.«

Als ihre Mutter die Samstagssöhne erwähnte, wurde Barbara rot.

Margarethe schmunzelte. Sie war froh, dass Johanna

Brandt gerade ankündigte, dass die Bahn bald Koblenz erreichen würde, und Barbara keine Zeit für einen weiteren Monolog über die Vorzüge des Referendars Tilo Wilmowsky hatte.

Bereits auf dem Bahnhof erlebten die Krupp-Frauen, was es für eine Stadt bedeutete, die Kaisertage auszurichten. Allein die Menschenmengen! Die Bahnsteige waren voller Leute, die aus- und einstiegen und nach Kofferträgern riefen. Einige Männer hoben Schilder mit Hotelnamen über ihre Köpfe, andere versuchten, Kleinkinder davor zu retten, dass sie im Kaiserfieber verloren gingen.

»Gut, dass unser Wagen der Letzte in der Reihe ist«, fand Johanna Brandt, als der Zug zum Stehen kam und sie aus dem Fenster sah. Tatsächlich war der Bahnsteig an der Stelle, an der der Krupp'sche Salonwagen hielt, fast leer. Lediglich zwei Männer standen dort, um die Frauen in Empfang zu nehmen und ihr Gepäck zu tragen.

»Ich war noch nie so froh über unseren Wagen wie heute.« Margarethe tupfte sich mit einem Spitzentaschentuch die Stirn ab, ehe sie ausstieg. Es war nicht das Wetter, das ihr zu schaffen machte, sondern eine Hitzewelle, die sie erneut unverhofft ereilt hatte. Sie lächelte dennoch und begrüßte die Männer, die sich an der anderen Tür bereits die Koffer reichen ließen.

»Herzlich willkommen, Eure Exzellenz, in unserer schönen Stadt!« Ein Mann im schwarzen Anzug näherte sich von der Seite. »Gestatten, Bernhard Burgmüller. Ich darf Sie im Namen unseres Hotels begrüßen.«

Margarethe nickte dem Mann freundlich zu. »Guten Tag, Herr Burgmüller, wir freuen uns sehr darauf, die Kaisertage in Ihrem Haus zu verbringen.«

Tatsächlich war es nicht leicht gewesen, in einem der Hotels an der Rheinzollstraße eine Suite zu bekommen, in der sie alle untergebracht waren und auch Johanna Brandt ein Kämmerchen hatte. Alle Hotels waren ausgebucht – der Kaiser brauchte für seine Begleitung Platz, nicht alle konnten im kurfürstlichen Schloss unterkommen. Dank der persönlichen Einladung von Kaiserin Auguste Viktoria und vielleicht auch durch ein Telegramm in ihrem Namen und dem Titel Exzellenz, der ihr als Geheimrätin zustand, hatte Margarethe sich dennoch in einem der besten Hotels einmieten können. Von ihrem Fenster aus hatten sie nicht nur einen Blick auf den Rhein, sondern ebenso auf die Straße, durch die das Kaiserpaar mit den Soldaten ziehen würde.

»Ich fahre mit dem Gepäck«, erklärte Johanna Brandt und verabschiedete sich von Margarethe und den Mädchen.

Margarethe winkte ihr hinterher. Diese Frau war ein Juwel, auch jetzt hatte sie wieder einmal sofort die Situation erfasst. Ob Kraft- oder Pferdedroschke – sechs Personen würden darin keinen Platz finden. Der Fond des Autos reichte gerade für die drei Krupp-Frauen, Herr Burgmüller nahm neben dem Fahrer Platz.

»Diese modernen Automobile sind wirklich gut.« Barbara verfolgte gespannt, wie der Fahrer ausstieg, um den Motor seines Daimler Benz mit einer Kurbel anzulassen.

»Die Anordnung der Sitzplätze sollte man überdenken.« Bertha versuchte, sich möglichst schmal zu machen. »In der Kutsche hat man mehr Platz und sitzt einander gegenüber.«

»Ich verstehe nicht, wieso Automobile nicht wie Kutschen gebaut werden.« Barbara schob sich neben ihre Mutter und Bertha in das Fahrzeug, nachdem der Motor mit einem geräuschvollen Tuckern anzeige, dass er startbereit war.

»Dann wäre das Fahrzeug mindestens ein Drittel länger«, gab Margarethe zu bedenken. »Das muss auch alles gezogen werden.«

»Ich stelle mir immer vor, dass Pferde unter der Motorhaube sitzen.« Barbara kicherte.

Margarethe kam es vor, als lachten auch die beiden Männer vorne.

»Wenigstens äpfeln sie unterwegs nicht«, stellte Bertha fest und erntete ein weiteres Kichern von Barbara und einen tadelnden Blick von ihrer Mutter. »Stimmt doch. Wo Automobile fahren, ist die Straße sauberer!«

»Dafür ist die Luft schlechter.« Barbara hatte die Nase zum Fenster herausgestreckt. »Ich rieche nichts vom Rhein, sondern nur Benzin.«

»Guckt euch an, wie die Häuser geschmückt sind.« Bertha zeigte auf die Gebäude vor ihnen. Sie waren mit Kränzen, Girlanden und Fahnen behängt.

»›Willkommen, Wilhelm und Auguste Viktoria!‹«, las Barbara auf einem Schild in einem Fenster, an dem sie vorbeifuhren.

»Ist das der Rhein?«, wollte Bertha wissen, als sie in eine Straße einbogen, an der links geschmückte Häuser standen und rechts Wasser zu sehen war.

»Na klar, was sonst!« Barbara schüttelte den Kopf. »Koblenz liegt doch am Rhein. Wir sind die ganze Zeit daran vorbeigefahren.«

»Es könnte auch die Mosel sein«, widersprach Bertha. »Du hast wohl nicht aufgepasst in Geografie, was?«

Barbara verzog das Gesicht. »Pah! Wenn sich jemand mit Geografie auskennt, dann bin das wohl ich, oder?«

»*Wo die Mosel mit dem Rheine sich am Deutschen Eck vereint.*« Bertha konnte sich ein kleines boshaftes Grinsen nicht verkneifen. »Ich bin zwar nicht so bewandert in Geografie wie du, aber dafür kann ich mir Gedichte merken.«

»Ist ja schon gut«, lenkte Barbara ein, auch wenn sie sich sichtlich über sich selbst ärgerte.

Um den Streit zu beenden, klopfte Margarethe Herrn Burgmüller auf die Schulter. »Ist es weit bis zum Deutschen Eck?«

»Das Deutsche Eck sehen Sie am Ende der Straße«, erklärte der Hotelgesandte. »Von unserem Haus aus können Sie bequem über die Promenade dorthin spazieren.«

Margarethe bedankte sich. Ein kleiner Spaziergang würde ihnen allen nach der Zugfahrt guttun, und vielleicht wehte ein Wind ihre Hitzewellen weg. Die konnte sie die nächsten beiden Tage nun wirklich nicht brauchen. Sie hatten ein eng gestricktes Programm, und das wollte sie mit ihren Töchtern genießen.

»Der Kaiser und die Kaiserin sind bereits in der Stadt«, berichtete Burgmüller, als das Fahrzeug vor einem Gebäude hielt, das mit Girlanden aus Grün und Blüten geschmückt war. »Deshalb waren so viele Menschen auf dem Bahnhof, viele von ihnen gehören zu der Ehrenkompanie des Infanterie-Regiments, das Wilhelm und Auguste Viktoria in Empfang genommen hat. Die Fahrt zum Hotel verzögerte sich etwas, weil es zu regnen begann. Deshalb haben wir Sie mit dem geschlossenen Wagen abgeholt. Der Kaiser und seine Frau sind allerdings offen gefahren, um die Koblenzer Bevölkerung zu grüßen.«

»Die Ärmsten, die sind doch sicher nass geworden.« Barbara versuchte, sich dünn zu machen, damit Bertha ebenfalls unter den Regenschirm passte, den ein Hotelpage für sie aufspannte. Sie schaute an dem Schirm vorbei nach oben. »Guckt mal. Selbst die Geländer der Balkone sind mit Blattgirlanden umwickelt. Wofür stehen denn die beiden Wachhäuschen da?«

»Die sind zum Schutz vor ungebetenen Besuchern«, verriet Burgmüller. »In unserem Haus logieren in den nächsten Tagen immerhin die wichtigsten Menschen des Reiches.«

Margarethe sah, wie sich Barbara und Bertha zuzwinkerten. Sie ahnte, was die Mädchen dachten: *Wir gehören dazu.* Womit sie nicht unrecht hatten.

Als die drei Frauen die Suite betraten, wartete Johanna Brandt bereits mit den Koffern auf sie. Die Kleider, die sie für den Empfang vorgesehen hatten, hingen zum Lüften am Schrank.

»Da können wir direkt einen kleinen Spaziergang machen«, schlug Margarethe vor, nachdem sie sich ein wenig frisch gemacht, die Haare aufgesteckt und einen Sommerhut auf dem Kopf befestigt hatte.

»Ich will nie alt werden«, entschied Barbara, als sie den Kopfschmuck ihrer Mutter sah. »Mit so einem Ding kann man doch nicht schnell laufen.«

Ihre Mutter schmunzelte. »Glaub mir, in meinem Alter will man auch nicht schnell laufen. Da ist so ein Hut eine schöne Ausrede. Außerdem sieht unter dem Hut niemand, wenn man einmal nicht aufmerksam ist.«

»Oder die Augen verdreht!« Barbara lachte und ließ die Augäpfel kreisen, bis ihr schwindelig wurde. Sie warf sich rücklings auf das Bett.

»Nein!«, rief Bertha, die gerade ihr Lieblingskleid dort ausgebreitet hatte.

»Ich glaube, uns tut Bewegung gut!« Margarethe scheuchte ihre Töchter aus der Suite. »Ihnen natürlich auch«, sagte sie, als Johanna Brandt sich geschäftig am Koffer zu schaffen machte.

»Ich hole nur schnell die Sonnenschirme«, versprach die Gesellschafterin. »Dann sind die Mädchen beim Spaziergang beschäftigt.«

Margarethe dankte ihr mit einem Nicken. Vor allem Barbara neigte dazu, hier eine Blume zu pflücken und dort einen Stein aufzuheben oder einen Käfer zu retten. Wenn sie ihren Sonnenschirm bei sich trug, hatte sie nur eine Hand frei und war außerdem damit beschäftigt, kokett den Sonnenschirm zu drehen, um Aufmerksamkeit zu erzeugen. Das kleinere Übel.

»Wo sind die beiden denn?« Margarethe suchte das Foyer mit den Augen ab, der Nachteil der großen Hüte war, dass man nur schwer jemanden finden konnte. Im Empfangsraum eines Hotels sah man nur Hüte – farbenfroh, gedeckt oder schwarz –, aber wenig Köpfe.

»Vielleicht sind sie bereits auf die Straße gegangen.« Johanna Brandt wies auf die breite Hoteltür, die Margarethe in dem Gewusel von Menschen als willkommener Ausweg erschien.

»Bin ich froh, dass wir uns die Parade vom Balkon der Suite ansehen können.« Margarethe seufzte, als sie endlich die Wachhäuschen passiert hatten. An der Rheinmauer gegenüber entdeckte sie Bertha und Barbara im Gespräch mit einem Mann, von dem sie nur den Rücken sehen konnte. Die Kontur kam ihr vage bekannt vor, doch das konnte jeder sein, denn viele ihrer Geschäftspartner würden am Kaisermanöver teilnehmen oder zumindest die Parade besuchen. Allerdings schien der Mann allein zu sein. Ein Leutnant vielleicht.

»Ich bin gespannt, wen sich Barbara und Bertha geangelt haben«, sagte Margarethe gerade in scherzhaftem Ton zu ihrer Begleiterin, als sich der Mann umdrehte. Waldemar von Keimsdorff!

»Ich mache das, Frau Krupp.« Ehe Margarethe reagieren konnte, rief Johanna Brandt den Mädchen schon zu: »Bertha, Barbara, wir können gehen!« Sie tat so, als sei der Mann nicht da.

Margarethe hatte sich bereits in die Richtung gewandt, in der sich das Deutsche Eck befand, so sah sie nicht, dass die Mädchen zögerten, ehe sie ihr mit der Gesellschafterin in großen Schritten folgten.

»Dreht euch nicht um«, verlangte Johanna Brandt, »geht einfach weiter.«

Auch wenn es ihnen schwerfiel, schafften sie es, den Blick nach vorn auf die Kaiser-Wilhelm-Statue gerichtet, über die Promenade zu spazieren.

Margarethe erwartete dennoch jeden Moment, dass ihr Cousin sie an der Schulter berührte oder mit lauter Stimme nach ihnen rief. Doch offenbar hatte Johanna Brandt ihn mit ihrer Taktik so überrascht, dass er sprachlos zurückblieb.

Erst als sie das Denkmal erreichten, das Kaiser Wilhelm für seinen Großvater hatte errichten lassen, ließ Johanna Brandt wie zufällig ein Taschentuch fallen. Sie ging umständlich in die Hocke, um es aufzuheben, und blickte dabei hinter sich. »Keine Spur von ihm«, sagte sie, als sie wieder neben ihre Damen trat.

»Das haben Sie wirklich ausgezeichnet gelöst«, lobte Margarethe die Gesellschafterin und warf nun ebenfalls einen Blick auf die Promenade, die sie am Rhein entlang flaniert waren. Zwar waren viele Menschen unterwegs, ein großer Teil von ihnen mit den die Blicke behindernden Hüten, aber ihr Cousin war nicht zu sehen. Sie bemerkte auch keine hektischen Bewegungen, die darauf hindeuteten, dass sich jemand schnell versteckte. »Und ihr habt gut reagiert. Wie kam es überhaupt, dass er bei euch war?«

Barbara und Bertha blieben stehen. »Als wir aus dem Hotel kamen, sind wir zur Mauer gelaufen, um uns den Rhein anzusehen«, berichtete Bertha. »Auf einmal stand er neben uns.«

»Ich wollte sofort weglaufen, aber was, wenn er mir gefolgt wäre?« Barbara sah ihre Mutter und Johanna Brandt unsicher an. »Meint ihr, er würde uns etwas antun?«

»Ganz sicher nicht! Da kann ich euch beruhigen.« Margarethe redete die Angelegenheit nicht schön. Ihr Vetter Waldemar wusste genau, dass er und seine ganze Familie vernichtet wären, würde er ihren Töchtern auch nur ein Haar krümmen. Von ihr bekam er zwar keine finanzielle Unterstützung mehr, aber der Name Krupp öffnete ihm manche Tür. Bisher war es ihr gelungen, die familiären Zwistigkeiten aus der Öffentlichkeit herauszuhalten, aber sie konnte auch anders. Das Nachrichtenbüro arbeitete effektiv, und wie der Umgang mit den Gerüchten rund um Friedrichs Tod bewiesen hatte, konnte sie auf mächtige Unterstützer zählen.

»Kommt, wir wollen die Tage genießen. Ich hinterlege im Hotel, dass Waldemar nicht vorgelassen werden darf. Vermutlich hat er aufs Geratewohl auf der Promenade gewartet; es war ja damit zu rechnen, dass wir in einem dieser Hotels übernachten, und dass wir in Koblenz sein würden, hat eure Großmutter bestimmt hinreichend verbreitet.«

Einträchtig gingen sie bis zur Spitze der Halbinsel, an der die Mosel in den Rhein mündete. Es wehte tatsächlich ein leichter Wind, und es war Margarethe, als nähme dieser die Hitzewellen mit.

Die nächsten Tage waren angefüllt mit Terminen, bei denen sie sich entweder in ihrer Suite oder im Umfeld des Kaiserpaares aufhielten. Margarethe hatte immer die Umgebung im Blick, doch ihr Cousin tauchte nirgendwo auf, und mit der Zeit entspannte sie sich. Als sie sah, wie sorgfältig die Gäste kontrolliert wurden, die mit Wilhelm und Auguste Viktoria auf der *Rheingold* waren, konnte sie sich endlich auch auf das außergewöhnliche Fest einlassen.

»Mama, guck da, dieser Sternenhimmel!« Barbara zeigte auf einen Sternenregen hinter ihrem Schiff.

»Wie schön!«, rief Bertha und zerrte an ihr, damit sie den roten Himmel betrachtete.

Sie ließ sich auf einer der Liegen nieder, die vor der Reling standen, und schlug ihren Töchtern vor, über das Schiffsdeck zu flanieren und das Feuerwerk zu betrachten. Sie brauchte diese Minuten für sich. Das Gespräch mit der Kaiserin hatte sie tief bewegt. Sie hatte ihr Mut zugesprochen für die Aufgaben, die vor ihr lagen. Als Mutter wusste sie am besten, was es hieß, zwei halbwüchsige Töchter durch die Wirren des Erwachsenwerdens zu geleiten. Sie lächelte, als sie daran dachte, wie Auguste Viktoria sich zu Bertha vorgebeugt hatte und diese ihre Mutter und Schwester mit großen Augen angesehen hatte.

»Worüber lachst du, Mama?« Bertha sah sie neugierig an.

Margarethe schmunzelte. »Ich musste gerade daran denken, wie die Kaiserin sich zu dir vorgebeugt hat und du ausgesehen hast, als würdest du den Osterhasen sehen.«

»Was hat sie dir denn ins Ohr geflüstert?« Barbara sah ihre Schwester neugierig an. »Das wollte ich die ganze Zeit schon fragen. Aber hier kommt man ja nicht zur Ruhe. Ständig ist was los oder man muss sich umziehen.«

»Sie hat gesagt, dass auch Frauen ein Reich leiten könnten, ihre Großtante sei das beste Beispiel dafür«, antwortete Bertha.

»Und wer ist diese Großtante?«, wollte Barbara wissen.

»Ich weiß es nicht, deshalb habe ich auch nichts gesagt.«

»Oh, oh«, mischte sich Margarethe ein. Sie stand aus ihrem Liegestuhl auf, damit sie auf Augenhöhe mit ihren Töchtern sprechen konnte. »Eure Großmutter wäre entsetzt, wenn sie euch reden hörte.«

Das war noch harmlos formuliert. Ihre Mutter würde toben, bekäme sie mit, dass ihre Enkelinnen, in denen immerhin auch ein wenig blaues Blut floss, nicht wussten, wer die Großtante der Kaiserin war.

»Aber ich gebe zu, ich wusste es ebenfalls nicht, bis meine Mutter mir nach der Hochzeit des Kaisers den Stammbaum gegeben hat. Um es kurz zu machen: Die Kaiserin ist eine Großnichte von Queen Victoria.«

Die Mädchen bekamen große Augen.

»Du meinst die mit dem Brautkleid?«, hakte Barbara nach und erntete einen Rippenstoß ihrer Schwester.

»Du denkst wirklich nur ans Heiraten. Jeder weiß doch, wer Queen Victoria ist.«

»Genau die. Stellt euch vor, sie war Königin, lange bevor ich zur Welt kam, und sie hat dreiundsechzig Jahre lang regiert. Als sie auf den Thron kam, wurde extra ein Gesetz erlassen, denn eigentlich durften Frauen in Großbritannien nicht Königin werden.«

»Ach, deshalb hatte Papa die Schnapsidee, dass Mama nicht das Unternehmen leiten kann. Er hat wohl das Gesetz nicht mitgekriegt.« Barbara ballte die Fäuste. »Unmöglich, dass Männer so viel mehr dürfen als Frauen! Wer hat das bestimmt?«

Auf diese Frage ging Margarethe nicht ein, auch wenn sie sie selbst seit Jahren beschäftigte. Sie war froh, dass die nächsten Leuchtkörper mit einem lauten Tusch in den Himmel gesandt wurden und ihre Töchter darüber die ernsten Gedanken vergaßen. Sie legte den Kopf in den Nacken und ihr Blick folgte nachdenklich der letzten Rakete.

»Stellen Sie sich vor, Fräulein Brandt, wir haben mit Kaiserin Auguste Viktoria gesprochen. Sie ist verwandt mit Queen Victoria.« Die Worte sprudelten aus Barbara nur so heraus, als sie wieder auf dem Hügel waren, wo Johanna Brandt sie erwartete.

»Sie hat mir etwas ins Ohr geflüstert!«, verkündete Bertha.

»Ihr seid wie die kleinen Kinder«, fand Margarethe und reichte ihrer Gesellschafterin zur Begrüßung die Hand. Sie sah ihre Töchter eine nach der anderen an und zwinkerte ihnen zu. »Ich bin froh, dass ich die beiden Wildfänge wieder Ihrer Obhut anvertrauen kann. Es ist ja leichter, einen Stall voller Hühner zu hüten als Bertha und Barbara.«

Die beiden Mädchen hakten Johanna Brandt unter und schoben sie in die Sitzecke in der oberen Halle.

»Ist das nicht unglaublich, dass Queen Victoria über sechzig Jahre regiert hat!« Bertha wirkte noch immer beeindruckt.

»Und sie hat das weiße Brautkleid zur Mode gemacht«, fügte Barbara hinzu. Bertha verdrehte die Augen.

Auch Johanna Brandt ging nicht auf Barbaras Anspielung ein. Sie fragte vielmehr: »Wisst ihr denn, wen sie geheiratet hat?«

Barbara zuckte mit den Schultern. Bertha schüttelte den Kopf.

»Einen Prinzen aus dem Reich. Ihren Cousin Albert von Sachsen-Coburg und Gotha.«

Bertha horchte auf. »Ich dachte, Verwandte dürften nicht heiraten.«

In dem Augenblick setzte sich Margarethe zu ihnen. Sie

stutzte, als Johanna Brandt Albert von Sachsen-Coburg erwähnte. Sie kannte die Geschichte von Queen Victoria und ihrer kurzen Ehe und langen Trauerzeit. Nach Friedrichs Tod hatte sie viel darüber nachgedacht. Allerdings nicht über die Wurzeln der beiden. »Nun wird mir einiges klar!«, sagte sie und sah Bertha, Barbara und Johanna Brandt der Reihe nach an. »Waldemar ist gar nicht nach Koblenz gekommen, um mich anzubetteln, sondern um Kontakt mit Bertha aufzunehmen.«

Sie zog die Stirn kraus. Wenn jemand die Geschichte des europäischen Hochadels kannte, war es ihre Mutter. Vermutlich hatte sie sich daran erinnert, dass es in Adelskreisen nicht unüblich war, wenn Cousin und Cousine heirateten. Als sie im Sommer einige Wochen auf dem Hügel verbracht hatte, war ihr nicht verborgen geblieben, dass Barbara in ihren Referendar verliebt war. Margarethe selbst hatte den Schmerz in Berthas Augen gesehen, wenn ihre Schwester so überglücklich strahlte. Vielleicht war Eleonore dabei der Gedanke gekommen, dass Waldemar von Keimsdorff eine passende Partie für Bertha sein könnte. In solchen Fällen spielte das Alter ja keine Rolle; was machte es da schon, dass Waldemar Berthas Vater sein könnte.

»Du meinst, er will mir den Hof machen?« Margarethe, Barbara und Johanna Brandt lachten über den Anflug von Widerwillen, der sich in Berthas Gesicht zeigte. »Der ist doch uralt und dazu noch hässlich! Wie der redet. Nein! Da heirate ich lieber gar nicht. Ich bin es wirklich leid. Erst dieser Karl Langner, der mich umwirbt, weil Papa zu seinem Vater vor zig Jahren gesagt hat, er könne sich das Karlchen als Ehemann vorstellen. Und jetzt der!«

Margarethe überlegte fieberhaft, wie sie das Thema wechseln könnte. Sie konnte Berthas Wut verstehen. Es war ihr selbst unverständlich, wie Friedrichs langjähriger Freund Wilhelm Langner sich zu diesem Ränkespiel hatte hinreißen lassen können. In einem langen Brief hatte er versucht, ihr die Gründe zu erklären, aber man konnte nicht wirklich so dumm sein, eine Bemerkung bei einer Kutschfahrt vor zehn Jahren für bare Münze zu nehmen und auf dieser Grundlage den Sohn auf die Tochter des längst verstorbenen Freundes zu hetzen.

»Ich finde, die Kaiserin hat recht«, kam Johanna Brandt ihr schließlich zu Hilfe. »Du kannst das Unternehmen leiten, und wenn es ein Gesetz gibt, das dagegenspricht, muss das eben geändert werden. Notfalls mit Hilfe des Kaisers und seiner Frau!«

KAPITEL 20

Januar 1906

Das neue Jahr begann kühl, was für die Witterung im Januar zu erwarten war und Margarethe daher nicht länger beschäftigte. Ganz anders verhielt es sich mit dem Brief des Kaisers, der sie im Januar erreichte, in dem er beklagte, ihm gefiele die Geschäftspolitik der Germaniawerft in Kiel nicht.

Sie ahnte, was Wilhelm aufstieß: Bereits 1902 war er irritiert gewesen, weil die *Forelle*, das erste U-Boot, das nach dem Ankauf des Werks vom Stapel lief, an Russland verkauft worden war. Erst als der bevorstehende Stapellauf der *U1* als Auftakt der deutschen U-Boot-Flotte angekündigt worden war, hatte sich der leise Ärger gelegt. Nun war er erneut unzufrieden und verlangte von Margarethe eine Neuordnung der Werft mit Männern, die ihm und dem Reich gegenüber loyal waren. Das Schreiben enthielt sogar Namensvorschläge, wer welche Positionen besetzen sollte.

Plötzlich saß sie zwischen allen Stühlen. Der Kaiser war ein wichtiger Auftraggeber, der bei Laune gehalten werden musste. Die Direktoren und der Aufsichtsrat waren düpiert, weil der Kaiser sich an die Treuhänderin wandte, die ihrer Meinung nach für solche Entscheidungen nicht zuständig war. Nachdem sie nach Friedrichs Tod gezeigt hatte, dass sie die Geschicke des Unternehmens mitbestimmen wollte, hatten sie einen passablen Weg der Zusammenarbeit gefunden: Die Direktoren berichteten ihr, und wenn sie mit einem Vorgehen nicht einverstanden war, legte sie ein Veto ein.

Das Schreiben des Kaisers machte dem Direktorium klar, dass Margarethe an der Spitze des Unternehmens stand und der wichtigste Mann im Land nur mit ihr verhandelte, sie hingegen wie Schulbuben links liegen ließ.

Innerlich genoss sie den Moment, äußerlich zeigte sie sich kooperativ und entwickelte mit Gustav Hartmann, Max Rötger, Carl Menshausen und Ernst Haux einen Plan, um den Kaiser zu beschwichtigen. Es verging kein Tag, an dem nicht Gespräche geführt oder Notizen hin- und hergeschickt wurden. Während die Strahlen der Spätwintersonne für wärmere Außentemperaturen sorgten, blieb die Beziehung zwischen Hof und Hügel frostig.

Da kam die Silberhochzeit des Kaiserpaares gerade recht. Margarethe besuchte das Kaiserin-Auguste-Viktoria-Erholungsheim in der Altenhof-Siedlung. Das Erholungsheim, das Friedrich 1897 für Genesende beim Altenhof hatte bauen lassen, war nach der Kaiserin benannt. Sie nahm davon nun einige Fotos auf und entschied, eine Million Mark für einen Anbau speziell für Mütter und Kinder zu stiften. Sie wusste, dass Auguste Viktoria, die selbst sieben Kinder im Alter von 13 bis 23 Jahren hatte, Mütter besonders am Herzen lagen.

Während Margarethe mit Wilhelm über die Germaniawerft verhandelte, verkündete sie in ihrer Gratulation zur Silberhochzeit den geplanten Neubau nach einer erneuten Stiftung. Auch wenn das persönliche Dankschreiben der Kaiserin keinerlei Bemerkung zu dem offenen Zwist mit ihrem Mann enthielt, wusste Margarethe doch, dass sie diesen Brief auch als Signal lesen durfte, dass dem Kaiser daran gelegen war, die Unstimmigkeit beizulegen. Allerdings war dafür viel diplomatisches Geschick erforderlich und noch mehr Geduld.

Das war nicht die einzige unangenehme Aufgabe, die Margarethe die ersten Monate des neuen Jahres bescherten. Plötzlich meldete sich eine Frieda Schuster und verlangte für sich und ihre Kinder finanzielle Unterstützung. Erst nachdem ihr Sekretär in den alten Unterlagen geblättert hatte, wurde klar, was diese Frau Schuster mit ihr zu tun hatte: Ihr Mann Burkhard Schuster war ein Cousin ihres Schwiegervaters Alfred Krupp. Aus den Akten ging hervor, dass er bereits 1894 um ein Darlehen gebeten hatte, mit dem er ein Gut kaufen wollte. Friedrich hatte das damals in einem persönlichen Brief aus prinzipiellen Gründen abgelehnt. Dennoch wurde die Forderung im Jahr vor dessen Tod erneuert, damals hatte Friedrichs Privatsekretär der Familie geschrieben, dass ihr Onkel Generalleutnant Schuster für die Angehörigen zuständig sei und die Familie Krupp keinerlei Verpflichtungen sehe. Und nun schrieb diese Frieda, dass sie, Margarethe, verpflichtet sei, sie und ihre Angehörigen zu unterstützen. Sie legte einen Brief von Alfred Krupp bei, in dem er der Familie Schuster einst seine innige Verbundenheit ausgedrückt hatte.

»Wir sollten künftig sorgfältig darüber nachdenken, wie wir einen Brief beenden«, bemerkte Margarethe süffisant. »Wenn jeder, den ich einmal meiner innigen Verbundenheit versichert habe, anklopft, um diese beiden Worte in finanzielle Unterstützung umzuwandeln, sind wir bald pleite.«

Franz Otto Müller lachte. »Es ist wirklich unglaublich, dass jeder noch so entfernte Verwandte Ihres Mannes meint, Sie oder die Firma müssten ihn unterstützen.«

»Wissen Sie was? Lassen Sie den Leuten ein paar Mark anweisen und schreiben Sie ihnen, dass das eine Ausnahme ist und sie keinerlei Anspruch daraus ableiten können«, bat Margarethe ihren Sekretär.

»Außerdem sollten sie sich das Geld für die Kopie sparen, davon können solche Leute sicher eine Mahlzeit bezahlen«, fand Franz Otto Müller und legte die Briefe zurück in seine Mappe.

»Sie haben ja recht, aber lassen Sie die Bemerkung weg. Schreiben Sie so neutral wie möglich.« Margarethe legte ihren Stift in die Schale auf dem Schreibtisch als Zeichen, dass sie ihre Arbeit als beendet ansah. »Ich bin jetzt einige Tage unterwegs. Lassen Sie alles Weitere liegen, darum kümmern wir uns nach meiner Rückkehr.«

»Wir sind fertig!«, ertönte es im selben Moment von der Tür. Barbara, Bertha und Johanna Brandt standen in Mänteln dort, die Mädchen hatten selbst gestrickte Mützen tief ins Gesicht gezogen und Handschuhe in der Hand. Auf dem Kopf der Gesellschafterin saß ein Filzhut ähnlich dem, den sie für Margarethe bereithielt.

»Die Koffer sind bereits eingeladen, wir warten tatsächlich nur auf Sie«, bestätigte Johanna Brandt.

Margarethe warf einen letzten Blick auf die Schreiben in der Mappe. Das konnte alles warten.

Nach ihrer Rückkehr aus Wiesbaden, wo sie einige harmonische Tage mit ihren Töchtern und ihrer Mutter verbracht hatte, ohne Streit über die Familie und Waldemars Heiratsabsichten, warteten gleich mehrere Mappen mit Korrespondenz auf Margarethes Schreibtisch. Zuoberst lag ein Vermerk, dass der Hügelverwalter dringend um ein Gespräch gebeten hatte.

»Bitten Sie Herrn Bernsau herein«, bat Margarethe Franz Otto Müller.

»Guten Tag, Herr Bernsau«, begrüßte sie den Hügelverwalter. »Das ist wirklich eine schöne Entwicklung, die Sie da mit dem Altenhof vorweisen können. Nehmen Sie doch Platz.«

Als Karl Bernsau vor ihr saß, wedelte sie mit der Kopie eines Briefes, den er an den Essener Oberbürgermeister geschrieben hatte.

»Was wollte Herr Zweigert denn von Ihnen oder uns? Hat er wieder versucht, unsere Ruhrweiden zu kaufen?« Sie wies auf den Stuhl vor ihrem Schreibtisch und lehnte sich mit dem Brief in der Hand in ihrem Sessel zurück.

Karl Bernsau setzte sich. Er lachte. »Nein, es ging nicht um die Ruhrweiden. Ich glaube, er hat die Idee, eine Korbflechterei im Armenhaus einzurichten, dann doch wieder verworfen.«

»Da hat sein Ehrgeiz nicht so lange gehalten wie Ihrer, nicht wahr?« Margarethe schmunzelte. Es wusste niemand mehr, von wem die Idee für die Korbflechterei stammte, die Friedrichs Assistent Rudolf Korn ihrem Mann vor einigen Jahren vorgeschlagen hatte. Nur eines wussten noch alle: dass sie entstanden war, weil es zunehmend Tratsch und Streit im Altenhof gegeben hatte. Die Männer und auch die Witwen, die es gewohnt waren, Tag für Tag jede Minute zu arbeiten, langweilten sich und beäugten einander mit Misstrauen. Seit Friedrich seine Zustimmung zu der Korbflechterei gegeben hatte, war davon nichts mehr zu spüren. Im Gegenteil, wann immer Margarethe mit Bertha und Barbara zum Altenhof fuhr, wurde sie freundlich empfangen, und stets hatten sie mindestens einen Korb als Geschenk im Wagen.

»Ich fürchte, der Oberbürgermeister neidet uns den Erfolg.« Karl Bernsau bewegte sorgenvoll den Kopf hin und her. »Nun vermutet er anscheinend, dass die Korbflechterei ein neuer Betriebszweig oder gar eine neue Firma wäre, und erkundigt sich danach, wie die Verkäufe steuerlich zu betrachten seien.«

Margarethe staunte. »Wer weiß, welches Mitglied der Stadtverordnetenversammlung ihm das eingeredet hat. Haben Sie bereits geantwortet?« Sie blätterte in den Papieren.

»Ich habe ihm geschrieben, dass die Korbflechterei nicht zu Rentabilitätszwecken gegründet wurde, sondern als Beschäftigung, die den Alten ein kleines Nebeneinkommen als Pensionszulage einbringt. Damit war er zufrieden, und deshalb denke ich, dass Sie recht haben.«

»Gut, dass das vom Tisch ist.« Sie notierte ein »erledigt« auf der Kopie und klappte die Postmappe zu. »Die Stadt Essen und der Bürgermeister wissen zwar, was sie an uns haben, aber solche Unstimmigkeiten belasten die Beziehungen und sind ein gefundenes Fressen für die Zeitungen, die damit in der Bevölkerung Unruhe stiften.«

Karl Bernsau nickte. Er konnte sich als Hügelverwalter gut an den Aufruhr nach dem Tod Friedrich Krupps erinnern, aber auch an den Streik der Arbeiter, den Friedrich vorher noch geschlichtet hatte.

»Gibt es noch etwas?« Margarethe wunderte sich, dass der Verwalter, der sonst nicht schnell genug wieder an seine Arbeit gehen konnte, auf dem Stuhl sitzen blieb und sie erwartungsvoll ansah.

Nun sprudelte es aus ihm heraus. »Die Korbflechterei ist schon wieder zu klein. Wir brauchen Platz, um die Weidenruten vorzubereiten und zu verarbeiten und die Flechterzeugnisse zu lagern. Nun steht die Gendarmenwohnung auf dem Altenhof leer, und wir dachten, die könnten wir nutzen. Dann hätten wir Platz für die Besucher, die immer häufiger aus Essen kommen, um den Alten und vor allem Meister Zaumbrecher und seinem Gesellen über die Schulter zu sehen.«

»Wenn die Direktoren nichts dagegen haben, bin ich einverstanden. Bitten Sie das Baubüro, sich um etwaige Umbauten zu kümmern, damit der Betrieb bald weitergehen kann. Ich freue mich, dass die Bewohner des Altenhofs auf diese Weise Bestätigung und Beschäftigung finden.« Mit einem leichten Schmunzeln wies Margarethe auf die Papierstapel auf dem Schreibtisch. »Ich muss mir um Beschäftigung derzeit auch keine Gedanken machen. Aber es ist ein Ende in Sicht, Bertha wird im nächsten Jahr großjährig und sodann das Unternehmen leiten. Ich denke manchmal darüber nach, was ich dann machen werde. Wenn die Korbflechterei erweitert wird, könnte ich dort helfen.«

Karl Bernsau stand auf. »Ich bin sicher, Sie werden immer viel zu tun haben, auch wenn Ihre Tochter das Unternehmen leitet. Die Firma und der Hügel sind ohne Sie doch nicht denkbar.«

Margarethe sah ihm hinterher. Es stimmte, was sie ihrem langjährigen Mitarbeiter so spontan offenbart hatte: Kein Tag verging, an dem sie nicht darüber nachdachte, wie sie ihre Zeit verbringen sollte, wenn Bertha die Geschäfte selbst übernahm.

KAPITEL 21

April 1906

Margarethe spürte, dass ihr die Zeit davonlief. Sie wollte ihren Töchtern noch so viel vermitteln, aber aus den kleinen Mädchen waren längst heiratsfähige junge Frauen geworden. Barbara schwärmte weiterhin von dem jungen Rechtsreferendar, der eifrig Briefe aus Berlin schickte, wo er demnächst seine Prüfungen abschließen würde. Auch Bertha wurde von jungen Männern umringt, wo immer sie hinkam. Da sie nicht das sonnige Gemüt ihrer Schwester besaß, war es allerdings wohl nicht ausschließlich ihre Persönlichkeit, welche die Männer reizte. Das machte ihrer älteren Tochter zu schaffen. Es wurde Zeit, dass sie herauskamen aus der Villa und andere Eindrücke sammelten. Deshalb hatte sie ihre Gesellschafterin gebeten, für die Ostertage eine Reise nach Rom zu organisieren.

Sie schmunzelte, als Barbara und Bertha mit Johanna Brandt im Gefolge in die Halle stürmten. Bis dahin war es ruhig gewesen, und sie hatte mit einem Blick durch das Glasdach in den blauen Himmel ihren Gedanken nachhängen können. Sie schmunzelte, weil die Art, wie ihre Töchter den Raum einnahmen, so typisch für ihre Temperamente war. Barbara sprintete beinahe zur Sitzecke, während Bertha, als sei sie sich ihrer Pflicht als Erbin bewusst, gemächlicher mit der Gesellschafterin folgte.

»Ich freue mich schon so auf die Reise!« Barbara griff nach dem Reiseführer über Rom, der zwischen ihr und Margarethe auf einem Tischchen lag. »Was sehen wir uns als Erstes an?«

»Sie müssen sich darauf einstellen, dass es in der Heiligen Stadt voll sein wird«, mahnte Johanna Brandt. »Am Ostersonntag erteilt der Papst seinen Segen Urbi et Orbi, da reisen sehr viele Menschen nach Rom, obwohl der Segen nicht wie früher vom Balkon auf den Petersplatz erteilt wird, sondern von einer Innenloggia.«

»Warum nicht?«

Die Gesellschafterin sah Bertha an. »Oh, das ist kompliziert, ich bin protestantisch wie ihr und kenne mich damit nicht gut aus. Es hat wohl damit zu tun, dass der Vatikan, der ja ein eigener Staat ist, vom Königreich Italien eingenommen wurde. Wenn ihr mehr wissen wollt, fragt am besten den Geschichtslehrer.«

Bertha winkte ab. »So wichtig ist das nicht. Wichtiger ist doch, was wir dort unternehmen und wo wir wohnen werden.«

»Ich habe eine Suite im Grand Hotel buchen können«, verriet Johanna Brandt. »Ein sehr schönes Hotel, das wird euch Freude bereiten.«

»Ach, ich freue mich so!« Die anderen konnten Barbara ihre Begeisterung ansehen; sie saß keine Sekunde still, seit sie über die geplante Reise sprachen.

»Du weißt aber schon, dass Rom 1.500 Kilometer von Berlin entfernt ist, oder?«

Barbara errötete bei der Bemerkung ihrer Schwester und seufzte. »Ja, das ist der Wermutstropfen bei dieser Reise. Dass Tilo noch weiter weg ist. Und wer weiß, wie lange die Post in Italien unterwegs sein mag.«

»Wenn wir zurückkommen, hat dein Tilo die Prüfungen hinter sich, da habt ihr Zeit genug, euch zu sehen«, tröstete Margarethe ihre Tochter, die sie an sie selbst in dem Alter erinnerte. Auch wenn sie nie so verliebt gewesen war wie Barbara in Tilo Wilmowsky, war da diese Sehnsucht nach dem Gleichgesinnten, besonders, nachdem Friedrich zu ihr nach in England gereist war.

»Euer Vater hat mich damals in England besucht«, erzählte sie. »Ich glaube, das hat mir so imponiert, dass ich mich in ihn verliebt habe.«

»Ach, ich möchte mich auch so gern verlieben.« Nun war es Bertha, die seufzte. »Aber die Männer, die um mich herumscharwenzeln, sind alle so kindisch.«

»Vielleicht triffst du in Rom einen schicken Italiener.« Barbara kicherte. »Du solltest vor der Reise Italienisch lernen, damit du dich mit ihm verständigen kannst. Was heißt denn ›Ich liebe dich‹ auf Italienisch?«

»Lasst uns erst einmal abreisen«, schlug Margarethe vor und scheuchte die Mädchen ins Freie. Der Gedanke an einen italienischen Schwiegersohn ließ sie allerdings nicht los. Berthas Ehemann würde schließlich nicht nur ihr Partner, sondern auch das Oberhaupt des Krupp-Imperiums, des vielleicht deutschesten Unternehmens überhaupt. Außerdem hatte sie seit dem Rufmord, der Friedrichs Tod verursacht hatte, ein gespaltenes Verhältnis zu den Italienern. Wie gut, dass Johanna Brandt ein umfangreiches Besichtigungsprogramm ausgearbeitet hatte; an Sehenswürdigkeiten mangelte es in der italienischen Hauptstadt ja nun wirklich nicht. Da gab es keine Gelegenheit für intensivere Männerbekanntschaften. Um die würde sie sich nach ihrer Rückkehr verstärkt kümmern.

»Herzlich willkommen in Rom, Eure Exzellenz!«

Margarethe sah den Mann erstaunt an, der sie in akzentfreiem Deutsch begrüßte. In den letzten Tagen hatten sie einige Reiseführer getroffen, die oft schwer zu verstehen waren, weil sie mitunter inmitten ihrer Erklärungen in die italienische Muttersprache wechselten. Vor allem, wenn sie begeistert vom Trevi-Brunnen, vom Kolosseum und anderen Sehenswürdigkeiten ihrer Heimat erzählten.

Ganz anders dieser Mann, der Anfang bis Mitte dreißig sein mochte, so genau konnte sie das durch den Schnurrbart nicht einschätzen. Die blauen Augen wirkten jung und offen.

Ein Blick auf ihre Töchter verriet Margarethe, dass auch sie diese strahlend blauen Augen bemerkt hatten, die sich zunächst auf Bertha und dann auf Barbara richteten. Selbst Johanna Brandt wurde mit einem freundlichen Blick bedacht.

»Gestatten, Gustav von Bohlen und Halbach. Ich begrüße Sie im Namen der Deutschen Botschaft im Vatikan und werde Sie durch den Vatikan geleiten.«

Beim Rundgang über den Petersplatz, durch den Petersdom und die zum Vatikanstaat gehörenden Liegenschaften achtete der junge Mann sorgfältig darauf, dass keine der Frauen zurückblieb oder seine Ausführungen verpasste. Er hielt Margarethe seinen Arm hin, sobald es steile Stufen zu überwinden galt, und wedelte eine Taube weg, wenn sie sich den Köpfen der Frauen näherte.

Barbara, die sich schon immer für andere Orte auf der Welt interessiert hatte, wurde nicht müde, ihn mit Fragen zu löchern. Margarethe beobachtete das amüsiert und war andererseits beeindruckt von den Kenntnissen, die ihre Jüngere dabei offenbarte.

Eher erstaunt war sie darüber, dass sich Bertha immer

mehr ins Gespräch einbrachte und sich nach Hintergründen erkundigte. Während sie noch gebannt die Antworten des Legationsrates aufnahm, schweifte Barbaras Blick längst zur nächsten Sehenswürdigkeit.

Je länger sie durch den Vatikanstaat streiften, umso deutlicher wurde, dass Bertha von diesem Gustav von Bohlen und Halbach fasziniert war. Margarethe schwankte, ob sie sofort einen Riegel vorschieben musste, ehe Bertha sich in den jungen Mann verliebte, oder ob sie dem Schicksal seinen Lauf lassen durfte. Ihre älteste Tochter war schließlich kein junges Mädchen, das einen Fehler machte, wenn es sich verliebte und heiratete.

»Erzählen Sie doch ein bisschen von sich«, bat Margarethe den Legationssekretär daher, als sie sich zu einem Picknick unter den Baum setzten.

»Da gibt es nicht viel zu erzählen«, sagte Gustav von Bohlen und Halbach. »Ich bin 34 Jahre alt, Jurist und stand in Diensten des Großherzogs von Baden, ehe ich Legationssekretär wurde.«

»Was macht ein Legationssekretär?«, erkundigte sich Bertha.

Margarethe sah, dass sie errötete, als der junge Mann sie ansah. Aber auch sein Lächeln wirkte intensiver als das, mit dem er sie oder Barbara bedachte. Bahnte sich hier etwas an? Sie unterdrückte ein Seufzen. Wäre dieser Beamte der passende Ehemann für Friedrichs Erbin? Da er im Dienst des Großherzogs gestanden hatte, konnte sie ihre Freundin Großherzogin Louise um eine Einschätzung bitten.

»Hier im Vatikanstaat führe ich zum Beispiel hübsche junge Damen durch den Petersdom.« Gustav zwinkerte Bertha und Barbara zu. »Und natürlich auch die hübschen Mütter hübscher junger Damen.«

Margarethe lachte. Was auch immer dieser Herr von Bohlen und Halbach sein mochte, Charme hatte er, das musste sie ihm lassen.

»Sind Sie schon woanders gewesen?« Diese Frage konnte nur von der reiselustigen Barbara kommen. Aber die Antwort beeindruckte nicht nur sie.

»Ja, zuerst war ich als 3. Legationssekretär an der kaiserlichen Botschaft in Washington und danach als 2. Legationssekretär an der Botschaft in Peking.«

Diese Auskunft brachte sogar Barbara zum Schweigen. Bertha hingegen wollte wissen: »Wo sind Sie denn geboren?«

Gustav von Bohlen und Halbach lächelte. »Geboren bin ich in Holland, aber aufgewachsen bin ich im Badischen. Meine Eltern haben dort ein kleines Schloss in der Nähe von Bruchsal.«

Margarethe musste sich ein Lachen verkneifen. Ihre Mutter hätte ihr längst die Ahnengeschichte des jungen Mannes vorgebetet und bei der Erwähnung des Schlosses angemerkt, dass ihre eigene Familie leider den Besitz verloren habe. Ihr war das nicht wichtig. Aber jetzt kam es ihr entgegen, dass der Legationssekretär so bereitwillig von seiner Familie erzählte. Das bot ihr viele Anknüpfungspunkte, um Erkundigungen einzuholen. Wer wusste besser als sie, dass hinter einem schönen Namen nicht immer ein schöner Charakter steckte.

Es dauerte nicht lange, bis aus Baden-Baden großes Lob über den jungen Beamten eintraf, der sich von Tag zu Tag mehr in Berthas Herz schlich. Wie vor einem Jahr auf dem Hügel, als Barbara ihre Liebe für Tilo entdeckte, ließ Bertha keine Gelegenheit aus, über Gustav von Bohlen und Halbach zu sprechen und ihn zu treffen. Die italienische Lebensart, das Wetter, die Heilige Stadt, all das trug seinen Teil dazu bei, dass Bertha und Gustav sich näherkamen.

»Bin ich froh, dass wir Taffy getroffen haben«, sagte Barbara.

Bertha zwinkerte ihr zu. »Du meinst, weil wir jetzt gemischtes Doppel spielen können.«

Barbara knuffte ihrer Schwester in die Seite. »Ich habe eher an meine Hochzeit gedacht. Ich habe mir Sorgen gemacht, dass ich noch ewig warten muss. Im Märchen muss doch auch immer zuerst die hässliche ältere Schwester verheiratet werden, bevor die hübsche Jüngere an der Reihe ist. Oma weist auch bei jeder Gelegenheit darauf hin.«

»Barbara!« Johanna Brandt sah empört auf. »Du willst damit wohl nicht sagen, dass deine Schwester hässlich ist!«

»Natürlich nicht, aber es ist doch so, dass Prinzessinnen im Märchen ihrem Alter nach heiraten müssen, oder etwa nicht?«

»Na, wie gut, dass ihr keine Prinzessinnen seid«, bemerkte Margarethe trocken. »Im Übrigen kann ich mich nicht erinnern, dass einer eurer Verehrer um eure Hand angehalten hat. Und ich müsste das doch wissen, oder?«

In der Tat hatte bisher keiner der beiden Kandidaten bei ihr vorgesprochen, allerdings war jedem klar, dass Tilo dies nach Abschluss seines Studiums tun würde. Bei Gustav von Bohlen und Halbach, den die jungen Leute Taffy nannten, sah das anders aus. Es schien zwar, als hätte Bertha sein Herz gewonnen, erklärt hatte er sich ihrer Mutter allerdings bisher nicht.

»Du wirst doch nicht Nein sagen?« Bertha starrte ihre Mutter entsetzt an.

Margarethe bewegte bedächtig den Kopf hin und her.

Dann lächelte sie. »Ich hole bereits Erkundigungen über ihn ein. Sosehr ich dir einen Mann gönne, den du liebst und der dich liebt, ist es meine Aufgabe, das Wohl der Firma im Auge zu behalten. Dem Gesetz nach wird dein Ehemann über das Unternehmen bestimmen, sobald du heiratest.«

Bertha senkte betrübt den Kopf. »Das weiß ich ja, und das ist wirklich nicht schön. Ich bin aber sicher, Gustav würde das nie ausnutzen.«

»Ich glaube das auch, und Großherzogin Louise hat nur Gutes über ihn geschrieben«, versuchte Margarethe ihre Tochter aufzumuntern. »Wer weiß, vielleicht will er mich die ganze Zeit sprechen und hat keine Gelegenheit, weil meine Töchter ständig bei mir sitzen, anstatt den Frühling in der Ewigen Stadt zu genießen.«

Barbara sprang auf und zog Bertha mit zur Tür. »Komm, wir schauen den Tauben auf dem Petersplatz zu.«

Bertha lief rasch zum Spiegel, um ihre Frisur zu richten und den Kragen gerade zu ziehen. Margarethe und Johanna Brandt sahen einander amüsiert an – darauf hätte das Mädchen früher nie geachtet.

»Vielleicht treffen wir ja zufällig Taffy«, sagte Barbara und zwinkerte Johanna Brandt zu. Diese hatte sich bereits mit der kaiserlichen Botschaft verbinden lassen und darum gebeten, dass Herr von Bohlen und Halbach die beiden jungen Frauen bei einem Bummel durch die Stadt begleitete.

Es dauerte nicht lange, da gesellte sich Barbara zu ihrer Mutter und Johanna Brandt, die auf einer Bank unter Palmen im Park saßen.

»Ich glaube, das Riemchen meiner Schuhe ist abgerissen«, erklärte sie und nahm sich eine Orange aus der Tüte, die Johanna Brandt hielt. Sie sah in den blauen Himmel. »Hach! Rom ist so schön. Vielleicht kann ich Tilo überzeugen, dass wir unsere Flitterwochen hier verbringen. Ich muss ihm unbedingt eine Postkarte vom Trevi-Brunnen schicken. Ich besorge direkt eine am Kiosk.« Dabei sprang sie auf und lief zum Kiosk. Von einem abgerissenen Riemchen war nichts zu sehen.

Am nächsten Tag bat Gustav von Bohlen und Halbach Margarethe um ein Gespräch unter vier Augen. Das Strahlen, das Bertha seit dem letzten Nachmittag in den Augen hatte, ließ keinen Zweifel daran, was der junge Mann mit ihr besprechen wollte.

Margarethe bat Bertha, Barbara und Fräulein Brandt, die Gelegenheit zu nutzen, um im Foyer des Hotels Postkarten zu besorgen und an ihre Verwandten zu schreiben. Bertha schloss die Tür hinter den Frauen und warf Gustav einen letzten Blick zu.

Als die Tür hinter den drei Frauen zugefallen war, lotste Margarethe den jungen Mann in die Sitzecke.

»Meinen Segen haben Sie«, sagte sie, nachdem Gustav ihr seine Liebe zu Bertha offenbart hatte. Das fiel ihr auch deshalb leicht, weil er von sich aus Zweifel formulierte, ob er die Aufgabe, die eine Ehe mit der Krupp-Erbin mit sich brachte, erfüllen könnte. Die jungen Männer, die sich bisher für ihre Tochter interessiert hatten, waren durchweg von sich eingenommen gewesen und hatten keine Gelegenheit ausgelassen, ihre Vorstellungen von der Führung eines Unternehmens kundzutun. Bescheidenheit ließ sich ändern, Hochmut nicht.

Margarethe beruhigte ihn. »Sie sehen ja, dass die Firma in sehr guten Händen ist. Sonst könnten wir kaum vier Wochen am Stück in Rom verbringen. Auf Berthas Drängen haben wir den Aufenthalt sogar verlängert. Ich habe mich umgehört, und es wurde mir nur Gutes über Sie berichtet.

Ihre Laufbahn bestätigt dies, und als Treuhänderin bin ich mir sicher, dass Sie im Unternehmen Ihren Platz finden werden. Als Mutter ist mir wichtig, dass Sie meine Tochter glücklich machen.«

Ihre einzige Bedingung war, dass sie wie geplant im Anschluss an die Zeit in Rom mit Barbara und Bertha durch Südeuropa reisen wollte. »Ich denke, das wird die letzte Reise zusammen mit meinen Töchtern sein.«

Im Laufe des Gesprächs war es vor der Tür zur Suite unruhig geworden, vor allem Barbaras Stimme stach aus dem Wispern heraus.

»Ich glaube, wir sollten die Quälgeister hereinrufen, ehe sie aus dem Hotel verwiesen werden«, schloss Margarethe das Gespräch mit ihrem künftigen Schwiegersohn.

Während er mit großen Schritten zur Tür eilte, dachte sie darüber nach, was sie gerade entschieden hatte. Ihre kleine Bertha würde bald in den Stand der Ehe treten. Was für andere junge Frauen eine reine Freude war, würde ihr eine große Aufgabe bescheren. Durch die Heirat wurde Bertha volljährig und damit auch die Besitzerin des Krupp-Imperiums.

Sie wusste nicht, was sie wehmütiger stimmte – dass ihr kleines Mädchen erwachsen war oder dass ihre Aufgabe als Treuhänderin bald beendet sein würde. Das eine wie das andere wog schwer in ihrem Herzen, auch wenn sie sich gedanklich auf beides seit Jahren vorbereitet hatte.

»Danke, Mama!« Bertha umarmte sie ungewohnt stürmisch. Das Leuchten in ihren Augen sagte Margarethe, dass sie auf jeden Fall ihre Tochter glücklich gemacht hatte.

Auch Barbara strahlte und meinte mit einem Zwinkern zu ihrer Schwester: »Nun bist du doch vor mir verlobt.« An ihre Mutter gewandt bat sie: »Können wir schnell nach Hause fahren, damit ich mich auch verloben kann?«

So schnell kam es allerdings nicht zu einer Verlobung. Zunächst waren sie von Rom aus in den Süden und dann nach Berlin gereist. »Mein Termin mit der Kaiserin ist erst morgen. Sie hat versprochen, mich zu empfangen, damit ich ihr vom Erholungsheim berichte und wir überlegen können, wie wir den Kaiser wieder gnädig stimmen.«

Barbara und Bertha sahen sie verwundert an.

»Ja, Bertha, um solche Dinge wirst du dich künftig kümmern müssen. Der Streit zwischen dem Kaiser und der Firma ist nicht beigelegt. Er ist verärgert über die Germaniawerft, und ich will versuchen, diese Auseinandersetzung zu beenden. Es kann sein, auch wenn ich das nicht glaube, dass Männer besser mit Zahlen umgehen können, aber wenn es um Stimmungen und Gefühle geht, müssen wir Frauen ran. Aber heute bummeln wir durch Berlin.«

Sie schlenderten durch das Wertheim-Kaufhaus, das bei seiner Eröffnung 1896 als größtes Kaufhaus Europas galt. Die Fahrt in einem der Personenaufzüge war auch ohne besonderes Ziel ein Erlebnis, und auf den Gängen der 16.000 qm Verkaufsfläche mussten Margarethe, Bertha, Babara und Johanna Brandt immer wieder aufpassen, dass sie einander im Menschenstrom nicht aus den Augen verloren.

»Puh! Ich kann nicht mehr!« Bertha bat als Erste um eine Verschnaufpause. »Können wir nicht in einem der schönen Cafés einkehren und verschnaufen?«

»Sehr gern!« Margarethe war das gerade recht. Zwar hatten die Auslagen sie ebenso angelockt wie die jungen Frauen, und so manches Päckchen, das sie deponiert hatten, enthielt auch für sie neue Accessoires, dennoch spürte sie ihre Füße und ihr Alter.

»Ich möchte unbedingt noch in die anderen Kaufhäuser!« Barbara wirkte wie immer, als könnte nichts sie ermüden.

»Und deshalb möchte ich jetzt eine Pause machen«, erklärte Bertha.

Vor ihrer Reise hatten sie nicht nur alles über die touristischen Ziele gelesen, Johanna Brandt hatte sie ebenso mit Neuigkeiten aus Berlin versorgt. Dort waren in den letzten Jahren weitere Warenhäuser eröffnet worden. Das Warenhaus Jandorf an der Ecke Brunnen- und Veteranenstraße lag in der Innenstadt, während das Warenhaus Maaßen in Kreuzberg nicht so leicht zu erreichen war. Besonders reizte sie das Hertie-Kaufhaus in der Leipziger Straße. Es präsentierte seine Waren auf mehreren Ebenen, die mit historisch wirkenden Bögen und Säulen den Eindruck eines Schlosses mit Lichthof erweckten. Auf den Galerien konnten die Besucher auf der einen Seite die Auslagen betrachten und Waren kaufen und auf der anderen Seite hinunter auf die Auslagen und Verkaufstheken im Erdgeschoss blicken und Kunden bei ihrer Auswahl beobachten.

»Schaut euch das an!« Barbara kam aus dem Staunen nicht heraus, als sie wenig später im Erdgeschoss des Kaufhauses standen und die Galerien, den riesigen Kronleuchter und das Lichtdach bestaunten.

»Mir gefällt besonders, dass wir hier gucken können, ohne dass wir etwas kaufen müssen«, stellte Bertha fest.

Margarethe konnte sie gut verstehen. Sie dachte mit Unbehagen an ihre Einkäufe in Essener Geschäften, wo jeder wusste, dass sie die Frau Geheimrat war. Wenn sie mit Bertha oder Barbara in einem Laden war und nichts erworben hatte, weil den Mädchen nichts gefiel, wurde nicht selten hinter ihnen getuschelt: »Tja, die Krupps, die haben es nicht nötig, bei uns zu kaufen.« In Berlin waren sie anonym wie alle anderen auch. Vermutlich würde nicht einmal die Kaiserin hier auffallen, wenn sie ohne Gefolge durch die Gänge ginge.

Auf der Heimfahrt im Salonwagen, der sie in Berlin abholte und direkt zum Bahnhof am Hügel brachte, berat-
schlagten Bertha und Barbara fast die ganze Zeit, ob der
Brautschleier lang oder kurz sein sollte und das Gesicht ver-
decken durfte oder nicht und ob die Ärmel lang oder kurz
sein müssten. Darüber bemerkten sie nicht, dass ihre Mutter
schweigend aus dem Fenster sah und sich nur gelegentlich
mit ihrem Fächer Luft zufächelte. Das Gespräch mit Auguste Viktoria hatte sie in dem Konflikt um die Werft nicht
weitergebracht, und dann war da noch dieser Brief, der ihr
Sorgen bereitete ...

KAPITEL 22

Mai 1906

»Mama, komm, du musst auch mit aufs Foto!« Barbara winkte Margarethe von dem riesigen Kübel im oberen Garten.

Ihre beiden Töchter hatten sich auf den Rand des Kübels gesetzt, die Beine baumelten nach innen. Bertha und Barbara hatten ihn entdeckt, als die Gärtner den Garten umgestalteten. Trotz ihrer 20 und 19 Jahre waren die Mädchen hineingeklettert, um zu verhindern, dass er mit Erde gefüllt wurde. Als feststand, dass in diesem Jahr zwei Verlobungen anstehen würden, hatten sie das Gefäß kurzerhand zur Verlobungsvase bestimmt.

Und nun hatten sie für den Fotografen auf dem Rand des Kübels Platz genommen. Gustav und Tilo standen neben ihnen.

»Du musst in die Mitte, Mama!«, verkündete Barbara, während sie sich selbst auf dem Rand des Kübels zurechtrückte.

Margarethe freute sich, dass den Mädchen wichtig war, dass sie mit auf das Foto kam. Der Vorschlag, die Paare und sie in und um den Kübel aufzunehmen, gefiel ihr. Das war etwas anderes als die üblichen Fotografien auf der Treppe, vor einem Baum, vor der Säule neben dem Vordereingang oder einem der Löwen, die den Zugang vom Garten zur

Terrasse vor dem Logierhaus schmückten. Solange die Mädchen klein waren, eigneten sich die Löwen und die beiden Sphingen vor dem hinteren Eingang in die Villa wunderbar für Aufnahmen mit den strahlenden Bezwingerinnen der wilden Tiere und mythischen Figuren. Für angehende Ehefrauen passte dieses Motiv nicht.

»Das Foto muss ins Archiv!«, fand Bertha. »Mama richtet gerade ein Archiv über unsere Familie ein«, erklärte sie ihrem Verlobten. »Das ist so spannend! Stell dir vor, da gibt es ein Dokument über einen Erbstreit in ihrer Familie von 1568.«

»Wusstet ihr, dass wir eigentlich adelig sind?« Barbara schwang ihre Beine über den Rand des Kübels und sprang auf den Rasen, ehe Tilo reagieren konnte.

Bertha beugte sich zu ihrem Verlobten und ließ sich von ihm aus dem Kübel heraushelfen.

Margarethe schmunzelte, als sie die Mädchen beobachtete. Obwohl sie heute beide weiße Kleider trugen und auch die Haare ähnlich frisiert hatten, zeigte sich ihr unterschiedliches Temperament, sobald sie sprachen und sich bewegten. Erstaunlich aber war, dass ihre Männer sich in vielem dennoch ähnelten. Gustav war genauso humorvoll und freundlich wie Tilo, und sie war voll und ganz einverstanden mit der Wahl ihrer Töchter. Tilo war quirliger, er passte gut zu ihrem Wirbelwind. Als er noch mit einigen Freunden samstags auf den Hügel gekommen war, war er immer vorn dabei gewesen, wenn es galt, Spaß zu machen, und es war nicht verwunderlich, dass er eine Rolle in einer der Theateraufführungen übernahm, die Barbara und Bertha für sie organisiert hatten.

Wie verschieden die Männer waren, wurde deutlich, als sie auf Barbaras Frage reagierten.

»Natürlich«, sagte Gustav, »die von Königsdorffs lassen

sich bis ins 16. Jahrhundert nachweisen. Allerdings hießen eure Vorfahren damals Regius, das ist lateinisch und heißt König. Ich glaube, der Name von Königsdorff entstand, als die Familie am Ende des 18. Jahrhunderts in Preußen in den Grafenstand erhoben wurde.«

Tilo hingegen lachte und antwortete: »Oh, da muss ich dich wohl mit Frau Gräfin anreden, was?«

Barbara gab ihm einen Nasenstüber. »Ich denke, ich werde sowieso eine Gräfin, wenn ich dich heirate.«

Erst jetzt wurde Margarethe bewusst, dass beide Töchter Familien von Stand, wie ihre Mutter sagen würde, heiraten würden. Was ihr Schwiegervater dazu gesagt hätte? Ob er sich ebenso heftig gegen die Wahl seiner Enkelinnen gewehrt hätte wie gegen die Entscheidung seines Sohnes? Sie schüttelte den Kopf. Es war müßig, darüber nachzudenken.

Sie ging zum Haus zurück. »Ich sollte endlich die Direktoren über die Verlobung informieren«, entschuldigte sie sich. »Die Herren und die Belegschaft sollten wissen, dass ihnen eine Änderung ins Haus steht.«

In ihrem Arbeitszimmer schrieb sie:

Freudigst bewegt teile ich dem Direktorium mit, dass sich meine älteste Tochter Bertha mit Herrn Gustav von Bohlen und Halbach, Legationsrat der Königlich Preußischen Gesandtschaft beim Päpstlichen Stuhl, verlobt hat. Bitte geben Sie diese Nachricht in der Fabrik bekannt. Ich bin überzeugt, dass alle Werksangehörigen sich mit uns darüber freuen werden.

Margarethe schob die Nachricht in einen Umschlag und adressierte ihn an das Krupp-Direktorium. Die Herren würden Gustav bei einem gemeinsamen Abendessen kennenlernen.

Sie hatten kurz darüber nachgedacht, eine größere Verlobungsfeier mit den Vertretern des Werkes zu veranstalten. Nachdem aber der Hochzeitstermin bereits für den Oktober geplant war, verzichteten sie darauf. Bertha und Gustav feierten lediglich mit einigen Freunden, nicht einmal Margarethes Mutter und Geschwister würden dafür anreisen.

Sie bat Franz Otto Müller, das Schreiben per Boten in die Hauptverwaltung bringen zu lassen.

Als sie das restliche Papier in die Schublade legte, fiel Margarethe ein Brief in die Hände, der ihr in Berlin von einem Jungen überreicht worden war. Nach dem Lesen des Absenders hatte sie ihn ungeöffnet Johanna Brandt übergeben, die ihn, so, wie er war, in die Postmappe gelegt hatte. Sie hatte es in dem Berliner Trubel tatsächlich geschafft, jeglichen Gedanken an diesen Berthold Wansleben beiseitezuschieben. Nun galt es jedoch, sich seinem Anliegen zu stellen. Dass sie nach Berthas Heirat solche Briefe nicht mehr beantworten musste, würde eine große Entlastung werden.

Der ehemalige Berater ihres Mannes drängte sie erneut, ihr einen Auftrag zu erteilen, auch wenn es letztlich darum ging, dass er auf finanzielle Unterstützung hinauswollte. »Ich denke zurzeit darüber nach, eine Biografie über Ihren Mann zu schreiben«, hatte er behauptet. »Er ist ein lohnenswertes Sujet für ein Buch, und ich bin sicher, dass die Verlage sich darum reißen werden, es zu drucken. Immerhin kann ich sagen, dass ich Friedrich Alfred Krupp in den letzten, so bedeutsamen Jahren seines Lebens begleitet und beraten habe.«

Margarethe ließ den Brief sinken. Sie war es so leid, sich mit diesen Schmarotzern zu beschäftigen, die nichts anderes wollten als Geld für ein bequemes Leben! Sie selbst hatte ihr Leben lang hart gearbeitet und wäre niemals auf die Idee gekommen, jemanden um Hilfe zu bitten, auch nicht, als es ihren Eltern nach dem Abschied des Vaters aus dem Staatsdienst nicht gut ging. Lieber hätte sie rund um die Uhr gearbeitet.

Sie hatte sogar erst kürzlich darüber nachgedacht, ob es sinnvoll wäre, jemanden damit zu beauftragen, Friedrichs Biografie zu schreiben. Der Gedanke Berthold Wanslebens war also nicht abwegig. Aber ganz sicher war er nicht der Autor, dem sie das Leben ihres Mannes anvertrauen wollte. Bereits die Bemerkung, dass er Friedrich in den letzten, »so bedeutsamen Jahren seines Lebens« beraten hatte, ließ erahnen, welchen Schwerpunkt das Buch bekommen würde. Dabei würde das, was ihr Mann in seinem Leben geschaffen hatte, in den Hintergrund treten. Immerhin hatte er das Werk im Sinne seines Vaters fortgeführt und zu einem florierenden Unternehmen weiterentwickelt. In den Maßnahmen zum Wohle der Arbeiter war er über das hinausgegangen, was Alfred Krupp begonnen hatte. Wenn sie an den Altenhof oder die Bücherhalle dachte, den Bildungsverein und die Wohnsiedlungen, die unter seiner Ägide nicht mehr nur Wohnsilos, sondern Lebensorte geworden waren ... Sicher wäre es Friedrich lieber gewesen, sein Name hätte unter einer Entdeckung oder einer Erfindung gestanden, aber er hatte sich seinen naturwissenschaftlichen Neigungen erst gewidmet, als das Unternehmen auf Erfolgskurs war und er Direktoren um sich geschart hatte, auf die er sich verlassen konnte.

Aber wie sollte sie diesen Wansleben bremsen? Er drohte ihr, wenn auch versteckt, dass er die Biografie auf jeden Fall schreiben werde, dann eben als seine Autobiografie mit einem sehr langen Kapitel über die Freundschaft zu Friedrich Alfred Krupp. *Freundschaft!* Auch dieses Wort wurde neu definiert, wenn man wie Friedrich und sie reich war. Bertha und Barbara hatten bisher Glück gehabt, dass ihnen Enttäuschungen erspart geblieben waren. Und Bertha war gewappnet und hatte nun mit Gustav einen starken Schutz.

»Frau Krupp, es ist angerichtet.« Johanna Brandt schob die Tür auf und schaute ins Arbeitszimmer. »Die jungen Leute habe ich schon eingesammelt.«

Margarethe lächelte. »Was wäre ich ohne Sie, Fräulein Brandt? Was halten Sie davon, nach der Hochzeit mit mir und Barbara in die kleine Villa zu ziehen? Da gibt es zwar keine Kinder zu beaufsichtigen, aber eine alternde Frau, die sich über eine Gesprächspartnerin freuen würde.«

Das Leuchten, das über das Gesicht des früheren Kindermädchens ging, war Antwort genug. »Sehr gern, Frau Krupp. Wenn ich ehrlich bin, wäre es mir fast zu viel, wieder eine neue Stelle mit kleinen Kindern anzutreten.«

»Ich hoffe doch, dass auch hier im Haus bald Kinder einziehen werden.« Margarethe lachte. »Aber bis die unterrichtet werden müssen, vergeht einige Zeit, und dann können Sie sich immer noch entscheiden.« Ihr Blick fiel auf den Brief in ihrer Hand. »Ich weiß nicht. Oft bedrückt mich wie ein Albdruck die Furcht, dass all dies einmal zusammenbrechen könnte. Aber ich hoffe, meine Töchter so erzogen zu haben, dass sie auch härtesten Schicksalsschlägen gewachsen sind.«

»Das haben Sie, Frau Krupp. Das haben Sie!« Johanna Brandt bekräftigte ihre Worte durch ein Nicken.

Entschlossen legte Margarethe den Brief, den sie noch immer in der Hand hielt, auf den Tisch und notierte am Rand: »Zurückstellen!«

Sie stand auf. »Dann wollen wir sehen, was die Köchin uns wieder Gutes zubereitet hat.«

Langsam gingen die beiden Frauen die Treppe herunter. Noch war Margarethe die Hausherrin, aber das würde sich ändern, sobald Bertha geheiratet hatte. Sie würde nicht in den Witwensitz in Baden-Baden ziehen, sondern in das Nebenhaus, in dem ihr Leben auf dem Hügel begonnen hatte.

KAPITEL 23

Sommer 1906

Margarethe legte den Federhalter beiseite und bat ihren Sekretär, das Schreiben umgehend an Baurat Schmohl zu übersenden.

»Ui!«, murmelte Franz Otto Müller, als er die Notiz beim Verlassen des Arbeitszimmers überflog. »›Lassen Sie mich wissen, wann ich Sie Dienstag oder Mittwoch treffen kann.‹ Das ist ein anderer Stil als sonst ...«

»Was ist denn geschehen?« Unvermittelt stand Johanna Brandt im Türrahmen.

»Ach, ich war mit Barbara und Bertha im Altenhof, weil wir uns ansehen wollten, ob es in der Korbflechterei Körbchen gibt für die Blumenmädchen bei der Hochzeit.«

»Das ist eine schöne Idee. Gab es nichts Brauchbares? Bis Oktober können die Alten sicher passende Körbe anfertigen. Notfalls könnten Herr Zaumbrecher oder sein Geselle einspringen.«

»Das ist es nicht. Wir haben ein sehr schönes Muster gefunden und lassen einige Körbe aus unseren Weiden fertigen.« Margarethe lehnte sich zurück. »Als wir dort waren, habe ich gesehen, wie und wo die Bronze aufgestellt wurde, die ich von Frau Leven-Intze angekauft habe. Völlig ohne Sinn und Verstand!«

»Die Tochter von Professor Intze aus Aachen, oder?« Jo-

238

hanna Brandt setzte sich auf den Stuhl vor dem Schreibtisch. »Ich erinnere mich, dass Sie damals von ihr erzählt haben. Wollte sie nicht Bildhauerin werden?«

Margarethe öffnete ihre Schublade und suchte ein Bild. »Ich habe mich seinerzeit dafür eingesetzt, dass sie für eine Arbeit über das Ruhrgebiet bei uns in der Produktion Studien betreiben konnte. Danach hat sie die Skulptur eines Werkmeisters geschaffen. Das Original ist lebensgroß und wurde in der königlichen Erzgießerei von Miller in München in massiver Bronze ausgeführt. Sie hat mir die Skulptur zum Kauf angeboten.«

Margarethe reichte Johanna Brandt die Fotografie eines lebensgroßen Gießers. »Ich habe damals sicherheitshalber die Meinung von Professor Oeder aus Düsseldorf eingeholt und die Figur am Ende für 8000 Mark angekauft. Nun sollte sie im Altenhof aufgestellt werden.«

»Und was war dort? An einer Bronze kann man ja nicht viel kaputt machen?«

»Sie stand in einer Ecke, noch dazu mit dem Gesicht nach hinten. Als hätte jemand sie dort vergessen.«

»Vielleicht war sie nicht am endgültigen Platz. Bestimmt hat Herr Schmohl eine Erklärung dafür.«

Langsam beruhigte sich Margarethe. Letztlich war das eine Kleinigkeit, aber ihr hatte es gefallen, dass die junge Frau sich mit ihrem Wunsch, Bildhauerin zu werden, durchgesetzt hatte. Das war nicht selbstverständlich in einer Zeit, in der Frauen nicht wählen durften und allenfalls Lehrerinnen werden konnten. Es war erstaunlich, dass die Düsseldorfer Akademie Helene Intze überhaupt angenommen hatte. Ohne den Einfluss ihres Vaters wäre das sicher nicht möglich gewesen. Die Professoren, mit denen sie über Helene gesprochen hatte, waren durchweg davon überzeugt, dass sie ihren Weg machen würde. Mit dem Ankauf des Gießers im Altenhof hatte Margarethe einen kleinen Beitrag dazu leisten wollen. Vielleicht ergab sich später die Möglichkeit weiterer Unterstützung.

Sie schob den Sessel zurück und erhob sich. »Kommen Sie, Fräulein Brandt, drehen wir eine Runde durch den Garten. In diesem Fall kann ich gerade ohnehin nur auf einen Termin mit dem Baurat warten. Da ist ja immer noch das andere Problem, das mich beschäftigt, vielleicht fällt uns gemeinsam etwas ein.«

Auf dem Weg schilderte sie Johanna Brandt die Situation mit Berthold Wansleben. »Wir müssen ihn irgendwie beschäftigen, damit er sein Vorhaben fallen lässt oder wenigstens zurückstellt.« Sie war sicher, dass der Mann nicht wirklich darauf aus war, sich viel Arbeit zu machen, um eine Biografie oder Autobiografie zu schreiben. Es ging ihm nur darum, schnelles Geld zu verdienen, alles andere war unwichtig.

»Vielleicht könnte er über den ersten Friedrich schreiben, wie alles anfing mit dem Krupp-Unternehmen?«, schlug Johanna Brandt vor.

»Na ja, eine Erfolgsgeschichte war das damals aber nicht. Friedrich hat zuerst fast die Gute-Hoffnung-Hütte in den Konkurs geführt, und als er dann mit dem Erbe seiner Großmutter eine Gussstahlfabrik aufbaute, lief diese auch mehr schlecht als recht. Wäre er nicht früh gestorben, hätte er vermutlich eine weitere Pleite hingelegt.«

»Gibt es denn nicht etwas, das nicht mit Friedrich, aber mit Krupp zu tun hat, worüber er schreiben könnte?«

»Ich glaube, ich habe da eine Idee. Beim Sortieren der Briefe ist mir eine Korrespondenz zwischen Friedrich und Rudolf Diesel in die Hände gefallen. Sie ist etwa zehn Jahre alt, damals war kurz über eine Zusammenarbeit verhandelt worden. Ich glaube, mein Mann hat sie dann verworfen, ich weiß es aber nicht.« Margarethe schmunzelte. »Das wäre doch ein schönes Thema. Krupp und Diesel.«

Johanna Brandt lächelte. »Und wer weiß, vielleicht versteht sich Herr Wansleben so gut mit Herrn Diesel, dass er dessen Biografie schreiben darf.«

So weit hatte Margarethe nicht gedacht, aber die Option gefiel ihr. Rudolf Diesel war in ihrem Alter, da dachte man gelegentlich darüber nach, sein Leben aufzuschreiben. Vor solchen Gedanken war auch sie nicht gefeit. Aber noch hatte sie eine Aufgabe. Sie musste ihre Töchter verheiraten und das Familienunternehmen an die nächste Generation übergeben. Sobald das abgeschlossen war, und das war absehbar, konnte sie sich um ihr eigenes Leben als Margarethe Krupp kümmern.

KAPITEL 24

August 1906

»Solch eine Siedlung könnte ich mir gut auch in Essen vorstellen.« Margarethe saß mit Robert Schmohl im Salonwagen, der sie nach Rheinhausen brachte. »Der Gedanke,
dass unsere Arbeiter auf so geringem Raum leben müssen,
schmerzt mich. Als ich damals mit meinen Eltern nach
Schleswig gezogen bin, hat mein Vater zunächst keine angemessene Wohnung gefunden, und wir lebten sehr beengt.
Bis heute empfinde ich diese Enge als Belastung.« Sie lachte.
»Ich gebe zu, manchmal empfinde ich auch die Weite der
Villa als Belastung, vor allem wenn ich meine Brille oder
meinen Fächer suche.«

Der Baurat stimmte in ihr Lachen ein. »Mir wäre die
Villa zum Wohnen auch zu groß. Aber Ihr Schwiegervater
wollte sich damals ein Industriellenschloss bauen.«

»Ausgerechnet er, der von Schlössern und Adeligen
nichts hielt. Aber vielleicht gerade deshalb.« Margarethe sah
aus dem Fenster. Vermutlich war es genau das, was Alfred
bewogen hatte, eine Villa auf einem Hügel zu bauen: der
Wunsch, der Welt zu zeigen, dass Industrielle die Könige,
Fürsten und Grafen der neuen Zeit waren. Bis dahin waren
es die weithin sichtbaren Burgen gewesen, die zum Schutz
vor feindlichen Angriffen oft auf Anhöhen gebaut worden
waren. Womöglich wollte Alfred einen indirekten Schutz

bauen – jeder konnte die Villa von Weitem sehen und erkennen, dass hier jemand unangreifbar war, räumlich und gedanklich.

»Ich glaube, Ihr Schwiegervater wollte allen zeigen, dass ein Bürgerlicher mit den Herrschern der Kleinstaaten mithalten kann.« Robert Schmohl folgte ihrem Blick. Sie hatten das Kruppgelände in Rheinhausen bereits erreicht. »Wenn man den Grund, der heute der Firma gehört, zusammenrechnet, ist das sicher mehr als so manches Herzogtum.«

Margarethe nickte. »Nicht zu vergessen die vielen Adelsfamilien, die längst nicht mehr über Grund und Boden verfügen.« Kam daher der Gedanke, eine Siedlung zu bauen, der sie seit einiger Zeit beschäftigte? Hatte ihre Mutter sie mit ihrem ständigen Lamento über den Verlust des Stammhauses so beeinflusst, dass sie neues, eigenes Land besiedeln wollte? Gekauft hatte sie es bereits, sie musste nur dafür sorgen, dass es bebaut wurde. »Was meinen Sie, würde sich das Grundstück in Rüttenscheid für eine neue Siedlung eignen?«

Robert Schmohl sah seine Dienstherrin erstaunt an. »Ich dachte, Sie hätten das Areal nur als Geldanlage gekauft, nachdem die Stadtverordneten dem Oberbürgermeister den Kauf verweigerten.«

»Ehrlich gesagt hatte ich schon damals die Idee, dort eine eigene Siedlung zu bauen«, gab Margarethe zu. »Herr Haux hat mir das Gelände gezeigt, nachdem er mit dem Oberbürgermeister eine Ortsbesichtigung unternommen hatte. Die Bäume, die Höfe, die kleine Anhöhe, all das erweckte ein Gefühl von Heimat und Ruhe in mir. Apropos Ruhe!«, sie schaute aus dem Fenster des Salonwagens. »Wir sind tatsächlich schon angekommen. Vielen Dank für das interessante Gespräch.«

Sie griff nach ihrem Sonnenschirm und prüfte kurz, ob ihr Sommerhut noch richtig saß, während Robert Schmohl aus dem Wagen stieg und ihr galant seine Hand hinhielt. Dankbar stützte sie sich auf den Arm des jungen Mannes und lächelte dann in die Runde.

»Guten Tag, Frau Geheimrat, guten Tag, Herr Baurat!«, begrüßte der Bauleiter die beiden. »Wir freuen uns sehr über Ihren Besuch bei uns im kleinen beschaulichen Rheinhausen.«

Margarethe unterdrückte ein Lachen. Beschaulich? Der Begriff wäre ihr zu der Siedlung nicht eingefallen. Ja, die Häuser waren heimelig, von Gärten umgeben, die einen Abstand zu den schmalen Wegen und Straßen ermöglichten. Aber die Nähe zu den Hochöfen ließ sich nicht leugnen.

»Oh! Hier hat sich aber viel getan!« Margarethe staunte, als sie mit Robert Schmohl durch die kleine Siedlung ging.

»Ja, die Konsumanstalt ist fertig, sodass die Krupp-Familien hier wie im Gussstahlwerk zu rabattierten Preisen einkaufen können.«

Die Anregung für diesen Laden, in dem die Werksangehörigen Dinge des täglichen Bedarfs wie Lebensmittel und Hygieneartikel kaufen konnten, hatte der Baurat aus den bereits bestehenden Kolonien übernommen. Was dort heutzutage selbstverständlich war, ging auf eine Initiative Essener Bürger zurück. Diese hatten vor Jahrzehnten eine Genossenschaft für eine ähnliche Verkaufsstätte gegründet. Die hatte zwar großen Anklang in der Bevölkerung gefunden, allerdings scheiterte das Kaufhaus an den widersprüchlichen Anforderungen der Ehrenamtlichen, die dort tätig waren. Ihr Schwiegervater hatte die Genossenschaft gekauft und das Konzept dann in all seinen Siedlungen umgesetzt.

»Dort ist die Bierhalle, in der sich die Bewohner treffen

können.« Robert Schmohl zeigte auf ein einladend wirkendes Gebäude. »Jetzt ist es natürlich ruhig dort, es kann sein, dass sich einige Frauen drinnen zum Handarbeiten treffen. Der große Raum ermöglicht, dass die Anwohner sich in einer größeren Gruppe zu gemeinschaftlichen Aktivitäten zusammenfinden.«

Margarethe war begeistert. So hatte sie sich die Siedlung vorgestellt. Der Margarethenhof war zu einem kleinen Dörfchen am Rand der Friedrich-Alfred-Krupp-Hütte geworden. Friedrich wie Alfred hätten Gefallen daran gefunden.

Das Meckern einer Ziege riss Margarethe aus ihren Gedanken. »Da hat es sich gelohnt, dass Sie bei der Planung Ställe berücksichtigt haben.« Sie sah Robert Schmohl an.

»Dafür bekommen wir immer wieder Lob, ebenso für die Nutzgärten. Die Leute können sich in einigen Bereichen selbst versorgen, und sie haben zu Hause eine Aufgabe, die ihnen sinnvoll erscheint und Freude bereitet.«

Erst jetzt wurde ihr das Gurren der vielen Tauben bewusst, das über der Siedlung hing. Sie sah sich um und entdeckte, dass auf manchen Ställen Taubenschläge angebracht waren. Das »Rennpferd des Bergmanns« nannte man diese Tauben, die für Wettflüge gezüchtet wurden.

»Vielen Dank, dass Sie mich begleitet haben.« Margarethe legte ihre Hand auf den Arm des Baurats und sah ihn an. »Sie wissen nicht, was das für mich bedeutet. Aber Sie werden es erfahren, da dürfen Sie sicher sein.«

Robert Schmohl stutzte, doch er fragte nicht nach. Wenn er eines in den vier Jahren der Zusammenarbeit mit Margarethe Krupp gelernt hatte, war es Geduld. Sie mochte nicht viel im Unternehmen mitmischen, aber wenn sich ein Gedanke in ihr festgesetzt hatte, dann verfolgte sie ihn.

Bei ihrer Rückkehr erwartete Franz Otto Müller seine Dienstherrin bereits ungeduldig vor der Eingangstür der Villa. »Das Büro des Kaisers hat angefragt, ob es möglich wäre, vom 8. bis 10. August auf dem Hügel zu wohnen«, platzte er heraus.

Margarethe verzog das Gesicht. Das war ausgerechnet die Zeit, die sie mit ihren Töchtern in Sayneck, Friedrichs ehemaliger Jagdhütte, verbringen wollte, ehe die beiden verheiratet waren und sich die Familie zerstreute.

»Das Direktorium bittet darum, diesen Besuch möglich zu machen. Vielleicht lässt sich dabei endlich der leidige Streit um die Germaniawerft beilegen. Außerdem ist Rheinhausen inzwischen so weit, dass wir es seiner Majestät zeigen können.«

»Dann beginnen wir am besten sofort mit den Vorbereitungen.« Margarethe bat den Sekretär, ihr ins Arbeitszimmer zu folgen, und diktierte ihm, was für den Aufenthalt auf dem Hügel zu klären war: Würde Wilhelm allein anreisen oder in Begleitung seiner Gattin? Im letzteren Fall: Musste ein gesondertes Programm für die Kaiserin geplant werden? Mit welchem Gefolge war zu rechnen? Würden die Zimmer im Logierhaus ausreichen, um alle unterzubringen?

Zum Glück war sie noch nicht umgezogen, wenn sie künftig im kleinen Haus wohnte, würde sich bei solchen Spontanbesuchen ein größeres Problem ergeben. Aber dafür war dann Bertha zuständig.

»Das Direktorium hat mich gebeten, auch den Besuch in Rheinhausen und den Abstecher in die Hauptverwaltung zu organisieren, damit alles in einer Hand liegt und möglichst wenig Zeit verloren geht bei der Abstimmung.« Ihr Sekretär blickte vorsichtig zu Margarethe hinüber. Er wusste, dass sie es nicht ausstehen konnte, wenn die Direktoren ihn für ihre

Aufgaben einspannten, schließlich gab es in der Hauptverwaltung genug Kräfte, die diese übernehmen konnten.

Margarethe verzog das Gesicht. »Die Herren machen es sich mal wieder leicht. Aber in dem Fall scheint es mir die beste Lösung zu sein. Wir haben nur wenige Tage, bis der kaiserliche Wagen hier eintrifft. Aber dann sollen sie sich auch nach uns richten.«

Franz Otto Müller seufzte.

»Ich weiß, das ist auch für Sie anstrengend.« Sie selbst hatte diesen Spagat zu Friedrichs Lebzeiten oft bewältigt. »Aber ich vertraue ganz auf Ihre Fähigkeiten. Holen Sie die Liste mit der Aufgabenverteilung vom letzten Besuch, dann schauen wir zusammen mit Herrn Bernsau, wer was übernimmt.« Sie zwinkerte ihrem Sekretär zu. »Gut, dass wir unser eigenes Archiv hier haben, nicht wahr?«

Die ersten Augusttage vergingen wie im Flug. Margarethe hatte keine Zeit, viel über Pläne für eine Siedlung in Essen nachzudenken. Normalerweise verließ sie sich darauf, dass die Küche schmackhafte Mahlzeiten zubereitete, und mischte sich wenig ein. Das Hofzeremoniell sah dagegen vor, dass der Speiseplan im Vorfeld feststand, damit dieser notfalls auf den Geschmack und die Gewohnheiten des Kaisers angepasst werden konnte. Was nach einer leichten Aufgabe klang, entpuppte sich als Herausforderung. Der Besuch des Kaisers war natürlich etwas Besonderes, aber eher ein halb privater Aufenthalt und kein Staatsbesuch. Die Speisen durften also nicht zu gehoben sein, aber auch nicht so einfach, dass er das Gefühl hatte, er würde hier nicht angemessen bewirtet. Irgendwo zwischen Bratwurst und Fasanensteak musste die Auswahl des Essens angesiedelt werden.

Margarethe war erleichtert, dass die Kaiserin ihren Mann

nicht begleitete. Sicher hätten sie viel Gesprächsstoff gehabt, so kurz vor der Hochzeit. Die Prinzessinnen waren zwar noch längst nicht im heiratsfähigen Alter, aber Auguste Viktorias zweitältester Sohn Eitel hatte im Frühjahr geheiratet. Allerdings hätte sie sich eben vor allem um Auguste Viktoria kümmern müssen. So konnte sie sich auf den Kaiser konzentrieren und versuchen, in einem Gespräch unter vier Augen das Werftproblem zu lösen.

Entsprechend freundlich begrüßte sie den Kaiser, als er von der Bahnstation »Hügel« am Ruhrufer in einer offenen Kutsche über den Kiesweg zum Haupteingang der Villa gefahren wurde.

»Herzlich willkommen, Eure Majestät«, sagte sie und ging die Stufen von der Eingangstür zur Vorfahrt hinunter, um deutlich zu machen, dass sie ihn und seine Position achtete. Aus ihrer gemeinsamen Kasseler Zeit wusste sie, dass Wilhelm auf solche Kleinigkeiten Wert legte. Deshalb reichte sie ihm entsprechend der Hofetikette nicht die Hand, sondern wartete darauf, dass er das Zeichen gab, und schlug erst ein, als er ihr seine rechte Hand hinhielt.

»Wir freuen uns, Sie wieder einmal empfangen zu dürfen.« Das »endlich« verschluckte sie. Es war auffällig, dass Wilhelm seit Friedrichs Begräbnis nicht mehr auf dem Hügel gewesen war. Selbst bei der Beisetzung hatte er nicht in der Villa, sondern im Essener Hof logiert.

Wilhelm wandte sich um und ließ seinen Blick über den Park schweifen. »Ich freue mich auch, wieder hier zu sein. Dieser Blick, dieses Haus mit seinen vielen Annehmlichkeiten und technischen Finessen ist wirklich etwas Besonderes.«

Margarethe nickte. Der Kontakt zwischen Friedrich und Wilhelm hatte sich vor allem deshalb zu einer Art Freundschaft entwickelt, weil beide sich für den technischen Fortschritt begeisterten.

»Wir haben eine kleine Erfrischung in der oberen Halle vorbereitet, Eure Majestät.« Sie ging neben dem Kaiser die Treppe hinauf.

»Das duftet verheißungsvoll«, sagte Wilhelm. »Ich bin neugierig, was Ihre hervorragenden Köche sich ausgedacht haben.«

Margarethe wies auf den Tisch. Die Küche hatte einige kalte Platten, einen deftigen Eintopf, ein Dessert und Kuchen vorbereitet. Sie hatten lange beraten, was am frühen Nachmittag angemessen wäre. Hatte der Kaiser in der Bahn gegessen oder nicht? Nahm er lieber etwas Süßes oder Herzhaftes um diese Zeit zu sich?

»Ach, so ein Eintopf ist jetzt genau das Richtige«, freute sich Wilhelm und beugte sich zu Margarethe. »Wissen Sie, immer Kaviar und Truthahn wird auf Dauer auch langweilig. So eine schöne Kartoffelsuppe ist eine willkommene Abwechslung. Die Reste dürfen Sie mir gern zum Frühstück reichen, Sie wissen ja, ich liebe auch am Morgen eine warme Mahlzeit.«

Margarethe zwinkerte am Kaiser vorbei Karl Bernsau zu, der in der Nähe des Buffets stand. Selbstverständlich wusste jeder im Haus, dass Wilhelm am Hof stets drei warme Speisen zum Frühstück erwartete. Und sie hatte den Tennispartner ihrer Jugend richtig eingeschätzt, ihr war schon bei den ersten Besuchen aufgefallen, dass Wilhelm immer eher die Hausmannskost wählte, wenn er die Gelegenheit hatte. Vermutlich wagte in der kaiserlichen Küche niemand, ihm so etwas vorzusetzen. Der Auftakt des Besuchs war auf jeden Fall gelungen. Um den Abend machte sie sich keine Sorgen, sie hatte im Konzerthaus eine Loge für das Konzert der

Philharmoniker reserviert. Georg Hendrik Witte hatte ihr versprochen, auf keinen Fall Richard Strauß zu spielen, dessen *Salome* der Kaiser nach der Uraufführung kritisiert hatte, sondern Auszüge aus Leoncavallos Oper *Roland von Berlin*, die von Wilhelm ausdrücklich gelobt worden war. Unter dem Siegel der Verschwiegenheit hatte Witte ihr verraten, dass sie einige Stücke aus der Oper nach der Uraufführung geübt hatten, für den Fall, dass der Kaiser in Essen sein würde. So konnte Wilhelm in der Suite in der ersten Etage der Villa mit einer wohlgelittenen Melodie im Ohr einschlafen.

»Ich hoffe, Eure Majestät hatten eine angenehme Nachtruhe«, empfing Margarethe den Kaiser am nächsten Morgen am Frühstückstisch.

»Ich habe geschlafen wie in Abrahams Schoß. Das Schönste war, dass ich beim Einschlafen und Aufwachen den Wind in den Baumwipfeln und das sanfte Plätschern der Brunnen gehört habe. Das ist wirklich ein Nachteil der wunderbaren Erfindung des Automobils, die Fahrzeuge knattern und brummen, sodass ich in Berlin die Stimmen der Natur längst nicht mehr so klar hören kann.«

Der Kaiser blickte an die Decke des Saals, in dem Margarethe den Frühstückstisch hatte decken lassen. Sie war sicher, dass sich auch Seine Majestät nicht dem Eindruck entziehen konnte, den das gläserne Dach hervorrief. Noch dazu an einem Sommertag, an dem hinter der Fensterkonstruktion im Dach der blaue Himmel lachte.

»Herrlich!« Fast hätte Wilhelm seinen Tee kalt werden lassen, weil er sich von dem blauen Himmel mit den kleinen weißen Wölkchen nicht losreißen konnte. »Kaum zu glauben, dass das kein Gemälde, sondern die reine Natur ist. Da hat sich Ihr Schwiegervater selbst übertroffen.«

In diesem Punkt vermochte Margarethe dem Kaiser von ganzem Herzen beizupflichten; sie hatte ihre Probleme mit Friedrichs Vater gehabt und nach ihrem Einzug als Erstes den Salon farbenfroher gestalten lassen. Aber die Fensterfront im Dach war einzigartig.

Sie gab Bertha, Barbara und Johanna Brandt ein vorab verabredetes Zeichen. Lange hatte sie darüber nachgedacht, wann sie das schwelende Problem um die Germaniawerft zur Sprache bringen sollte. Am Ende hatte sie entschieden, dass die Zeit nach dem Frühstück am besten war. Vom Hügel aus würde der Kaiser nach Rheinhausen fahren, aber wegen des Gesprächs hatten sie in der Firma keinen festen Zeitplan vorgesehen. Bis er dort eintraf, konnten die nötigen Vorbereitungen im Werk und in der Siedlung leicht getroffen sein.

»Eure Majestät, erlauben Sie, dass wir uns ins Studierzimmer zurückziehen.« Bertha war ausgewählt worden, um sich beim Kaiser abzumelden. Sie lächelte ihn bedauernd an. »Leider findet unser Unterricht auch bei schönem Wetter und Kaiserbesuch statt.«

»Gern, meine Damen, dem will ich natürlich nicht im Weg stehen.« Wilhelm zwinkerte Bertha zu. »Zumal es ja bald vorbei ist mit dem Unterricht, wie ich höre. Wann wird denn geheiratet?«

Bertha sah ihre Mutter unsicher an.

»Am 15. Oktober«, antwortete Margarethe rasch. »Sie sind natürlich herzlich eingeladen.«

Bertha, Barbara und Johanna Brandt starrten sie an.

»Aber …«, begann Barbara und verzog sofort darauf schmerzhaft das Gesicht. Gleichzeitig hatte Bertha ihr auf den Fuß getreten und Johanna Brandt einen Ellbogen in die Seite gestoßen.

»Wenn Sie mich dabeihaben wollen, komme ich gern.« Wilhelm lehnte sich in seinem Sessel zurück und sah Bertha wohlwollend an. »Wann lerne ich denn Ihren Verlobten kennen? Ich habe schon viel von ihm gehört und ihm eine kleine Überraschung mitgebracht.«

Margarethe ärgerte sich, dass sie nicht daran gedacht hatte, Gustav in den Kaiserbesuch einzubeziehen, weil Wilhelm sich so kurzfristig angemeldet hatte. Inzwischen hatte sie den Grund erfahren. Jemand hatte in seinem Beisein von dem neuen Werk in Rheinhausen erzählt, und er fühlte sich düpiert, weil er es nicht kannte. Vermutlich hatten seine Minister das zum Anlass genommen, daran zu erinnern, dass das Problem mit der Germaniawerft nicht gelöst war. Sie sah Bertha und Johanna Brandt an. *Gustav muss her,* sagte der Blick.

»Wir haben für heute Abend ein Essen mit Herrn von Bohlen und Halbach und Herrn Wilmowsky geplant.« Wenn Margarethe eines konnte, dann improvisieren. Die überraschten Blicke ihrer Töchter ignorierte sie. Hier bekamen sie eine Lektion in Diplomatie. Der Kaiser ließ durchblicken, dass er den künftigen Steuermann bei Krupp kennenlernen wollte. Dann musste dieser Wunsch erfüllt werden.

»Sehr schön.« Der Kaiser wandte sich, als wäre nichts Besonderes geschehen, wieder dem Rinderfilet zu, das er vom Büfett gewählt hatte, obwohl dort auf seine Anregung die Kartoffelsuppe angerichtet war.

Bertha, Barbara und Johanna Brandt standen auf, knicksten hastig und verließen eilig den Saal. Margarethe wusste, dass die Gesellschafterin sich sofort darum kümmern würde, dass ihre künftigen Schwiegersöhne am Abend auf dem Hügel erschienen. Gustav war ohnehin auf dem Weg, und Tilo weilte wegen eines Termins in Düsseldorf; aus Nordhausen im Harz, wo er nach seinem zweiten Staatsexamen als Assessor des Landrats der Grafschaft Hohenstein eingeteilt worden war, hätte er niemals rechtzeitig auf dem Hügel sein können.

Sie wartete, bis der Kaiser seinen Teller zurückschob, ehe sie sagte: »Ich würde gern mit Ihnen unter vier Augen sprechen.«

»Wo drückt der Schuh?«

Margarethe war völlig klar, dass Wilhelm wusste, worum es in dem Gespräch gehen würde. »Ach, Sie wissen doch, sobald Bertha heiratet, ist meine Treuhänderschaft beendet, und ich würde vorher gern alle offenen Posten erledigen.«

Der Kaiser nickte. »Sie waren eine wirklich gute Treuhänderin. Ich habe mir sagen lassen, dass das Unternehmen unter Ihrer Ägide florierte und gewachsen ist. Ich denke auch, es wäre gut, wenn wir gemeinsam eine Lösung für die Werft finden könnten. Davon sprechen Sie doch, oder irre ich mich?«

Margarethe lächelte. »Vielen Dank! Sie waren ebenfalls ein guter Geschäftspartner, Eure Majestät, obwohl es sicher nicht immer leicht war, mit einer Frau zu verhandeln, nicht wahr?«

Wilhelm winkte ab. »Anfangs war es ungewohnt. Aber die Kaiserin hat mir ins Gewissen geredet, dass die Zeiten, in denen nur die Männer das Sagen haben, ohnehin bald vorbei sein werden.«

»Wollen wir ins Arbeitszimmer gehen, oder sollen wir uns auf die Terrasse setzen?«

»Sosehr ich den Blick von Ihrer Terrasse schätze, wäre es doch angebracht, wenn wir uns in einem Raum besprechen, wo nicht hinter Fenstern oder Bäumen unerwünschte Zuhörer lauern könnten.«

Margarethe erhob sich. Es hatte Zeiten gegeben, da war sie – wie es die Etikette vorschrieb – sitzen geblieben, bis der Kaiser sich erhob. Und er war sitzen geblieben, weil er gelernt hatte, dass ein Herr wartet, bis sich die Dame erhebt. Solange Friedrich und die Direktoren dabei waren, hatte sich die Frage nie gestellt. Da hatte sie sich eher gefragt, welche Erziehung die Herren genossen hatten; die ungeschriebenen Regeln der Etikette schienen ein Fremdwort für sie zu sein.

In Margarethes Arbeitszimmer dauerte es nicht lange, bis die beiden sich auf eine Lösung geeinigt hatten. Sie fragte sich, warum es erst langer Briefe und Telegramme bedurft hatte, ehe sie jetzt ein Problem im Gespräch beseitigten, das in gänzlich menschlichen Eitelkeiten wurzelte. Der Vertreter des Kaisers, der mit der Werft über neue U-Boote verhandelte, kam ganz einfach nicht mit dem Direktor zurecht, der nach der Übernahme der Werft eingesetzt worden war. Der Naturwissenschaftler in Friedrich hätte gesagt, die Chemie stimmte nicht. Als Margarethe mit Wilhelm die möglichen Direktoren durchging, konnten sie sich schnell einigen.

»Ich freue mich, dass wir eine Lösung gefunden haben. Und ich danke Ihnen, dass Sie mich in den letzten schweren Jahren unterstützt haben. Es war nicht immer leicht, die Wünsche meines Mannes umzusetzen oder auch nur zu erahnen. Die Welt hat sich weitergedreht, und manches hat sich geändert, das er nicht voraussehen konnte.«

»In einem bin ich ganz sicher: Wenn er sein Testament noch einmal schreiben könnte, würde er Ihre Rolle deutlicher formulieren.« Der Kaiser sah Margarethe an. »Die Bemerkung, dass eine Frau das Unternehmen nicht leiten könne, war Unsinn. Er war ebenso wenig dafür ausgebildet und hatte vor allem seine Forschung im Kopf. Selbst sein

Vater hat in den letzten Jahren nur abgenickt, was die Direktoren ihm vorschlugen. Nicken, das können Sie auch.«

Margarethe lachte. »Ich denke, in den letzten Jahren haben auch die Herren Direktoren das Nicken gelernt. Aber sagen Sie es nicht weiter. Sie werden sie in Rheinhausen treffen.«

»Was werden Sie tun, wenn Sie nicht mehr nicken müssen?«

»Lassen Sie sich überraschen!« Kurz schwankte Margarethe, ob sie den Kaiser in ihren Plan für die Wohnsiedlung einweihen sollte. Selten hatten sie so harmonisch beisammengesessen. Doch ehe sie etwas sagen konnte, klopfte jemand an die Tür.

Auf das »Ja, bitte« des Kaisers streckte Franz Otto Müller den Kopf durch den Türspalt. »Ich wollte nur darauf hinweisen, dass die Fahrer bereit sind.«

»Danke, wir sind gleich so weit.« Dieses Mal wartete der Kaiser nicht, bis Margarethe aufstand. Er erhob sich und signalisierte damit, dass das Gespräch beendet war. »Ich wünsche Ihnen, dass Sie in den nächsten beiden Monaten noch viele offene Probleme so einvernehmlich aus dem Weg schaffen können. Und dass Sie eine Aufgabe finden, die Sie danach erfüllen wird.« Er sah Margarethe tief in die Augen, als er ihr die Hand drückte, als befänden sie sich auf Augenhöhe – der Kaiser des Deutschen Reiches und die Königin von der Ruhr.

»Ich bin immer wieder erstaunt, wie sich das Gebiet an der Ruhr entwickelt«, bemerkte der Kaiser, als er Margarethe gegenüber im Salonwagen saß, der sie nach Rheinhausen bringen würde. »Und Ihr Mann hat daran einen nicht unerheblichen Anteil.«

Margarethe hob abwehrend die Hände. »Ja, mein Mann hat viel bewegt. Aber Sie dürfen nicht vergessen, was sein Vater hier geleistet hat. Er war es, der das Elend der Arbeiter in den Baracken zuerst sah und Arbeiterhäuser bauen ließ. Die wiederum und natürlich auch die Arbeit, die hier immer mehr wurde, haben die Menschen an die Ruhr gelockt.«

»In jedem Fall haben die Krupps wesentlich dazu beigetragen, dass aus diesen Dörfern Industriestädte wurden«, betonte der Kaiser. »Gerade die Idee, bezahlbaren und akzeptablen Wohnraum zu schaffen, sollte man nicht außer Acht lassen. Da haben Sie recht.«

»Deshalb haben wir in Rheinhausen an das Werk direkt eine kleine Wohnsiedlung angegliedert. Die Männer haben nur wenige Minuten bis zur Arbeit, und die Frauen können in ihrem eigenen kleinen Reich wirken. Sogar Gärten hat unser Baurat vorgesehen, damit die Familien einen Teil ihrer Nahrung selbst erwirtschaften können.« Sie fächelte sich mit ihrem Fächer Luft zu. »Jemand hatte die Idee, sie Margarethenhof zu nennen, nachdem das Werk Friedrich-Alfred-Hütte heißt.«

Der Kaiser lachte. »So, wie Sie davon berichten, werte Frau Geheimrat, gibt es Schlimmeres. Sie geraten ja direkt ins Schwärmen, wenn Sie von der Siedlung erzählen.«

»Sie wissen ja, Eure Majestät, dass ich nicht immer in der Villa gelebt habe. Meine Familie ist oft umgezogen, weil mein Vater neue Ämter übernehmen durfte. Manches Mal haben wir nicht gleich eine Wohnung gefunden, die der Größe unserer Familie entsprach. Ich weiß, wie es ist, beengt zu leben. Die Häuschen, die unser Baurat geplant hat, sind auch nicht riesig, aber sie sind heimelig und bieten Platz zum Leben. Sie werden es gleich selbst sehen.«

Wieder verging die Gelegenheit, Wilhelm ihren Plan darzulegen, weil der Wagen vor einem der Hochöfen in Rheinhausen hielt, wo sich die Direktoren und einige Arbeiter versammelt hatten. Dennoch war Margarethe froh, dass sie den Kaiser bis zum Abend in die Obhut der Direktoren geben konnte. Sie hatte sich schließlich ein besonderes Abendprogramm eingebrockt, um das sie sich kümmern sollte.

Auch wenn der Kaiser auf dem Hügel eine Vorliebe für Hausmannskost zeigte, sorgte Margarethe dafür, dass die Menüfolge beim majestätischen Abendessen mit den künftigen Schwiegersöhnen den Standards bei Hofe entsprach.

»Und nicht vergessen: Die Speisen werden nicht gleichzeitig gereicht, sondern eine nach der anderen. Wir wollen den Kaiser nicht verärgern.«

Die Köchin, die mit dem ersten Diener unter der Aufsicht von Theodor Herms das Diner vorbereitet hatte, nickte. »Wir haben die Zubereitung exakt abgestimmt, machen Sie sich keine Gedanken.«

»Und die Schürzen der Dienstmädchen und Hemden der Diener wurden erneut gestärkt.«

Fast musste Margarethe über den Diensteifer von Hausdiener Hans Groß lachen, aber sie hielt sich zurück. Der Kaiser speiste nicht das erste Mal auf dem Hügel, das Besondere war dieses Mal einzig und allein die knappe Vorbereitungszeit.

Sie nickte allen aufmunternd zu und begab sich in ihre privaten Räume, um sich für das Diner umzukleiden.

»Sie sehen wunderbar aus«, bemerkte denn auch der Kaiser, als er eine halbe Stunde später im Abendanzug die obere Halle betrat.

»Darf ich vorstellen, Legationsrat Gustav von Bohlen und Halbach, der Verlobte meiner Tochter Bertha.« Margarethe wies mit der Hand auf ihren künftigen Schwiegersohn, der neben ihrer Tochter stand und trotz seiner Erfahrung im diplomatischen Dienst nervös wirkte.

»Wie schön, Sie kennenzulernen! Ich hoffe, Sie kümmern sich gut um die älteste Tochter meines lieben Freundes Friedrich.«

Freund war nach Margarethes Geschmack etwas zu hoch gegriffen, aber die beiden Männer hatten in der Tat ähnliche Interessen, und es gab vermutlich keinen anderen Bürgerlichen, bei dem Wilhelm so oft in den Privaträumen logiert hatte, wie Friedrich. Dass er sich selbst zu Berthas Hochzeit einlud, war ein ähnliches Signal wie die persönliche Teilnahme an Friedrichs Begräbnis.

»Sie müssen mir unbedingt mehr über sich und Ihre Familie erzählen«, bat der Kaiser. »Sobald wir die Speisen, die so gut duften, vertilgt haben.«

»Vorher möchte ich Ihnen aber noch den künftigen Ehemann unserer Jüngsten vorstellen, Eure Majestät. Das ist Tilo Wilmowsky. Im Gegensatz zu Gustav hat er Barbaras Vater sogar noch kennengelernt.«

Barbara verdrehte hinter dem Rücken des Kaisers die Augen, während dieser Tilo die Hand gab. »Musste das sein?«, zischte sie leise zwischen den Zähnen hervor.

»Wie meinen?« Der Kaiser sah sie verständnislos an.

Margarethe zuckte mit den Schultern. »Ach, es gibt eine nette Anekdote über Tilos erste Begegnung mit Barbara vor zehn Jahren. Sie wissen doch, dass man nicht an jede Kindheitssünde erinnert werden möchte.« Noch während sie dies sagte, fielen ihr die Gerüchte ein, die über Wilhelms Kindheit in Umlauf waren. Sie hatte den Prinzen erst als Jugendlichen kennengelernt, aber es hieß, dass sein Erzieher ihn als Kind gezüchtigt und eingesperrt hatte, damit er hart wurde.

»Lassen Sie uns erst einmal Platz nehmen«, bat sie rasch. Sie gab Gustav und Tilo ein Zeichen, ihre Töchter zu Tisch zu führen, sodass dem Kaiser nichts anderes übrig blieb, als sie am Arm ebenfalls an den festlich gedeckten Tisch zu geleiten. »Ich bin sicher, unsere Köchin hat bereits mehrmals um die Ecke gelinst, ob sie endlich den ersten Gang bringen kann.«

Wie auf ein geheimes Kommando erschienen die Dienstmädchen mit Servierplatten und die Diener mit Weinkaraffen, und der Kaiser hatte keine Zeit, an seine wenig rühmliche Kindheit zu denken. Auf eine Kraftbrühe vom Rind folgte ein Steinbutt mit Krabbensauce, der von Spargel mit holländischer Sauce abgelöst wurde, ehe eine Brühpoularde mit Sauce béarnaise die Hauptgänge abrundete.

»Richten Sie der Küche aus, ich kann nicht mehr«, ließ der Kaiser schließlich verlauten, aß dann aber doch die englische Apfelspeise und die westfälische Herrencreme.

»Wenn das so weitergeht, weiß ich am Ende des Abends auch nicht mehr über Ihre Schwiegersöhne als vorher«, scherzte Wilhelm und schob zwei Weintrauben von der Obstplatte in den Mund. Er stutzte. »Die Trauben schmecken hervorragend.«

»Sie kommen aus unserem eigenen Weinberg. Wie übrigens auch der Wein, der zum Essen gereicht wurde.« Margarethe wies auf die Karaffen, die noch auf dem Tisch standen.

Der Kaiser staunte und nahm zwei weitere Trauben. »Wo befindet sich der Weinberg?«

»Hier auf dem Hügel. Hinter den Bäumen, die Sie linker Hand sehen. Wenn Sie vorfahren, finden Sie unsere Gewächshäuser, die Gärtnerei und viele weitere Betriebe. Wir sind in fast allem Selbstversorger. Dort ist auch der Weinberg, auf dem die Trauben für unseren *Johannisberger* wachsen.«

»Und der Hühnerstall, den Mama unbedingt haben wollte«, mischte sich Barbara ein.

Ehe Margarethe auf die Bemerkung reagieren konnte, sagte der Kaiser: »Sehr interessant. Das würde ich mir gelegentlich gerne ansehen. Aber nun erzählen Sie zuerst einmal, was Fräulein Barbara lieber verheimlichen wollte.«

Schnell ergriff Barbara das Wort. »Ach, das war nichts Besonderes. Als ich meinen künftigen Mann im letzten Jahr bei einem der geselligen Samstage hier auf dem Hügel traf, erinnerte er sich, dass er mich früher bereits getroffen hatte.«

»Gestatten Sie, dass ich den Rest erzähle, Eure Majestät.« Tilo legte eine Hand auf Barbaras Arm. »Es war so, wie meine Verlobte gesagt hat. Aber ich habe mir die Begegnung deshalb gemerkt, weil Barbara für eine Neunjährige erstaunlich forsch war. Ich war zu einem Mittagessen im größeren Kreis auf dem Hügel, man unterhielt sich gerade zu zweit oder dritt. Da stand plötzlich die kleine Barbara auf und klopfte mit ihrem Dessertlöffel an das Glas, wie es Redner zu tun pflegen. Und dann ließ sie jemanden hochleben. Weißt du noch, wer damals Geburtstag hatte?«

»Nein«, stammelte Barbara und sah hilfesuchend zu ihrer Mutter.

»Ich weiß es auch nicht«, sagte Margarethe. »Aber so sind die Kinder eben, sie lernen von den Großen.«

»Ich finde das ausgezeichnet«, fand auch der Kaiser. »Ich war als Kind ganz anders. Ich hätte niemals gewagt, vor einer größeren Gruppe zu sprechen. Wie ist das mit Ihnen, Herr von Bohlen und Halbach? Wenn Sie unsere Bertha heiraten, kommt das ohne Zweifel auf Sie zu.«

»Eure Majestät haben mein Manko treffend erkannt«, antwortete Gustav. »Als Sohn eines Diplomaten und Legationsrat bin ich eher gut darin, in kleinen Gruppen Probleme zu lösen.«

»Mein Verlobter stellt sein Licht unter den Scheffel«, mischte Bertha sich ein. »Er hat juristische Wissenschaften studiert und promoviert und mir erzählt, dass er bei seinen Prüfungen und vor allem während des Referendariats vor vielen Menschen sprechen musste.«

»Ich bin sicher, dass Gustav die neuen Aufgaben gut bewältigen wird.« Margarethe lachte. »Und was Ansprachen angeht? Mein Mann hat nicht viele Reden vor großem Publikum gehalten, das lag ihm nicht. Das Geheimnis einer guten Unternehmensführung liegt sowieso darin, erfolgreich Gespräche im Kleinen führen zu können, wo man sein Gegenüber im direkten Austausch überzeugt. Und das kann Gustav.« Sie sah ihn an. »Zumindest hat er mich sehr schnell davon überzeugt, ihm die Hand meiner Tochter zu überlassen.«

Der Kaiser lachte jetzt ebenfalls, und plötzlich löste sich die Anspannung bei allen am Tisch. Gustav schilderte, wie er Bertha kennengelernt hatte, und erzählte dann Anekdoten aus seiner Zeit in Peking. Tilo verriet, warum er lieber Verwaltungsbeamter als Anwalt oder Jurist werden wollte, und beide Töchter berichteten abwechselnd davon, wie sie ihrem Vater vor vielen Jahren eine eigene kleine Villa abgetrotzt hatten.

»Wir hatten alles wie in der Villa, ein Wohnzimmer, eine Küche, eine Speisekammer, sogar eine Besenkammer, nur keine Schlafzimmer. Aber dafür wäre auch wirklich kein Platz mehr gewesen.« Bertha lachte.

»Das hat du ja noch nie erzählt«, riefen die beiden Verlobten fast gleichzeitig.

Wilhelm lächelte. »Ich erinnere mich, dass die Kaiserin und ich vor einigen Jahren in dem Häuschen zu Gast waren bei den jungen Damen. Gab es nicht sogar ein Gästebuch, in das wir uns eingetragen haben?«

»Genau! Das Gästebuch haben wir natürlich aufbewahrt.« Barbara sprang auf. »Ich hole es schnell.«

»Warte mal, Barb. Es ist noch früh und hell draußen, ich schlage vor, dass wir einen kleinen Spaziergang zum Spatzenhaus unternehmen«, schlug Margarethe vor.

»Au ja, dann können Taffy und Tilo ebenfalls etwas ins Gästebuch schreiben«, freute sich auch Barbara und nahm die Hand ihres Verlobten.

»Das ist eine schöne Idee.« Der Kaiser nickte zustimmend in die Runde. »Vorher möchte ich Ihnen, werter Herr von Bohlen und Halbach, allerdings die Ihrer künftigen Frau, meiner lieben Bertha, versprochene Überraschung zukommen lassen. Eigentlich bin ich nur der Überbringer dessen, was mein Amt und das Büro des Großherzogs von Baden sich ausgedacht haben. Da Sie Badener sind, darf ich Ihnen zusätzlich zu den Titeln Doktor und Legationsrat, die Sie sich erarbeitet haben, den Titel Kammerherr verleihen. Wir möchten damit zeigen, dass wir der Familie Krupp und dem Unternehmen weiterhin gewogen bleiben.«

Gustav stand auf und nahm die Urkunde entgegen. »Danke«, war das Einzige, was er trotz der Eloquenz, die er sonst an den Tag legte, herausbrachte.

Margarethe war kurzzeitig sprachlos über diese Geste des Kaisers. Sie fasste sich als Erste wieder. »Ich danke Ihnen von Herzen, Eure Majestät, diese Ehre wird meinem Schwiegersohn den Einstieg in das Unternehmen erleichtern.« Sie lächelte. »Demnächst werden Sie mit ihm und Bertha Sechs-Augen-Gespräche führen.«

Wilhelm lächelte ebenfalls. »Ich werde die Vier-Augen-Gespräche mit Ihnen vermissen, aber vielleicht führt Sie Ihr Weg gelegentlich nach Berlin. Sie wissen, dass Sie bei Hof immer willkommen sind. Die Kaiserin ist nach den Teestunden mit Ihnen stets besonders gut gestimmt.«

»Danke sehr!« Margarethe erhob sich, um die sich anbahnende feierliche Melancholie zu brechen. »Dann machen wir uns auf den Weg. Ich bin selbst gespannt, ob das Gästebuch an seinem Platz liegt, wo die Mädchen doch seit Langem aus dem Spiel im Häuschen herausgewachsen sind.«

»Halt!«, gebot Wilhelm. »Ich habe auch für Sie, werte gnädige Frau, ein Geschenk mitgebracht. Wir fanden es an der Zeit, Ihr Engagement für die werktätige Bevölkerung zu würdigen. Da mögen die Kritiker des Kapitals und vor allem der Krupp-Werke noch so sehr geifern, es gibt nur wenige – ich denke, es gibt niemanden sonst –, die sich so für die Menschen an der Basis einsetzen wie die Firma Krupp und vor allem Sie, verehrte Frau Krupp. Bitte erlauben Sie mir, Ihnen als Zeichen des Dankes einer ganzen Region und Nation den Wilhelm-Orden zu überreichen.« Der Kaiser stand auf. Auf seinen Wink hin wurde ihm eine Schatulle gereicht, der er eine goldene Kette mit einem ovalen Lorbeerkranz entnahm.

Wilhelmus I. Rex las Margarethe in dem Oval mit dem Bild des kaiserlichen Großvaters, als der Kaiser um den Tisch herum kam und ihr die Kette um den Hals legte. Sie hätte nicht gedacht, dass ein solcher Orden so schwer war. Tief bewegt gab sie Wilhelm die Hand.

Sie wusste, dass er sie mit dieser Geste in eine Liste äußerst einflussreicher Persönlichkeiten einreihte. Der Orden war seinerzeit zum Gedenken an Kaiser Wilhelm I. von seinem Enkel gestiftet worden, und sein erster Empfänger war Otto von Bismarck gewesen. Das Besondere war jedoch, dass diese Auszeichnung auch an Frauen vergeben worden war, die sich für die Gemeinschaft engagiert hatten. Die Großherzogin von Baden war ebenso dabei wie Helene Donner, die vor einigen Jahren das Helenenstift, eine der ersten Ausbildungsstätten für Krankenschwestern, gegründet hatte, nicht zu vergessen Mutter Eva, eine der ersten Frauen, die in der Diakonie etwas zu sagen hatten.

»Danke!«, war auch alles, was sie hervorbringen konnte. Zum Glück hatte Barbara ihre Fassung und einen Hauch ihrer Respektlosigkeit bewahrt. Sie löste die Situation auf, indem sie alle aufforderte, nach dieser Lobhudelei endlich das Spatzenhaus aufzusuchen.

Auf dem Weg zu dem kleinen Fachwerkhaus am Waldrand unterhalb der Villa schilderte Margarethe dem Kaiser, mit welchem Aufwand das Gebäude 1894 erbaut worden war. »Es muss Ende Mai gewesen sein, als in einem kleinen Festakt der Grundstein gelegt wurde. Das gesamte Hauspersonal gruppierte sich um die Grube, die für das Fundament ausgehoben worden war. Sogar der Werkschor wurde eingespannt, um dem Ereignis einen würdigen Rahmen zu geben.« Sie sah sich zu Barbara und Bertha um. »Erinnert ihr euch noch? An den Ecken waren wie bei einer traditionellen Grundsteinlegung Pfeiler aufgebaut und mit Grün umwunden worden. Wir mussten uns in festliche Garderobe kleiden, darauf habt ihr bestanden. Auch bei euren Freundinnen, die selbstverständlich ebenso eingeladen waren wie meine Mutter und meine Schwester Irene.« Sie lachte bei der Erinnerung wehmütig. »Mein Mann hatte vermutlich die meiste Freude an dem Ganzen. Ständig steckten er und mein Bruder Felix die Köpfe zusammen. Es verging kein Tag, an dem ihr nicht dort gespielt habt und wir und unsere Hausgäste euch besuchen mussten.«

Der Kaiser nickte den Paaren zu, die vor ihnen gingen und sich immer wieder zum Kaiser und Margarethe umdrehten. »Sicher werden dort in wenigen Jahren erneut Kinder spielen, und Sie, werte Frau Krupp, werden wieder zu Gast sein.«

Margarethe nickte. Ja, das würde demnächst ihre Rolle sein: Gast im eigenen Haus.

KAPITEL 25

September 1906

»Ich habe mir in Italien Gedanken darüber gemacht, was ich tun werde, wenn meine Zeit als Treuhänderin im nächsten Monat endet.« Margarethe stand neben Ernst Haux am Fenster ihres Arbeitszimmers. Er hatte sie über die Fortschritte in Rheinhausen informiert und dargelegt, wie sich das Direktorium die Eingliederung ihres Schwiegersohns in das Unternehmen vorstellte.

»Zu welchem Ergebnis sind Sie gekommen, Frau Geheimrat?«

Margarethe drehte sich um und ging zu dem Tisch, an dem sie bis vor wenigen Minuten über das Unternehmen beraten hatten. »Mir schwebt eine Wohnsiedlung im Stil der Gartenstadt vor, die jetzt gerade im Kommen ist.«

Ernst Haux wartete, bis sie sich hingesetzt hatte, ehe er neben ihr Platz nahm. »Ich dachte, Sie würden reisen, vielleicht wieder malen oder die Fotografie ausbauen. Das ließe sich wunderbar verbinden.«

Margarethe schüttelte den Kopf. »Sicher werde ich mir dafür Zeit nehmen, und ich habe Bertha und Gustav versprochen, dass ich meine Sprechstunde für die Werksangehörigen mit besonderen Anliegen fortführe.« Sie sah Ernst Haux an und lächelte. »Ich hoffe ja doch, dass ich bald Großmutter werde, dann braucht Bertha ihre Zeit für das Kind.«

»Die Bittsteller werden sich freuen, wenn sie mit Ihnen sprechen können. Herr von Bohlen und Halbach ist den Leuten noch gänzlich unbekannt, und Ihre Tochter Bertha kannten sie teilweise schon als kleines Mädchen. Ob sie da immer die nötige Distanz behalten, wenn ein Anliegen abgelehnt werden muss, wage ich zu bezweifeln. Es ist für alle Seiten gut, wenn Sie es sind, die diese wichtige Aufgabe fortführt.«

»Ich freue mich auch, dass ich auf diese Weise dem Unternehmen verbunden bleibe.« Margarethe blätterte in den Papieren, die vor ihr auf dem Tisch lagen, und holte ein Blatt mit handschriftlichen Notizen hervor. »Aber ich würde meine restliche Lebenszeit gern nutzen, um etwas zu leisten, das bleibt.«

»Sie haben zwei Töchter!« Ernst Haux sah sie verständnislos an. »Was kann man anderes schaffen, das bleibt? Ihr Name wird für immer verbunden sein mit dem Werk Krupp.«

»Mein Name wäre für immer verbunden mit Krupp, mit Barbara und Bertha, aber nicht mit einem Werk. Jedes Mal wenn ich den Altenhof besuche, spüre ich dort den Geist meines verstorbenen Mannes. Diese Siedlung war ihm wichtig, er wollte etwas für die Menschen tun, und man hätte die Kolonie nach ihm benennen sollen.«

»Als die ersten Häuser gebaut wurden, ahnte niemand, dass daraus eine ganze Siedlung entstehen würde. Es war ja nur ein Altenhof geplant. Dass inzwischen ein Erholungsheim angegliedert ist und sich die Korbflechterei zu einem Publikumsmagneten entwickeln würde, stand damals in den Sternen«, erwiderte Ernst Haux und versuchte gleichzeitig, zu entziffern, was auf dem Papier stand, auf das Margarethe ihre gefalteten Hände gelegt hatte.

»Wie auch immer. Ich habe entschieden, dass ich eine Stiftung für Wohnungsfürsorge ins Leben rufe. Damit soll eine Wohnsiedlung gebaut werden, in der sich die Menschen wohlfühlen, und zwar nicht nur Angehörige des Krupp-Werks, sondern auch Menschen aus Essen, die sich kein Eigenheim leisten könnten.«

Margarethe sah, dass Ernst Haux stutzte, dabei hatten sie in den letzten Jahren oft über Wohnformen und Architektur gesprochen, wenn der Baurat von den Fortschritten der Krupp-Siedlungen berichtete.

»Dafür sollte ich Ihnen also das Grundstück im Mühlbachtal kaufen!«, sagte der Finanzrat nach einer kurzen Pause. »Umso mehr bin ich stolz darauf, dass wir die Fläche zu dem Preis bekommen haben, den auch die Stadt hätte zahlen sollen. Die Pächter waren begeistert, dass Sie die neue Besitzerin sind.« Er schmunzelte. »Einer von ihnen meinte damals, dass er lieber ein Pächter der Königin von der Ruhr als des Oberbürgermeisters von Essen sei. Mit den Höfen im Umfeld eignet sich das Gelände gut für eine Wohnsiedlung.«

Margarethe lächelte. »Als Sie mir damals von dem Angebot vorgeschwärmt haben, hatte ich eine Siedlung mit kleinen Häuschen im Sinn. Sprachen wir nicht sogar darüber? Allerdings ist das Gelände von Essen aus nur schwer zu erreichen. Ich stelle mir zwar eine Gartenstadt am Rand der Stadt vor, aber sie sollte nicht völlig von Essen abgeschnitten sein.«

»Da fällt Baurat Schmohl sicher etwas ein. Notfalls muss eben eine Brücke gebaut werden.«

Die Idee gefiel Margarethe. »Ich möchte allerdings, dass die Siedlung von einem Architekten geplant und gebaut wird, der außerhalb der Firma steht.«

Ernst Haux schluckte.

»Ich sehe Ihnen an, dass Ihnen das nicht gefällt«, sprach Margarethe weiter, ehe der Finanzrat seine Bedenken äußern konnte. »Herr Schmohl ist auf jeden Fall mit von der Partie, er hat beim Bau der anderen Siedlungen hervorragende Arbeit geleistet. Aber zum einen ist er mit dem, was für das Werk und die Werkssiedlungen zu tun ist, mehr als ausgelastet. Und zum anderen hätte ich gern einen direkten Zugriff auf den Bau dieser Siedlung. Ich habe bestimmte Vorstellungen und möchte, dass diese nicht später den Bedenken Ihrer Direktoriumskollegen zum Opfer fallen.«

Ernst Haux sah Margarethe schweigend an.

»Ich glaube, ich kann Ihre Gedanken lesen.« Margarethe war die Erste, die das Schweigen durchbrach. »Ja, das ist ein Projekt, das weitgehend losgelöst vom Konzern verwirklicht wird. Versuchen Sie, es von meiner Warte aus zu sehen. Ab dem 15. Oktober bin auch ich losgelöst vom Konzern. Sicher werde ich zu Empfängen eingeladen, ich darf in der kleinen Villa wohnen und werde vermutlich mit dem Kaiser tafeln, wenn dieser auf dem Hügel weilt. Aber ich habe keinen Einfluss mehr.«

Das ganze Ausmaß der Veränderung war ihr bewusst geworden, als sie Anfang des Monats mit Bertha und Barbara in Berlin war, als diese sich in der Großstadt mit neuer Garderobe eindecken und auch sonst einiges für die Hochzeit bestellen wollten. Wie immer hatte sie die Mitarbeiter der Berliner Krupp-Residenz gebeten, kurzfristig Theaterkarten zu besorgen. Auf solche Annehmlichkeiten würde sie künftig verzichten müssen.

»Puh, das muss ich erst einmal verdauen.« Ernst Haux sah Margarethe lange ernst an. Dann lächelte er. »Aber ich hätte damit rechnen können. An welchen Betrag haben Sie für die Stiftung gedacht, und wann soll das Projekt beginnen?«

Margarethe zögerte. Sie hatte einen genauen Plan im Kopf, aber wollte sie diesen preisgeben? »Ich dachte an eine Million Mark aus meinem Privatvermögen sowie die fünfzig Hektar aus meinem Privatbesitz, über die wir gerade sprachen. Zweck der Stiftung soll die Wohnungsfürsorge für die minderbemittelten Klassen sein. Es wäre schön, wenn Sie einen Vorschlag für die Satzung erarbeiten könnten. Ich möchte die juristischen Vorbereitungen vor der Hochzeit abschließen. Danach werden Sie kaum Zeit finden. Bertha und Gustav planen nur kurze Flitterwochen, währenddessen werde ich ins Logierhaus umziehen.«

Ernst Haux holte tief Luft. »Sie lassen mir nicht viel Zeit.«

»Käme ein anderes Ergebnis heraus, wenn Sie mehr Zeit hätten? Es liegen Muster für solche Satzungen von der Alfred- oder Friedrich-Krupp-Stiftung vor, die nur angepasst werden müssten.« Sie lächelte. »Und da wir von meinem Vermögen und meinem Besitz sprechen, müssen Sie Ihre Direktoriumskollegen nicht einmal einbeziehen. Es reicht, wenn Sie sie informieren, dass Sie an dem Projekt arbeiten. Mit Bertha und Gustav sowie Barbara und Tilo habe ich nach der Rückkehr aus Berlin bereits gesprochen. Sie freuen sich mit mir, dass ich diese schöne neue Aufgabe gefunden habe. Reisen werde ich dennoch. Vielleicht schaue ich mir andere Gartenstadt-Siedlungen an. Und mit dem Zeichnen habe ich bereits begonnen. Sehen Sie hier, das sind erste Skizzen, wie ich mir die Siedlung vorstelle.«

»Ich sehe, Sie haben viel nachgedacht und gearbeitet in der letzten Zeit. Dann schlage ich vor, dass ich in mein Büro fahre und den Entwurf für Sie vorbereite.« Ernst Haux schob seine Papiere zusammen.

Margarethe reichte ihm das Blatt, auf dem sie die Rahmenbedingungen für die Stiftung notiert hatte.

Der Finanzrat holte tief Luft und steckte das Papier ein. »Ich glaube, wir haben Sie in den letzten Jahren unterschätzt, Frau Geheimrat.«

KAPITEL 26

Oktober 1906

Sei versichert, dass ich alles, was in meiner Macht liegt, tun werde, um Dir Wege zu ebnen, Bertha eine treue Stütze und Beraterin zu sein und Deine Stellung als Haupt der Familie und Leiter des Ganzen zu festigen.

Margarethe ließ den Federhalter in der Luft schweben, während sie die Zeilen an ihren künftigen Schwiegersohn las. Hatte sie damit deutlich genug gemacht, was ihr wichtig war? Sie hatte ihren Töchtern vorgelebt – und Bertha zudem in einem langen Gespräch erklärt –, wie wichtig es für eine Ehe war, dass die Frau zu ihrem Mann aufsah.

Sie hatte in der Ehe ihrer Eltern erlebt, wohin es führte, wenn die Frau sich für etwas Besseres hielt. Ihr Vater hatte immer gut für die Familie gesorgt, er hatte bedeutsame Ämter gut ausgefüllt, und sie hatte ihn stets als fürsorglich und fördernd erlebt. Dennoch hatte ihre Mutter ihn und die Kinder spüren lassen, dass sie diejenige war, die in der Familie am höchsten gestellt sein musste. Die frostige Atmosphäre, die dadurch entstand, war für Margarethe zum Sinnbild ihrer Kindheit geworden. Es verging kein Tag, an dem Eleonore nicht erwähnt hatte, dass sie eine von Königsdorff war. Ihr Vater war nie darauf eingegangen. Erst als Margarethe in Berlin Gräfin Maximiliane von Oriola kennenlernte, ging ihr auf, dass die Ahnenreihe ihres Vaters sich durchaus mit der ihrer Mutter messen konnte. Inzwischen hatte sie zudem hautnah erlebt, was für Menschen die Verwandten ihrer Mutter waren – Bittsteller und Schmarotzer, dazu mordlüstern und betrügerisch. Sie hatten sogar ihre angeheirateten Verwandten, mit denen Margarethe keinen Tropfen Blut gemeinsam hatte, angestiftet, bei Friedrich und nun bei ihr vorstellig zu werden.

Sie schüttelte sich, weil ihr der Brief von Alois von Wertbach einfiel, den sie in Friedrichs Nachlass gefunden hatte. Diese unverhohlene Morddrohung, gegen die niemand etwas hatte ausrichten können. Friedrich war es zwar gelungen, ihm mit einem stattlichen Beitrag ein neues Leben in Südafrika zu ermöglichen. Er hatte aber nicht geahnt, dass der Hass über den Tod hinausreichen würde. Margarethe hatte inzwischen erfahren, dass Alois von Wertbach seinen ältesten Sohn darauf eingeschworen hatte, Friedrich zu töten, wenn es dem Vater nicht gelingen sollte. Zum Glück hatte der Junge den Brief nicht ernst genommen. Nach dem Anschlag mit dem Feuerwerk hatte sie ihn allerdings kurz in Verdacht gehabt, der sich jedoch nicht erhärtete.

Margarethe seufzte. Wie war sie von ihrem Brief an Gustav auf diesen Verrückten gekommen? Vielleicht, weil sie erleichtert war, dass beide Töchter Ehemänner ausgewählt hatten, die sich nicht einschüchtern ließen.

Die Wochen bis zur Hochzeit waren wie im Flug vergangen, Margarethe war froh über jeden Tag, an dem wieder einige Vorbereitungen abgeschlossen waren und an denen es vor allem keine unliebsamen Überraschungen gab. Alois von Wertbach war weit weg, aber ihr Cousin Waldemar bereitete ihr weiterhin Kummer. Sie traute ihm zu, dass er ohne Einladung bei der Hochzeit erschien. Sicher würde ihre Mutter ihn über die Termine auf dem Laufenden halten. Dabei war es auch ohne diese Sorge schwierig genug, die Lage auf dem Hügel im Griff zu behalten. Karl Bernsau hatte alles verfügbare Personal in Krupp'schen Diensten nach Essen beordert, selbst Meineck und Sayneck standen für einige Tage leer. Die Wachen an den Pförtnerhäuschen mussten verstärkt werden, eine Patrouille behielt das gesamte Gelände im Blick. So schön es auch war, dass sie auf dem Hügel Selbstversorger waren und es auf dem Gelände eine Menge Möglichkeiten gab, sich zurückzuziehen: Die zahlreichen Gebäude, vom Pavillon bis zur Gärtnerei, von der Remise bis zur Reithalle, boten Angreifern zugleich viele Gelegenheiten, sich unentdeckt an die Villa heranzuschleichen.

Stünden nur die Familienmitglieder und Freunde auf der Gästeliste, wäre das alles leicht zu organisieren. Im Zentrum des Trubels befand sich jedoch der Kaiser.

»Von uns aus kann es losgehen!«, rief Karl Bernsau Margarethe zu, als sie am Tag der Hochzeit aus dem Fenster ihres Ankleidezimmers auf die Terrasse blickte. Sie war erleichtert, dass alle Vorbereitungen rechtzeitig abgeschlossen worden waren. Am Ende wurde die Zeit knapp, weil die Villa kurzfristig erweitert werden musste, um alle Gäste unterzubringen. Zusammen mit dem Hügelverwalter und dem Baubüro hatten sie auf der oberen Terrasse eine Kapelle anbauen lassen. Gegenüber dem Altar, hinter den Stühlen für das Brautpaar, warteten nun 126 Sitzplätze auf die Gäste. Margarethe sah in der Ferne, dass die ersten Menschen bereits im festlichen Gewand auf dem Weg waren.

Sie ließ den Weg, der zum Bahnsteig führte, nicht aus den Augen. Dort warteten ihr Bruder Siegfried und Barbaras Verlobter auf die Ankunft des Kaisers. Er würde ohne seine Frau an der Trauung teilnehmen. Margarethe wusste, dass es vorher lange Diskussionen darüber gegeben hatte, was angemessen war. Doch es wurde ohnehin darüber geredet, dass das Kaiserpaar oder der Kaiser so oft bei ihnen auf dem Hügel weilten, und die Teilnahme der Kaiserin hätte den Eindruck einer familiären Nähe vermittelt.

»Barbara! Komm!«, rief Margarethe, als sie die Köpfe des Pferdegespanns hinter den Bäumen entdeckte. »Herzlich willkommen, Eure Majestät«, empfing sie sodann den Kaiser, der umständlich aus der Kutsche stieg, als wollte er ihr auf keinen Fall den Rücken zuwenden.

Margarethe stupste Barbara mit dem Ellbogen an, weil diese feixte.

Ihre jüngste Tochter machte das wieder wett, indem sie Wilhelm mit einem Knicks begrüßte.

Dann ging es Schlag auf Schlag. Ein Gast nach dem anderen wartete darauf, Margarethe die Hand zu schütteln und zu dem Ereignis zu gratulieren. Erleichtert bemerkte sie, dass Barbara den Kaiser und seine Begleitung unter ihre Fittiche genommen hatte. So konnte sie sich um die Neuankömmlinge kümmern, die von zwei Dienern in bester Livree an ihre Plätze geleitet wurden.

»Von meiner Liste sind alle eingetroffen«, erklärte Johanna Brandt schließlich.

Margarethe eilte in ihren Ankleideraum, um sich zu vergewissern, dass Frisur und Kleidung saßen. Dann ging sie in den Nebenraum, in dem der Kaiser mit Barbara und seinen Begleitern wartete.

»Darf ich Sie entführen, Eure Majestät?«, fragte sie.

Wilhelm lachte. »Ich denke, hier ist es Brauch, dass die Braut entführt wird und nicht der Kaiser.«

Unter dem Gelächter seiner Mitarbeiter verließen Margarethe und Wilhelm den Raum und gingen in die Bibliothek, wo Bertha und Gustav auf den Beginn der Zeremonie warteten und Wilhelm begrüßten.

Als Karl Bernsau ihr mitteilte, dass alle Gäste eingetroffen waren, führte der Kaiser Margarethe in die Kapelle, wo in der ersten Reihe zwei Plätze für sie freigehalten waren.

Pfarrer Greeven hinter dem Altar nickte ihr wohlwollend zu; er war ein Bekannter von Tilo aus Düsseldorf, der die Trauzeremonie übernehmen würde. Pfarrer Geibel, der sie in der Trauer um Friedrich begleitet hatte, war erst kürzlich nach Wetzlar versetzt worden und konnte seine neue Gemeinde noch nicht verlassen. Bei der Vorbereitung der Hochzeit waren Margarethes Gedanken sehr oft bei ihrem Mann gewesen, er fehlte überall, und vor allem fehlte er jetzt bei der Trauung. Deshalb hatten Bertha und Gustav entschieden, gemeinsam hinter dem Kaiser und Margarethe zum Altar zu gehen. Ob es je eine Zeit geben würde, in der eine Mutter die Braut zum Altar führen würde? Oder den Bräutigam?

Vor dem Brautpaar streuten Kinder der Werksangehörigen Blumen in den Mittelgang. Bertha sah in ihrem spitzenbesetzten Brautkleid wie eine Prinzessin aus. *Die Prinzessin vom Hügel.* Margarethe lächelte. *Die neue Königin vom Hügel.*

Margarethe unterdrückte einen Seufzer, als die Gäste nach dem Präludium gemeinsam mit dem Chor *Lobe den Herren* anstimmten. Nun war der Stein im Rollen, und sie vermochte nichts mehr aufzuhalten.

Als zuerst Bertha und Gustav laut und vernehmlich »Ja!« sagten, trocknete sie mit dem Spitzentaschentuch unter dem Schleier ein paar kleine Tränen. Sie sah auf den Platz neben sich, wo Barbara mit ihrem Verlobten saß. Dort hätte Friedrich sitzen sollen. Sie schüttelte den Gedanken ab und konzentrierte sich auf den Gesang des Männerchors, der lange geprobt hatte für diesen Auftritt.

Wo du hingehst, da will auch ich hingehen, hatten sich Bertha und Gustav gewünscht. Welch ein passendes Lied für diese besondere Hochzeit! Margarethe spürte, wie ein Schauer über ihre Arme zog. Diese Wahl zeigte ihr mehr als alles andere – mehr als jedes Versprechen und jeder Brief –, dass ihre Tochter in guten Händen war.

Nach der Zeremonie begab sie sich mit dem Kaiser und dem Brautpaar in die Bibliothek, wo sie zusammen auf das junge Glück und die neue Verantwortung anstießen.

Eine große Herausforderung war das Mittagsessen in der unteren Halle und im Speisesaal. Für das Fest hatten sie zusätzlich zur Stammbelegschaft weitere Kräfte eingestellt: Köche, Kellner, Dienstmädchen. An diesem besonderen Tag sollte nichts schiefgehen.

Margarethe kümmerte sich darum, den Kaiser und die anderen Gäste bei Laune zu halten. Dazu hatte sie mit Bertha, Barbara und Gustav lange an der Tischordnung gefeilt. 95 Gäste passten an die große Tafel im unteren Saal, 47 Gäste an eine Seite, 48 auf die andere. In der Mitte der einen Tischseite saß der Kaiser, eingerahmt von den Müttern des Brautpaares; links Sophie von Bohlen und Halbach, rechts Margarethe. Ständig hatte sie so die Kellner und Dienstboten im Blick sowie den Teller des Kaisers, dass dieser bloß nicht ungeduldig wurde, und nebenher konnte sie so dafür sorgen, dass das Gespräch nicht stockte. Zum Glück hatte Gustav Erfahrung damit, eine Konversation in Gang zu halten. Bertha und er saßen dem Kaiser gegenüber, und wann immer sich ein unsicheres Schweigen ausbreitete, richtete er das Wort an Seine Majestät. Margarethe hatte damit gerechnet, dass ihre Mutter die Gelegenheit, mit dem Kaiser zu sprechen, nicht ungenutzt verstreichen lassen würde. Von ihrem Platz neben Gustav hätte sie die beste Möglichkeit dazu gehabt. Aber sie schwieg die meiste Zeit und nickte allenfalls zustimmend, um zu signalisieren, dass sie dem Gespräch folgte.

»Das war eine sehr schöne Zeremonie«, sagte der Kaiser, während die Teller nach der Hochzeitssuppe abgeräumt wurden.

Margarethe wartete darauf, dass er die angekündigte Ansprache halten würde. So war es verabredet, zwischen erstem und zweitem Gang sollte der Kaiser sprechen, in der Pause der beiden Hauptgänge würde Gustav die Gäste begrüßen, und sie selbst wollte ihre Überraschung vor dem Dessert verkünden. Es war nicht leicht gewesen, Gustav und die anderen Redner von dieser Reihenfolge zu überzeugen, da sie als Brautmutter in Vertretung des verstorbenen Brautvaters das erste Recht hatte, einige Worte an die Gesellschaft zu richten. Nach dem Kaiser selbstverständlich, der immer und überall das Vorrecht des ersten Redners hatte.

»Sehr verehrte Frau von Bohlen und Halbach, wie ich Sie, liebe Bertha, nun ansprechen muss, sehr geehrter Herr Legationsrat und Kammerherr von Bohlen und Halbach.« Der Kaiser war aufgestanden, als Margarethe sich fragte, ob er sich an das vereinbarte Protokoll halten würde. Nun wandte er sich auch an sie. »Sehr verehrte Frau Geheimrat Krupp, sehr verehrte Frau von Bohlen und Halbach. Da die beiden Väter des Brautpaares nicht anwesend sein können, Gott hab sie selig, erlauben Sie mir eine kleine Ansprache …«

Als er die Braut, den Bräutigam und die beiden Mütter begrüßte, kam ihr die eigene Hochzeit in den Sinn, an der lediglich Friedrichs Mutter teilgenommen hatte, weil Alfred sich geweigert hatte, gleichzeitig mit ihr in einem Raum zu weilen. Ihre Eltern hatten ihr später erzählt, dass sie immer wieder gefragt worden waren, was denn mit dem Schwiegervater sei, ob er vielleicht erkrankt wäre.

»Ich wünsche Ihnen beiden, dass Ihre Liebe lange erhalten bleibt und Sie diese Liebe auf die Menschen übertragen, für die Sie verantwortlich sind. Das werden hoffentlich bald Ihre Kinder, immer aber die Angehörigen des Krupp-Werkes sein, für das Sie, verehrter Herr Legationsrat, nun die Verantwortung tragen.«

Margarethe ärgerte sich, dass der Kaiser Bertha und ihre Rolle im Unternehmen so einfach wegwischte. Dafür hatten sie, Friedrichs Mutter Therese und Großmutter Helene Amalie nicht gekämpft.

»Ja, das Krupp-Werk wird zukünftig Ihr berufliches Zuhause sein, Herr von Bohlen und Halbach, und Wir waren der Ansicht, dass dies auch in Ihrem Namen deutlich werden sollte. Ich ermächtige Sie daher, mit dem heutigen Tage den Namen Krupp von Bohlen und Halbach zu führen.«

Margarethe sah den Kaiser zufrieden an. Sie hatte im Vorfeld lange Telegramme mit seinem Büro gewechselt, um eine Lösung zu finden, wie der Name des Unternehmens weiterhin mit den Eigentümern und seinen Vertretern verbunden bleiben konnte. Was für eine Würdigung der Familie und des Krupp-Werkes! Hochverdient. So oft hatte bereits Alfred mit dem Großvater des Kaisers verhandelt und sich immer wieder auf seine Forderungen eingelassen. Friedrich und sie selbst waren stets zur Stelle gewesen, wenn Wilhelm oder Auguste Viktoria einen Wunsch äußerten.

Gustav war aufgestanden. Schweigend nahm er den Ermächtigungsbrief entgegen, anscheinend fehlten ihm die Worte angesichts dieses Geschenkes.

»Danke, Eure Majestät!«, war alles, was er hervorzubringen vermochte.

»Dieses Recht gilt für alle Söhne, die künftig das Werk übernehmen werden«, erklärte der Kaiser.

Margarethe kniff die Augen zusammen und riss sie gleich wieder auf, als Sitznachbarin des Redners war sie im Blickfeld der gesamten Gesellschaft. Sie schluckte ihren Zorn hinunter, dass wieder einmal nur die männliche Linie bedacht wurde. So durfte es auf keinen Fall weitergehen; sie würde immer dafür kämpfen, dass die Töchter ihrer Töchter ihren Weg gehen konnten.

Die Gäste applaudierten, als der Kaiser signalisierte, dass seine Rede beendet war, und die Kellner und Dienstmädchen den nächsten Gang brachten. Wie es der Kaiser mochte.

Margarethe bemerkte Tränen in den Augen ihrer Tochter. Woran hatte Bertha bei den Worten des Kaisers gedacht? Waren ihre Gedanken in die Zukunft gerichtet, oder schlich sich Trauer über den verstorbenen Vater ein, der ihr Glück nicht teilen konnte? Sie sah, wie Gustav Bertha eine Hand auf den Arm legte.

Nach der Seezungenschnitte nach Joinville, die als erster Gang gereicht wurde, stand Gustav auf.

»Eure Majestät, meine Frau und ich danken Ihnen, dass Sie diesen wichtigen Tag mit uns verbringen. Wir danken Ihnen für die freundlichen Worte, die uns darin bestärken, dass wir in Ihnen auch künftig einen Vertrauten und Unterstützer haben. Sie dürfen gewiss sein, dass Sie in uns ebenfalls immer Vertraute und Unterstützer haben.« Er sah zu Bertha hinunter und lächelte sie an.

Margarethe betrachtete ihren Schwiegersohn während

seiner Rede mit einem gewissen Stolz. Friedrich wäre mit dieser Wahl seiner Großen sicher einverstanden.

Max Rötger sprach nach dem Hamburger Kalbsrücken mit Erbsen und Edelpilzen seinen Glückwunsch aus, Oberbürgermeister Holle gratulierte nach den Wachteln in Gallert und Gustav Hartmann erklärte als Friedrichs Testamentsvollstrecker nach den Rehmedaillons mit Kastanienmus, dass mit Berthas Hochzeit die Aktienmehrheit des Unternehmens Krupp in ihre Hände bzw. die ihres Mannes überging und die Treuhänderschaft damit beendet war.

Margarethe wartete, bis die Teller nach dem Gang der französischen Masthühner mit römischem Salat und frischem Stangenspargel und Brüsseler Sauce abgeräumt waren, ehe sie sich erhob. Sie fühlte das Papier in der verborgenen Tasche ihres Festkleides. War jetzt wirklich der richtige Zeitpunkt, ihren Plan der Öffentlichkeit zu verkünden? Es war Berthas Hochzeit. Aber war es nicht ohnehin auch ein offizielles Fest? Mit dem Kaiser und den Direktoren an der Festtafel? Entschlossen faltete sie das Papier auseinander, auf dem sie den wichtigsten Teil ihrer Ansprache notiert hatte. Obwohl sie ihre Ankündigung in Gedanken oft geprobt hatte, war sie aufgeregt. Natürlich hatte sie mit ihren Töchtern und deren Verlobten darüber gesprochen, wie sie sich die Zeit nach ihrer Treuhänderschaft vorstellte. Sie wussten jedoch nicht, was sie sich für den Start überlegt hatte.

»Eure Majestät, liebe Bertha, lieber Gustav, verehrter Herr Landrat Rötger, verehrter Oberbürgermeister Holle, liebe Gäste. Ich freue mich sehr, dass wir uns hier heute für diese Hochzeit eingefunden haben. Es ist eine besondere Hochzeit, da sie zwei Menschen verbindet, die einander in Liebe zugetan sind, und weil sie das Werk meines verstorbenen Mannes und seiner Ahnen in die Hand einer Nachfahrin legt. Vier Jahre dufte ich die Geschicke dieses außergewöhnlichen Unternehmens als Treuhänderin leiten. Es ist mir ans Herz gewachsen in dieser Zeit, aber ich hatte dabei ausnahmslos die Wünsche meines Mannes und das zukünftige Leben seiner Erbin im Sinn.«

Sie sah zu den Direktoren, die am Ende der Tafel saßen, und nickte ihnen zu. »Ich glaube, wir übergeben dem jungen Paar ein solides Unternehmen, oder?« Dann blickte sie zum Kaiser. »Was meinen Sie, Eure Majestät?« Nur wenige Gäste am Tisch wussten, worauf sie damit anspielte, aber sie sah an Wilhelms Lächeln unter dem Schnurrbart, dass er ihre Anspielung verstand.

»Das heißt allerdings, dass ich ab morgen eine neue Aufgabe benötige, damit ich mich nicht in euer Leben einmische.« Sie lächelte Bertha und Gustav an. »Wir haben schon darüber gesprochen, wie ich mir meine neue Aufgabe vorstelle. Damit ich keinen Rückzieher mache, habe ich den heutigen Tag ausgewählt, um der Öffentlichkeit meinen Plan zu verraten.«

Bertha und Gustav schauten erstaunt zu ihr hinauf.

»Ich gebe hiermit bekannt, dass ich in meinem Namen eine Stiftung gründen werde, die der Wohnungsfürsorge für minderbemittelte Werktätige aus dem Krupp-Unternehmen und der Stadt Essen dienen soll.«

Plötzlich war es in dem Saal ganz still.

»Ich stifte aus meinem privaten Vermögen eine Million Mark und aus meinem Privatbesitz das Grundstück im Mühlbachtal, das fünfzig Hektar umfasst. Anfangs wird die Margarethe-Krupp-Stiftung auf die Unterstützung des Unternehmens angewiesen sein, bis ein Architekt gefunden ist, der auch als Bauleiter fungiert und in enger Abstimmung mit mir und dem Aufsichtsrat der Stiftung eine Wohnsiedlung baut. Ich stelle mir etwas Ähnliches vor wie die Gartenstädte in England. Ich stelle mir vor, dass wir darin das, was das Krupp-Werk in seinen neueren Siedlungen bereits realisiert, noch weiter verbessern. Wichtig ist mir, dass auch Essener Familien dort wohnen können und werden. Erst kürzlich las ich in einem Buch über das Ruhrgebiet, dass das Krupp-Werk eine eigene abgeschiedene Stadt sei. Das muss meines Erachtens anders werden! Krupp und die Stadt gehören zusammen, nicht nur auf politischer und wirtschaftlicher Ebene, sondern auch unter den Menschen.«

Sie hob ihr Weinglas und sah Bertha und Gustav an. Gustav nickte unmerklich mit dem Kopf, als wolle er sagen: *Alle Achtung, Schwiegermama, da hast du einen echten Coup gelandet.*

»Jetzt stoßen wir erst einmal auf Bertha und Gustav an und darauf, dass ihre Liebe trotz aller Arbeit nie enden werde.«

Auch den Schluss ihrer Ansprache hatte sie sich sorgfältig überlegt. Sie wollte dem Brautpaar nicht den Tag und die Schau stehlen, aber sie wollte deutlich machen, dass sie ihren Platz in der Familienchronik beanspruchen würde.

Bertha und Gustav hoben ihr Glas.

»Vielen herzlichen Dank für deinen Wunsch, liebe Schwiegermama«, sagte Gustav mit einem Lächeln, das Margarethe gezwungen vorkam. Vielleicht hätte sie die beiden doch vorbereiten sollen.

»Danke, Mama!«, schloss Bertha sich an. »Wir wünschen dir viel Freude an deiner neuen Aufgabe.« Wie sie den Wunsch aussprach, wirkte echt. Womöglich erinnerte sie sich an das Gespräch über ihre Lebensträume vor einiger Zeit. Vielleicht war sie aber auch einfach so von Herzen glücklich, dass sie keine negativen Gedanken zulassen konnte.

Während das Dessert aufgetischt wurde, sahen die beiden immer wieder zu ihr hin. Da der Kaiser neben ihnen saß, war es nicht möglich, über persönliche Dinge zu sprechen.

»Da haben Sie sich ja etwas vorgenommen, verehrte Frau Geheimrat«, bemerkte der Kaiser kurz. »Wie sind denn Ihre nächsten Pläne?« Dabei sah er jedoch nicht Margarethe, sondern das Brautpaar an.

»Wir werden uns gleich auf den Weg machen in die Flitterwochen«, antwortete Gustav schnell, als hätte er nur auf eine unverfängliche Frage gewartet, um Margarethes Projekt vergessen zu lassen. »Wir hoffen auf Ihr Verständnis, Eure Majestät.« Der Kaiser nickte wohlwollend.

Und kaum war das Dessert beendet, verabschiedeten sich Bertha und Gustav von ihren Gästen.

»Bitte entschuldigen Sie mich.« Margarethe nickte dem Kaiser zu. »Ich bin gleich wieder da, ich möchte nur eben meine Tochter verabschieden.«

Sie ging in gemessenem, aber schnellem Schritt hinter dem Brautpaar aus dem Saal. Sie traf die beiden vor der Tür, wo sie auf Barbara und Tilo warteten, die sie als Einzige zum Bahnsteig geleiten würden.

»Bitte entschuldigt, dass ich euch mit meinem Plan überrascht habe.« Margarethe sah die beiden an. Sie wusste nicht mehr, warum sie ein solches Geheimnis um ihre Rede gemacht hatte. War der Schmerz darüber, dass Friedrich ihr die Leitung des Unternehmens verweigert hatte, größer, als sie gedacht hatte? Hatte die Zurücksetzung sie unbewusst dazu verleitet?

»Wir sprechen nach unserer Rückkehr darüber.« Bertha umarmte ihre Mutter. »Dein Plan ist wunderbar. Ich habe geahnt, dass du über eine neue Aufgabe nachdenkst. Aber ich hätte dich gern dabei unterstützt.«

»Mir geht es genauso.« Gustav klang wesentlich kühler. Hoffentlich hatte sie mit ihrer Eigenmächtigkeit nicht ihre gute Beziehung zerstört?

Sie drückte seine Schulter und sah ihm in die Augen. »Bitte verzeih mir, aber etwas in mir drängte mich zu diesem Schritt. Ich hoffe, ihr könnt den Gedanken daran auf eurer Reise vergessen, und wünsche euch, dass ihr die Zeit unbeschwert genießt.«

Barbara und Tilo traten zu ihnen.

»Dann mal los!«, forderte Tilo mit einem verschmitzten Lächeln.

Barbara beugte sich zu einem Abschiedskuss zu ihrer Mutter und flüsterte ihr ins Ohr: »Eine wunderbare Idee und wirklich geschickt, wie du den Kaiser ins Boot geholt hast.«

Margarethe schloss die Arme um ihre Jüngere. Ja, das war es, was sie zu diesem Schritt bewogen hatte. Allerdings hätte sie das Brautpaar tatsächlich vorher einweihen können. Das musste sie sich zurecht vorwerfen lassen. Sie ging zurück in den Saal, wo der Kaiser sie schon erwartete.

»Sie müssen mir bei Gelegenheit unbedingt mehr über Ihren Plan erzählen.« Er beugte sich über den Tisch zu ihr vor, sodass sonst niemand seine Worte hören konnte. »Den Zeitpunkt Ihrer Bekanntmachung haben Sie ja geschickt gewählt. Alle wurden gleichzeitig in Kenntnis gesetzt, kein Mensch hat Grund für eine Beschwerde, dass er zurückgesetzt worden sei.«

Margarethe nickte ihm dankbar zu. Diesen Aspekt hatte sie nicht im Sinn gehabt, Wilhelm verstand sich als Regent des Reiches eben doch besser auf strategisches Vorgehen als sie.

Barbara und Tilo trafen rechtzeitig wieder ein, als der

Mokka serviert wurde. Dafür begab sich die Hochzeitsgesellschaft in den Wintergarten, wo viele Gäste die Gelegenheit nutzten, ein paar persönliche Worte mit dem Kaiser zu wechseln.

»Ich müsste mich wirklich mal hinsetzen«, flüsterte Sophie von Bohlen und Halbach ihr nach einer halben Stunde zu. Margarethe ging es ähnlich. Das kaiserliche Hofprotokoll sah jedoch vor, dass sich die anderen Gäste erst setzen durften, wenn der Kaiser Platz genommen hatte, und der kam nicht dazu, weil er stets aufs Neue in ein Gespräch verwickelt wurde.

Margarethe mutmaßte, dass auch er froh war, als der Oberhofmarschall mitteilte, dass sein Wagen am Krupp'schen Bahnsteig vorgefahren sei.

»Ich bitte Sie, zu entschuldigen, Eure Majestät, dass ich Sie nicht bis zum Bahnhof geleite«, sagte Margarethe, als Kaiser Wilhelm sich von ihr verabschiedete. »Mein Bruder und mein künftiger Schwiegersohn werden Sie an meiner Stelle zum Gleis bringen, während ich mich um die restlichen Gäste kümmere.«

»Ich danke Ihnen, dass ich bei diesem Fest dabei sein durfte«, erwiderte Wilhelm. »So habe ich aus erster Hand von Ihrem interessanten Vorhaben erfahren. Bitte halten Sie mich auf dem Laufenden, wie Ihre Pläne voranschreiten, und wenn Sie meine Unterstützung benötigen, so sagen Sie gern Bescheid. Sicher wird sich eine Gelegenheit ergeben, den Fortschritt zu gegebener Zeit einmal vor Ort in Augenschein zu nehmen.«

»Darüber würde ich mich sehr freuen, Eure Majestät.« Margarethe war zufrieden, dass sie genau das erreicht hatte, worauf sie abgezielt hatte. Der Kaiser interessierte sich für das Projekt, und das würde bei der Umsetzung der rechtlichen Formalitäten helfen. »Ich werde bald mit der konkreten Planung beginnen«, versprach sie. »Sobald ich selbst umgezogen bin.«

Der Kaiser drückte ihre Hand und lächelte, ehe er mit Siegfried von Ende und Tilo Wilmowsky in den offenen Wagen stieg und sich bergab zum Bahngleis bringen ließ.

Margarethe warf einen Blick in die Villa, wo vor allem Berthas Freunde die Feier ausklingen ließen. Sie hatten Stühle und Sessel zusammengeschoben und sich erleichtert hingesetzt. Kein Wunder, dass sie erschöpft waren, immerhin hatte die Feierlichkeit bereits am Sonntag begonnen, ohne die Direktoren, mit den Verwandten und jungen Leuten. Die kamen ohne Zweifel auch allein zurecht. Sie tauschte schnell in ihrem Zimmer die Festschuhe gegen Alltagsschuhe; unter dem bodenlangen Kleid fiel das ohnehin niemandem auf. Dann ging sie in den unteren Garten. In der Nähe des Pavillons, in dem Friedrich seine naturwissenschaftliche Sammlung verwahrt hatte, setzte sie sich auf eine Bank und ließ den sanften Oktoberwind über ihr Gesicht streichen.

»Mir scheint, Sie haben meinen Sohn und Ihre Tochter mit Ihrer Ankündigung überrascht«, sagte Sophie von Bohlen und Halbach und setzte sich neben Margarethe. »Ich beneide Sie, dass auf Sie eine so wunderbare Aufgabe wartet, und ein wenig auch darum, dass Sie unsere Enkelkinder immer um sich haben werden.«

Margarethe blickte die Schwiegermutter ihrer Tochter an, die 15 Jahre älter war als sie selbst. Wie würde sie in diesem Alter denken? Was würde sie dann tun? Sie war dankbar, dass sie jung genug war, um neue Pläne zu schmieden, und in der komfortablen Lage, dass sie diese auch umsetzen konnte.

»Ich bin sicher, im großen Haus wird immer ein Platz für Sie sein, um die Enkelkinder zu besuchen. Und wenn es Ihnen dort zu voll ist, weil sich die Staatsgäste die Klinke in die Hand geben, sind Sie in meinem kleinen Refugium herzlich willkommen.«

»Mein Sohn hat mir erzählt, dass Sie mit ihm und der Firma für die Zukunft klare Verabredungen getroffen haben. Nicht jede Mutter hätte darauf bestanden, aber auch nicht jede Mutter würde sich so zurücknehmen, wie Sie das tun.«

Margarethe schaute nachdenklich über den Teich hinweg ins Tal und dann in die Weite. »Seit meiner Jugend versuche ich, die Dinge stets so zu planen, dass alle zufrieden sind. Wie oft habe ich es in den letzten Jahren erlebt, dass sich Familien nach der Hochzeit entzweiten. Gerade dann, wenn sie aus unterschiedlichen Ständen kommen. Das ist nicht leicht, das können Sie mir glauben. Mir war wichtig, dies zu klären. Aber ich gebe zu, mit der Aufgabe, die ich mir selbst gestellt habe, war das leichter, als wenn ich nun nichts mehr zu tun hätte. Bertha und das Direktorium haben mich zwar gebeten, weiterhin ein Auge auf die Stiftungen zu haben. Aber ich habe mir immer etwas Eigenes gewünscht, worauf ich von Anfang an Einfluss nehmen kann.«

Sophie von Bohlen und Halbach sah ebenfalls auf den Teich. Margarethe hätte gern gewusst, was sie dachte und wie ihr Leben verlaufen war. Sie wusste, dass sie die ersten Jahre ihrer Ehe mit Gustavs Vater in Den Haag verbracht hatte, wo ihr Mann den Großherzog von Baden vertrat, bis die Gesandtschaft Ende der Siebzigerjahre aufgelöst wurde. Danach hatte die Familie in Karlsruhe gelebt, wo Gustavs Vater als Zeremonienmeister am badischen Hof arbeitete. Ihrer Mutter Eleonore hätte dieses Leben gefallen, immer auf Tuchfühlung mit dem Adel. Wie sie selbst sich heute fühlen würde, wenn das Schicksal sie in eine solche Rolle gedrängt hätte? Sie konnte wirklich froh sein, dass sie Friedrich begegnet war, der ihr den Zugang zur Welt und nun zu einem eigenen Traum ermöglicht hatte.

»Kommen Sie, lassen Sie uns einen letzten Imbiss von der Hochzeitstafel nehmen«, schlug Margarethe vor. Sie betrachtete Gustavs Mutter, die wie sie selbst in Schwarz gekleidet war, obwohl ihr Mann schon seit sechzehn Jahren tot war. Im Stillen dankte sie Bertha und Barbara, die darauf bestanden hatten, das schwarze Kleid durch weißen Besatz aufzuhellen, und sie bei ihrem Einkauf in Berlin zu einem schwarz-weißen Hut gedrängt hatten. Auch wenn sie Friedrich vermisste und sich gewünscht hätte, dass er diese Hochzeit miterlebt, wollte sie nun zuversichtlich in die Zukunft sehen.

Sie hakte sich bei der älteren Frau ein und leitete sie auf dem kürzesten Weg durch den Park. »Ich sehe es direkt schon vor mir, wie sich unsere Enkelkinder auf dem Rasen kugeln und hinter den Amphoren Verstecken spielen.« Sie lachte. »Ich würde darauf wetten, dass sie auf den Löwen vor der Terrassentür sitzen, sobald sie groß genug sind.«

»Verstecke gibt es hier wahrlich genug.« Sophie von Bohlen und Halbach stimmte in das Lachen ein. »Da wird Bertha genug zu tun haben.«

»Die größte Aufgabe unserer Kindermädchen war es, Bertha und Barbara von der Grotte fernzuhalten.« Margarethe wunderte sich, dass ihr diese Erinnerung gerade jetzt in den Sinn kam. Vielleicht lag es daran, dass der Zugang zur Grotte im Herbst, sobald das Laub gefallen war, deutlich ins Auge stach. »Wenn ich bedenke, dass mein Schwiegervater sie gehasst hat, weil sie am Ende seinen Vorstellungen nicht entsprach! Die Kinder und ihre Freunde konnten jedoch nicht genug davon bekommen, in den unterirdischen Räumen Fangen und Verstecken zu spielen. Mehr als einmal mussten Diener mit Fackeln und Stirnlampen die Gänge durchsuchen, weil sich ein Gastkind verlaufen hatte.«

»Für Kinder ist der Hügel ein Paradies.« Sophie von Bohlen und Halbach wies auf den Teich, an dem sie gesessen hatten. »Wo kann ein Kind sonst schon rudern und im Winter Schlittschuh laufen?«

»Sie haben recht. Ich habe allerdings immer versucht, meine Töchter so zu erziehen, dass sie den Luxus nicht für selbstverständlich halten. Aber es standen nun einmal Tennisplätze zur Verfügung, im Stall warteten Ponys und Pferde nur darauf, mit den Kindern durch das weitläufige Gelände zu traben. Sogar einen Fechtclub hat mein Mann gegründet, weil er meinte, der Umgang mit Schwert und Degen fördere die Konzentration.«

Gustavs Mutter lächelte. »Ich glaube nicht, dass ich mit meinen Enkelkindern jemals fechten oder Tennis spielen werde. Aber vielleicht erlebe ich es noch, dass sie uns mit einer Kutsche durch die Gegend fahren.«

Margarethe schwieg nachdenklich. Wie gut hatte sie es, dass sie bei der Hochzeit ihrer Tochter im Verhältnis zu Gustavs Mutter so jung war! Selbstverständlich mochte sie wie Friedrich ein früher Tod treffen, aber die Wahrscheinlichkeit war doch hoch, dass sie mit ihren Enkelkindern ausreiten und Tennis spielen würde. Sie würde ihnen die Fortschritte ihrer Siedlung zeigen können und vielleicht sogar mit einem von ihnen auf dem Arm an der Eröffnung teilnehmen. Am liebsten hätte sie sofort Baurat Schmohl herbeigerufen, damit er die Ausschreibung für den Architekten vorbereitete ...

Am nächsten Morgen wachte Margarethe mit dem Gedanken auf, dass nun ein neues Leben begann. Auch wenn das bedeutete, dass sie die Villa, die ihr in den fast zwanzig Jahren seit Alfreds Tod zu einem Heim geworden war, verlassen musste. Sie würde in das Nebengebäude ziehen, das Alfred als Logierhaus für seine Gäste gebaut hatte. Es war wesentlich kleiner, hatte aber doch einen vornehmen Charakter, weshalb es von vielen nur die »kleine Villa« genannt wurde. Auch wenn die Größe ihres neuen Zuhauses deutlich geringer ausfiel als die Villa, in der sie noch lebte, gab es Platz genug für sie, für eigene Dienstboten und Gäste.

»Weißt du, welche Möbel du mitnehmen möchtest?«, erkundigte sich Barbara, als sie die letzten Hausgäste nach dem Frühstück verabschiedet hatten und mit Tilo wieder allein in der Villa waren.

»Mein Schlafzimmer soll komplett herübergebracht werden.« Weiter war Margarethe mit ihrer Planung nicht. Das Arbeitszimmer würde sie so belassen, wie sie es von Friedrich übernommen hatte, und sich in der kleinen Villa ein neues Schreibzimmer mit Bücherregalen einrichten. Die Bibliothek würde selbstverständlich im großen Haus bleiben, lediglich die Bücher, die sie in der Jugend gelesen und von Hausgästen und ihrer Freundin Carmen da Silva bekommen hatte, standen auf der Umzugsliste. Sie freute sich darauf, die leeren Regale mit neuen Büchern zu füllen, für deren Lektüre sie künftig Zeit haben würde.

»Papa hat im Testament vorgesehen, dass du ein Zehntel des Hügelinventars aussuchen und mitnehmen darfst.«

Margarethe strich ihrer Tochter über den Arm. Als ob sie das nicht wüsste, aber das hieß doch nicht, dass sie so viele Schränke, Tische, Stühle mitnehmen musste. »Ich nehme die Sitzgruppe aus der oberen Halle, in der wir zu viert so oft gesessen und gelacht haben. Mehr wüsste ich jetzt nicht. Vielleicht suche ich mir etwas aus, wenn Bertha und Gustav sich entschieden haben, wie sie die Räume gestalten.«

»Meinst du, sie werden etwas ändern? Das ist doch schön so.«

»Sei ehrlich. Würdest du hier einziehen und überhaupt nichts verändern?« Margarethe sah Barbara neugierig an. »Als Papa und ich die Villa bezogen, haben wir einiges umbauen lassen. Damals gab es zwei Empfangssalons und ein Lesezimmer unten, daraus haben wir den Speisesaal gemacht, da wir oft größere Gruppen bewirten würden. Später haben wir die geblümte Tapete, die dein Großvater ausgesucht hat, mit den Bildern von Onkel Felix bedeckt.«

Barbara lachte laut. »Das verstehe ich, diese Tapete mochte ich auch nie. Habt ihr sonst etwas geändert?«

»Was meinst du, was könnte von eurem Vater oder mir stammen?«

»Ich kannte Großvater nicht, aber nach dem, was ich über ihn gehört habe, könnte ich mir denken, dass Papa die Bibliothek eingerichtet hat.«

»Genau. Dort, wo jetzt die Bibliothek ist, waren früher Speiseräume. Aber wir fanden es schöner, von der Bibliothek in den Garten zu schauen. Bücher haben euren Vater und mich von Anfang an verbunden, deshalb waren wir uns einig, dass sie Platz benötigen. Dein Vater besaß bereits eine große Auswahl naturwissenschaftlicher Literatur, und jeder Forscher, der uns besuchte, brachte neue Bücher mit.«

»Die Bibliothek ist fast so groß wie die Krupp'sche Bücherhalle«, bemerkte Tilo. »Gibt es ein Verzeichnis der Bücher?«

Margarethe nickte. Tatsächlich hatte Friedrich wenige Jahre vor seinem Tod einen Katalog erstellen und drucken lassen.

»Habt ihr hier oben etwas umgebaut?« Barbara sah sich in der Halle um, in der sie einen Großteil ihrer Kindheit verbracht hatte, mit Handarbeiten und Spielen, bei denen gelegentlich eine Vase zu Bruch gegangen war.

»Hier standen früher Billardtische!« Margarethe lächelte. »Die haben wir aber wegräumen lassen und stattdessen die Sitzgruppen angeschafft sowie die Blumen und Pflanzen. Für derlei hatte dein Großvater nicht viel übrig, aber dein Vater und ich mochten es, wenn etwas Lebendiges, Farbenfrohes den Raum schmückt.«

»Und die Orgel? Die ist doch sicher auch von euch?«

»Den Vorgänger hat tatsächlich Opa Alfred einbauen lassen; kurz vor Berthas erstem Geburtstag, meine ich. Allerdings hat er nicht mehr viel davon gehabt. Da fällt mir ein, die Kaminecke unter der Treppe kam auch erst später dazu.«

»Ich erinnere mich daran, dass dort früher eine orientalische Ecke war, in der wir uns wie in den Märchen von 1001 Nacht fühlten.« Barbara sah Tilo an. »Schade, dass du das nicht erlebt hast. Mit zwei Schritten waren wir in einer anderen Welt.«

»Die Ecke hatten wir zunächst nach unseren Vorstellungen eingerichtet, aber dann war uns ein gemütlicher Kamin wichtiger. Wenn Bertha und Taffy zurück sind, könnte ich euch durchs Haus führen und zeigen, was sich seit meinem Einzug verändert hat«, schlug Margarethe vor. Je länger sie darüber nachdachte, umso mehr fiel ihr ein. Alle paar Jahre hatten sie irgendwo umgebaut, auch wenn es manchmal nur Kleinigkeiten waren. Früher gab es eine Eisentreppe, die später durch eine Holztreppe mit Schnitzereien ersetzt wurde. Die ursprünglich sehr nüchterne kahle Decke und die Säulen in der Empfangshalle hatten sie mit modernen Stuckelementen verzieren lassen. Als Bertha und Barbara größer waren, hatten sie eine eigene Wohnung mit Salon, Bad und Schrankzimmer in der Villa bekommen.

»Erinnerst du dich noch daran, wie ihr in eure Mädchenwohnung umgezogen seid?«, fragte sie. »Am meisten hat euch gefallen, dass die Schlafzimmer wie Schiffskabinen aussahen, weil der Architekt die Schränke in die Wand eingelassen hatte.«

»Vielleicht stammt daher dein Reisefieber!« Tilo lachte. »Es vergeht kaum ein Tag, an dem Barbara nicht Reisepläne schmiedet. Jetzt will sie unbedingt in den Harz, um den Spuren meiner Vorfahren zu folgen.«

»Die Spuren meiner Vorfahren führen ja nicht weit über Essen hinaus«, konterte Barbara. »Was denkst du, warum ich dich ausgesucht habe?«

Margarethe stimmte in das Lachen der beiden ein. Dann wurde sie jedoch ernst. »Lass das nicht deine Großmutter hören. Ihre Familie stammt aus Schlesien.« Sie seufzte. »Aber die Spuren musst du nicht suchen, die landen immer wieder hier auf dem Hügel. Eigentlich erstaunlich, dass meine Cousins sich nicht auf der Hochzeit haben blicken lassen.«

»Das Gelände war so gut gesichert, da konnte kein Unbefugter an die Villa herankommen.«

Margarethe nickte. Tilo hatte recht. Nachdem sich herumgesprochen hatte, dass der Kaiser persönlich an dem Fest teilnehmen würde, war das Gelände um die Villa zusätzlich zu ihren eigenen Sicherheitskräften von der Polizei abgeschirmt worden.

Margarethe stand auf. »Ehe ich plane, was ich alles mitnehme, lasst uns im kleinen Haus nachsehen, was ich überhaupt nutzen kann. Ich habe angewiesen, dass die Zimmer nicht geputzt werden, solange unsicher ist, was eingelagert wird und was stehen bleibt.«

Als Margarethe mit Barbara und Tilo die Treppen hinunterstieg, strich sie über den Handlauf, als müsse sie sich schon verabschieden, dabei würde sie ihn in den nächsten Tagen und auch nach ihrer Umsiedlung immer wieder nutzen.

Sie gingen durch die Bibliothek und den Gartensalon in das kleine Haus. Der Gartensalon war immer ihr Bereich gewesen. Bertha und Gustav hatten ihr zugesichert, dass sie ihn weiterhin für ihre Gesellschaften nutzen durfte. Ihre Donnerstagsempfänge würde sie fortführen, obwohl es sie ärgerte, dass Eleonore behauptete, sie hätte die Idee von ihr übernommen. Wenn jemand Margarethes Vorbild war, dann Gräfin von Oriola!

»Du brauchst auf jeden Fall ein Speisezimmer und einen Salon«, fand Barbara, als sie das Logierhaus betraten. »Dieses Zimmer mit Blick auf den Garten eignet sich hervorragend als Salon.«

»Ich denke, die Möbel aus deinem Salon in der Villa würden hier Platz finden«, stellte Tilo fest, nachdem er den Raum in alle Richtungen durchschritten hatte.

»Ihr habt recht. Hier wird der Salon entstehen, und für die Zimmer, die ich nutze, werde ich entweder Möbel aus der Villa nehmen oder neue anschaffen.« Die Vorstellung, die letzten Jahre ihres Lebens in Möbeln zu verbringen, die über lange Zeit von Gästen genutzt worden waren, widerstrebte ihr. Womöglich hatte ja sogar dieser unsägliche Wansleben hier gesessen und seine Ränke geschmiedet. Und waren nicht in den ersten Jahren ihrer Ehe auch Waldemar von Keimsdorff und Alois von Wertbach in der kleinen Villa zu Gast gewesen? »Ich werde Herrn Bernsau und Herrn Hirschfeld bitten, sich als Erstes um das Schlafzimmer und meinen zukünftigen Salon zu kümmern.«

Margarethe war froh, dass Gustav zugestimmt hatte, dass Friedrich Hirschfeld, der ihr als persönlicher Kammerdiener von Alfred und Friedrich vertraut war, nunmehr als Hausmeister für die kleine Villa zuständig war. Sie hatte nie etwas Schlechtes über ihn oder von ihm gehört. Auch nach dem Tod ihres Mannes hatte er sich als loyaler Diener gezeigt und ihr sogar verraten, dass ihm Reporter ein Vielfaches seines Jahreslohns geboten hatten für Nachrichten vom Hügel. Bei ihm würde sie ihre kleinen Geheimnisse sicher bewahrt wissen. Nicht, dass sie vorhatte, ein ausschweifendes Leben zu führen, aber sie wollte nicht, dass alles, was zwischen ihr und ihren Gästen besprochen wurde, in die Welt oder auch nur ins Haupthaus getragen wurde. Sie wusste aus leidvoller Erfahrung, was Halbwahrheiten und Gerüchte anrichten konnten.

»Die Gästezimmer oben können so bleiben, wie sie sind.« Sie lachte. »Ich habe dem Kaiser versprochen, dass er bei künftigen Besuchen weiterhin ein besonderes Zimmer bekommt, falls ihm in wenigen Jahren die Übernachtung in der Suite in der Villa zu anstrengend wird, wenn kleine Kinder durchs Haus toben. Aber die Möbel im Parterre sollten komplett ausgeräumt werden. Johanna Brandt soll sich ein Zimmer im ersten Stock aussuchen und dieses nach ihren Wünschen gestalten. Wo ist sie überhaupt?«

»Hier!«, rief die Gesellschafterin von der Treppe. »Ich dachte mir schon, dass Sie heute gleich mit den Umzugsplänen beginnen, und habe mir einen Eindruck vom Zustand der Zimmer gemacht. Die Gästezimmer oben sind alle in Ordnung. Wenn Sie nichts dagegen haben, würde ich das Zimmer neben dem kleinen Kaiserzimmer beziehen.« Sie schmunzelte. »Ist doch so, oder? Die Suite im Haupthaus ist das große Kaiserzimmer, und wir haben das kleine Kaiserzimmer. Aus dem Raum daneben habe ich ebenfalls einen Blick in den Park.«

»Sie dürfen gern Ihre Möbel aus dem Haupthaus herbringen lassen«, bot Margarethe Johanna Brandt an. »Das habe ich mit meiner Tochter und ihrem Mann vereinbart. Wenn Sie neue, moderne Möbel wünschen, sagen Sie Herrn Hirschfeld Bescheid, er wird sich darum kümmern.«

»Vielen Dank, aber das ist nicht nötig, nur die Vorhänge würde ich gern austauschen wollen.«

»Klären Sie das mit Herrn Hirschfeld, ich möchte, dass Sie sich hier wohlfühlen.« Margarethe wandte sich Barbara und Tilo zu. »Was machen denn eure Pläne für eine gemeinsame Wohnung?«

»Wir warten ab«, antwortete Tilo. »Das hat ja noch Zeit. Wie es aussieht, werde ich nach der Hochzeit von Nordhausen nach Bonn versetzt. Sobald das feststeht, suchen wir eine Wohnung.«

»Ach, schade! Ich dachte, ihr hättet uns einen Teil der Möbel abnehmen können«, scherzte Margarethe.

Lachend verließ sie mit Barbara, Tilo und Johanna Brandt ihr zukünftiges Zuhause durch die Tür zur Terrasse. Als sie die Gärten und den Teich unterhalb sah und die Ruhr in der Ferne, dankte sie in Gedanken ihrem Schwiegervater, der vor langer Zeit neben dem großen ein kleines Haus geplant hatte, das es ihr nun erlaubte, in der Nähe ihrer Familie ein eigenes Leben zu führen.

KAPITEL 27

November 1906

»Mama, komm, lass uns eine Runde durch den Kurpark gehen. Dort gibt es sicher ein Café, das heiße Schokolade anbietet.« Barbara wartete in ihrem mit Pelzkragen besetzten langen Kamelhaarmantel vor dem Hotel, in dem sie sich mit ihrer Mutter einquartiert hatte. Tilo hatte ihnen empfohlen, einige Tage in Bad Sachsa zu verbringen, um nach den anstrengenden Wochen rund um Berthas Hochzeit auszuspannen.

Nun, im November, hatten sie den Kurpark fast für sich, was Margarethe gerade recht war. Auch wenn der Gedanke, in der kleinen Villa auf dem Hügel eine neue Lebensphase zu beginnen, verlockend gewesen war, hatten sie die Hochzeitsvorbereitung und der Umzug mehr Kraft gekostet, als sie gedacht hatte. Barbara hatte sie eingeladen, mit ihr und Tilo nach Wernigerode zu reisen.

Am 1. November hatten sie Bertha und Gustav auf dem Hügel empfangen. Margarethe hatte bis dahin ihre Zimmer geräumt, und die restlichen Möbel waren so verteilt worden, dass das junge Paar von einer wohnlichen Atmosphäre begrüßt wurde. Damit sie sich in Ruhe in dem gemeinsamen Heim einfinden konnten, hatte Margarethe die Einladung ihrer jüngeren Tochter angenommen.

Der Salonwagen hatte sie zunächst nach Wernigerode gebracht, wo sie Fürst Christian zu Stolberg-Wernigerode und seine Frau, die gebürtige Gräfin Marie zu Castell-Rüdenhausen, persönlich durch das altehrwürdige Schloss auf dem Berg führten.

Da sie in der Nähe von Tilos Amtssitz waren, fuhren sie mit dem Salonwagen nach Bad Sachsa, das nur wenige Kilometer von Nordhausen entfernt war, wo Tilo als Assessor des Landrats erste Lorbeeren für seine Karriereleiter sammelte.

Obwohl der November nicht der beste Monat für einen Erholungsaufenthalt in dem kleinen Harz-Städtchen war, wurden sie in dem ein Jahr zuvor neu eröffneten Kurhotel zuvorkommend empfangen und verwöhnt.

Margarethe schloss nicht aus, dass Johanna Brandt mit der Zimmerbuchung eine Information über die Gäste an den Hoteldirektor August Frind übermittelt haben mochte. Er hatte sie persönlich in Empfang genommen und mit stolzgeschwellter Brust berichtet, dass das Hotel aus einer kleinen, abseits gelegenen Waldschänke entstanden war. Ihre Gesellschafterin hatte es vorgezogen, in Essen zu bleiben, um Bertha und Gustav behilflich zu sein, sich in die wohltätigen Traditionen der Familie einzufinden.

In einem hatte der Hoteldirektor recht. Sein Hotel war das einzige in dem beliebten Kurort, das über einen direkten Zugang zu den Kuranlagen verfügte. Während Barbara von einem Fuß auf den anderen trat, um nicht auszukühlen, tauchte Margarethe endlich vor dem Hotel auf.

»Herr Frind hat mir eingeschärft, dass wir unbedingt die St.-Nicolai-Kirche besuchen müssen, weil sie das älteste Gebäude der Stadt ist«, entschuldigte sich Margarethe bei ihrer Tochter, deren leicht rote Nase erahnen ließ, dass das Gespräch ihrer Mutter deutlich länger als einen Satz gedauert hatte.

»Mir wäre lieber, er hätte dir verraten, wo es die beste heiße Schokolade gibt.« Barbara rieb sich die Hände, obwohl diese in Handschuhen steckten.

Margarethe winkte der Hotelkutsche, die gerade vor das Haus fuhr. »Bitte bringen Sie uns zum Café mit der besten heißen Schokolade«, bat sie den Kutscher und flüsterte Barbara beim Einsteigen zu: »Alte Häuser habe ich bald genug gesehen.« Nicht dass sie nicht gern alte Häuser betrachtete, sie liebte es sogar, mit ihrem Notizbuch durch Städte zu bummeln und ihre Eindrücke mit dem Stift festzuhalten, aber nicht unter einem wolkenverhangenen Novemberhimmel.

Versonnen blickten die beiden Frauen wenig später aus dem Fenster des Cafés am Marktplatz, in dem es nicht nur köstliche heiße Schokolade gab, sondern auch Harzer Waffeln, die mit Apfelmus serviert wurden.

Margarethe brauchte nicht viel Fantasie, um zu erahnen, was ihre Tochter außer Speis und Trank von innen wärmte. Ihre roten Wangen waren nicht nur dem Schnee zu verdanken, der während ihrer Kutschfahrt einsetzte. Sie gönnte ihr dieses wohlige Gefühl. So ähnlich war es ihr ergangen, als Friedrich sie in England besucht hatte und sie weit weg von der Familie Muße hatten, einander kennenzulernen. Jetzt war er nicht mehr neben ihr. Eine neue Beziehung kam für sie nicht infrage, mit Friedrich hatte sie seinen Namen und sein Erbe angenommen. Wo sollte ein anderer Mann da hinpassen? Außerdem hatte sie mit ihrer Ankündigung bei der Hochzeit einen Stein ins Rollen gebracht. Sie hatte nur nicht gedacht, dass dieser Stein so groß werden würde. Dabei kannte sie sich mit Stiftungen aus. Dadurch, dass sie entschieden hatte, ihr Engagement auf die Stadt auszuweiten, saß plötzlich die städtische Verwaltung mit im Boot.

Die reinen Krupp-Stiftungen wurden über das Unternehmen abgewickelt, und sie hatte früher als Vorsitzende des Aufsichtsrats nur gelegentlich geschaut, ob alles seinen geregelten Gang nahm. Nun war sie die Stifterin. Sie musste entscheiden, wer in den Aufsichtsrat berufen wurde und was mit dem Stiftungsvermögen geschehen sollte, bis die Siedlung fertiggestellt war. Vor ihrer Abreise hatte sie Stunden mit Ernst Haux und dem städtischen Beigeordneten Otto Wiedfeldt zusammengesessen, um das Statut für die Stiftung zu entwerfen. Die juristischen Feinheiten überließ sie den Männern, aber ihr war wichtig, ihrer Stiftung in der Präambel einen persönlichen Stempel aufzudrücken, und das war nicht leicht durchzusetzen gewesen. Vermutlich hatten die Auseinandersetzungen ihre letzten Kräfte gekostet. Während sie nun die Tage mit Barbara genoss, verfasste Otto Wiedfeldt die hoffentlich letzte Fassung der Stiftungssatzung, damit sie diese nach ihrer Rückkehr endlich unterzeichnen konnte.

»Bist du mit den Gedanken wieder bei deiner Stiftung?«

Margarethe hatte nicht bemerkt, dass Barbaras Blick längst nicht mehr verklärt in den Himmel gerichtet war. »Ja. Ich bin so aufgeregt. Das ist das erste Mal, dass ich eine so große Idee verwirkliche. Weißt du, als Mädchen musste ich mich immer um meine Geschwister kümmern. Wenn du so willst, war das einzige wirklich Eigene, das ich je hatte, meine Zeit in England, weit weg von Eltern und Geschwistern. Da konnte niemand mein neues Kleid anziehen, weil es schöner war als die anderen Kleider. Keiner konnte mir vorschreiben, was ich lese und male, wo ich spazieren gehe und welche Konzerte ich besuche.«

»War das in Dessau anders?«

»Nein, da habe ich so viele schöne Dinge erlebt und so

viele interessante Menschen kennengelernt, mit denen ich heute noch befreundet bin. Aber die Familie war immer nur eine Tagesreise entfernt. Stell dir vor, Mutter hatte eines Tages deine Tante Irene über und hat sie kurzerhand nach Dessau gebracht. Ich solle mich um sie kümmern.« Sie erschrak, bisher hatte sie es vermieden, ihren Töchtern gegenüber schlecht über Eleonore zu sprechen. »Vergiss es gleich wieder.«

»Ach, Mama!« Barbara legte ihr eine Hand auf den Arm. »Wir wissen, was für ein Mensch Großmutter ist. Was auch immer geschieht, zuerst ist sie selbst dran, dann ihre Verwandtschaft und erst ganz am Ende wir.«

»Da seid ihr ja!«, erklang in diesem Moment die Stimme eines Mannes, die Margarethe einen Schauer über den Rücken jagte.

Woher wusste Waldemar von Keimsdorff, dass sie in Bad Sachsa waren? Ach, was fragte sie sich das überhaupt? Natürlich hatte ihre Mutter wieder nicht den Mund halten können. Bei der Hochzeit hatte es fast so ausgesehen, als hätte sie sich mit ihrer Tochter und deren Wahl des Ehemannes versöhnt, da der Kaiser zur Hochzeit ihrer Enkelin mit einem Kammerherrn erschienen war. Aber das hatte wohl nicht lange vorgehalten.

Barbara schob geräuschvoll den Stuhl zurück und stand auf. »Was willst du von uns?«

»Nun mal langsam, Cousinchen«, sagte Waldemar, und Margarethe konnte den Alkohol in seinem Atem riechen. Das machte ihren Vetter noch gefährlicher. Sie erhob sich ebenfalls.

»Verschwinde!«, sagte sie nur und rief den Cafébesitzer: »Zahlen!« Dass sie das sonst für sie obligatorische »Bitte« vergaß, merkte sie gar nicht.

»Nein«, intervenierte Barbara da. »Wir nehmen noch eine heiße Schokolade. Bitte sorgen Sie dafür, dass uns dieser Herr nicht mehr belästigt.«

»Wenn wir jetzt gehen, folgt er uns zum Hotel«, flüsterte sie Margarethe zu.

»Sicher hat Großmutter ihm gesagt, wo wir untergekommen sind«, widersprach ihre Mutter. »Hätte ich ihr nur kein Telegramm geschickt!«

»Mach dir keine Vorwürfe.« Barbara schwieg, als der Kellner neben ihre noch halb gefüllten Tassen zwei mit Schaum bedeckte heiße Schokoladen stellte.

Der Kellner warf Waldemar, der sich schwankend auf eine Stuhllehne stützte, einen misstrauischen Blick zu. »Soll ich die Gendarmen rufen?«

»Ja, bitte! Und es wäre aber gut, wenn ein kräftiger Diener in der Nähe bliebe.« Dabei warf sie Waldemar von Keimsdorff, der sich inzwischen auf den Stuhl gesetzt hatte, einen vernichtenden Blick zu.

»Guck nicht so!«, lallte er und versuchte aufzustehen. Er fiel jedoch wieder auf seinen Stuhl, ohne dass der Hausdiener einschreiten musste.

»Was ist hier los?« Ein Polizist betrat die Gaststube.

»Der Herr belästigt die beiden Damen«, erklärte der Besitzer des Cafés.

»Die haben mein Geld.« Waldemar von Keimsdorff war kaum zu verstehen.

Barbara sprang vom Tisch auf. »So eine Frechheit. Das ist der Cousin meiner Mutter, der sie seit Jahren anbettelt, weil er zu faul ist, eine Arbeit anzunehmen. Jetzt hat er uns hier aufgelauert, wo wir keinen Schutz haben.«

»Wir sind ja nun da«, beruhigte der Polizist sie und wandte sich an den Betrunkenen. »Mein Herr, das Beste ist, Sie verlassen sofort die Gaststube und schlafen Ihren Rausch aus.«

»Ich bleibe hier, bis ich mein Geld habe!«

Margarethe staunte, dass ihr Cousin einen so langen Satz noch herausbrachte.

Da er auch auf weitere höfliche Bitten der Polizisten nicht reagierte, wurde er kurzerhand aus der Gaststube geführt.

»Hab ich denn nie Ruhe vor diesem Nichtsnutz?!« Margarethe lehnte erschöpft in dem Café-Sessel. »Muss ich etwa darauf hoffen, dass meine Mutter stirbt, damit dieser Mensch mich nicht mehr behelligt?« Sie rieb sich die Arme, der Gedanke ließ sie frösteln.

»Nach unserer Rückkehr werden wir mit Gustav besprechen, was wir tun können«, versprach Barbara.

Mit einem Mal war Margarethe die Freude an der Reise vergangen. Sie bat Barbara, den Salonwagen zu ordern. »Du darfst gern bleiben, aber ich brauche Ruhe, und die finde ich am besten auf meiner Terrasse oder in Friedrichs Pavillon.«

Zu Lebzeiten ihres Mannes hatte sie nicht viel übrig gehabt für die Mitbringsel von seinen Forschungsreisen, die er in den kleinen Häuschen am Rande des Gartens aufbewahrte. Inzwischen verstand sie seine Freude über die Entdeckungen, die teilweise seinen Namen trugen und durch Zeichnungen oder Urkunden dokumentiert waren und bei deren Anblick man alles um sich herum vergessen konnte –, auch lästige Verwandte.

Wie erwartet fand Margarethe nach ihrer Rückkehr die fertig formulierte Satzung auf ihrem Schreibtisch vor. Otto Wiedfeldt hatte sie ganz in ihrem Sinne angepasst und dem Assessor Vielhaber, der im Unternehmen die Gründung begleitete, übersandt.

»Ich habe keine Änderungen mehr.« Zusammen mit
Ernst Haux war sie die fünfzehn Paragrafen der Vorlage
durchgegangen, die Otto Wiedfeldt als »Verfassung« betitelt
hatte. Ihr war wichtig, dass die Stadt von Anfang an eingebunden war, damit die konkreten Bauplanungen reibungs-
los liefen und deutlich wurde, dass ihr Engagement über die
Firma hinausging. Sie blieb eine Krupp, auch nachdem sie
ihr Amt als Treuhänderin niedergelegt hatte, aber sie stand
nicht mehr unter dem Zwang, nur die Interessen des Unternehmens im Blick zu haben. Zudem bereitete es ihr eine
diebische Freude, dass die Stadt mit ihr als Frau verhandeln
musste, obgleich sie weder wählen noch Mitglied in einem
der städtischen Gremien sein durfte, in denen entschei-
dende Absprachen getroffen wurden.

»Es ist erstaunlich, was Sie der Stadt abgetrotzt haben.«
Ernst Haux wies auf Paragraf 12, der festlegte, dass der
Oberbürgermeister oder ein Vertreter Mitglied im Vorstand
waren. Das konnte man so werten, dass die Stadt ein hohes
Mitspracherecht hatte, aber für die Stiftung war dies eine
Art Gütesiegel und Zeichen, dass sie mehr war als die Für-
sorgeeinrichtung für die Arbeiter eines Unternehmens. Da
die Stadtverordnetenversammlung fünf Männer in den Vorstand entsenden durfte, mussten sich die Lenker der Stadt
Essen zwangsläufig mit der Stiftung auseinandersetzen. »Ich
vermute, dass die Stadtverwaltung sich bis jetzt schon mehr
mit Ihrer Stiftung beschäftigt hat als je mit den anderen
Stiftungen der Krupps.«

Margarethe lächelte nur. Was sollte sie darauf auch sagen? Es war genau das, was sie mit ihrer Aktion erreichen
wollte. »Was sagen denn die Arbeiter zu dem Plakat, das
überall in der Firma aushängt?« Gleich nach der Hochzeit
hatte sie das Direktorium aufgefordert, die Werksangehöri-

gen mit Plakaten, auf denen in großen Lettern die gespendete 1 Million zu lesen war, auf ihre Spende aufmerksam zu machen. Im Herzen widerstrebte ihr diese Geste allerdings, sie half sonst eher im Stillen. Ernst Haux hatte ausgerechnet, dass sie in den letzten vier Jahren mindestens elf Millionen Mark aus ihrem Privatvermögen für wohltätige Zwecke ausgegeben hatte, ohne dass das an die große Glocke gehängt worden war.

Die Stiftung allerdings war etwas anderes. Die sollte ihr Pendant zum Altenhof werden, der bis heute eng mit Friedrich verbunden war. Eines war ihr völlig klar: Wenn Bertha und Gustav sich erst in die Belange der Firma eingefunden hatten, würde sie aus den Köpfen der Werksangehörigen verschwinden. Beide waren in ihrer Art so freundlich und zugewandt, dass sie schon bald als die Menschen hinter den drei Krupp-Ringen gelten würden. Diesen Rang wollte sie ihnen nicht streitig machen. Sie wollte aber auch nicht in Vergessenheit geraten, deshalb hatte sie sich für den Namen *Margarethe-Krupp-Stiftung für Wohnungsfürsorge* entschieden. Da es sich hinziehen konnte, bis die ersten Häuser in der Siedlung bezugsfertig waren, wollte sie jetzt dafür sorgen, dass jeder wusste, was zu erwarten war. Wenn sie eines gelernt hatte in ihrer Zeit als Treuhänderin, war es dieses: Wer im Gespräch bleiben will, muss wahrgenommen werden.

»Bitte sorgen Sie dafür, dass die Stiftungsurkunde auf den 1. Dezember datiert an die Stadt weitergeleitet wird«, bat Margrethe den Finanzrat. Das war ein schönes Datum für den Start; in den Adventstagen waren die Menschen offen für Gutherzigkeit. »Und bitten Sie das Nachrichtenbüro, eine Meldung an die Presse zu verschicken. Ich bin sicher, man wartet in den Redaktionen darauf, wie es nach meiner Ankündigung vom Oktober weitergehen wird.«

Sie wusste, dass die Stiftung mit ihrer Unterschrift noch nicht offiziell eingerichtet war. Erst wenn Kaiser Wilhelm und die zuständigen Minister ihr Vorhaben genehmigt hatten, konnten sie mit der Arbeit beginnen. Aber wie sollte der Kaiser ablehnen, nachdem er ihren Plan bei seinem Abschied nach der Hochzeit ausdrücklich gelobt und befürwortet hatte? Mit Innenminister von Bethmann-Hollweg hatte sie bei dessen Besuch auf dem Hügel im Juli darüber gesprochen, was er von einer Stiftung hielt. Daran würde Wilhelm sich erinnern, wenn der Antrag auf seinem Schreibtisch landete.

»Am liebsten würde ich sofort die Stelle des Architekten ausschreiben.« Margarethe schob die Papiere zusammen und übergab sie Ernst Haux. Sie schlug das Notizbuch auf, in dem sie Impulse für die Siedlung sammelte.

»Ich verstehe nicht, warum Herr Schmohl diese Häuser nicht planen kann.« Der Finanzrat verstaute die Unterlagen in seiner Aktentasche. »Er hat bisher immer gut gearbeitet. Das haben Sie selbst gesagt.«

»Natürlich wird er einbezogen, das ist gar keine Frage.« Margarethe hielt viel von dem Architekten, der für die Tätigkeit in der Firma seinen Posten als Regierungsbaumeister in Stuttgart aufgegeben hatte. Die Werkswohnungen, die er geplant hatte, waren Belege dafür, dass er auf dem aktuellen Stand der Architektur war. Wo immer möglich, achtete er darauf, dass die Häuser nicht zu groß und mit Grünflächen zwischen den Gebäuden gebaut wurden. Für ihre Siedlung schwebte ihr allerdings vor, dass sie so mit einem Namen verbunden sein würde, wie das Prinzip der Gartenstadt durch sein Buch für immer mit Ebenezer Howard verknüpft war. Robert Schmohl war in zu viele Bauprojekte involviert, jetzt schon übernahmen einige die Mitarbeiter des

Baubüros, weil er nicht alles selbst entwickeln und umsetzen konnte. Ihr Projekt sollte aber nicht eines unter vielen werden.

»Gerade, weil diese Siedlung über das Werk hinaus in die Stadtgesellschaft hinein gedacht ist, sollte der Architekt einen gewissen Abstand zum Unternehmen haben.«

Margarethe sah, dass Ernst Haux nur halb überzeugt war von diesem Argument. Aus seiner Sicht war das verständlich, läge die Planung komplett in den Händen des Krupp'schen Baurats, wäre sein eigener Einfluss ungleich größer.

»Im Übrigen habe ich bereits mit Herrn Schmohl darüber gesprochen.« Dagegen konnte Ernst Haux nichts vorbringen. Seit sie die Idee für die Stiftung hatte, war sie oft mit dem Baurat unterwegs gewesen, um sich von ihm erklären zu lassen, was er sich beim Bau der Werkssiedlungen gedacht hatte. Dabei hatte sie auch ausgelotet, wie er seine zeitlichen Möglichkeiten einschätzte, eine weitere, größere Siedlung zu planen. Er hatte sogar geäußert, dass es ihn reizen würde, ein neues Projekt mit einem externen Architekten und Bauleiter zu übernehmen, weil seine Mitarbeiter im Baubüro immer in mehrere Bauvorhaben für das Unternehmen eingebunden waren.

Ernst Haux stand auf und gab Margarethe die Hand. »Ich sehe, Sie haben auch ohne mich an alles gedacht.«

Spürte sie da Bitterkeit in seinen Worten? »Ohne Sie hätte ich die Idee, zu der Sie mich inspiriert haben, niemals in die Tat umsetzen können.« Sie beeilte sich, jeglichen Missklang zwischen ihnen zu beseitigen; Ernst Haux war seit Jahren ihr engster Vertrauter in Werks- und Finanzfragen, das wollte sie nicht aufs Spiel setzen.

»Sie waren es doch, der mir geraten hat, das Grundstück zu kaufen. Damals sprachen wir bereits darüber, dass hier einmal eine Siedlung entstehen könnte. Mir ist wichtig, dass meine Siedlung etwas Besonderes wird. Natürlich wird sie immer in einem Atemzug mit den Anlagen genannt werden, die mein Schwiegervater und mein Mann angestoßen haben, dem Kronenberg mit den Gartenhäuschen für Familien, dem Altenhof für unsere Rentner und all den anderen Siedlungen für unsere Mitarbeiter. Sie wissen selbst, wie lang die Liste ist. Da weiß am Ende niemand, was genau was ist.« Margarethe lächelte. »Sie alle haben mich in den letzten Jahren getriezt, dass wir für ein einheitliches, klares Bild des Unternehmens arbeiten müssen. Ein solch klares Bild wünsche ich mir auch für meine Siedlung.«

Das Lächeln auf Ernst Haux' Gesicht, das mit jedem Wort breiter wurde, bewies ihr, dass sie sein Schweigen richtig interpretiert hatte.

»Ich wünsche Ihnen viel Glück und Erfolg bei der Umsetzung Ihres Plans, und wenn Sie meine Hilfe benötigen, so wissen Sie: Ich bin immer für Sie da.«

Margarethe sah dem Finanzrat hinterher, der in den letzten vier Jahren fast zu einem Freund geworden war. Tiefe Dankbarkeit erfüllte sie, für Ernst Haux und für Friedrich, der ihr diesen loyalen Mann als Berater an die Seite gestellt hatte. So jemanden wünschte sie sich als Verantwortlichen für ihr Bauprojekt.

Nachdem Ernst Haux gegangen war, setzte sie sich an ihren Schreibtisch, um weiter die Unterlagen für das Archiv zu sortieren; manche würde sie privat aufbewahren, die sollten nach ihrem Tod vernichtet werden. Wen interessierte auch die Korrespondenz mit alten Freundinnen? Wichtig waren die Dokumente, die mit ihrer Tätigkeit für das Unternehmen verbunden waren, wie das Dankschreiben des Direktoriums, das die Herren ihr in einem in Leder gebundenen Album übergeben hatten. Sie nahm es zur Hand und überflog es erneut:

In Zeiten schwersten Leides haben Sie in der Erfüllung des letzten Willens unseres unvergesslichen Herrn Friedrich Alfred Krupp, gemeinsam mit Ihrem Direktorium, unverzüglich die verantwortungsvolle Aufgabe der Überführung der Krupp'schen Unternehmungen in die Form der Aktiengesellschaft in Angriff genommen und in kürzester Frist durchgeführt. Und wie in jenen schweren Jahren, waren Sie auch weiterhin bei der Lösung der vielen großen Aufgaben, welche während des nun folgenden, durch die Gunst der Zeit geförderten beispiellosen Aufschwungs der Werke und ihrer Verwaltung herantraten, stets unser bester Berater.

Sie musste schmunzeln. Ja, sie war vor allem Beraterin gewesen. Manches Mal hatte sie sich geärgert, dass ihr Name in den Protokollen und Notizen nicht auftauchte. Aber sie war in der Aktiengesellschaft eben auch nur die Hauptaktionärin, die das Alltagsgeschäft dem Vorstand und die Überwachung dem Aufsichtsrat überließ. Letztlich konnte sie froh sein und musste es wohl als Zeichen echter Wertschätzung verstehen, dass sie so oft einbezogen wurde, und das nicht nur, wenn eine Missstimmung mit dem Kaiserhaus beizulegen war. Durch diesen Gruß war ihr Wirken nicht vergessen, da wäre es nicht nötig, dass das Direktorium für das Stiftungszimmer in der Verwaltung ein Bild von ihr malen lassen wollte. Andererseits wurde damit dokumentiert, welche Stellung sie als Treuhänderin und als Friedrichs Ehefrau innegehabt hatte.

Sie legte die Mappe auf den Stapel, der von Adolf Lauter für die Archivierung aufbereitet wurde. Das Direktorium hatte ihre Anregung übernommen und den Leiter des Nachrichtenbüros mit dem Aufbau eines Firmenarchivs beauftragt. Sie hatten sich verständigt, dass die Dokumente von Anfang an eine einheitliche Systematik erhielten.

»Frau Krupp?« Johanna Brandt öffnete beim ersten Klopfen bereits die Tür zu Margarethes Schreibzimmer. »Haben Sie gesehen, dass die Sonne zwischen den Wolken hindurch scheint? Was halten Sie von einem Rundgang durch den Park?«

»Sie kommen genau rechtzeitig. Ich habe gerade darüber nachgedacht, die kleine Kutsche anspannen zu lassen, um den Fahrtwind zu genießen. Eigentlich sollte ich eine Runde reiten.« Schon vor Berthas Hochzeit hatte sie versucht, ihr Gewicht zu reduzieren, um nicht wie eine Matrone zu wirken. Irgendwann hatte sie sich damit abgefunden, dass sie in ihrem Alter nicht mehr rank und schlank sein würde wie ihre Töchter und Johanna Brandt. Dennoch mahnte sie gelegentlich ein schlechtes Gewissen, dass sie jetzt, wo sie nicht länger so in Gästetafeln eingebunden war wie früher, disziplinierter sein und sich mehr Zeit für Tennis, Reiten und Sport nehmen konnte. Aber eben diese Zeit flog nur so dahin. Gerade noch hatten sie Bertha und Gustav in die Flitterwochen verabschiedet, da drängelte Barbara bereits, dass auch sie mit ihrer Mutter vor ihrer Hochzeit zum Einkaufen nach Berlin reisen wollte.

»Wir könnten zum Altenhof fahren und schauen, ob wir kleine Geschenke für die Kinder finden.« Johanna Brandt stutzte und lachte dann. »Ach, darum müssen wir uns nicht mehr kümmern. Aber die Dienstmädchen freuen sich sicher über eine Kleinigkeit, ein Körbchen, einen Kranz oder was immer die alten Herrschaften in der Korbflechterei gerade fertig haben.«

Wehmut stieg in Margarethe auf. An die Weihnachtstage hatte sie bisher gar nicht gedacht, dabei wurden im Haupthaus sicher längst die Weihnachtslieder einstudiert. Die Hauptlast der Vorbereitung lag beim Hausmeister und der Küche, wo an jedem Tag im Advent gebacken wurde, damit an Heiligabend genug Gebäck zum Verschenken und Essen fertig war. Theodor Herms würde mit Bertha abstimmen, welche Geschenke die Kinder der Werksangehörigen bekamen und wie die Feier im Kreise des Personals und der Familie ablaufen würde.

»Ich denke, ein Spaziergang im Park wird uns guttun«, entschied sie. »Ich bin lange nicht mehr im westlichen Teil gewesen, meist bleiben wir in einem der südlich gelegenen Gärten. Vielleicht erbarmt sich die Sonne, einen Strahl in die Rhododendron-Schlucht zu schicken, und wir statten Alfreds Blutbuche einen Besuch ab, deren Blätter um diese Zeit besonders schön leuchten. Wussten Sie, dass er damals, irgendwann zwischen meinem ersten Besuch 1872 und meiner Hochzeit 1882, fünfzigjährige Buchen, Eichen, Platanen, Tannen und Fichten in speziellen Wagen hat hierherbringen lassen?« Margarethe lachte. »Sie haben ihn nicht kennengelernt, er war ein knurriger, bärbeißiger Mann, mit dem nicht gut Kirschen essen war. Aber diese Idee, sich große Bäume aus den umliegenden Wäldern oder auch aus anderen Parks bringen zu lassen, weil er nicht fünfzig Jahre warten wollte, bis die Stecklinge zu stattlichen Bäumen werden, finde ich herrlich.«

»Dafür musste man wohl der Kanonenkönig von der Ruhr sein«, konstatierte Johanna Brandt, während sie neben Margarethe die Stufen vom Eingang zur Auffahrt nahm und weiter über die Waldwege ging.

Beim Spaziergang durch den Park sprachen Margarethe und ihre Gesellschafterin darüber, wie schön es war, dass einige der alten Bäume mit dem Erbauer der Villa und dem Begründer des Parks verbunden waren. Auch zwanzig Jahre nach seinem Tod wehte der Geist Alfred Krupps zwischen den Baumwipfeln; sogar aus der Grotte, die er so gehasst hatte.

»Es muss schön sein, solch ein Vermächtnis zu hinterlassen«, bemerkte Margarethe, als sie ihren Rundgang auf der Terrasse der Villa beendeten und in den Salon gingen, wo ein Dienstmädchen mit Tee und ersten frühen Vorweihnachtsplätzchen sie erwartete.

Kapitel 28

Januar 1907

Das neue Jahr hatte für Margarethe ruhig begonnen. 1906 war ein besonderes Jahr gewesen, in dem sich die Ereignisse überschlagen hatten. Ostern erst hatten sie Gustav kennengelernt, und an Weihnachten war er bereits Herr auf dem Hügel geworden. Sosehr ihr Herz sich für ihre Tochter freute, spürte Margarethe doch, dass ihr Kopf der Entwicklung hinterherhinkte. Sie staunte über sich selbst, dass sie trotz aller Verpflichtungen der letzten neun Monate tatsächlich ihren Plan, eine Stiftung zu gründen, in die Tat umgesetzt hatte. Schon wurden im Rathaus und in der Krupp-Verwaltung die Anträge für die Baugenehmigung ihres Grundstücks vorbereitet. Am liebsten wäre sie nach Berlin gereist und hätte den Kaiser persönlich daran erinnert, dass sie auf die Freigabe ihrer Stiftung wartete.

»Was hältst du davon, wenn wir nächste Woche nach Berlin fahren?«, fragte sie Barbara, als diese die Geige absetzte, auf der sie zur Übung und zur Unterhaltung ihrer Mutter und deren Gesellschafterin gespielt hatte.

Ihre Tochter zog die Stirn kraus. »Was ist los? Die ganze Zeit versuche ich dich zu überreden, dass wir zum Einkaufen nach Berlin fahren. Und jetzt soll es plötzlich losgehen?« Barbara sah ihre Mutter eindringlich an. »Was hast du vor? Planst du etwa für meine Hochzeit auch so eine Überraschung?«

Margarethe winkte mit dem Notizbuch, in dem sie die Gedanken für ihre Siedlung festhielt. »Keine Sorge! Ich habe genug mit der Stiftung zu tun. Aber ich dachte tatsächlich daran. Ich frage mich, ob es hilfreich wäre, den Kaiser um ein Gespräch zu bitten. Der Antrag auf Genehmigung liegt seit Wochen bei ihm, und er weiß schließlich, worum es geht.«

»Da bin ich aber froh, dass du nicht schon wieder an einem neuen Plan arbeitest.« Barbara setzte sich in den dritten Sessel der Sitzgruppe, in der Margarethe und Johanna Brandt ihren Gedanken nachgegangen waren. »Außerdem ist der Januar ein so langweiliger Monat, da könnten wir gut eine kleine Reise unternehmen.« Sie legte den Kopf schief und sah ihre Mutter an. »Ich hatte allerdings erst einmal Nordhausen im Sinn; der Harz hat uns im letzten Jahr gut gefallen.«

»Das hast du dir schön ausgedacht. Muss Tilo nicht am Sonntag nach Hause fahren, um am 7. Januar pünktlich an seinem Schreibtisch beim Landrat zu sitzen?«

Ihre Tochter sah sie an wie früher, als sie bei schönem Wetter statt des Unterrichts lieber rudern, schwimmen oder eislaufen wollte. »Ich dachte, wir könnten ihn wegbringen, dann muss er nicht allein fahren.«

»Und du musst einen Tag weniger auf ihn verzichten.«

»Ich habe schon mit Taffy und Herrn Bernsau gesprochen. Der Salonwagen wird in der nächsten Woche nicht benötigt. Wir könnten direkt am Sonntag losfahren, von mir aus über Nordhausen nach Berlin. Tilo muss sowieso arbeiten, hat er gesagt, und so spannend ist die Region auch nicht. Außerdem könnte ich in Berlin schauen, ob sich die Brautmode seit September geändert hat.«

Johanna Brandt, die bisher still in ihrem Sessel gesessen

und an ihrem Bild gestickt hatte, legte die Handarbeit zur Seite und stand auf. »Dann kabele ich am besten dem Continental, dass man Sie am nächsten Sonntag erwarten darf. Wie lange wollen Sie bleiben?«

»Ich weiß nicht, ob ich so kurzfristig eine Audienz beim Kaiser bekomme«, wandte Margarethe ein.

»Die Kaiserin nimmt sich auf jeden Fall Zeit für dich«, widersprach Barbara. »Vielleicht ist es sogar besser, wenn du ihr ganz nebenbei erzählst, dass du auf die Genehmigung wartest.«

»Das ist eine gute Idee, ich könnte ihr berichten, wie weit das Erholungshaus für Frauen und Mütter gediehen ist, für das ich im letzten Jahr eine Million Mark gespendet habe. Dabei kommen wir automatisch auf das Thema Siedlung und Wohnen, und ich kann ihr von meinem Vorhaben berichten.«

»Melden Sie uns im Hotel für eine Woche an«, bat Barbara Johanna Brandt. »In der Zeit wirst du es sicher schaffen, die Kaiserin zu treffen. Danach fahren wir nach Magdeburg.«

»Nach Magdeburg?« Margarethe verzog das Gesicht. »Was sollen wir da?« Die Firma besaß zwar auch dort ein Werk, aber dafür war sie nicht mehr zuständig.

»Mama! Tilos Eltern leben in Magdeburg, und sie haben uns eingeladen. Ich dachte, wir könnten von Nordhausen dorthin reisen, aber dann fahren wir eben über Berlin und Magdeburg weiter.«

»Weiter?«

»Ich dachte, wir bleiben zwei bis drei Tage bei den Wilmowskys, reisen anschließend nach München und von dort ...«

»Stopp! Mir schwirrt der Kopf«, verwies Margarethe auf das Gefühl, das sich in ihr ausbreitete, als die lebenslustige

Barbara herunterratterte, wie sie sich die nächsten Wochen vorstellte. »Kann es sein, dass dir das Leben hier bei mir in der kleinen Villa nicht gefällt?«

»Doch, doch«, widersprach Barbara. »Aber ich möchte noch so viel erledigen, ehe ich mit Tilo nach Bonn ziehe.«

»Ich schlage vor, wir fangen erst einmal mit Berlin und Magdeburg an und sehen dann weiter.« Margarethe tat so, als bemerkte sie nicht, wie Barbara Johanna Brandt hinter ihrem Rücken Zeichen gab, dass sie ihre Mutter schon noch überreden würde. Vielleicht fand sie ihre Freude am Reisen wieder, wenn sie erst einmal unterwegs war, machte Margarethe sich selbst Mut, obwohl sie lieber in Ruhe mit Robert Schmohl und Otto Wiedfeldt beraten hätte, wie es mit ihrer Siedlung weitergehen sollte. »Du könntest mir aber einen Gefallen tun und herausbekommen, ob auf der Route, die du geplant hast, irgendwo Gartenstädte oder ähnliche Siedlungen geplant sind.« Sie deutete auf einige in Leder gebundene Bände im Regal. »In der Architektenzeitschrift wirst du sicher fündig. Manche Stellen habe ich markiert.«

Barbara machte große Augen, als sie die dicken Bücher herauszog. »Das ist aber viel Arbeit. Ich muss doch packen, und wir fahren schon übermorgen.«

Margarethe zwinkerte ihr zu. »Tilo hilft dir sicher dabei, und vielleicht kennt er sogar vergleichbare Vorhaben in Magdeburg.«

Schmunzelnd schaute sie ihrer Tochter hinterher, als sie mit drei dicken Wälzern unter dem Arm den Salon verließ, und dachte, dass diese Fahrt letztlich eine gute Sache war. Der Januar war selbst auf dem Hügel trist, da war es schöner, zu reisen und andernorts Gespräche über die neuartige Architektur der Wohnkolonien zu führen.

Bis der Salonwagen nach Berlin aufbrach, hatte Barbara

tatsächlich herausgefunden, dass es am Rande von Berlin eine Siedlung im Grünen gab, die das Prinzip der Gartenstadt bereits seit 1903 umsetzte und den treffenden Namen »Schönblick« trug. Es war ihr zudem gelungen, einen Termin mit dem Initiator Bruno Wilhelmi und dem Vorsitzenden des Grundbesitzervereins »Schönblick« zu vereinbaren, sodass die Mutter ihre Meinung nicht mehr ändern konnte.

KAPITEL 29

Mai 1907

Endlich hatte Margarethe es geschafft, einen Termin mit Anna Zanders, der Papierfabrikantin in Bergisch Gladbach, zu vereinbaren. Robert Schmohl hatte Margarethe erzählt, dass in der Nähe der Fabrik eine Arbeiterkolonie gebaut worden war. Vielleicht bekam sie hier neue Impulse für ihr eigenes Vorhaben. Diese Siedlung in Berlin hatte ihr nicht gefallen, was aber auch daran gelegen haben mochte, dass sie den Leiter unsympathisch fand.

»Guten Tag, Frau Krupp!« Anna Zanders reichte Margarethe die Hand, damit sie leichter aus der Kutsche steigen konnte. »Ich freue mich sehr, dass wir uns endlich kennenlernen. Schließlich verbindet uns nicht nur die Liebe zur Gartenstadt, sondern auch das schwere Erbe unserer Männer.«

Margarethe drückte ihrer Gastgeberin die Hand. »Ich danke Ihnen für Ihre Einladung. Es ist erstaunlich, dass wir uns nie vorher begegnet sind. Bergisch Gladbach und Essen liegen ja gar nicht so weit auseinander.«

Anna Zanders lächelte. »Aber der Weg ist eben doch beschwerlich, mit der Kutsche bräuchte man sicherlich einen Tag.« Ein Grund, warum sich der Termin immer wieder verschoben hatte, war der, dass der Krupp'sche Salonwagen oft nicht frei war, der Margarethe von der Villa Hügel bis zum Kopfbahnhof in Bergisch Gladbach bringen sollte.

»Nun bin ich da und freue mich, Sie kennenzulernen«, sagte Margarethe. Sie war tatsächlich neugierig auf diese Frau, die vier Jahre jünger als sie und in Berlin aufgewachsen war. Ihr Vater war der Unternehmer Werner von Siemens, von dem ihr Schwiegervater gelegentlich gesprochen hatte. Begegnet war sie Werner von Siemens nie, umso mehr freute sie sich, nun seine Tochter zu treffen.

»Möchten Sie sich nach der Fahrt frisch machen?«, erkundigte sich Anna Zanders, während sie Margarethe in ihre Villa führte.

Margarethe zögerte. »Wenn ich ehrlich bin, würde ich mir am liebsten sofort Ihre Siedlung anschauen.«

Ihre Gastgeberin lachte. »Das hätte ich mir denken können. Ihr Brief drückt so viel Neugier und Begeisterung für die Idee der Gartenstadt aus.«

»Ich gebe zu, je mehr ich mich damit beschäftige, umso bedeutsamer finde ich den Ansatz. Krupp baut schon seit Jahrzehnten Siedlungen für die Arbeiter und Angestellten. Aber da ging es in erster Linie darum, Wohnraum zu schaffen, damit die Leute ein Dach über dem Kopf haben. Ich finde jedoch auch die Lebensqualität wichtig.«

Anna Zanders hatte ihrem Kutscher ein Zeichen gegeben, dass sie das Gespann noch benötigte. »Ich hole eben eine Stola, dann können wir losfahren.«

Eine Stunde später saßen die beiden Frauen im Erker der Villa. Margarethe hatte ihr Notizbuch auf dem Schoß und notierte eifrig, was Anna Zanders ihr über die Zandersche Wohnsiedlung im Gronauer Wald erzählte.

»Wir haben mit dem Bau der Siedlung vor zehn Jahren begonnen. Mein Mann hatte bei einer Reise in England die dortige Gartenstadt kennengelernt und …« Sie hielt lächelnd kurz inne. »Er kannte natürlich auch die Wohnhäuser, die Ihr Schwiegervater hat bauen lassen. Wir haben Ein- und Mehrfamilienhäuser geplant, Bungalows und Reihenhäuser. Die fertigen Gebäude konnten unsere Mitarbeiter, wenn sie wollten, auch kaufen. Dafür haben sie Darlehen von uns und der Stadt bekommen.«

Margarethe nickte. »So hat das Unternehmen es in Bliersheim umgesetzt, das ist eine Siedlung für die Angestellten in Rheinhausen. Die ersten Häuser wurden eben erst bezogen. Welche Erfahrungen haben Sie mit dem Konzept gemacht?«

Anna Zanders bewegte den Kopf bedächtig hin und her. »Wir sind ja unter uns. Aber es zeigt sich bereits, dass wir zu gutmütig waren. Die Menschen leben gerne dort, und über die Bewohner der ersten Generation, die noch bei uns arbeiten, gibt es nichts Negatives zu sagen. Dadurch, dass den Leuten die Häuser gehören, können sie oder ihre Erben diese aber auch veräußern.«

Margarethe machte sich eine Notiz. Diesen Aspekt hatte bei ihnen im Werk sicher ebenfalls niemand bedacht.

»Nun ist die Siedlung wie die Kolonien der Krupps über die Region hinaus bekannt. Sobald ein Haus verkauft werden soll, stehen Spekulanten aus dem ganzen Reich vor der Tür. Wir hatten zwar in unseren Statuten vorgesehen, dass in den Häusern nur Mitarbeiter und Angehörige wohnen, aber daran halten sich nicht alle.«

»Das ist wirklich ärgerlich«, fand auch Margarethe. »Meine neue Siedlung ist ja gleich so angelegt, dass Arbeiter und Bürger aus Essen dort wohnen können, aber wir werden die Häuser auch nur vermieten. Sie verbleiben im Besitz meiner Stiftung.«

»Ich muss mir darüber noch Gedanken machen«, gab

Anna Zanders zu. »Im Augenblick beschäftigt uns die Frage der Wasserversorgung in der Siedlung. Da wird ein neues Wassernetz gelegt.«

Jetzt verstand Margarethe, warum es Robert Schmohl so wichtig war, dass ihre Siedlung von Experten gebaut wurde. Schöne und zweckmäßige Häuser ließen sich leicht planen. Die Kunst war, auch an solche Details zu denken.

»Ich danke Ihnen sehr herzlich, Frau Zanders, dass Sie mir einen solchen Einblick gewähren.« Dieser Dank kam aus tiefsten Herzen. Sie war glücklich über dieses Gespräch mit der Unternehmerin, das ihr viele neue Anstöße gegeben hatte.

»Ich danke Ihnen, Frau Geheimrat«, sagte Anna Zanders. »Sie haben mir Mut gemacht, auf meinem Weg weiterzugehen. Es ist nicht leicht, als Frau in die Fußstapfen des Ehemannes zu treten und ein Unternehmen zu leiten. Sie sind für mich ein Vorbild, dass das möglich ist und man dabei dennoch seinen Träumen und Zielen treu bleiben kann.«

Als sie wieder im Salonwagen saß, spürte Margarethe eine neue Energie. Sie würde für ihre Siedlung kämpfen, für sich, für die Bewohner und für die Menschen, damit sie sahen, wie ein gutes Leben aussehen konnte.

»Bin ich froh, dass der Anbau nach Berthas Hochzeit stehen bleiben konnte.« Zwei Tage nach ihrem Ausflug nach Bergisch Gladbach saß Margarethe in ihrem Salon, um mit Barbara die Gästeliste für ihre Hochzeit durchzugehen. Der Kreis war deutlich kleiner als im Oktober.

»Bin ich froh, dass ich nur die zweite Tochter bin und selbst entscheiden darf, wer am schönsten Tag meines Lebens teilnimmt. Der Kaiser hat uns doch allen den Spaß verdorben!«

»Barbara!« Ihre Mutter schüttelte entsetzt den Kopf. »Dass Kaiser Wilhelm extra zur Trauung deiner Schwester angereist ist, das war wie ein Ritterschlag.«

»Das mag ja sein, aber niemand hat sich getraut, laut zu reden, wir durften uns nicht hinsetzen, solange er stand, und die Reden waren auch nicht gerade vergnüglich. Ich möchte, dass gelacht, getanzt und gefeiert wird, wenn ich heirate.«

Margarethe konnte ihre Tochter verstehen. So außergewöhnlich das Fest gewesen war, an Lebendigkeit hatte es gefehlt. Da Bertha und Gustav vor dem Kaiser abgefahren waren, hatten sie auch nichts von den Albernheiten beim abendlichen Tanz mitbekommen.

»Ich hoffe nur, dass Großmutter euch keinen Strich durch die Rechnung macht.«

Barbara nickte. Seit sie mit Tilo und ihrer Mutter Ende März in Wiesbaden bei Eleonore gewesen war, rechneten sie täglich mit der Nachricht von ihrem Ableben. Bis dahin war ihnen nicht bewusst gewesen, wie sehr die alte Frau abgebaut hatte. Seither aber wurde jedes Vergnügen von der Sorge um Margarethes Mutter und dem Gedanken an ihren möglicherweise bevorstehenden Tod überschattet.

»Wir haben uns von ihr verabschiedet, sie hat Tilo kennengelernt, sie weiß, dass wir jetzt heiraten, mehr können wir nicht tun.«

»Du hast ja recht! Das denke ich auch. Aber der Gedanke sitzt trotzdem in mir fest. Als ob ich einen Filter im Kopf hätte, der alles mit einem grauen Schleier überzöge«, erklärte Margarethe ihrer Tochter. »Ihr könnt und sollt die Hochzeit ja nicht aufschieben; niemand weiß, wann und ob es Großmutter wieder besser gehen wird.«

»Ich freue mich trotzdem, das Kleid ist so schön, ich bin gespannt, was Tilo dazu sagen wird.«

»Er wird glücklich und stolz sein, da bin ich sicher, du siehst wunderschön darin aus.«

Nicht nur Tilo, auch Barbara war sichtlich glücklich und stolz, als sie sich einige Tage später in der kleinen Kapelle vor der Villa das Jawort gaben. Wie sie es sich gewünscht hatte, tanzten die Gäste am Abend ausgelassen, bis auf Bertha und Gustav. Schon seit Bertha ihnen verraten hatte, dass sie guter Hoffnung war, schonte sie sich aus Sorge um das ungeborene Kind. Deshalb betrachtete sie das muntere Treiben von einem bequemen Stuhl aus, und ihr Mann leistete ihr am Rand der Tanzfläche Gesellschaft. Die große Schwester hatte es sich allerdings nicht nehmen lassen, das junge Ehepaar an den Bootssteg zu bringen. Gustav hatte dafür eine Hochzeitskutsche besorgt, die von dem schwarzweißen Pony Jimmy, auf dem die Mädchen Reiten gelernt hatten, gezogen wurde.

In Margarethes kleiner Villa wurden gerade die letzten Betten weggeräumt, die für die Übernachtung der Hochzeitsgäste aufgestellt worden waren, als die Nachricht von Eleonores Tod eintraf.

Johanna Brandt überreichte Margarethe das Telegramm, das ein Diener aus der Villa überbracht hatte. »Mein herzliches Beileid.«

Margarethe ließ sich mit dem Papier auf einen Stuhl fallen. Nun war es also so weit. Wie oft hatte sie als Kind den Tag herbeigesehnt, um endlich frei zu sein. War es richtig, dass sie ihre Mutter in ihren letzten Stunden allein gelassen hatte? Zornig schob sie den Gedanken beiseite. Ihre Mutter war nicht allein gestorben. Ihr Bruder Felix und seine Frau waren bei ihr und ihre jüngste Schwester Irene, die sich seit dem Tod ihres Mannes um ihre Mutter gekümmert hatte.

Margarethe hatte das mit gemischten Gefühlen gesehen, weil sie wusste, wie ihre Mutter die Menschen um sich herum aussaugte. Aber Irene hatte beteuert, dass die Aufgabe ihr half, die Trauer zu ertragen.

»Frau Krupp? Ist alles in Ordnung?« Johanna Brandt sprach sie leise an. »Sie starren auf das Papier. Ich habe mir Sorgen gemacht.«

»Danke!« Margarethe legte das Telegramm auf den Tisch. »Ich war in Gedanken.« Natürlich wusste Johanna Brandt, wie schwierig Eleonore von Ende gewesen war. In dieser Stunde wollte sie jedoch nicht schlecht über ihre Mutter sprechen, auch wenn die guten Momente wahrlich selten gewesen waren.

»Wissen Sie noch, wie sie Bertha das erste Wiegenlied vorgesungen hat?« Es dauerte lange, bis Margarethe eine schöne Erinnerung an ihre Mutter auf dem Hügel einfiel. Selbst positive Ereignisse wie der geschenkte Fingerhut trugen einen unangenehmen Beigeschmack. Dankbar musste sie ihrer Mutter sein, dass sie ihr das Leben geschenkt und ihr wenigstens eine grundlegende Bildung hatte angedeihen lassen.

Margarethe sah sich um. In wenigen Wochen würde Barbara das Haus verlassen. Ihre Töchter hatten dann ihre eigenen Familien und sie als Mutter nur noch eine geringe Bedeutung. Der Tod ihrer eigenen Mutter bedeutete auch den Abschluss ihrer Rolle und Aufgabe als Tochter. Sie konnte und musste nach vorne sehen.

KAPITEL 30

Sommer 1907

Margarethe nutzte die ersten schönen Junitage, um mit Johanna Brandt ihr Grundstück im Mühlbachtal zu besuchen. Nach ihrer Rückkehr von der Beerdigung ihrer Mutter, die wider Erwarten ruhig und ohne Zusammenstöße mit der Verwandtschaft verlaufen war, hatte sie die staatliche Anerkennung ihrer Stiftung vorgefunden, die vom Kaiser und den zuständigen Ministern unterzeichnet war. Da die Baugenehmigung der Stadt bereits im März erteilt worden war, konnte die nächste Phase ihres Lebens beginnen: Ihre Siedlung konnte gebaut werden.

Sie hatte eine genaue Vorstellung davon: neben den eigentlichen Wohngebäuden mittendrin ein großer Platz, auf dem sich die Leute treffen konnten – so groß, dass hier sogar Theater oder andere Aufführungen mit großem Publikum möglich waren –, dazu in der Nähe ein Restaurant und schließlich auch ein Hotel nach den neuesten Standards, keine Herberge wie der in die Jahre gekommene *Essener Hof*.

»Eine solche Umgebung habe ich mir als Kind gewünscht.« Margarethe atmete tief ein und versuchte, das Grün der Bäume am Rande der künftigen Baufläche mit den Augen zu inhalieren. Schon als Mädchen hatte sie eine Vorliebe für die Natur gehabt, davon zeugten ihre Bilder aus jener Zeit. Für den Zeichenunterricht, den Eleonore von

Ende den Töchtern angedeihen ließ, war sie ihrer Mutter besonders dankbar. Und für das zeichnerische Talent, das sie ihr vererbt hatte.

»Ich bin neugierig auf den Plan für die Siedlung. So, wie es jetzt hier aussieht, mit den alten Höfen, den Feldern, Bäumen und Sträuchern, kann ich mir gar nichts darunter vorstellen.« Johanna Brandt hob das Opernglas, das sie für den Ausflug eingesteckt hatte, an ihre Augen. Noch war das Gelände nur schwer zu erreichen, und der Kutscher hatte gebeten, mit den Pferden gegenüber am Rand des Tals anhalten zu dürfen. Margarethe wusste, dass es bereits Gespräche mit der Stadt gab, eine Brücke über das Mühlbachtal zu bauen, das zu eng war, als dass man es bequem mit einem Fuhrwerk durchqueren konnte. In der Stadtverordnetenversammlung war der Gedanke aufgekommen, einfach einen Damm aufzuschütten, was den Protest der Anwohner hervorgerufen hatte. Zu Recht. Der Damm würde die Anmutung des Hügels schmälern; die Brücke musste auf jeden Fall zum Gesamteindruck der geplanten Kolonie passen. Aber die Stadt war auf ihre Finanzspritze angewiesen, sodass die Entscheidung und der Baustart verschoben wurden, bis ein Architekt gefunden war, der Vorschläge für Siedlung und Brücke machte.

»Es sollen ja einige Häuser hier Platz finden.« Margarethe wies auf das Gebäude, das rechts unter den Bäumen zu sehen war. »Das ist der Hülsmanns-Hof. Er wird heute von Bauer Barkhoff bewirtschaftet und soll wie die Höfe von Krampe und Wortberg erhalten bleiben. Zwischen deren Nutzflächen ist Platz genug, und für die Bewohner ist es angenehm, wenn sie Fleisch- und Milchlieferanten in der Nähe haben. Sicher wird so etwas später in der Konsumanstalt erhältlich sein, aber die werden wir kaum als Erstes bauen.«

Womit auch immer sie nun beginnen würden – Margarethe spürte, dass sie auf dem richtigen Weg war. Nach Berthas Hochzeit hatte jeder der Direktoren einzeln ein Gespräch mit ihr geführt, um sie von ihrem Vorhaben abzubringen. Max Rötger hatte sogar angeboten, dass das Unternehmen ihr das Grundstück abkaufen und an eben dieser Stelle eine Werkssiedlung bauen würde. Doch was sollte sie mit dem Geld anfangen, das sie für die Fläche bekommen würde? Wenn sie eines besaß, war es Geld. Dafür hatte Friedrich gesorgt und dazu hatte sie durch die Expansion der Firma in den letzten Jahren beigetragen. Ihr fehlte eine Aufgabe, und die konnte ihr keiner der Direktoren bieten, ohne den Einfluss ihrer Tochter und deren Mannes zu schmälern.

»Wissen Sie was? Da wir gerade unterwegs sind, lassen wir uns zur Kronenberg-Siedlung bringen. Das ist die letzte Siedlung, die mein Schwiegervater fertiggestellt hat.«

Obwohl die Arbeiterkolonie über dreißig Jahre alt war, war auch diese Siedlung westlich von Essen für Margarethe ein Vorbild. Sie ärgerte sich sogar ein wenig, dass der englische Architekt Ebenezer Howard so für einen Ansatz gelobt wurde, den Alfred mit seinem Baubüro Jahre vorher umgesetzt hatte. Ja, die Häuser hatten mehrere Stockwerke und boten innen wenig Raum zur Entfaltung. Aber sie waren von Gärten umgeben, und durch die Bierhalle, die Konsumanstalt, Parks, Sitzgelegenheiten und eine Schule fanden die Bewohner alles Nötige außerhalb der Arbeit im Umfeld ihrer Wohnungen. Eine Schule durfte sie auch bei der Planung ihrer Siedlung nicht vergessen; darauf hatte ja schon Alfred erstaunlicherweise stets Wert gelegt. Die Arbeitervertreter mochten über ihn sagen, was sie wollten, Bildung war ihm immer wichtig gewesen.

Auf der Rückfahrt von der Kolonie in Altendorf, die nach dem früheren Besitzer des Landes Krone Kronenberg genannt worden war, stand in Margarethes Notizbuch ganz groß das Wort *Straßennamen.*

Obwohl sie mit Robert Schmohl bereits in der Kronenberg-Siedlung gewesen war, war ihr nicht aufgefallen, dass die Straßen nur mit Buchstaben bezeichnet waren. Als sie vor Barbaras Hochzeit die neue Wohnung in Bonn angesehen hatte, hatten sie erst darüber gesprochen, wie schön so ein klangvoller Straßenname war. *Schaumburg-Lippe-Straße 7,* da hatte sie sofort Freiherr von Schaumburg vor Augen, mit dem sie auf dem Hügel getafelt hatte. Ihr Dienstmädchen, dem sie von der Straße erzählte, war sich nicht sicher gewesen, ob sie eine Burg aus Schaum von der Waschseife oder eine große Lippe vor sich sah. Aber Namen erzeugten Bilder, anders als Straße A, Straße B. Das musste auf ihrem Hügel anders werden.

Margarethe stutzte bei dem Gedanken. Ihr war nie vorher aufgefallen, dass sich das Gelände, das sie vor drei Jahren auf Anregung von Ernst Haux gekauft hatte, auf einem Hochplateau befand. Nun hatte sie in Abstimmung mit dem Baurat genau diese Fläche in die Stiftung eingebracht. Vom Hügel zum Hügel. Sie rieb sich die Arme, um die Gänsehaut, die sich bei diesem Gedanken ausbreitete, zu vertreiben.

»Haben Sie eigentlich schon entschieden, ob Sie nach Hasserode fahren?« Johanna Brandt schaffte es jedes Mal, sie im rechten Moment in den Alltag zurückzuholen.

Hatte sie etwa vergessen, ihr mitzuteilen, dass sie am 12. Juni im Harz erwartet wurden? Die Krupp-Direktoren hatten sie überredet, für die Arbeiter des vor gut zehn Jahren hinzugekauften Grusonwerks ein Erholungsheim im Harz zu stiften. Am Firmensitz in Magdeburg waren nach dem Ankauf des Unternehmens die Krupp'schen Sozialstandards umgesetzt worden: eine Konsumanstalt für die Werktätigen, eine Bücherhalle, ein Bildungsangebot. Bereits der frühere Besitzer Hermann Gruson hatte sich für das Wohl seiner Arbeiter engagiert. Wie Friedrich hatte er eine Vorliebe für exotische Pflanzen, vielleicht war es sogar diese Gemeinsamkeit, die eine reibungslose Übernahme beförderte, obwohl die Pflanzen in dem Kaufvertrag nicht einbezogen waren. Margarethe wusste, dass ihr Mann großes Interesse daran gehabt hatte, die drei privaten Gewächshäuser zu übernehmen. Hermann Gruson wollte seine Sammlung jedoch behalten, um sich damit in Magdeburg ein Denkmal zu setzen, und nach seinem Tod hatte die Familie diesen Teil ihres Erbes der Stadt Magdeburg geschenkt, die es für die Öffentlichkeit zugänglich machte.

Eine Woche später reiste Margarethe mit Bertha, Gustav, Barbara und Johanna Brandt im Salonwagen nach Hasserode, um das Erholungsheim feierlich zu eröffnen. Es gefiel ihr, wieder eine kleine Repräsentationsaufgabe zu übernehmen. Am Bahnhof wurden sie von Kurt Sorge, dem Direktor des Grusonwerks, empfangen. »Wir haben im Haus ein kleines Frühstück vorbereitet und dachten uns, dass Sie symbolisch das Band durchschneiden, das unser Erholungsheim bisher absperrt.«

Sie nahm mit Freude die Schere entgegen und wünschte allen Arbeitern des Grusonwerkes, die hier Erholung suchen würden, einen angenehmen Aufenthalt. Das schrieb sie ebenso als Erste in das Gästebuch, nachdem sie das Band durchtrennt und die Räume betreten hatte. Die Gaststube, in der die Mahlzeiten gereicht wurden und gemeinschaftliche Aktivitäten stattfinden konnten, wirkte mit ihren Holzmöbeln wohnlich und einladend. Die Tische waren zusammengeschoben, sodass die kleine Gruppe aus Krupp-Familie, den Delegierten aus den Behörden und einige Vertreter der Arbeiter gut Platz fanden.

»Wir freuen uns sehr, dass Sie uns dieses Haus ermöglicht haben«, bekräftigte Kurt Sorge, als er neben Margarethe am Frühstückstisch saß. »Deshalb haben wir es Margarethenhof genannt, auch wenn ich natürlich weiß, dass die Siedlung in Rheinhausen genauso heißt.« Er lächelte. »Aber die ist ja längst größer als ein Hof, vielleicht wird sie irgendwann in Margarethensiedlung umbenannt. Uns war es wichtig, im Namen einen Bezug zum Krupp-Werk herzustellen. Unsere Arbeiter glauben manchmal, dass sie und ihre Anliegen im weit entfernten Essen nicht ankommen. Wir Direktoren sind jedoch immer bemüht, diesen Eindruck zu korrigieren. Da sind Projekte wie dieses Erholungsheim sehr hilfreich. Seit Ihrem Besuch mit den Töchtern vor zwei Jahren sind die Grusonarbeiter ohnehin Ihre größten Anhänger.«

»An den Besuch erinnere ich mich gut.« Margarethe lachte. »Sie haben mir damals erst in einem Dankschreiben berichtet, dass wir nur knapp die Feier Ihrer Beamten mit Theateraufführung verpasst haben.«

»Oh ja!« Der Geschäftsführer hob beide Hände, als wolle er diese Erinnerung wie einen bösen Geist abwehren. »Die Herren waren fast ein wenig beleidigt, weil ich es nicht geschafft hatte, Sie zum Bleiben zu bewegen.«

»Ich weiß nicht mehr, weshalb ich vorher abreisen musste. Vermutlich der nächste Termin auf dem Hügel. Damals war ich ja noch eingespannt in den Krupp'schen Zirkus.«

»Was machen Sie jetzt den ganzen Tag? Können Sie überhaupt stillsitzen?« Kurt Sorge sah von Margarethe zu

Bertha und Gustav ihm gegenüber. »Aber ich sehe, dass Ihre Tochter dafür gesorgt hat, dass es nicht zu ruhig wird in Ihrem Leben.«

Gustav nickte freundlich. »Über Langeweile kann sich die Frau Geheimrat nicht beklagen. Ich glaube, wir haben sie ganz schön eingespannt, und dann hat sie ja noch ihren eigenen großen Plan.«

»Oh, welcher Plan ist das?«, wollte Kurt Sorge wissen.

»Ach, tun Sie nicht so!« Margarethe sah den Geschäftsführer von der Seite an. »Sie wissen doch längst, dass ich eine Stiftung für Wohnungsfürsorge gegründet habe, die der Kaiser unlängst abgesegnet hat. Die Baugenehmigung liegt seit dem Frühjahr vor, sodass ich mir einen eigenen Hügel bauen kann.«

»Wollen Sie etwa wegziehen aus der Villa?«

Margarethe wiegelte ab. »Da wäre ich schön dumm, so bequem, wie ich es dort habe. Mir fiel kürzlich auf, dass die Fläche, die ich für das Gelände gestiftet habe, auf einem Hochplateau liegt. Dort werden Häuser gebaut für Minderbemittelte, die sich kein Eigenheim, wie es heute modern ist, leisten können. Und das nicht nur für Werksangehörige.« Sie zwinkerte ihren Zuhörern zu. »Ich plane sozusagen von Hügel zu Hügel.«

»Eine Siedlung für Werksangehörige, davon träumen meine Arbeiter auch.« Kurt Sorge ließ seinen Blick hinüber zu Gustav und Bertha schweifen.

»Eins nach dem anderen.« Gustav lächelte, aber Margarethe sah ihm an, dass er sich darüber ärgerte, dass der Direktor indirekt, aber doch öffentlich eine Werkssiedlung forderte, wie sie bei den neueren Krupp-Werken beim Bau mitgeplant wurde. Das Grusonwerk war zugekauft worden, da konnten nicht alle Standards sofort übertragen werden, zumal nach dem Kauf lange nicht klar gewesen war, ob das Unternehmen wirklich rentabel arbeitete.

Kurt Sorge erhob sein Sektglas. »Heute stoßen wir erst einmal auf dieses schöne Haus an, das Sie, sehr verehrte Frau Geheimrat, uns geschenkt haben.«

»Auch wir«, Gustav schaute zu Bertha hinüber, »wünschen Ihnen und den Erholungssuchenden viel Glück und vor allem Entspannung und neue Kräfte. Und wir danken ebenso dir, liebe Schwiegermama, dass du die Finanzierung übernommen hast.«

Margarethe nahm ihr Glas und stieß zunächst mit den beiden Männern und dann mit jedem Einzelnen am Tisch an.

KAPITEL 31

Sommer 1907

Der Zweispänner brachte Margarethe zur Verwaltung. Sie fühlte sich dabei, als wäre sie zu einem ersten Tête-à-Tête mit einem Verehrer verabredet. In gewisser Weise war das auch so. Natürlich kannte sie Oberbürgermeister Wilhelm Holle, der die Sitzung des Stiftungsvorstandes leiten würde. Die fünf von ihr benannten Mitglieder des Gremiums waren ihr ohnehin vertraut, und den Vertretern der Stadtverordnetenversammlung war sie ebenfalls früher schon begegnet. Und dennoch: Die Planung ihrer Siedlung trat in eine neue Phase. Nachdem alle Genehmigungen vorlagen, würde der Vorstand sich über die Auswahl des Architekten austauschen. Sie hatte ausdrücklich darum gebeten, dass jemand von außerhalb engagiert wurde. Baurat Robert Schmohl war nicht glücklich darüber, was sie verstehen konnte. Ein Projekt solchen Ausmaßes, das dazu über die Firma hinausging, hätte dem Bauleiter viel Ansehen gebracht. Besonders, da man davon ausgehen durfte, dass der Kaiser ein Auge darauf haben würde, nachdem sie ihn so geschickt einbezogen hatte.

Bei ihren Besuchen verschiedener Siedlungen und in den Zeitschriften hatte sie in den letzten Jahren von vielen Architekten gehört und gelesen, die für ihre Siedlung infrage kamen. Von Anna Zanders wusste sie, dass ihr Mann die Bauleitung dem schwäbischen Architekten Ludwig Bopp übertragen hatte, der von einem angesehenen Münchener Büro ins Bergische Land geschickt wurde. Ihr hatte jedoch nicht gefallen, dass er als erste Amtshandlung ein altes Haus im Ort abtragen und auf der Neubaufläche wiederaufbauen ließ, nur um es dort als Büro zu beziehen. Auch dass er seine Villa als Erstes errichten ließ, machte ihn nicht sympathischer. Hoffentlich kam niemand auf die Idee, gerade diesen Mann vorzuschlagen. Anna Zanders hatte ihr dies unter dem Siegel der Verschwiegenheit berichtet, denn noch arbeitete Bopp an ihrer Siedlung. Die Kolonie in Berlin hatte ihr gut gefallen, allerdings behagte ihr nicht, dass der Bauherr fanatisch auf seiner vegetarischen Lebensweise beharrte. Sie legte selbst Wert auf pflanzliche Ernährung und hatte auf dem Hügel den Ausbau der Gemüsebeete vorangetrieben, aber alles in Maßen und mit Respekt vor anderen Lebensweisen.

In einer Zeitschrift hatte sie gelesen, dass der Hagener Karl Ernst Osthaus für seine Arbeitersiedlung den Münchener Architekten Richard Riemerschmid verpflichtet hatte, der bisher allerdings eher durch Innenarchitektur bekannt geworden war. Ob er fähig war, ein großes Projekt wie ihres umzusetzen? Das fragte sie sich ebenfalls bei Joseph Maria Olbrich, dem österreichischen Architekten, dessen Häuserzeile sie in Darmstadt besichtigt hatte. Die Häuser waren wunderschön, und sie wünschte sich schöne Gebäude für ihre Siedlung. Allerdings musste das alles auch bezahlbar bleiben.

»Guten Tag, Herr Oberbürgermeister. Ich bin sehr gespannt, welche Architekten Sie in die engere Wahl gezogen haben.« Margarethe war so in ihre Gedanken verstrickt, dass sie Wilhelm Holle direkt damit überfiel, als sie ihm zur Begrüßung die Hand gab.

»Wir würden es nicht wagen, ohne Rücksprache mit Ihnen eine Entscheidung zu treffen, werte Frau Stifterin!« Der Vorsitzende des Vorstands hob ihre Hand an die Lippen und deutete einen Handkuss an.

Margarethe beeilte sich, die anderen Herren zu begrüßen, und achtete darauf, dass niemand auf die Idee kam, ihre Hand auch nur andeutungsweise zu küssen. Die Sitte empfand sie in diesem Umfeld als völlig unangemessen.

Ungeduldig hörte sie zu, wie Wilhelm Holle die Tagesordnung vorlas, Änderungswünschen erfragte und das Protokoll der letzten Sitzung genehmigen ließ.

Endlich rief er den für Margarethe einzig wichtigen Tagesordnungspunkt auf, in dem es um die Anstellung des Architekten ging. »Die Herren Wiedfeldt und Haux haben im Vorfeld bereits festgestellt, dass die Bauleitung weder unter Federführung der Stadt noch der Krupp-Werke liegen kann und sollte«, leitete der Oberbürgermeister die Aussprache ein. »Wie sollen wir also vorgehen? Wollen wir die Stelle öffentlich ausschreiben?«

»Ich fürchte, dass wir dann zig Bewerbungen von Berufsanfängern bekommen«, wandte Robert Schmohl ein, den Margarethe als einen ihrer Vertrauten in den Stiftungsvorstand entsandt hatte. »Außerdem weiß ich aus meiner Expertenkommission im Rheinischen Verein zur Förderung des Arbeiterwohnungswesens, dass die meisten Wettbewerbe kein befriedigendes Ergebnis erbracht haben.«

»Ich bin auf der Herfahrt die Architekten durchgegangen, die ähnliche Projekte bereits umsetzen konnten.« Margarethe schlug ihr Notizbuch auf. »Ich könnte mir vorstellen, dass sich der eine oder andere bewirbt. Aber es sind einige dabei, die für mich ganz sicher nicht infrage kommen. Mir wäre daher am liebsten, wir hätten eine Empfehlung und könnten den Mann persönlich sprechen, ehe wir ihm den Auftrag geben. In Ihrem Verein weiß man doch sicher, wer für die Aufgabe infrage käme, Herr Schmohl.«

»Ich könnte die Experten für Städtebau, Karl Friedrich Wilhelm Henrici, Carl Hocheder und Theodor Fischer, fragen«, bot der Baurat an und notierte sich den selbst erteilten Auftrag.

»Mir ist wichtig, dass die Siedlung im Stil einer Gartenstadt angelegt wird, also mit kleineren Häusern. Eher wie der Altenhof als an die Kronenberg-Kolonie angelehnt. Außerdem sollte der Architekt bescheiden sein.« Sie erzählte, ohne den Namen des Mannes oder den Ort zu nennen, was sie über Ludwig Bopp gehört hatte. »In Ihrem Verein für das Arbeiterwohnungswesen gibt es sicher Architekten, die sich auf kleine, wohnliche und preisgünstige Häuser spezialisiert haben.« Sie sah in ihr Notizbuch. »Da fällt mir ein, dass mir Frau Zanders, die Witwe des Papierfabrikanten Richard Zanders in Bergisch Gladbach, erzählte, dass ihr Mann bei der Suche nach einem Architekten mit einem Kollegen gesprochen hat, der eine kleine Siedlung hat bauen lassen.« Margarethe blätterte zu der Seite, auf der sie ihre Ideen und Informationen aus den Gesprächen notiert hatte. Sie erinnerte sich, dass Anna Zanders den Namen des Architekten nicht gewusst hatte, aber sie hatte auf jeden Fall die Papierfabrik genannt, irgendwo in Süddeutschland. »Vielleicht können wir herausfinden, wer das war.«

Robert Schmohl nickte. »Spontan fällt mir dazu kein Name ein. Obwohl ich selbst aus dem Süden stamme. Es dauert eben manchmal, ehe die Neuigkeiten bis zu uns vordringen.«

»Dann halte ich fest: Der Baurat nimmt Kontakt mit Experten auf und sammelt mögliche Kandidaten für diesen

Posten, der ja durchaus auf mehrere Jahre ausgelegt ist. Mit welcher Bauzeit rechnen Sie?«

Der Baurat hob die Schultern. »Das hängt vom Architekten und seinen Plänen ab.«

»Ich würde mich freuen, wenn ich die Einweihung der ersten Häuser noch erleben könnte«, warf Margarethe ein.

»Aber Frau Geheimrat, Sie sind doch jung, das werden wir auf jeden Fall hinbekommen«, konterte Oberbürgermeister Holle. »Was soll ich erst sagen? Ich muss darauf hoffen, dass wir in meiner Amtszeit fertig werden. Wer weiß, ob ich in sechs Jahren wiedergewählt werde?«

Ohne sich abzusprechen, senkten Margarethe und die Männer in der Runde die Köpfe. Was sie hier fast ein wenig flapsig besprachen, war für den früheren Essener Oberbürgermeister Erich Zweigert traurige Wirklichkeit geworden. Er war im April des letzten Jahres aus gesundheitlichen Gründen aus dem Amt ausgeschieden und wenige Wochen später im Alter von 57 Jahren verstorben.

»Ich bemühe mich, so schnell wie möglich einen Vorschlag zu unterbreiten«, warf Robert Schmohl rasch ein, um die bedrückte Stimmung aufzulösen.

»Dann schließe ich die Sitzung für heute. Sobald es Neuigkeiten gibt, treffen wir uns wieder.« Wilhelm Holle klappte geräuschvoll die Mappe mit seinen Sitzungsunterlagen zu und stand auf.

Margarethe erhob sich nachdenklich. Sie war nur fünf Jahre jünger als der verstorbene Oberbürgermeister. Würde sie den Einzug der ersten Familien auf ihrem Hügel überhaupt erleben?

KAPITEL 32

Herbst 1907

»Unglaublich, wie schnell der Sommer vergangen ist!« Margarethe stand am Fenster ihres Salons und schaute über die Gärten hinweg in den Himmel.

»Ja, das ist wirklich unglaublich. Mir kommt es so vor, als würde ich nun schon ewig in Bonn wohnen.« Barbara stupste ihrem drei Monate alten Neffen Alfried in seinem Kinderwagen auf die Nase. »Wie groß der Kleine geworden ist! Hast du nicht gerade erst telegrafiert, dass Alfried geboren ist?«

»Inzwischen ist er getauft«, Margarethe zeigte auf Barbaras Bäuchlein, »und das nächste Enkelkind ist bereits unterwegs. Wie geht es dir denn?«

»Uns geht es gut. Ich glaube, das Kleine strampelt schon, bestimmt wird es einmal Sportler. Aber die Übelkeit ist weg, und es bereitet mir Freude, Möbel und Vorhänge für das Kinderzimmer auszusuchen.«

Ihre Mutter lachte. »Sag es ruhig: ›und Kleider zu kaufen‹. Ich kann mir nicht vorstellen, dass du dich hinsetzt und Strampelanzüge strickst oder Mützchen häkelst.«

Barbara lachte ebenfalls. »Ich weiß doch, dass du an solchen Handarbeiten Freude hast, und für die ersten Tage reichen uns die Sachen, aus denen Alfried herausgewachsen ist.«

»Und wenn es ein Mädchen wird?«

»Meinst du, das Kleine merkt, wenn es einen blauen Strampler trägt? Außerdem sind die meisten sowieso weiß.«

»Ich finde, es könnte ein Mädchen werden. Dann hätten wir ein hübsches Pärchen für den Anfang.«

»Für den Anfang!« Barbara steckte Margarethe und Johanna Brandt, die das blaue Jäckchen, an dem sie strickte, weggelegt hatte und zu ihnen getreten war, die Zunge heraus wie ein albernes Kind. »Ich brauche keine Fußballmannschaft, das sage ich dir gleich.«

»Ich freue mich, dass du zu der Enthüllung des Denkmals für deinen Vater gekommen bist.« Margarethe wurde ernst, sie streichelte ihrem Enkel mit dem Finger über die Wange. »Schade, dass du noch so jung bist, mein Kleiner, sonst könntest du die Verhüllung herunterziehen.«

»Ich bin sicher, das würde Alfried jetzt schon schaffen. Schaut nur, wie fest er seinen Ring hält.« Barbara tat so, als wollte sie ihrem Neffen den Ring wegnehmen, und die Frauen sahen, wie er sich daran klammerte und gleichzeitig den Mund verzog.

»Lass ihm bloß den Ring«, bat Margarethe. »Wenn er einmal anfängt zu schreien, gibt er keine Ruhe mehr.«

»Was macht dein Baby?«, wollte Barbara von ihrer Mutter wissen.

Margarethe stutzte kurz. Seit Alfried in die Villa eingezogen und Barbara schwanger war, drehte sich alles im kleinen wie im großen Haus um Säuglinge. »Ach, du meinst mein Kolonie-Kind … Herr Schmohl fragt herum, welcher Architekt für die Bauleitung infrage käme. Ich habe inzwischen herausgefunden, wen Frau Zanders bei meinem Besuch erwähnt hat. Das Büro von Heinrich und Georg Metzendorf in Bensheim hat für die Papierfabrik Euler in ihrem

Ort Häuser für Werkmeister gebaut, die eine kleine Siedlung bilden.«

»Ich hätte nicht gedacht, dass sich das Projekt derart hinzieht.« Johanna Brandt erinnerte sie daran, dass mehr als ein Jahr vergangen war, seit Margarethe ihren Plan vorgestellt hatte.

»Allein die Genehmigung durch die Regierung hat ein halbes Jahr gedauert. Es war sicher ein Fehler, dass wir in der Zeit nicht schon die Flügel nach einem passenden Architekten ausgestreckt haben. Aber ich habe auf das Ganze derzeit nicht allzu viel Einfluss. In Augenblick kümmern sich noch Herr Wiedfeldt und Herr Schmohl darum, dass jemand hauptamtlich mit der Planung beauftragt wird.« Margarethe hielt sich den Rücken und stöhnte.

»Was ist denn?«, fragte Barbara. Sie und Johanna Brandt wandten sofort ihren Blick von dem kleinen Jungen, den sie mit Stupsen und Streicheln zum Lachen gebracht hatten, auf sie.

»Alles in Ordnung. Das Alter macht sich bemerkbar. Jetzt sind die Hitzewellen weg, da meldet sich der Rücken. Ich muss unbedingt wieder Sport treiben. Als ihr klein wart, haben wir fast jeden Tag eine Runde durch den Park auf Fahrrad oder Pferd unternommen.«

»Du solltest dich untersuchen lassen«, verlangte Barbara. »Auch im Alter darf man Schmerzen nicht auf die leichte Schulter nehmen.«

»Das mache ich«, versprach Margarethe. »Eigentlich kommen die Schmerzen immer dann, wenn ich an das brach liegende Land denke. Dann sorge ich mich, ob ich den ersten Spatenstich und das erste Häuschen erlebe.«

»Deshalb solltest du zum Arzt gehen!«

»Aber nicht heute.« Margarethe sah auf die Uhr. »Eigentlich müsste Herr Nacke längst mit der Kutsche vorgefahren sein.«

In dem Augenblick klopfte es an der Salontür. »Der Wagen ist da«, verkündete ein Dienstmädchen mit einem Knicks.

»Danke.« Barbara nickte dem Mädchen zu, dass es gehen konnte, und wandte sich an ihre Mutter. »Kannst du auch wirklich mitkommen?«

Margarethe sah ihre Tochter entrüstet an. »Hast du jemals erlebt, dass ich eine Aufgabe wegen eines läppischen Schmerzes versäumt habe? Meine Pflichten halte ich immer ein, auch wenn ich sie mir selbst gestellt habe.«

»Siehst du, und daher wirst du auf jeden Fall erleben, wie deine Siedlung Form annimmt und wächst, und vielleicht sogar, wie der Kaiser ihr die Ehre erweist.«

Margarethe ging nicht darauf ein. Sie schlüpfte in den Mantel, den ein Diener ihr auf einen Wink von Johanna Brandt hinhielt, und setzte einen Hut auf. Dieser war bei Novemberwetter nicht nur warm am Kopf, mit Hut konnte sie darauf verzichten, ihre Frisur zu kontrollieren.

»Oh, so riesig hatte ich mir die Figur nicht vorgestellt«, flüsterte Barbara ihrer Mutter zu, als sie am Limbecker Platz aus der Kutsche stiegen. Gustav und Bertha waren mit dem Familienautomobil, das Gustav angeschafft hatte, bereits eingetroffen.

Die vier staunten über das monumentale Denkmal, das die Stadt zusammen mit den Werksangehörigen und Freunden zu Friedrichs fünftem Todestag gestiftet hatte. In der Mitte stand Friedrich, überlebensgroß aus Bronze gegossen. Den Hintergrund des Denkmals bildete eine Mauer aus Muschelkalk, von der die Bronze sich deutlich abhob.

Rechts neben Friedrich standen die Skulpturen einer Mutter mit einem Kind und einem Mann, die seinen Sinn für die kleine und große Krupp-Familie symbolisieren sollten, und links von ihm war die Statue eines Arbeiters, ohne die das Werk nicht denkbar war.

Oberbürgermeister Holle begrüßte sie als Witwe in seiner Eröffnungsansprache direkt nach dem Vertreter des Kaisers. Er rezitierte die Inschriften zwischen den Figuren, die neben Friedrich angebracht waren: »*Friedrich Alfred Krupp, 1854 bis 1902, stand seit 1887 an der Spitze der Werke. Die Schöpfung seines Vaters treu pflegend und weiterbauend.*« Und: »*In Dankbarkeit die Angehörigen seiner Werke, die Vaterstadt, die Freunde 1907.*«

Margarethe bemühte sich, die Tränen zurückzudrängen, die ihr nun doch in die Augen schossen. Fünf Jahre waren vergangen, seit sie an das Sterbebett ihres Mannes geeilt war. Fünf schwere, aber auch erfüllte Jahre, in denen sie Friedrichs Werk so treu gepflegt und weitergebaut hatte wie dieser das seines Vaters.

Barbara hakte sich bei ihr ein, das gab ihr Halt und Sicherheit. Neben Gustav und Bertha stand der kaiserliche Vertreter. Sie war erleichtert, dass Wilhelm nicht selbst angereist war; so wichtig es war, die guten Beziehungen zwischen Krupp und Berlin zu dokumentieren, hier wäre er fehl am Platze gewesen. Da sollte er lieber persönlich teilnehmen, wenn ihre Kolonie eröffnet wurde.

Als nächster Redner trat Krupp-Direktor Ludwig Klüpfel auf, der die Wohlfahrtseinrichtungen des Unternehmens leitete und auch ein Auge auf ihre Stiftung hatte. Mit ihm hatte sie vereinbart, dass sie die öffentliche Aufmerksamkeit an diesem Tage für eine erneute Spende nutzen würde.

»Frau Geheimrat Krupp schenkt der Stadt zum Gedenken an ihren vor fünf Jahren verstorbenen Mann Friedrich Alfred Krupp, der hier und heute mit einem solch beeindruckenden Denkmal geehrt wird, 200 Morgen Land.«

Margarethe schmunzelte. Gut, dass die Modistin ihr den Gazeschleier empfohlen hatte. Dahinter konnte sie ihre Regungen wunderbar verbergen.

»Das Land grenzt direkt an das Hochplateau, auf dem die Siedlung der Margarethe-Krupp-Stiftung erbaut werden soll, und die Schenkung erfolgt unter der Bedingung, dass der Wald erhalten bleibt und die Fläche ausschließlich zu Erholungszwecken genutzt wird. Sie darf nicht bebaut werden, abgesehen von neuen Bäumen oder ähnlichen Erfordernissen, die durch Stürme oder Vegetation nötig werden oder die Anlage von Spazierwegen.«

Die Essener Bürger und Werksangehörigen, die an der Enthüllung teilnahmen, klatschten in der Kunstpause, die Ludwig Klüpfel nach dieser Bekanntmachung einlegte.

»Die Mitarbeiter der Krupp-Werke können sich außerdem über eine Spende von einer halben Million Mark freuen, die in die Gesundheitspflege fließen soll.«

Obwohl nicht alle Essener von dieser Schenkung profitierten, applaudierten sie erneut, und Margarethe war froh, dass sie unter ihrem Hut etwas abseits des Redners stand. So viel Aufmerksamkeit mochte sie nicht; sie konnte Gustav verstehen, der ebenfalls nicht gern im Mittelpunkt stand. Ganz anders als der Oberbürgermeister, der gleich noch einmal das Wort ergriff und im Namen der Stadt und ihrer Bürger für diese großzügige Geste dankte.

»Wollen wir gehen?« Barbara hatte sich unbemerkt dicht neben ihre Mutter gestellt. Als Margarethe sah, dass sich die Direktoren und Vertreter der Stadt mit Gustav und Bertha vor dem Denkmal versammelten, nickte sie. Sie hatte ihren

Teil geleistet, die anstrengende Pflicht sollten die jungen Leute übernehmen.

Dankbar hakte sie sich bei Barbara unter und ging mit ihr zu der Kutsche, die nicht weit weg auf sie wartete.

»Was für ein Monstrum!«, stieß Barbara hervor, als sie auf dem Rückweg zum Hügel waren. »Ob Papa das wohl gefallen hätte?«

»Eines sage ich dir: Ich möchte nicht, dass irgendwo ein solches Denkmal von mir aufgestellt wird.« Margarethe lachte, obwohl ihr Rücken sich beim Ruckeln des Fahrzeugs wieder bemerkbar machte. »Stell dir vor, ich würde in Friedrichs Größe dort stehen! Womöglich noch mit einem weit abstehenden Rock angetan. Das wäre erst ein Riesenmonstrum.«

Barbara sah ihre Mutter von der Seite an. Margarethe spürte ihren Blick und nickte ihr zu. Wie schön, dass sie wieder lachen konnten. Gerade der November war ein schwerer Monat, weil die Erinnerungen an den November 1902 hochkamen. Sie war ihrer Tochter dankbar für den zweiten Besuch auf dem Hügel in kurzer Zeit, obwohl Tilo sie ungern fahren ließ und sie ihren Mann sehr vermisste.

»Ich finde es so schön, dass die Menschen, die auf deinem Hügel wohnen werden, hübsche Spazierwege erhalten.«

Margarethe sah ihre Jüngste dankbar an. Wie gut, dass sie zwei Töchter hatte! Bertha war immer in der Nähe und kümmerte sich um alles, sobald ihre Mutter einen Wunsch äußerte. Aber sie war eben auch der halbe Kopf des Unternehmens und hatte all die Gastgeberpflichten zu übernehmen, die sie selbst nur zur Genüge kannte.

KAPITEL 33

Frühjahr 1908

Seufzend sortierte Margarethe die Presseberichte, die Ernst Haux ihr zugesandt hatte, nachdem sie der Stadt Essen das Grundstück neben ihrem Hügel geschenkt hatte. Um wie viel lieber hätte sie endlich Artikel über die Einweihung der ersten Häuser abgeheftet! Doch dieses Projekt zog sich wie der Winter, der in diesem Jahr kein Ende zu nehmen schien. Hätte sich Barbara im Januar nicht mit ihren Schwiegereltern auf dem Hügel aufgehalten, wäre sie in eine tiefe Depression gesunken. Sie wusste, dass sich diese Zustände immer wieder zeigten, aber solange sie etwas zu tun hatte, kam sie damit zurecht. Dr. Vogt verschrieb ihr Medikamente, die verhinderten, dass sie völlig abrutschte. Aber er empfahl zudem stets, dass sie sich mit schönen Dingen beschäftigte. Für eine ausrangierte Hügel-Königin war das allerdings leichter gesagt als getan.

Bertha und Gustav vergaßen nicht, sie zu Empfängen und Diners einzuladen. Aber sosehr sie Gustav mochte, kam sie mit seiner fast militärischen Art, den Alltag und auch die Mahlzeiten zu gestalten, nicht zurecht. Sie wusste selbst, dass es ein Kraftakt war, eine große Gruppe von Gästen zu versorgen, aber ihr war die familiäre Atmosphäre immer wichtiger gewesen als ein minutengenauer Zeitplan.

Bertha hatte ihr mit einem Schmunzeln erzählt, wie ihr

346

Alltag ablief. In ihrer Verliebtheit nahm sie das hin, sie war selbst nicht viel anders gewesen und hatte sich Friedrichs Launen angepasst.

»Frau Krupp?« Johanna Brandt näherte sich mit besorgtem Blick dem Schreibtisch. »Ich habe schon zweimal geklopft. Geht es Ihnen nicht gut?«

Margarethe zwang sich zu einem Lächeln, als sie den Kopf hob und ihre Gesellschafterin ansah. Bisher hatte sie es geschafft, ihre gelegentlichen depressiven Stimmungen vor ihr zu verbergen. »Ich war in Gedanken vertieft.«

Johanna Brandt blickte auf die Papiere auf dem Schreibtisch. »Über diesen seltsamen Orden?«

»Fräulein Brandt! Sprechen Sie nicht so despektierlich von dieser Auszeichnung.« Margarethe konnte nicht anders, sie musste laut lachen. Bis heute wusste sie nicht, warum sie für diesen Orden ausgewählt wurde, von dem kein Mensch jemals gehört hatte, bis die Urkunde eintraf. Die war deshalb auffällig, weil sie das normale Format einer Urkunde und eines Briefbogens deutlich übertraf. Barbara hatte ausgemessen, wie groß das Papier war: 33 cm hoch und 45 cm breit. Darauf prangte ein Wappen, unter dem in lateinischer Sprache erklärt wurde, worum es ging. Hätten nicht handschriftlich ihr Name und das Datum *16. Martii anni 1908* dort gestanden, hätte man das Papier für ein Gedicht oder ein Gebet halten können. Zum Glück verstand sich Pastor Greeven darauf, lateinische Texte zu lesen. Er hatte die Urkunde übersetzt. Sie hatte sich nur gemerkt, dass ein angeblicher Bischof ihr mit Zustimmung des Papstes den Orden verlieht.

»Frau Krupp, das ist nichts anderes als eine neue Form, Spenden zu ergaunern, da bin ich mir sicher.« Johanna Brandt setzte sich auf den Stuhl vor dem Schreibtisch.

»Sie wissen doch, dass ich versucht habe, diese vermeintliche Auszeichnung abzulehnen!« Margarethe wollte diesen Orden nicht. Auch deshalb, weil er von der katholischen Kirche verliehen wurde und sie Protestantin war. Außerdem störte sie, dass auf dem Papier in fünf Zeilen der Stifter beschrieben wurde, aber nirgendwo stand, weshalb ausgerechnet sie, die mit Bulgarien nie etwas zu tun gehabt hatte, ausgewählt wurde. Wenn der Orden aus Rumänien gekommen wäre, mit deren Königin sie seit Jahren befreundet war, hätte sie das nachvollziehen können. Dorthin waren einige Spenden gegangen. Aber Bulgarien? Rudolf Korn, Friedrichs Privatsekretär, hatte sich erinnert, dass dieser Bischof vor Jahren bereits versucht hatte, ihren Mann mit einem Orden zu überzeugen, ihn finanziell zu unterstützen.

»Ich weiß! Herr von Bohlen und Halbach hat sich ja sogar persönlich gekümmert und ist das Ding nicht losgeworden.«

»Eigentlich müsste ich das alles wegwerfen.« Margarethe nahm die Urkunde und hielt sie über den Papierkorb. »Ach was, soll Herr Lauter zusehen, wie er das riesige Ding unterbringt.«

Sie reichte ihrer Gesellschafterin das Papier und den Orden und bat sie, alles ins Postfach für die Hauptverwaltung zu legen. »Was wollten Sie eigentlich von mir?«

»Ihre Tochter fragt telegrafisch an, ob Sie nicht für einige Tage nach Bonn kommen möchten, damit Sie einmal etwas anderes sehen.« Johanna Brandt holte das Telegramm aus der Tasche und gab es Margarethe.

»Unsere Kleine hat wohl Langeweile.« Margarethe schmunzelte. Barbara war im sechsten Monat schwanger, und ihr stattliches Bäuchlein hinderte sie daran, in ihrem üblichen Tempo zu agieren.

»Sie sind in diesem Jahr noch nicht ein einziges Mal verreist«, stellte Johanna Brandt fest. »Ich finde, Sie sollten einige Tage nach Bonn fahren. Die Gärten der Schlösser und die Promenade sind im Frühling sicher sehr schön. Und wenn Sie zurückkommen, sind auch die Gärtner hier auf dem Hügel so weit, dass es überall grünt und blüht.«

»Sie haben recht!« Ein Tapetenwechsel würde ihr guttun, ebenso, mit Barbara das Kinderzimmer einzurichten und in Spielwarenläden nach Spielzeug für das zweite Enkelkind zu schauen. »Morgen bin ich in der Hauptverwaltung. Es wird ein neuer Direktor eingeführt, und Gustav hat mich zum Empfang eingeladen. Bitte fragen Sie Herrn Schmohl, ob er anschließend Zeit hat, um mir über die Fortschritte bei den verschiedenen Siedlungen zu berichten. Und fragen Sie bitte auch nach, ob der Salonwagen mich übermorgen nach Bonn bringen kann.« Dieser Salonwagen war eine der genialen Anschaffungen ihres Schwiegervaters. Nach dem Vorbild des kaiserlichen Hofwagens hatte er sich ein rollendes Zimmer bauen lassen. Der Salonwagen musste nur bei der Eisenbahngesellschaft geordert werden und wurde an den planmäßig fahrenden Zug angekoppelt. Einer der Sekretäre kümmerte sich stets darum, dass der Wagen passend vorfuhr.

Johanna Brandt nahm die Aufträge entgegen und verabschiedete sich. Als sie das Arbeitszimmer verlassen hatte, warf Margarethe einen Blick in das Notizbuch, in dem sie ihre Wünsche und den Fortschritt ihrer Siedlung festhielt. Rasch klappte sie es wieder zu. Die vielen leeren Seiten verrieten ihr, dass sich seit der Sitzung des Stiftungsvorstandes nichts getan hatte. Die Zeit war so schnell vergangen durch die Geburt Alfrieds, die Enthüllung des Denkmals und all die anderen Verpflichtungen. Dazwischen hatte sie sich oft nicht wohlgefühlt, ohne dass Dr. Vogt die Ursache entdecken konnte. Sie fühlte sich wie in einem Teufelskreis, aus dem es kein Entrinnen gab. Es wurde Zeit, dass sie diesen Bogen durchtrennte.

Nachdem sie am nächsten Tag zusammen mit dem neuen Direktor Wilhelm Muehlon durch das Werk gegangen und mit ihm bei Pastete und Sekt über seinen Werdegang und ihr Leben geplaudert hatte, nahm sie Robert Schmohl beiseite.

»Erzählen Sie? Was macht die Suche nach einem Architekten für meine Siedlung? Und wie geht es in Rheinhausen voran und in Bochum?«

Der Baurat geleitete sie in sein Arbeitszimmer, an dessen Wänden die Pläne der Objekte hingen, mit denen er beschäftigt war.

Margarethe erkannte erfreut, dass der Erschließungsplan ihres Grundstücks im Mühlbachtal einen exponierten Platz einnahm.

»Wir bereiten gerade die nächste Vorstandssitzung vor«, berichtete Robert Schmohl. »Inzwischen sind von Professor Henrici aus Aachen einige Vorschläge eingegangen. Seine erste Empfehlung, Friedrich Pützer, hat schon abgewunken, weil er zum Kirchenbaumeister der Evangelischen Landeskirche in Hessen ernannt wurde. Dann ist da Heinrich Metzendorf aus Darmstadt, er ist der Bruder von Georg Metzendorf, den Sie auch einmal genannt haben. Theodor Fischer wäre ebenfalls zu bedenken, den ich interessant finde, weil er im Baubüro des Reichstags gearbeitet hat, aber er geht wohl als Professor nach München.«

Margarethe schmunzelte, der Gesichtsausdruck des Baurates sagte mehr als seine Worte: Wer geht nach Essen, wenn er in München leben kann? »Sind das alle Vorschläge?«

»Noch ein Professor aus München, Karl Hocheder, der unter anderem im letzten Jahr das Rathaus in Bozen gebaut hat. Wenn Sie mich fragen: etwas zu viel Barock. Der Stil unserer Häuser sollte zeitlos sein, meinen Sie nicht?«

»Auf jeden Fall, ich mag hier und da Schnörkel, die ganz glatten Fassaden gefallen mir nicht so. Aber es sollte ein moderner Stil sein. Wie geht es jetzt weiter?«

»Ich schicke erst einmal die Vorschläge von Professor Henrici an Oberbürgermeister Holle«, erklärte Robert Schmohl. »Gleichzeitig halte ich Ausschau, wer sonst infrage käme. Unter uns, ich könnte mir gut Richard Seiffert vorstellen, das ist ein junger Architekt hier aus dem Baubüro. Die Entscheidung für ihn hätte den Vorteil, dass wir direkt eingreifen könnten.«

Margarethe nickte nur. Genau das wollte sie nicht, aber darüber mochte sie jetzt nicht mit dem Baurat diskutieren. Sie war erleichtert, dass sich nun endlich wieder einige leere Seiten in ihrem Notizbuch gefüllt hatten.

»Gibt es bereits einen Termin für die Vorstandssitzung?«, fragte sie im Gehen.

»Wir dachten an den 24. Juli«, antwortete Robert Schmohl, während er an ihr vorbeieilte, um die Tür aufzuhalten.

Margarethe notierte den Termin. Es sah ganz danach aus, als ginge es mit ihrem Projekt endlich voran.

KAPITEL 34

Mai 1908

Vier Wochen nach ihrer Rückkehr aus Bonn packte Margarethe erneut ihre Koffer. Gustav hatte den Salonwagen vorfahren lassen, nachdem seine Schwägerin Barbara ihre Mutter gebeten hatte, bei der Geburt des Kindes dabei zu sein, mit dessen Ankunft täglich zu rechnen war.

»Wenn das so weitergeht, kann ich mich im Notfall als Hebamme verdingen«, scherzte Margarethe beim Abschied. Sie hatte auch Bertha bei der Geburt ihres Enkels auf dem Hügel begleitet, und am Tag vor der Abfahrt hatte ihre Älteste ihr anvertraut, dass sie wieder in anderen Umständen war. Bereits im Oktober sollte das dritte Enkelkind zur Welt kommen.

»Ich finde, du bist eine wunderbare Großmutter!« Gustav küsste sie zum Abschied auf die Wange, nachdem Bertha sie umarmt und sie die ersten Ansätze des Schwangerschaftsbäuchleins gespürt hatte.

»Pass gut auf Barbara auf!«, bat Bertha und schmiegte sich an Gustav, während das Kindermädchen mit Alfried auf dem Arm dem Jungen vormachte, wie er winken sollte.

Margarethe lachte freudig, als sie sah, wie routiniert der Kleine seine Händchen bewegte.

Es war tiefe Nacht, als Barbara, Tilo und Margarethe einander erleichtert in die Augen sahen.

Margarethe war rechtzeitig zur Geburt der kleinen Ursula in der Villa eingetroffen, um ihrer Tochter beizustehen und ihrer Enkelin die erste Windel anzulegen. Als sie dem Kind das selbst gehäkelte gelbe Mützchen aufsetzte, stutzte sie. Was war das für ein Wappen?

»Von wem stammt diese Mütze?«, wollte sie von der Kinderfrau wissen, die nur ratlos die Schultern hochzog. »Sie war in der Post mit einer Karte für die gnädige Frau. Ich habe das Mützchen schon einmal gewaschen, damit wir es dem Kind gleich aufsetzen können. Sonst gibt es ja keine Mützen.«

Margarethe kam es so vor, als hätte die Stimme der Kinderfrau einen tadelnden Unterton, der ihr durchaus angebracht schien. Als sie vor vier Wochen in Bonn gewesen war, hatten sie Puppen und diese neuen Bären von Steiff, Bausteine und Rasseln gekauft. Die Erstausstattung mit Wäsche hatte sie aus Essen mitgebracht. Auch wenn sich ihre Töchter zig Erstausstattungen hätten leisten können, hielt sie es für eine Verschwendung, für jedes Neugeborene neue Strampler, Hemdchen und Schühchen zu kaufen, aus denen es in wenigen Wochen herauswachsen würde. An eine Mütze hatte dabei jedoch niemand gedacht.

»Danke!«, sagte Margarethe, zog aber dennoch nachdenklich die Augenbrauen zusammen. Sobald es Barbara besser ging, würde sie sich nach der Herkunft dieser Mütze erkundigen. Würde ihre Mutter noch leben, hätte sie keinen Zweifel, wer dem Kind ein Mützchen mit dem Wappen der von Königsdorffs schickte. Die Kombination aus dem weiß-rot karierten Viertel, den gegenüberliegenden blauen Vierteln mit den gelben Blätterkronen und dem roten Viertel mit gelben Sternen war unverkennbar. Als sie sich noch bei ihren Eltern um den Haushalt hatte kümmern müssen, hatte ihre Mutter ihr täglich aufs Neue eingeschärft, dass die Schale mit ebendiesem Wappen stets äußerst behutsam gereinigt werden müsse, weil sie das einzige erhaltene Familienerbstück dieser Art war.

»Ist etwas passiert? Geht es Ursula gut?« Barbara sah ihre Mutter erschrocken an, als diese mit der Kinderfrau und dem Kind zurück ins Schlafzimmer kam.

»Es ist alles in Ordnung«, wehrte Margarethe ab. »Ich glaube, ich muss ein wenig schlafen. Die letzten Tage waren anstrengender, als ich gedacht hätte.«

»Schlaf schön, und danke!« Barbara lächelte ihre Mutter dankbar an und ließ dann den Blick auf das Mädchen gleiten, das gut verpackt auf dem Arm der Kinderfrau wartete.

»Hast du Ursula die Mütze gehäkelt?« Sie sah Margarethe verwundert an. »Das ist nicht das Wappen mit den Einhörnern der Wilmowskys.«

»Wir haben vergessen, eine Mütze zu besorgen«, druckste ihre Mutter herum und erntete einen erstaunten Blick ihres Schwiegersohns. Er öffnete den Mund, als wollte er etwas sagen oder fragen, doch Margarethe sah ihn scharf an, bis er verstand, dass sie über diese Mütze nicht am Wochenbett sprechen wollte.

»Ich denke, ich bringe deine Mutter, die nun schon eine zweifache Großmutter ist, rauf in ihr Zimmer.« Tilo küsste Barbara und Ursula auf die Stirn und schob Margarethe aus dem Raum.

»Was hat es mit der Mütze auf sich? Woher kommt sie?« Er bemühte sich, leise zu sprechen, konnte seinen Ärger aber nicht verbergen.

»Wir wissen es nicht. Das Mädchen sagt, sie sei mit einem Brief gekommen, den sie an Barbara weitergegeben hat. Kannst du nachschauen, ob er in ihrem Salon liegt?«

»Weshalb ist das wichtig?«

Margarethe seufzte. »Auf der Mütze prangt das Wappen der von Königsdorffs, und ich frage mich, wer sie geschickt hat.«

Die beiden hatten Barbaras Salon erreicht. Auf dem Schreibtisch entdeckten sie zwischen Briefen und Karten von Margarethe, Bertha, Tilos Eltern und anderen Bekannten eine Karte: »Ich freue mich schon! Waldemar von Keimsdorff«, stand dort.

Tilo drehte die Karte um. »Was soll das denn?«

Margarethe zog unglücklich die Schultern hoch. Sie hatte so gehofft, dass mit ihrem Ausscheiden aus dem Krupp-Imperium auch die Erpressungen, Drohungen und Bettelbriefe aufhören würden. Von ihrem Cousin Waldemar hatte sie nichts mehr gehört, seit sie ihn vor die Tür gesetzt hatte. Aber sein Vater und dessen Verwandtschaft schreckten auch nach Eleonores Tod nicht davor zurück, alle paar Monate in einem Brief zu erklären, wofür sie Geld benötigten und weshalb es Margarethes Pflicht sei, sie zu unterstützen.

»Ich weiß nicht, was das soll, aber ihr müsst wachsam sein. Wenn es um Geld geht, sind die von Keimsdorffs unberechenbar. Ich frage mich allerdings, woher Waldemar von Barbaras Schwangerschaft wusste.« Diese Frage nagte an Margarethe. Der Tod ihrer Mutter lag fast ein Jahr zurück. Bei der Beerdigung in Blasewitz, wohin sich Eleonore während der letzten Monate ihres Lebens zurückgezogen hatte, hatten sie den von Keimsdorffs die Teilnahme schlecht verwehren können. Aber damals war Barbara noch nicht schwanger gewesen, sodass Waldemar nicht von einem Bäuchlein darauf schließen konnte, dass sie in anderen Umständen war. Gab es in ihrem Umfeld jemanden, der die Verwandtschaft ihrer Mutter mit Neuigkeiten aus der Krupp-Familie versorgte?

»Wir hatten keinen Kontakt zu diesem Cousin seit Eleonores Begräbnis, und auch da haben wir nicht mit ihm gesprochen, weil wir nach der Trauerfeier sofort wieder nach Sayneck gefahren sind, um die Flitterwochen fortzusetzen.« Tilo drehte die Karte, als könnte sie mehr verraten als die wenigen Worte.

»Tilo!« Barbaras Stimme war nur leise zu hören, sie versetzte die beiden jedoch in Alarmbereitschaft.

»Ja, Liebes?« Tilo war der Erste im Schlafzimmer.

»Wo bleibst du? Ich habe mir Sorgen gemacht. Es dauert doch keine zehn Minuten, Mama in ihr Zimmer nebenan zu bringen. Wieso begleitest du sie überhaupt? Sie ist ja nicht gebrechlich.«

Während Tilo sich neben das Bett kniete, in dem seine Frau mit dem schlafenden Kind im Arm lag, blieb Margarethe an der Tür stehen. Dass sie eigentlich unter dem Vorwand, schlafen zu gehen, mit Tilo den Raum verlassen hatte, war ihr entfallen.

»Ihr habt doch etwas?« Barbara sah ihren Mann und ihre Mutter scharf an. »Denkt nicht, bloß weil ich gerade ein Kind geboren habe, wäre ich plötzlich dumm geworden. Ich bin erschöpft, mir tut alles weh, und ich möchte für den Rest des Jahres schlafen, aber ich kriege sehr wohl mit, wenn meine Liebsten Heimlichkeiten haben.«

Margarethe seufzte. Sie hielt Barbara das Kärtchen mit Waldemars Gruß hin. »Er hat das Mützchen geschickt, und ich mache mir Sorgen, dass er euch belästigt. Hast du eine Idee, wie er von deiner Schwangerschaft oder der bevorstehenden Niederkunft erfahren haben könnte?«

Barbara senkte den Kopf. »Ich glaube, er hat mich vor einigen Wochen gesehen. Kurz nach deinem Besuch stand da unten am Rheinufer ein Mann, der ihm ähnlich sah. Aber das war von Weitem, und da er mich nicht angesprochen hat, habe ich dem keine Beachtung geschenkt.«

Im ersten Moment war Margarethe erleichtert. Dann gab es also keinen Verräter in ihrem Umfeld. Sicher hatte Eleonore dem Lieblingsneffen vor ihrem Tod gesteckt, dass Barbara und ihr Mann nach Bonn ziehen würden. Da war es nicht schwer, herauszufinden, wo die Wilmowskys wohnten, wenn man von Hass und Neid zerfressen war wie Waldemar und zu viel Zeit hatte.

»Dann solltet ihr besonders achtsam sein.« Sie sah ihre Tochter und ihren Schwiegersohn ernst an. »Ich denke nicht, dass er euch angreifen wird. Aber leider traue ich ihm eine Entführung zu, sollte er wieder einmal mehr Geld verspielt haben, als er besitzt. Auf den Hügel wird er sich nicht trauen, dort hat Gustav die Sicherheitsmaßnahmen nach Alfrieds Geburt verschärft. Ihr seid hier ungeschützt.«

»Ich werde auf jeden Fall den Gendarmen Bescheid geben.« Tilo strich seiner kleinen Tochter über den Kopf. »Nicht, dass dir etwas passiert.« Er stand auf, um Barbara zu küssen. »Dir natürlich auch nicht. Der Landrat hält große Stücke auf mich, er wird den Beamten sicher vermitteln können, dass man unser Anliegen ernst nimmt und ein besonderes Auge auf die Gegend und diesen Herrn von Keimsdorff hält.«

»Ich werde mit Gustav sprechen, ob es eine Möglichkeit gibt, ihn wie Alois von Wertbach weit weg von Essen und Bonn zu beschäftigen.«

»Jetzt sollten wir aber wirklich schlafen.« Tilo gähnte. »Die junge Dame hat sich einen ungünstigen Zeitpunkt für ihre Ankunft ausgesucht.«

»Schlaft schön!« Margarethe wandte sich ab und ging in ihr Zimmer, um das Paar mit dem Töchterchen allein zu lassen. Als sie ihr Bett sah, überkam sie eine große Müdigkeit, rasch machte sie sich für die Nacht fertig und war kurz darauf eingeschlafen. In ihrem Kopf arbeitete es jedoch weiter. Sie träumte davon, wie ihr Cousin die kleine Ursula aus dem Kinderwagen riss, sie herumwirbelte, was man mit Säuglingen keinesfalls tun sollte, und dabei rief: »Du bist mein Geldschatz!«

Mit diesem Satz wachte sie am nächsten Morgen auf. Am liebsten wäre sie sofort nach Essen gefahren, um mit Gustav zu besprechen, wie sie die Familie Wilmowsky schützen konnten. Der Salonwagen würde sie jedoch erst in einer Woche abholen, also telegrafierte sie ihrem Schwiegersohn lediglich, dass Waldemar von Keimsdorff in Bonn aufgetaucht war und sie nach ihrer Rückkehr dringend darüber sprechen müssten.

Bei den Spaziergängen, die sie in den nächsten Tagen auf der Promenade und im Hofgarten unternahmen, ließ Margarethe ständig ihren Blick schweifen. Waldemar von Keimsdorff war nirgendwo zu sehen. Mit jedem Tag entspannten Barbara und sie sich etwas mehr. Schließlich holte Margarethe sogar ihre Kodak aus dem Koffer, um Babara mit Ursula zu fotografieren, und überließ ihrer Tochter die Kamera, um Aufnahmen von ihr mit der Kleinen zu machen.

Als sie am 19. Mai in den Salonwagen stieg, fiel ihr der Abschied von den drei Wilmowskys schwer. Auch die Stadt Bonn würde sie vermissen, die Villa ihrer Tochter war nur wenige Gehminuten von der Promenade entfernt und sie konnten jeden Tag mit dem Kinderwagen im Hofgarten flanieren. Als sie zum ersten Mal dort im Park neben Barbara auf der Bank saß und sie abwechselnd den Kinderwagen mit Klein-Ursula hin und her rollten, war ihr aufgefallen, wie unterschiedlich die Menschen in Essen und in Bonn sich gaben. In ihrer Arbeiterstadt, in der sie kaum zu Fuß unterwegs war, waren die Menschen meist geschäftig zum nächsten Ziel unterwegs. Allenfalls sonntags spazierten sie in den spärlich vorhandenen Parks, die Werksangehörigen mit Einlasskarte auch im Park auf dem Hügel. In Bonn hingegen schien es selbstverständlich zu sein, mitten in der Woche in Ausgehgarderobe im Hofgarten zu bummeln und hier und dort mit Bekannten zu sprechen. Auch in der Stadt schienen die Menschen Zeit zu haben, sie hatte nie das Gefühl, dass die Passanten auf dem Weg zu einem Ziel waren. Hatte nicht einer der ausländischen Besucher einmal davon gesprochen, dass in seiner Kultur nicht das Ziel der Weg, sondern der Weg das Ziel sei? Wenn sie nicht sicher wüsste, dass er aus einem fremden Land kam, hätte sie damit gerechnet, ihn hier in Bonn zu treffen.

»Wir kommen dich bald besuchen«, versprach Barbara.

»Und in zwei Monaten erwarten wir dich zur Taufe!«, erinnerte Tilo sie.

»Außerdem hast du in den letzten Wochen so viel für uns getan. Jetzt musst du dich wieder um dein Gedankenkind kümmern.«

Gedankenkind! Solch ein Wort konnte nur Barbara einfallen, aber es klang schön und löste in Margarethe Vorfreude aus. Sicher hatte Robert Schmohl Neuigkeiten für sie über ihr Siedlungsprojekt.

Zunächst wollte nach ihrer Rückkehr auf den Hügel allerdings Johanna Brandt alles über den Familienzuwachs wissen. Da Margarethe Robert Schmohl am Abend kaum im Baubüro erreichen würde, nahm sie sich die Zeit, ihren Enkelsohn würdig zu begrüßen und ihm den kleinen Stoffbären zu geben, den sie ihm mitgebracht hatte, ehe sie von den ersten Lebenstagen der Bonner Enkelin berichtete.

»Und was war hier los?«, erkundigte sie sich bei ihrer Gesellschafterin, als sie im Salon saßen und sie ihre Schilderung mit der Sorge wegen Waldemar von Keimsdorff beendet hatte.

»Hier ist alles beim Alten«, berichtete Johanna Brandt. »Sie werden morgen in der Post sehen, dass wieder einige Bittgesuche aus der ganzen Welt eingetroffen sind. Ich verstehe nicht, wieso ich die nicht sofort an Herrn Klüpfel weiterleiten darf, der sich doch um all diese Wohlfahrtsdinge kümmert.«

»Es könnten Anfragen von Menschen dabei sein, die ich persönlich kenne, und ich möchte nicht, dass diese womöglich eine Absage bekommen.« Eigentlich war es vor allem die rumänische Königin, die immer wieder um finanzielle Hilfe für ein Projekt in ihrem armen Land bat, außerdem gelegentlich auch die Großherzogin-Luise-Schule, die ihre Töchter besucht hatten. Diese Briefe hätte Johanna Brandt herausfischen und den Rest weitergeben können. Allerdings wusste sie selbst nicht, wer aus dem Kreis um Gräfin Maxe heute vielleicht ihre Hilfe brauchte oder von den Samstagssöhnen, die sie bis zu Berthas Hochzeit regelmäßig eingeladen hatte. Ihr Donnerstags-Salon fand zwar wieder regelmäßig statt, seit sie nicht mehr so viel auf Reisen war, aber auch da gab es manchmal lange Pausen, in denen viel Leid geschehen konnte.

»Haben Sie mitbekommen, dass Frauen nun Mitglied in Parteien werden und politische Vereine gründen dürfen?«, wechselte Johanna Brandt das Thema.

»Ist das Gesetz nicht schon vor Ostern beschlossen worden?« Margarethe erinnerte sich dunkel an einen Artikel aus der Zeitung.

»Jetzt ist es in Kraft getreten. Ich würde gern Mitglied in einer Partei, kann mich aber nicht so recht entscheiden, in welcher.«

»Es ist wirklich ein Fortschritt, dass Frauen jetzt in der Politik gehört werden müssen. Mich hat schon oft geärgert, dass nur die Männer ein Rederecht haben. Es ist immer noch wie früher in meiner Familie. Ändert das Gesetz etwas für Ihren Verein?«

Johanna Brandt war seit einiger Zeit Mitglied in einem Verein, der sich für Frauen in der Politik einsetzte und sich auch sonst um das Wohl der Frauen kümmerte. Margarethe schwankte seither, ob sie diesem Verein ebenfalls beitreten sollte. Am Ende waren es die Erfahrungen in der Politik, die sie bei Friedrich und bei ihrem Vater miterlebt hatte, die sie davon abhielten. Die Leben der beiden waren durch ihr Engagement in der Politik zerstört worden. Der Verein war keine Partei, aber er setzte sich für gesellschaftspolitische Fragen ein. Er forderte, dass mehr Ärztinnen in öffentlichen Einrichtungen wie Schulen oder bei der Sittenpolizei eingestellt wurden. Sie hatte mit ihrer Gesellschafterin und ihren Töchtern oft darüber gesprochen, dass es viel zu schwer war für Frauen, akademische Berufe zu ergreifen, und noch schwerer, anschließend Arbeitgeber zu finden.

»Mit dem Gesetz ist schon ein Ziel des Vereins erfüllt, aber es bleibt viel zu tun. Vor allem im Gefängniswesen, das nur auf Männer ausgerichtet ist. Wie es aussieht, tut sich etwas in den Schulen für Mädchen. Dort wird eine Reform vorbereitet, hat mir eine Kollegin aus Berlin geschrieben. Künftig soll es für Mädchen offiziell drei Schulformen nach der Volksschule geben, eine Haushaltsschule, ein Lehrerinnenseminar und eine Einrichtung, die auf das Studium vorbereitet.«

Margarethe dachte an ihre kleine Enkeltochter, die so viel mehr Möglichkeiten haben würde als sie selbst in ihrer Familie und ihrer Zeit. Sicher hatte sie ihre Töchter so erzogen, wie es den Umständen entsprach; sie konnten kochen und waschen, putzen und einen Haushalt organisieren. Dank Friedrichs Dickkopf hatten sie aber auch Naturwissenschaften studiert, da konnte gerade Bertha so schnell niemand etwas vormachen. Vor allem aber hatten die Lehrer, die Friedrich engagiert hatte, die Mädchen gelehrt, die Dinge zu hinterfragen und Dogmen nicht einfach hinzunehmen. Zwar konnte sie sich nicht vorstellen, dass Tilo darauf beharren würde, Ursula zu einem Hausmütterchen zu erziehen, aber Barbara würde ihm in dem Fall gewiss Paroli bieten.

»Wir denken übrigens derzeit darüber nach, in Essen Kinderhorte einzurichten, damit die Kinder nach der Schule betreut sind, wenn ihre Mütter arbeiten.«

Margarethe sah Johanna Brandt verwundert an. Was hatte ihre Gesellschafterin wohl sonst gesagt, während sie in Gedanken versunken war? Je älter sie wurde, umso häufiger geschah es, dass sie abwesend war. Ob das ein Zeichen des Alters war?

»Was für eine wunderbare Idee! Ist das wirklich nur für Mütter, die arbeiten? Das hätte ich mir gewünscht, als ich vierzehn war und meine Mutter mir den Schulbesuch verbot, weil ich mich um meine kleinen Geschwister kümmern sollte. Und als ich im Lehrerinnenseminar war, musste ich abends meine Geschwister beim Lernen beaufsichtigen, statt meine eigenen Hausaufgaben zu erledigen.«

»Das ist ein guter Hinweis. Wir hatten natürlich die berufstätigen Frauen im Blick. Männer führen gegen die Berufstätigkeit ihrer Frauen fast immer an, dass die Kinder vernachlässigt werden.« Margarethe sah zu, wie ihre Gesellschafterin den Gedanken in ihr Notizbuch schrieb.

Die Geste brachte sie auf die Idee, noch einmal in ihren Notizen über den Fortschritt der Siedlung zu blättern, bevor sie sich zurückzog. Überrascht las sie ihre letzte Notiz. In dem Rummel um Ursulas Geburt hatte sie vergessen, dass in Essen die Entscheidung über einen Damm diskutiert wurde, der über das Nachtigallental neben ihrem Gelände gebaut werden sollte und eine weitere Anbindung an ihre künftige Siedlung böte.

»Wissen Sie, wie die Entscheidung über den Damm ausgefallen ist?«

Johanna Brandt schüttelte den Kopf. »Das wird wohl im Verborgenen entschieden. Bisher ist mir nichts zu Ohren gekommen. Sicher weiß Herr Haux als Stadtverordneter mehr darüber.«

Wie gut, dass Margarethe vor ihrer Abfahrt nach Bonn ein Gespräch mit Ernst Haux für den Tag nach ihrer Rückkehr terminiert hatte.

KAPITEL 35

August 1908

»Verehrte Frau Geheimrat, meine Herren, schön, dass wir uns heute zu unserer ersten Sitzung des Stiftungsvorstands in diesem Jahr versammelt haben«, begrüßte Oberbürgermeister Wilhelm Holle die Runde, die er in den Ratssaal geladen hatte. »Meine Herren, ich setze Ihr Einverständnis voraus, dass Frau Krupp als Stifterin heute zu Gast sein darf. Immerhin haben wir einen sehr wichtigen Tagesordnungspunkt abzuarbeiten; vielleicht sogar den wichtigsten. Es geht um die Auswahl des Architekten für die Siedlung, die Frau Krupp der Stadt Essen und ihren Bürgern schenken wird.«

Die zehn Vorstandsmitglieder nickten und klopften auf den Tisch, um Margarethe zu ehren.

»Vielen Dank, meine Herren«, ergriff sie das Wort. »Ich bin sehr neugierig, wer am Ende des Tages die große Aufgabe übernehmen wird. Wenn alles so kommt, wie ich mir das vorstelle, verhelfen wir heute einem Mann zu einem Platz in der Geschichte der Architektur.«

»Genau deshalb ist es wichtig, bei der Auswahl des Mannes sowohl auf die künstlerische und bautechnische Erfahrung zu achten als auch auf das Alter«, bekräftigte Wilhelm Holle ihre Worte. »Nichts wäre schlimmer, als wenn wir alle zwei oder drei Jahre neu entscheiden müssten, weil der Architekt altersbedingt ausscheidet oder einen Karrieresprung woanders wittert und uns verlässt. Sosehr ich die Stadt auch liebe – sonst wäre ich nicht ihr Oberbürgermeister –, es gibt im Reich, weiß Gott, schönere Städte.« Er nickte Margarethe zu. »Aber das ändern wir ja gerade, nicht wahr? Ich kann mir vorstellen, dass wir aus dem Grüngürtel, den Sie uns geschenkt haben, etwas Schönes machen, damit die Menschen in der Stadt nicht nur Fördertürme und Schornsteine sehen, sondern auch die Ruhr mit ihren sehenswerten Ufern und die kleinen Seen, die sich in der Stadt befinden. Doch das ist eine andere Baustelle. Ich eröffne die Sitzung und übergebe das Wort an Baurat Schmohl.«

Robert Schmohl referierte zunächst die Vorschläge, die Professor Henrici eingereicht hatte, und erläuterte, warum von den Männern allenfalls Heinrich Metzendorf übrig geblieben war. »Ich habe mich an einen Architekten erinnert, den ich vor drei Jahren bei einer Tagung kennengelernt habe. Bruno Taut. Als ich jetzt in Stuttgart war, habe ich mich lange mit ihm unterhalten, und er hat mir die Skizzen zweier Kolonien gezeigt, die er im Auftrag des Büros, in dem er angestellt ist, entworfen hat. Sie kommen dem, was wir und vor allem Sie, verehrte Frau Geheimrat, uns vorstellen, schon sehr nah.« Er teilte zwei Zeichnungen aus, die bei Margarethe und den anderen Zuhörern ein wohlwollendes Nicken hervorriefen.

»Vor allem seine Vorstellung von der Arbeiterkolonie in Reutlingen gefällt mir. Die Häuser auf dem anderen Bild haben mir zu wenig Schutz. Die stehen ja da wie Tische im Bahnhofsrestaurant.« Margarethe blickte zu dem Protokollanten. »Bitte notieren Sie dieses Modell als Beispiel dafür, wie meine Siedlung nicht aussehen soll.«

»Von Stuttgart aus bin ich nach Darmstadt gefahren. Ach so, der Vollständigkeit halber, Sie finden das aber auch in der

Vorlage über Herrn Taut: Er ist 28 Jahre alt.« Robert Schmohl nickte dem Oberbürgermeister zu, der ebenfalls nickte und sich mit einem zufriedenen Lächeln zurücklehnte.

Margarethe war unsicher, ob das ein abgekartetes Spiel war und Wilhelm Holle Bruno Taut favorisierte oder ob er sich freute, dass der Baurat seinen Hinweis bezüglich des Alters aufgegriffen hatte.

»In Darmstadt habe ich mir auf der Mathildenhöhe ein Arbeiterwohnhaus angesehen, das dort ausgestellt wurde. Unter den Vorschlägen von Professor Henrici war auch der Architekt Heinrich Metzendorf aus Bensheim. Er hat in den 90er-Jahren einige Villen in Wuppertal und Elberfeld gebaut, auch Zeilenwohnhäuser, wie sie ja für unser Projekt denkbar wären.«

Margarethe blätterte in ihren Notizen, sie war sicher, dass ihr der Name in Gesprächen bereits begegnet war. Georg Metzendorf hatte sie sich gemerkt, weil Anna Zanders ihn ausdrücklich empfohlen hatte. War in dem Gespräch auch der Name Heinrich gefallen?

»Ist das der Vater von Georg Metzendorf?« Es würde zu lange dauern, ihre Notizen durchzusehen, der Baurat wusste von der Empfehlung für Georg Metzendorf und hatte sich bestimmt darauf vorbereitet.

»Heinrich Metzendorf ist Georgs Bruder und mit seinen 42 Jahren acht Jahre älter.« Wieder ging sein Blick komplizenhaft zum Oberbürgermeister. »Er hat im Gegensatz zu Herrn Taut viel Erfahrung mit Großprojekten. Er hat beispielsweise einiges für die Papierfabrik Euler gebaut, mit der Sie, Frau Krupp, Kontakt hatten. Besonders beeindruckend finde ich den Bau eines Zweigwerks der Deutschen Milchwerke in Stockholm, dem auch Arbeiterwohnhäuser angegliedert sind.«

»Das klingt ja gut, aber für mich hört sich das, was Sie sagen, doch eher so an, als wäre das nicht Ihr Vorschlag«, rief einer der Stadtverordneten.

Robert Schmohl lachte. »Sie haben recht. Das ist nicht mein Vorschlag. Ich wollte Ihnen das nur erläutern, weil ich am Anfang vergessen hatte, dass ich auch diese Empfehlung von Professor Henrici geprüft habe. Heinrich Metzendorf ist mir für unser Projekt zu alt, um ganz deutlich zu werden. Außerdem weiß ich, dass er im Schönberger Tal bei Bensberg eine Landhauskolonie plant. Seine Schwerpunkte sind eher Landhäuser und Villen, die anderen Projekte realisiert er, aber ich bin nicht sicher, ob mit ganzem Herzen. Er hat mich an seinen Bruder Georg verwiesen, der bei ihm im Büro tätig war, bis er sich 1905 selbstständig gemacht hat.«

»Diesen Namen hat mir auch Anna Zanders genannt, die Papierfabrikantenwitwe in Bergisch Gladbach. Ich bin gespannt, was Sie über ihn herausgefunden haben, Herr Schmohl.«

Der Baurat verwies auf die Papiere, die vor jedem Sitzungsteilnehmer lagen. »Ich habe Ihnen Exposees zu den möglichen Kandidaten angefertigt, in denen Sie alle bisher realisierten Bauprojekte finden. Deshalb beschränke ich mich jetzt auf das, was ich in Darmstadt gesehen habe. Sie haben sicher von der dortigen Künstlerkolonie gehört. Wenn nicht, sollten Sie irgendwann unbedingt eine Reise dorthin in Betracht ziehen. Die Siedlung ist sozusagen ein Schaufenster oder eine Vitrine der Architektur. 1901 wurden zu einer ersten Ausstellung Häuser gebaut, die ganz unterschiedlich ausfallen und doch alle mit künstlerischen Finessen ausgestattet sind. Kürzlich wurden dort Kleinwohnanlagen präsentiert. Die Architekten hatten den Auftrag, schöne, praktische und kostengünstige Häuser zu bauen, die über eine bezahlbare Inneneinrichtung verfügen. An diesem Wettbewerb hat sich auch Georg Metzendorf beteiligt. Insgesamt haben sich sechs Architekten mit Häusern beworben, darunter Ludwig Mahr, Josef Rings, Heinrich Walbe, Arthur Wienkoop und Joseph Maria Olbrich. Das sind teilweise sehr beeindruckende Persönlichkeiten mit außergewöhnlichen Bauwerken, aber mir fehlte bei ihnen die Vision für eine Arbeiterkolonie, die weder überkandidelt noch zu schlicht sein sollte, damit die Menschen dort gern leben.«

»Baut Joseph Maria Olbrich nicht gerade das neue Kaufhaus von Tietz in Düsseldorf?«, erkundigte sich der Oberbürgermeister. »Den Namen habe ich von meinem Düsseldorfer Kollegen gehört. In dem Gespräch ist auch die Darmstädter Künstlerkolonie erwähnt worden.«

»Ja, Olbrich ist einer der Mitbegründer der Mathildenhöhe«, bestätigte Robert Schmohl. »Diesen Josef Rings könnte ich mir mittelfristig im Krupp'schen Baubüro vorstellen. Er kannte das Werk in Rheinhausen samt Margarethenhof und wusste, dass derzeit der Bau der Beamtensiedlung in Bliersheim vorbereitet wird. Er lehrt im Augenblick an einer Hochschule in Offenbach, hat meines Erachtens aber zu wenig Bezug zu unserem Ansatz.«

»Sie machen es ja spannend!« Margarethe fühlte sich inzwischen tatsächlich wie ein Kind, das auf die Bescherung wartete. Sie wollte endlich wissen, was es mit diesem Georg Metzendorf auf sich hatte, von dem Anna Zanders so geschwärmt hatte.

»Um es kurz zu machen, das Arbeiterwohnhaus, das Georg Metzendorf für die Ausstellung hat errichten lassen, hat mich begeistert. Anders kann ich es nicht sagen. Ich habe einen Fotografen vor Ort um einige Aufnahmen gebeten.«

Er sah Margarethe an. »Ich hätte Sie mit Ihrer Kamera mitnehmen sollen, Frau Krupp.«

Er verteilte Fotografien von einem zweigeschossigen Haus.

»Dieses heruntergezogene Dach gefällt mir ausnehmend gut.« Das war Margarethe bereits aufgefallen, als der Baurat ihr das Foto vor einigen Tagen gezeigt hatte.

»Ja, durch das Walmdach wirkt das Haus, das sonst recht einfach gebaut ist, gefälliger. Nicht so wie ein Klotz. Dazu der umlaufende Sockel, der bis zur Fensterbrüstung reicht, und die blauen Fensterläden, die einen Kontrapunkt zur hellgelben Fassade setzen. Leider habe ich von der Inneneinrichtung keine Fotos, aber Sie wären davon ebenfalls angetan. Georg Metzendorf hat die Räume sehr funktional gestaltet.« Robert Schmohl schmunzelte. »Die meisten von Ihnen werden das Problem höchstens aus der Studentenzeit kennen, dass vor lauter Fenstern und Türen in einem Zimmer kein Platz für ein vernünftiges Regal ist.«

Einige der Herren nickten, Margarethe erinnerte sich an ihr Zimmer in Holyhead, das in der Tat über eine wunderbare Aussicht verfügt, allerdings durch die Fenster in dem Eckzimmer nur wenig Platz für Möbel gelassen hatte.

»Herr Metzendorf hat das Treppenhaus zum Beispiel bewusst schmal gehalten zugunsten von mehr Wohnraum. Der liegt deutlich über dem herkömmlichen Standard und enthält, wie Sie es wünschen, Frau Geheimrat, Bad, Wasserklosett – Verzeihung, aber das ist Ihnen ja wichtig –, Zentralheizung und warmes Wasser.«

Margarethe nickte zufrieden. Wann immer sie in den letzten Jahren Bittsteller oder andere Werksangehörige zu Jubiläumsfesten besucht hatte, war ihr aufgefallen, wie schlecht die Wohnungen teilweise ausgestattet waren; ähnlich wie die Wohnung in Schleswig, die ihr Vater mangels Alternativen einst hatte anmieten müssen. Bereits bei dem Gedanken an damals taten ihr die Arme weh vom Wasserholen. An das Häuschen mit dem Herz in der Tür im Hof mochte sie überhaupt nicht denken.

»Darf ich daraus schließen, dass Georg Metzendorf Ihr Vorschlag ist? Wie alt ist er denn?«, unterbrach der Oberbürgermeister die Lobeshymne des Baurats und Margarethes Erinnerungen.

»34«, antwortete Margarethe an Robert Schmohls Stelle mit einem Blick auf die Vorlage. »Acht Jahre jünger als sein Bruder Heinrich.«

»Genau, er ist Jahrgang 1874, könnte also einige Jahrzehnte an Ihrer Siedlung bauen, Frau Krupp.«

»Bloß nicht! Ich will doch die Einweihung noch mitfeiern!«, konterte Margarethe. »Wenn ich es recht bedenke, wäre es fast besser, einen älteren Mann zu wählen, der es darauf anlegt, vor seinem Ruhestand fertig zu werden.«

Die Männer lachten und blickten sie anerkennend an. Fast fühlte sie sich der Männergruppe zugehörig, auch wenn sie wusste, dass das als Frau in ihrer Zeit nicht möglich war.

»Allerdings hört sich dieser Vorschlag meiner Meinung nach wirklich gut an, und die Meisterhäuser in Bergisch Gladbach haben mir sehr gefallen. Vielleicht fahren Sie dorthin, um sie anzusehen, wenn Sie nicht sicher sind«, schlug sie den Vorstandsmitgliedern vor.

»Hatten Sie nicht von drei Vorschlägen gesprochen?« Wilhelm Holle bemühte sich, wieder Struktur in die Sitzung zu bekommen.

»Ja, eigentlich schon«, gab Robert Schmohl zu. »Ich dachte an Richard Seiffert, einen der Architekten aus unserem Haus. Aber zum einen hat Frau Krupp mich darauf hingewiesen, dass dann die Unabhängigkeit nicht unbedingt gegeben wäre. Und zum anderen hat mich die Präsentation von Georg Metzendorf, sowohl durch seine Arbeit als auch im direkten Umgang mit ihm, ins Schwanken gebracht. Jetzt kam Herr Seiffert zu mir und hat angekündigt, dass er sich zusammen mit seiner Frau eher den bildnerischen Künsten widmen will. Ich muss ihm also nicht einmal absagen.«

»Besser kann es nicht kommen. Was meinen Sie, meine Herren? Nehmen wir Georg Metzendorf? Oder beauftragen wenigstens Herrn Schmohl, mit ihm über eine Zusammenarbeit zu sprechen?« Wilhelm Holle sah in die Runde. Margarethe war erleichtert, als alle Männer nickten. »Dann laden Sie ihn einfach mal ins Rathaus ein, Schmohl. Zu einem Gespräch mit dem zuständigen Beigeordneten Brandi. Mir wäre wichtig, dass auch er sich den Kandidaten ansieht.«

»Vielleicht können Sie mit ihm nach diesem Treffen einen Abstecher auf den Hügel machen.« Margarethe war neugierig auf den jungen Mann, der, wie es nun aussah, wohl ihre Siedlung bauen würde.

»Dann halte ich das fürs Protokoll fest: Mit Rücksicht darauf, dass Herr Metzendorf als selbstständiger Architekt auf dem Gebiet des Wohnungsbaus eine vielseitige Praxis aufweisen kann, wählt der Vorstand der Margarethe-Krupp-Stiftung diesen Herrn zum Architekten!«, donnerte Wilhelm Holle mit seiner tiefen Stimme in den Saal und fügte dann mit einem breiten Grinsen hinzu: »Außerhalb des Protokolls: Das tun wir auch, weil er mindestens zwanzig Jahre jünger ist als die meisten hier am Tisch und unser Projekt vollenden kann.«

KAPITEL 36

September 1908

Margarethe staunte über sich selbst. Wie ein Backfisch war sie bereits mehrfach um die Villa herumgegangen, als wollte sie die Blüten der Rosen begutachten oder nachsehen, ob ihr Enkel Alfried, der unter Aufsicht des Kindermädchens auf dem Rasen spielte, etwas brauchte. Gleichzeitig ärgerte sie sich, dass sie bei der Vereinbarung der Termine von Georg Metzendorf nicht darauf bestanden hatte, dass er zuerst bei ihr vorstellig wurde, ehe er den Beigeordneten Paul Brandi im Rathaus aufsuchte. Das Gespräch der beiden schien sich ewig hinzuziehen; sie hatte mit Baurat Schmohl vereinbart, dass er mit dem Architekten zum Mittagessen kommen sollte. Dafür hatte sie die Küche angewiesen, Rippchen mit Kraut zuzubereiten, die einzige Spezialität aus Hessen, die ihr für ein Mittagessen angemessen erschien; hätte sie damit gerechnet, so lange warten zu müssen, hätte sie einen Eintopf bestellt.

Endlich glaubte sie, das Knattern des Daimlers aus dem Krupp'schen Fuhrpark zu hören. Rasch warf sie einen letzten Blick in den Spiegel, um ihre Frisur zu richten. *Wie ein Backfisch*, dachte sie erneut und schüttelte den Kopf, damit sich ein paar Strähnen wieder lösten und sie nicht so formell wirkte.

»Frau Krupp, Herr Schmohl und Herr Metzendorf sind

da!«, rief Johanna Brandt von der Tür zum Salon. Sie hatte sich an der gegenüberliegenden Seite des kleinen Hauses platziert, um die Anfahrt der Gäste zwischen den Bäumen und Wirtschaftsgebäuden rechtzeitig zu bemerken.

»Danke!« Margarethe wisperte nur, denn der Diener hielt bereits die Tür auf für die Besucher. Ein schlanker Mann mit einer hohen Stirn, Barbara hätte vermutlich von einer Halbglatze gesprochen, betrat die kleine Eingangshalle. Als sie ihm gegenüberstand, waren ihre Augen auf einer Höhe, was ihr als gutes Omen erschien.

»Guten Tag, Herr Metzendorf, herzlich willkommen in meinem kleinen Reich auf dem Hügel.« Sie hielt dem Gast die Hand hin und war froh, dass er diese nahm und kräftig drückte, anstatt zu versuchen, sie mit einem Handkuss zu beeindrucken.

»Herr Metzendorf, darf ich Ihnen Ihre Exzellenz Frau Geheimrat Krupp, geborene Freiin von Ende, vorstellen?!« Robert Schmohl war nach seinem Begleiter durch die Tür gekommen und hatte sich für die Vorstellung neben ihn platziert.

Margarethe sah, wie der Architekt erbleichte, und beeilte sich zu sagen: »Herr Schmohl, Sie wissen doch, dass mich diese Titel einschüchtern. Ich bin Margarethe Krupp.«

»Ich freue mich sehr, Sie kennenzulernen«, sagte Georg Metzendorf, »und danke Ihnen für die Einladung, obwohl ich nicht weiß, wie ich dazu komme.«

Margarethe runzelte die Stirn. Vielleicht war es doch ein Fehler gewesen, den Architekten nominell bei der Stadt anzustellen. Hätte sie sich nur nicht von Gustav und Ernst Haux dazu überreden lassen! Ja, die Wege zu den Genehmigungsbehörden waren leichter, aber wenn dieser Paul Brandi dem Kandidaten nicht einmal mitteilte, dass es um einen

Auftrag ihrer Stiftung ging, war das mehr als ärgerlich. Ein Affront!

Sie öffnete den Mund zu einer Klarstellung, doch Robert Schmohl kam ihr zuvor. »Vielleicht ist das im Gespräch mit Herrn Brandi untergegangen, Herr Metzendorf. Ihr Auftraggeber wird die Stiftung sein, die Frau Krupp ins Leben gerufen hat.«

»Vielleicht habe ich es auch überhört, wir hatten so viele grundsätzliche Dinge zu besprechen, die mir Bauchschmerzen bereiten. Ich bitte das zu entschuldigen.«

Margarethe verzog erneut das Gesicht, ihre Augen wurden zu engen Schlitzen. »Wo haben Sie Bauchschmerzen?« Der Mann war ihr auf den ersten Blick sympathisch, gerade wegen dieser Mischung aus Unsicherheit und Offenheit. Inzwischen hatte sie sich sein Musterhaus in Darmstadt angesehen und auch seine anderen Gebäude in der Künstlerkolonie. Er erschien ihr als optimaler Partner, um ihre Vision zu realisieren. Die durfte nicht durch die engstirnigen Vorgaben der Behörden verhindert werden.

»Ich schlage vor, dass wir zunächst zu Tisch gehen«, mischte sich Johanna Brandt ein. »Frau Krupp hat extra eine Spezialität aus Ihrer Heimat zubereiten lassen, Herr Metzendorf, es wäre doch schade, wenn sie verkochte. Beim Mokka können Sie dann die Punkte, die Bauchschmerzen bereiten, klären. Natürlich nur«, sie wandte sich lächelnd an den Architekten, »wenn das Grummeln Ihren Appetit nicht beeinträchtigt.«

Georg Metzendorf war die Freude über den Vorschlag deutlich anzusehen. »Wenn ich ehrlich bin, würde ich wirklich gern etwas essen.«

Margarethe war erneut begeistert von seiner unkomplizierten Art. Wie viele Menschen hatte sie in den letzten

Jahrzehnten bewirtet? Sie war sich sicher, dass die meisten von ihnen in diesem Moment betont hätten, dass sie überhaupt nicht hungrig seien.

Ihre Gesellschafterin war vorausgegangen in den kleinen Speiseraum, den Margarethe neben dem Salon eingerichtet hatte und der durch seine Lage an der Südseite des Hauses ebenfalls einen Blick auf die Gärten und in die Wälder auf der anderen Seite der Ruhr erlaubte.

»Oh!« Georg Metzendorf ging am gedeckten Tisch und an Johanna Brandt vorbei zum Fenster. »Sie müssen mir unbedingt verraten, wer dieses Haus entworfen hat und vor allem diese Gärten. Sind es zwei oder drei hintereinander? Und haben die Pavillons eine besondere Funktion, oder dienen sie nur als Rückzugsräume?«

»So viele Fragen! Aber wissen Sie was? Wir nehmen unseren Mokka in dem Pavillon, in dem mein Mann seine naturwissenschaftliche Sammlung untergebracht hat. Dann sehen Sie den Terrassengarten und das Haus von einer anderen Seite.« Margarethe nickte ihrer Gesellschafterin zu, damit diese ihren Wunsch an das Personal weitergab. Nach einem kleinen Spaziergang durch den Park würde sie im westlichen Pavillon, wo die geologische Sammlung aufbewahrt wurde, ein gedeckter Tisch mit Gebäck und Mokka erwarten.

Kaum hatten sie Platz genommen, wurden bereits die Schüsseln und Platten mit dem Essen hereingetragen, sodass Margarethe ihre Neugier auf den Werdegang des Architekten zügeln musste.

Nachdem Georg Metzendorf mit seinem Besteck auf dem Teller signalisiert hatte, dass er mit dem Essen fertig war, bat Margarethe ihn, etwas über sich zu erzählen.

»Ich bin in Heppenheim geboren und aufgewachsen

und habe an der Baugewerkschule in Karlsruhe und an der Technischen Hochschule in Darmstadt Architektur studiert. Danach habe ich zunächst in dem Architekturbüro meines Bruders gearbeitet, bis ich mich 1905 selbstständig gemacht habe.«

»Das ist für unsere Entscheidung natürlich wichtig, aber mich interessiert auch, aus welcher Familie Sie stammen. Sind Sie verheiratet? Haben Sie Kinder? Verzeihen Sie meine Neugier, aber die Siedlung, die Sie entwerfen und bauen sollen, ist mir sehr wichtig. Man könnte auch sagen, das ist mein Spätlebenswerk.«

Georg Metzendorf lehnte sich zurück und nickte bedächtig. Die Pause kam Margarethe nach den Fragen, die jeder leicht beantworten konnte, etwas zu lang vor. Was war im Rathaus geschehen? Sie blickte zu Robert Schmohl hinüber, der nur die Schultern leicht hob.

»Ja, ich bin verheiratet«, antwortete der Gast schließlich. »Ich habe drei Kinder, einen Buben, der ist acht Jahre alt, und zwei Mädel von sechs und einem Jahr.« Er lächelte. »Die Mittlere heißt übrigens wie Sie Margarethe. Ich stamme aus einer sehr alten Familie von Steinmetzen und Baumeistern, deren Wurzeln bis ins 16. Jahrhundert reichen, habe selbst allerdings nur eine Maurerlehre absolviert vor dem Studium.«

Margarethe konnte sich ein Schmunzeln nicht verkneifen. Ihre Mutter Eleonore wäre fassungslos gewesen, dass ein einfacher Handwerker auf einen längeren Stammbaum blickte als sie selbst. »Entschuldigen Sie, ich lache nicht über Ihre Familie, ich fragte mich, ob die Namensgleichheit zwischen der Stifterin und Ihrem Töchterchen vielleicht förderlich ist für Ihre Entscheidung.«

»Mir scheint, jetzt ist genau der richtige Augenblick, um

die Tafel aufzuheben und einen kleinen Spaziergang zum Pavillon zu machen, um dort zu besprechen, was Ihnen Bauchschmerzen bereitet.« Johanna Brandt nickte Robert Schmohl zu und stand gleichzeitig mit ihm auf, auch Margarethe und Georg Metzendorf erhoben sich.

»Wir können gleich hier über die Terrasse gehen.« Margarethe wies auf die Tür, die in den Garten führte. »Dabei lernen Sie einen Teil unseres Parks kennen. Interessieren Sie sich für die Natur? Dann finden Sie hier eine große Auswahl an Pflanzen und Bäumen. Mein Schwiegervater hat eher einheimische Fauna anpflanzen lassen, während mein Mann und ich für den exotischen Einschlag gesorgt haben.«

Georg Metzendorf klopfte auf den Kopf eines der steinernen Löwen rechts und links von der Treppe, die von der Terrasse in den mit Anklängen eines barocken Stils angelegten Garten führte.

»Die beiden haben mein Mann und ich von einer Reise aus Italien mitgebracht«, berichtete Margarethe.

»Wirklich sehr schön, hier kann man sich wohlfühlen«, fand Georg Metzendorf, als sie an den Teppichbeeten, Bananenstauden und Rasenflächen vorbeigingen.

»Von hier aus können Sie das Gebäude am besten betrachten.« Margarethe war vor den Stufen zum Pavillon stehen geblieben. »In dem großen Gebäude lebt meine Tochter mit ihrem Mann Gustav und ihrem Sohn Alfried. Gebaut wurde die ganze Anlage von meinem Schwiegervater. Nach seinem Tod sind mein Mann und ich dort eingezogen, und nun lebt dort die nächste Krupp-Generation.« Sie zeigte auf Alfried, der stillvergnügt auf dem Rasen saß und an den Grashalmen zupfte, während sein Kindermädchen ihn von einer weißen Bank aus beaufsichtigte. »Und die folgende Generation ist bereits dabei, das Reich zu entdecken.«

Lachend stiegen die vier die Stufen zum Pavillon empor, wo sie schon der Duft von frisch gebackenem Kuchen und soeben aufgebrühtem Kaffee erwartete.

Nach dem ersten Schluck Kaffee wurde Margarethe ernst. »Nun verraten Sie uns aber, was Ihnen bei dem Projekt Bauchschmerzen bereitet.«

Georg Metzendorf hob die Hände und wehrte ab. »Das Projekt ist wunderbar, der Traum eines jeden Architekten. Für mich besonders, weil mir wichtig ist, auch Arbeitern ein angenehmes Zuhause zu schaffen.«

»Weshalb zögern Sie dann?«

»Ich will ganz ehrlich sein. Mir behagt zum einen meine Position nicht. Nach dem Vertrag, den Herr Brandi mir vorgelegt hat, wäre ich Angestellter bei der Stadt und erheblich in meinem künstlerischen Schaffen eingeschränkt. Architekten arbeiten oft gleichzeitig an verschiedenen Projekten, das wäre mir nicht möglich.« Georg Metzendorf sah zuerst Margarethe und dann Robert Schmohl an. »Natürlich würde ich all meine Energie in Ihr Projekt stecken. Aber Sie, Herr Schmohl, wissen selbst, dass es bei einem solchen Vorhaben immer Zeiten gibt, in denen etwas stockt, weil Genehmigungen fehlen, das eine Gewerk nicht fertig ist oder manchmal schlichtweg Baumaterial nicht rechtzeitig geliefert wird. Weder möchte ich dann dasitzen und Däumchen drehen noch in städtische Bauprojekte eingebunden werden, die nicht meinen Vorstellungen entsprechen.«

»Aber das muss sich doch klären lassen, so etwas kann man in den Vertrag einbauen. Ich kümmere mich darum«, versprach Robert Schmohl.

»Ich denke auch, dass sich da eine Regelung finden lässt. Was mir aber wirklich Bauchschmerzen bereitet, dass ich alle Arbeitskräfte stellen soll, andererseits aber Aufträge nicht selbst vergeben darf.«

»Das ist wirklich ein Widerspruch in sich, Herr Schmohl. Bitte sprechen Sie mit Herrn Brandi, dass der Vertrag für alle Seiten fair und vor allem umsetzbar überarbeitet wird. Es kann ja nicht sein, dass der Oberbürgermeister bei jeder Bestellung gefragt werden muss.« Margarethe war verärgert, dass die Stadt hier anscheinend ihr eigenes Süppchen zu kochen versuchte. »Und bitte vermerken Sie, dass der Stiftungsvorstand darüber sprechen muss, wie die Zusammenarbeit geregelt wird. Ich will nicht, dass die Stadt meine Idee mit irgendwelchen Vorgaben verwässert oder gar zunichtemacht.«

»Ich habe im Vorfeld mit meinem Professor in Stuttgart über einen möglichen Vertrag gesprochen und Herrn Brandi meine Honorarvorstellungen übermittelt. Erlauben Sie mir, anzumerken, dass es keine gute Verhandlungsbasis ist, wenn mir ein Honorar angeboten wird, das deutlich unter dem liegt, was üblicherweise für eine solche Aufgabe gezahlt wird. Professor Fischer hat mir außerdem empfohlen, von vornherein ein Schiedsgericht vorzusehen, falls es zu Unstimmigkeiten kommt. Er hat damit gerade bei größeren Projekten gute Erfahrung gemacht.«

Robert Schmohl zog einen Skizzenblock aus seiner Aktentasche und notierte die Punkte, die Georg Metzendorf angesprochen hatte. »Ich kläre das.« Er wandte sich an Margarethe. »Es tut mir sehr leid, dass es zu dieser Verstimmung gekommen ist. Ich wollte Herrn Metzendorf ins Rathaus begleiten, aber dann erreichte mich ein Notruf aus dem Werk. Der entpuppte sich zwar als harmlose Frage, aber ich traf Herrn Metzendorf erst nach seinem Gespräch im Rathaus.«

»Das kann passieren«, beruhigte Margarethe ihn. »Und es ist ja noch nicht alles Porzellan zerschlagen. Sagen Sie uns doch bitte, bevor Herr Schmohl für Sie in den Ring steigt, ob Sie bereit wären, nach Essen zu ziehen, wenn der Vertrag Ihren Wünschen entsprechend geändert wird.«

»Ich würde die Aufgabe gerne übernehmen und kann mir gut vorstellen, hier zu wohnen«, antwortete der Architekt. »Einerseits wegen Ihres außergewöhnlichen Projektes; es wäre eine wunderbare Aufgabe, Ihre Vision zu verwirklichen. Andererseits bin ich seit Kurzem Mitglied im Werkbund, der im Westen des Reiches seine Wurzeln hat und hier auch besonders aktiv ist. Im Arbeiterwohnwesen ist in der Region vieles in Bewegung, und ich könnte die Kontakte mit Kollegen wie Hermann Muthesius, Peter Behrens und Richard Riemerschmid vertiefen. Soviel ich weiß, bauen die letzten beiden jetzt oder demnächst in Hagen, das von hier aus deutlich schneller zu erreichen ist als aus Bensheim. Meine Familie wird vermutlich nicht begeistert sein, vor allem der Große, der die Schule wechseln muss.«

»Da können wir Sie gegebenenfalls unterstützen.« Margarethe lachte. »Nun gut, ich werde mich wohl nicht mehr selbst einbringen, obwohl ich das vor vielen Jahren im Seminar gelernt habe. Aber ich könnte mir vorstellen, dass Johanna Brandt, meine Gesellschafterin, die jahrelang meine Töchter unterrichtet hat, Freude an gelegentlichen Nachhilfestunden für einen kleinen Jungen hätte, oder?«

»Auf jeden Fall!«, versicherte die Angesprochene. »Kommen Sie doch bitte auf mich zu, wenn es so weit ist. Ich unterstütze Sie auch gern bei der Auswahl der Schule. Ein bisschen bekomme ich vom Schulwesen in Essen mit. Wie heißt es so schön, einmal Lehrerin, immer Lehrerin. Das gilt für mich auf jeden Fall.«

»Dann bin ich wohl die Ausnahme«, sagte Margarethe schmunzelnd, »aber wenn ich es recht bedenke, war ich nie nur Lehrerin, sondern immer auch Lebensbegleiterin und Organisatorin. Nicht anders als heute. Brennt Ihnen noch etwas auf der Seele, Herr Metzendorf? Herr Schmohl hat seinen Stift noch gezückt.«

»Das waren die entscheidenden Punkte. Insgesamt ist mir wirklich wichtig, dass ich im Rahmen des Projektauftrags künstlerisch frei arbeiten kann. Mir schwebt eine Siedlung vor mit Häusern, die drei oder vier Grundmodellen entsprechen, sodass die Abläufe beim Rohbau immer dieselben sind. Das erspart Logistik und Kontrolle, und es muss nicht für jedes Haus eigens ein Plan gezeichnet werden. Bei der Auswahl der markanten Merkmale nach außen würde ich darauf Wert legen, dass sie von Haus zu Haus variieren. Mal eine Tür mit breitem, mal mit langem Sichtfenster und so weiter, verstehen Sie?«

Bei jedem seiner Worte wurde Margarethe sicherer, dass dies ihr Architekt war. Sie würde sowohl dem Oberbürgermeister als auch Ernst Haux ins Gewissen reden, dass der Vertrag passend ausgestaltet wurde. Bei der Beschreibung seiner Ideen begann der junge Mann förmlich zu leuchten, und seine Begeisterung wirkte geradezu ansteckend.

»Ich denke, Herr Metzendorf, wir werden einen Vertrag aushandeln, der in Ihrem Sinne ist. Wenn das alle Anmerkungen sind, haben Sie vielleicht Freude daran, den Rest des oberen Grundstücks zu besichtigen und zumindest in die Empfangshalle des großen Hauses zu schauen.« Sie nickte und lächelte den Architekten an. »Wenn Sie in Essen wohnen, wird es bestimmt eine Gelegenheit geben, das ganze Haus in Augenschein zu nehmen.«

»Vorher würde ich mich gern im Pavillon umsehen. Kurz

wenigstens. Es ist faszinierend, was Ihr Mann gesammelt hat. Wissen Sie, wie viele Steine und Mineralien das sind?«

Margarethe schüttelte den Kopf. »Ich weiß es nicht, ich weiß nur, dass viele der Mineralien aus dem Umfeld der Gussstahlfabrik stammen.« Sie lächelte wehmütig. »Es hatte sich herumgesprochen, dass mein Mann so etwas sammelt. Noch heute treffen Päckchen mit Steinen ein, auf denen die Abdrücke von Pflanzen und Tieren zu sehen sind. Doppelte Exemplare haben wir dem Stadtmuseum geschenkt.«

»Sehr beeindruckend. Ich würde mich freuen, wenn ich mich hier einmal länger aufhalten dürfte.«

»Wenn ich Sie damit nach Essen locken kann, nur zu gern! Falls Sie sich für Paläontologie interessieren, hält der östliche Pavillon vermutlich auch einige Überraschungen bereit.«

Margarethe war aufgestanden, unauffällig hatte sie Georg Metzendorf nach draußen gelotst und ging nun mit ihm und Robert Schmohl durch den Laubengang. Währenddessen eilte ihre Gesellschafterin auf die Sphingen neben dem Garteneingang des großen Hauses zu, um Bertha von dem überfallartigen Blitzbesuch in Kenntnis zu setzen.

Als Margarethe mit den beiden Männern durch den Laubengang auf die Terrasse trat, empfing Bertha sie bereits.

»Guten Tag, Herr Metzendorf«, begrüßte sie den Gast und reichte zuerst ihm und dann dem Baurat die Hand. »Sie sind also der Zauberer, der die Idee meiner Mutter in die Tat umsetzt.«

»Noch ist nichts entschieden«, bremste Georg Metzendorf. »Es sind einige Fragen zu klären.«

Bertha lachte. »Na ja, Sie kennen meine Mutter erst wenige Stunden. Aber ich weiß, dass sie bekommt, was sie sich wünscht. In den letzten Tagen hat sie fast nur noch von Ihnen gesprochen.«

»Bertha!«

»Es stimmt doch, Mama. Wir kennen das schon auswendig, nicht wahr, Fräulein Brandt? Entweder hast du von der Siedlung in Bergisch Gladbach geschwärmt oder von den Häusern in Darmstadt, und dazwischen tauchte immer Ihr Name auf.«

Georg Metzendorf und Margarethe wurden beide rot und begannen zu lachen, als sie das bemerkten. Da wusste Margarethe, dass sie gewonnen hatte. Georg Metzendorf würde ihre Siedlung bauen! Da konnten der Oberbürgermeister und seine Beigeordneten sagen, was sie wollten.

KAPITEL 37

Februar 1909

Tränen stiegen Margarethe in die Augen. Seit Wochen verging kein Tag, an dem sie nicht an jenen schrecklichen Tag dachte, als Barbara aus der Villa gerannt war und rief: »Arnold atmet nicht mehr. Komm schnell!«

Barbara war mit Ursula nach Weihnachten für einige Tage bei ihrer Schwester auf dem Hügel zu Besuch gewesen. Kurz nach ihrer Ankunft hatte Berthas Jüngster plötzlich hohes Fieber bekommen. Gemeinsam hatten sie versucht, mit Wadenwickeln, Kopfkompressen und Medikamenten das Fieber zu senken. Keine Minute hatten sie das Kind aus den Augen gelassen.

Margarethe suchte nach einem Taschentuch in ihrer Rocktasche. Gerade einmal zehn Wochen war der kleine Arnold geworden und hatte in dieser kurzen Zeit mit seinen großen neugierigen Augen bereits die Herzen aller erobert.

»Frau Krupp, Herr Metzendorf ist da!« Mit einem Klopfen trat Franz Otto Müller in Margarethes Arbeitszimmer. »Er fragt, ob Sie ihn nach Bochum begleiten möchten. Er will sich die Siedlung dort ansehen.«

Margarethe tupfte sich die Tränen ab. Wie gut, dass Georg Metzendorf inzwischen seinen Dienst angetreten hatte. Die Gespräche mit dem jungen Architekten lenkten sie von dem Leid ab, mit dem das Jahr begonnen hatte, und auch die geplante Exkursion stellte eine willkommene Abwechslung dar.

»Sagen Sie ihm, dass ich gern mitfahre. Ich mache mich nur rasch frisch und komme dann hinunter.«

Im Schlafzimmer verteilte sie Puder auf die roten Stellen unter den Augen. Dabei fiel ihr auf, dass sie um den kleinen Arnold mehr geweint hatte als um ihren Mann. Der Tod eines Kindes war so unfassbar und trostlos, weil mit ihm auch die Träume und Visionen starben, die das junge Leben bei den Eltern und Angehörigen weckte. Welches Glück sie selbst gehabt hatte, nie den Schmerz über den Verlust einer ihrer Töchter erleben zu müssen! Aber natürlich hatte Arnolds Tod sie an ihre Kindheit erinnert; drei ihrer Geschwister waren ebenfalls in jungen Jahren verstorben, Ehrenfried und Eleonore sogar noch vor ihrer eigenen Geburt. Da es viele andere Brüder und Schwestern gab, hatte sie sich nie die Frage gestellt, wie es ihrer Mutter mit dem Verlust erging. Eleonore war immer seltsam gewesen. Daran, dass sie einmal geweint hätte, konnte Margarethe sich kaum erinnern, höchstens vor Wut, wenn ihre Töchter nicht taten, was sie forderte. Vielleicht war Eleonore so distanziert ihnen gegenüber gewesen, weil sie andere Kinder verloren hatte? Womöglich wollte sie sich nicht erneut so eng an ein Kind binden, damit der Verlust nicht wieder so groß war.

Margarethe rieb sich die Oberarme. Gern hätte sie ihre Mutter jetzt gefragt, ob sie mit dieser Vermutung richtiglag. Im Stillen leistete sie Abbitte für manches böse Wort, zu dem sie sich hatte hinreißen lassen. Und nahm sich vor, Bertha genau zu beobachten.

»Frau Krupp!« Dieses Mal riss Johanna Brandt sie aus ihren Gedanken.

»Ich komme!« Sie setzte den Hut auf, zog den Mantel

an und steckte die Handschuhe ein. Im Februar konnte es in einer Kutsche empfindlich kalt werden. Wenn die Hersteller dieser neumodischen Automobile noch eine Heizung für den Wagen erfinden würden, wäre sie die Erste, die sich ein solches Fahrzeug anschaffte. In Gedanken vermerkte sie, dass sie Georg Metzendorf unbedingt darauf hinweisen musste, dass die Häuser auf ihrem Hügel mit einer Heizung ausgestattet werden sollten.

»Entschuldigen Sie, Herr Metzendorf!«, begrüßte sie den jungen Architekten, der in der Empfangshalle auf sie wartete.

»Das war ja auch ein kleiner Überfall, da muss ich Sie um Verzeihung bitten!« Georg Metzendorf reichte ihr die Hand. »Mein herzliches Beileid zu Ihrem Verlust. Ich hoffe, unser Ausflug bringt Sie auf andere Gedanken.«

Margarethe antwortete mit einem Lächeln. Sie war so froh, dass sich am Ende auch Robert Schmohl für Georg Metzendorf erwärmt hatte und es ihnen gelungen war, einen Vertrag mit dem Architekten abzuschließen, der alle Seiten zufriedenstellte. Wenn sie sich eines für ihre Siedlung wünschte, war es, dass man spürte, dass hier mit Kopf und Herz gebaut worden war, und das auch noch in hundert Jahren.

»Herr Schmohl hat mir das Werksautomobil zur Verfügung gestellt.«

Margarethe starrte entsetzt auf das Fahrzeug, das vor dem Eingang auf sie wartete. Sie hasste den Benzingeruch und den scharfen Wind, der unterwegs an ihrem Kopf vorbeizog.

»Wäre Ihnen eine Kutsche lieber gewesen?«

»Ich gebe zu, ich sitze lieber in einer geschlossenen Kutsche als in diesem offenen Gefährt. Aber Ihr Fahrzeug ist ohne Zweifel schneller.« Sie machte eine kleine Pause. »Vielleicht schaffen wir es damit sogar, an meinem Hügel vorbeizufahren. Da sollen bald die Bauarbeiten an der Brücke beginnen.«

Der Architekt lachte. »Die Herren haben mich gewarnt, dass ich mich vor Ihnen in Acht nehmen muss, weil Sie sehr überzeugend sein können. Aber in dem Fall decken sich unsere Interessen. Ich bin ebenfalls neugierig, wie weit die Arbeiten gediehen sind. Soviel ich weiß, soll in diesen Tagen das Fundament gesetzt werden.«

Margarethe zog ihren Hut fest auf den Kopf, damit er nicht im Fahrtwind wegfliegen konnte. Sie streifte ihre Handschuhe über und ließ sich vom Fahrer in das Automobil helfen. Als auch Georg Metzendorf seinen Platz neben ihr eingenommen hatte, knatterte das Gefährt los. Ein weiterer Nachteil dieser modernen Fahrzeuge war, dass man sich unterwegs kaum unterhalten konnte. Immerhin gelang es ihr, den Architekten an die Heizung zu erinnern.

»Die ist unbedingt notwendig«, bestätigte er ihr, zumindest entnahm sie so etwas den Wortfetzen, die bei ihr ankamen. Aber sie wusste von ihrer Besichtigung seines Musterhauses in Darmstadt, dass er eine geschickte Lösung entwickelt hatte, durch die mit einer einzigen Feuerstelle das ganze Haus erwärmt werden konnte. Sie sah den Mann von der Seite an. Erstaunlich, dass jemand in seinem Alter bereits so umsichtig und weitreichend dachte.

»Da sind wir schon!« Der Fahrer drehte sich zu ihnen um und zeigte auf das Tal vor ihnen. Auf der anderen Seite des Tales lag das Areal, auf dem ihre Siedlung entstehen würde.

»Herr Schmohl hat mir gesagt, dass die Siedlungsfläche an der höchsten Stelle hundertzehn Meter über Normalnull läge, am Rand seien es etwa achtzig Meter. Was mir besonders gefällt, ist, dass die Anhöhe von Wäldern umschlossen ist.«

»Warum gefällt Ihnen das?«

Margarethe blickte Georg Metzendorf an. »Ich dachte daran, dass die Häuser später wie eine Höhenburg wirken.«

»Was halten Sie davon, wenn wir dort, wo die Brücke auf die Anhöhe stößt, ein Tor bauen? Dadurch würde der Charakter einer Burganlage besonders hervorgehoben.« Er holte einen Block hervor und skizzierte mit schnellen Bleistiftstrichen, wie er sich die Umsetzung vorstellte. »Waren Sie schon einmal in Nürnberg? So ähnlich wie die Kaiserburg stelle ich mir das vor. Da geht man über die Brücke, steht in einer Ansammlung von Häusern, und es überkommt einen gleich ein heimeliges Gefühl.«

Margarethe erinnerte sich, dass sie mit Barbara und Bertha bei ihrem Besuch in Nürnberg auch das Schloss besichtigt hatten. Barbara hatte damals fantasiert, dass sie eine Brücke zur Villa bauen könnten. »Das gefällt mir!« Sie betrachtete die Skizze. »So bekommt die Siedlung einen Hauptzugang.« Sie lachte. »Da können wir dann irgendwann eine Tafel anbringen, dass Sie die Kolonie gebaut haben.«

»Und dass Sie sie mit Ihrer Stiftung ermöglicht haben.« Georg Metzendorf steckte seinen Block ein. »Ich denke, wir können weiterfahren. Die Arbeiten haben begonnen, da liegen die ersten Steine aus Ruhrsandstein, wie ich es der Stadt empfohlen hatte. Es war ursprünglich eine Brücke aus Stahl im Gespräch. Die hätte natürlich zu Krupp gepasst, aber nicht zu einer Siedlung, die den Charakter eines heimeligen Dorfes hat, wie sie mir vorschwebt.«

»Es war sogar vor Jahren ein Damm aus Geröll und Abraum im Gespräch«, berichtete Margarethe. »Ich bin gespannt auf Ihre Entwürfe. Von mir aus können wir gern unseren Weg fortsetzen. Ich war einige Monate nicht in Bochum und bin neugierig, welche Fortschritte Herr Schmohl mit der Siedlung Dahlhauser Heide gemacht hat.« Margarethe lehnte sich in ihren Sitz, als das Knattern des Automobils einsetzte. »Haben Sie die Siedlung bereits gesehen?«

Die Antwort ihres Begleiters ging im Motorengeräusch unter, aber das Kopfschütteln sagte alles. Das war gut. Dann hatte der Baurat den Architekten nicht mit seinen Ideen zum Siedlungsbau beeinflusst. Robert Schmohl war ein guter Baumeister, das war keine Frage, aber für sie war es ein Unterschied, ob das Unternehmen eine Siedlung für die Arbeiter baute oder sie eine Siedlung für die Ewigkeit.

Margarethe war erleichtert, als sie die Siedlung am Stadtrand von Bochum erreichten, die die Krupp-Werke für die Arbeiter der Zechen Hannover und Hannibal bauen ließ. Hier, wie überall in den Industriestädten entlang der Ruhr, fehlte es an Wohnraum. Das war heute nicht anders als zu der Zeit, als ihr Schwiegervater die ersten Meisterhäuser im Westen Essens errichten ließ. Kritiker hatten ihm und später auch Friedrich vorgeworfen, dass sie mit den Kolonien nichts anderes im Sinn hatten, als die Arbeiter enger an die Firma zu binden. Das war sicher nicht falsch, aber beide Männer sahen sich als Industrielle in der Pflicht, für das Wohl ihrer Arbeiter zu sorgen. Und es wurde niemand gezwungen, in einer Krupp-Wohnung zu leben.

»Möchten Sie nicht aussteigen, Frau Krupp?« Georg Metzendorf stand neben dem Automobil und hielt ihr seinen Arm hin, damit sie leichter aus dem Fahrzeug klettern konnte. »Ich dachte, wir machen als Erstes einen Rundgang und schauen uns die Häuser an, die schon fertig sind. Herr

Schmohl hat mich darauf hingewiesen, dass zunächst Arbeiterhäuser gebaut wurden und einige Steigerwohnungen. Ihm war wichtig, dass alle Häuser dieselbe Grundfläche haben und die Gärten etwa gleich groß sind.«

Margarethe blickte auf den Plan, den der Architekt entfaltete. Die Zeichnung wirkte auf den ersten Blick wie ein Karopapier, bei dem die Karos etwas verschoben oder verdreht waren. »Das ist mir alles zu gerade, es sieht so durchgeplant aus. Die Häuser, an denen wir gerade vorbeigekommen sind, sind hübsch, sehen aber alle gleich aus. Schade, dass wir uns das nicht von oben ansehen können!«

Georg Metzendorf lachte. »Ja, es wäre schön, wenn wir Graf Zeppelin überreden könnten, einen Flug über die Region zu machen. Zuerst über Bochum, dann über Essen, damit wir Ihren Hügel einmal von oben sehen. Sie haben doch sicher von diesen modernen Luftschiffen gehört. Sind nicht die Teile des Prototyps sogar hier in der Region gebaut worden? Als der Graf im letzten Jahr mit seinem vierten Luftschiff in Echterdingen bei Stuttgart abgestürzt ist, sind durch eine Spendensammlung mehr als sechs Millionen Mark zusammengekommen, sodass er ein neues, verbessertes Luftschiff bauen konnte.«

Margarethe dachte nach. Hatte Friedrich nicht vor einigen Jahren davon erzählt, dass ein Graf Zeppelin ihn angeschrieben hatte, weil er einen Finanzier für ein Luftschiff suchte? Sie konnte sich nicht erinnern, wie ihr Mann auf die Anfrage reagiert hatte, aber sicher lag der Brief im Archiv. Wenn Friedrich die Erfindung unterstützt hatte, konnte sie diesen Grafen vielleicht überreden, eine Luftfahrt über der Ruhr zu unternehmen. Zu gern wüsste sie, ob man aus solch einem Gefährt fotografieren konnte.

»Wie sieht das Luftschiff denn aus?«, fragte sie.

Georg Metzendorf skizzierte ein lang gezogenes Oval auf seinem Block, das wie eine Zigarre aussah, an dem eine kleine Gondel hing.

»Sitzen da etwa die Passagiere?« Margarethe starrte entsetzt auf die Zeichnung des Luftschiffs. Gegen eine Reise in der kleinen Gondel schien ihr die Fahrt in einem Automobil das reinste Kinderspiel. »Ich fürchte, selbst wenn wir Graf Zeppelin überreden würden, müssten Sie sich allein in das Abenteuer stürzen. Das scheint mir eine sehr wackelige Angelegenheit zu sein.«

Der Architekt schmunzelte. »Ich gebe zu, mir wäre auch nicht wohl dabei. An Eisenbahnen, Dampfschiffe und Automobile habe ich mich gewöhnt. Aber in der Luft zu schweben, ohne Boden unter den Füßen? Ich weiß nicht, dafür bin ich als Hesse vielleicht zu bodenständig.«

»Ich glaube, die Frage können wir auf später verschieben. Allerdings werde ich prüfen lassen, ob die Krupp-Werke in irgendeiner Form am Bau dieses Luftschiffs beteiligt waren. Wenn ich mich recht erinnere, hat Graf Zeppelin vor Jahren mit meinem Mann Kontakt aufgenommen. Wer weiß, vielleicht ist die wackelige Kabine ja sogar bei uns gefertigt worden.« Margarethe zog ihre Handschuhe an und den Hut auf den Kopf. Der Februarwind blies ordentlich zwischen den Häusern mit den hohen Giebeln, die Robert Schmohl für diese Siedlung entworfen hatte.

»Wie gefallen Ihnen die Häuser?«, wollte sie von Georg Metzendorf wissen, als sie langsam an den Hausfronten vorbeigingen. Sie sah, wie der Architekt sich wand, während er lange über die Antwort nachdachte. »Nehmen Sie keine Rücksicht, und sagen Sie, was Ihnen einfällt. Ich habe Ihr Kleinwohnhaus in Darmstadt gesehen und auch die Villen, die Sie dort gebaut haben. Jeder Architekt hat seinen eigenen Stil und jeder Betrachter einen anderen Geschmack. Mir geht es darum, mit Ihnen zusammen die optimale Architektur der Häuser für meine Siedlung zu finden.«

»Herr Schmohl hat mir erzählt, dass er die Häuser in Anlehnung an westfälische Bauernhäuser entworfen hat, um einen Gegenpol zu den Zechenanlagen in der Nähe zu bilden. Das passt hierher; die Gegend wirkt ländlich, man sieht Äcker und Felder. Ich gebe jedoch zu, mein Stil ist das nicht. Ich wundere mich etwas. Aber kommt er nicht aus Süddeutschland?«

»Genau, er ist im schwäbischen Allgäu geboren und hat dort in der Region gearbeitet, ehe er nach Essen kam.« Margarethe schmunzelte. »Aber das ist nun schon einige Jahre her. Inzwischen hat er einige Siedlungen gebaut und die Region besser kennengelernt als Sie in diesen ersten Wochen.«

»Das zeigt, dass er ein guter Architekt ist – er greift regionale Besonderheiten auf, wo es passt. Um es direkt zu sagen: Diese Häuser würden auf Ihrem Hügel furchtbar aussehen. Von unten sähe die Siedlung aus wie eine Drahtbürste.«

Margarethe stimmte in Georg Metzendorfs Lachen ein. »Eine Drahtbürste möchte ich nicht!«

»Dann sind wir uns da einig«, stellte der Architekt fest, nachdem sie sich beruhigt hatten. »Mir gefällt, wie geschickt er die Steigung in seinen Plan eingebunden hat. Die Straßen sind teilweise geschwungen, was der Siedlung einen weichen Charakter verleiht. So stelle ich mir das für unsere Siedlung auch vor.«

Mit einem befriedigenden Gefühl stellte Margarethe fest, dass der junge Mann von »unserer Siedlung« sprach. Anscheinend war es ihr gelungen, sich als Teil der Einheit zu positionieren. Sie hatte die Sorge gehabt, dass der Baurat und der Baudezernent in den ersten Wochen seiner Arbeit hier, in denen sie Bertha in ihrer Trauer beigestanden hatte, zu großen Einfluss auf Georg Metzendorf gewonnen hatten.

»Da stimme ich mit Ihnen überein. Ich sehe schon die Straßenschilder vor mir mit heimeligen Namen: Trautes Heim vielleicht oder Stille Gasse. Straßennamen, die eine bestimmte Stimmung hervorrufen.«

»Noch ist es nicht so weit. Ich könnte mir auch Vornamen vorstellen. Aus Ihrer Familie zum Beispiel: Alfredstraße, Friedrichstraße, Margarethenstraße, Berthastraße. Wie heißen Ihre Enkel? Es wäre doch schön, wenn sie zur Geburt eine Straße bekämen.«

Das Lächeln in Margarethes Gesicht verschwand. Jäh flammte die Erinnerung an ihren gerade erst verstorbenen Enkel auf. Eine Arnoldstraße wäre tatsächlich ein schönes Gedenken an ihn.

»Bitte entschuldigen Sie! Ich habe nicht an Ihren Verlust gedacht.« Georg Metzendorf war sichtlich betrübt, dass er die gute Stimmung zerstört hatte.

Margarethe seufzte einmal tief. »Das Leben geht weiter. Ich werde über Ihren Vorschlag nachdenken, allerdings hatte Herr Schmohl für Rheinhausen dieselbe Idee. Mir wäre es lieb, wenn wir andere Namen fänden. Aber bis wir die ersten Straßenschilder benötigen, vergehen ja noch einige Wochen. Was macht denn Ihr Konzept? Am 16. März werden Sie es im Arbeitsausschuss vorstellen, nicht wahr?«

»Ja, Mitte März muss ich meine Ideen präsentieren. Sind Sie auch in dem Ausschuss?«

»Nein, ich halte mich aus der Arbeit der Gremien weitgehend heraus.« Trotz der Trauer, die sie noch verspürte, schob sich ein Lächeln auf ihre Lippen. »Ich versuche, eher im Hintergrund Einfluss zu nehmen, wie Sie vermutlich längst bemerkt haben.«

Georg Metzendorf lächelte und nickte. »Das ist mir nicht verborgen geblieben. Aber ich finde es angemessen! Schließlich baut Ihre Stiftung die Siedlung, Sie haben das Grundstück bereitgestellt und, wie ich hörte, zusätzlich den Grund um das Hochplateau. Damit entsteht auf dem Hügel etwas Einzigartiges, das es so im Reich sonst nirgendwo gibt.«

»Nun übertreiben Sie nicht. Sie kennen die Mathildenhöhe? Die ist für mich einzigartig.«

»Das ist eine Künstlersiedlung und etwas völlig anderes. Sie haben behaglichen, modernen Wohnraum für Arbeiter im Sinn, das ist neu. Ich bin sicher, dass man irgendwann Ihren Hügel mit der Siedlung in Darmstadt in einem Atemzug nennen wird.«

In Gedanken versunken gingen die beiden in der Dahlhauser Siedlung an fertigen Häusern und Rohbauten vorbei. Teils konnten sie zwischen den Häusern in einen großen Innenhof blicken, in dem Kinder sich Bälle zuwarfen oder auf Steckenpferden um die Wette rannten. Teilweise waren die Häuser mit niedrigen Anbauten verbunden.

»Das sind Ställe«, erklärte Georg Metzendorf, als Margarethe stehen blieb und die seltsame Verbindung betrachtete. »Sie schützen außerdem den Garten und die Menschen darin vor Wind und neugierigen Blicken.«

»Das gefällt mir nicht. Mir wäre lieb, wenn Sie dafür eine andere Lösung fänden. Für sehr lobenswert halte ich, dass es hier viel Grün in der Siedlung gibt. Aber das ist bei uns ja selbstverständlich, wir nehmen schließlich Bezug auf Ebenezer Howards Gartenstadt.«

»Wie kommt es, dass Sie sich so gut auskennen mit diesen Siedlungen?«, wollte der Architekt wissen.

Margarethe betrachtete das Automobil, dessen Tür der Fahrer ihr bereits aufhielt. »Das erzähle ich Ihnen bei einem Kaffee gern ausführlich.«

KAPITEL 38

Sommer 1909

»Herr Metzendorf ist da!« Johanna Brandt streckte ihren Kopf durch den Türspalt.

Margarethe löste ihren Blick von dem Album mit Fotos von früheren Reisen zur Kieler Woche, die sie mit Friedrich im Sommer regelmäßig besucht hatte. Sie musste nach vorne schauen. Und der junge Architekt war genau der Richtige dafür, ihr den Weg in die Zukunft zu weisen. Auf ihr Nicken hin öffnete Johanna Brandt die Tür.

Mit einer großen Rolle unter dem Arm betrat Georg Metzendorf den Raum. »Herzlichen Dank, dass Sie mich hier empfangen«, sagte er und ließ den Blick durch den Salon schweifen.

»Ich freue mich, dass Sie gekommen sind.«

»Und ich freue mich, dass Sie Zeit für mich haben. Wie ich höre, kümmern Sie sich um so viele kleine Details. Die Menschen machen sich oft keine Gedanken darüber, wie viel Arbeit das bedeutet.« Während er sprach, rollte er das Papier auseinander. Er sah sich suchend um und zeigte mit dem Kopf auf den Tisch, der mit Kaffee, Brötchen, Marmelade und Käse für ein spätes Frühstück gedeckt war. »Könnten wir den Tisch abräumen? Ich möchte Ihnen etwas zeigen.«

»Lassen Sie uns ins Speisezimmer nebenan gehen. Dort

steht ein großer Tisch, der leer sein sollte. Da können Sie Ihr Papier auslegen. Was ist das?«

Johanna Brandt ging voraus in das Nebenzimmer. Sie räumte schnell die Schalen mit Obst und die Tischläufer beiseite, sodass der Architekt sein Papier ausbreiten konnte.

»Ich brauche etwas, um die Ecken zu beschweren.« Georg Metzendorf sah sich suchend um und stellte die Obstschalen auf die Ecken des Plans.

»Das ist Ihre Siedlung!« Das Strahlen auf dem Gesicht verriet den Frauen, wie stolz und zufrieden er mit seinem Werk war. »Ich werde den Entwurf in den nächsten Tagen im Arbeitsausschuss präsentieren, aber Sie sollen den Plan als Erste sehen.«

Ein Schauer der Freude lief über Margarethes Körper, als sie auf den Plan blickte. »Das ist wunderbar. Ich hätte nicht gedacht, dass so viele Häuser auf das Plateau passen.«

»Ja, man vertut sich da leicht. Ich bin auch immer wieder erstaunt, wenn ich eine Siedlung maßstabsgerecht zeichne und dabei mehr Platz herauskommt, als ich dachte.«

Margarethe ging näher an den Tisch heran. »Unglaublich, wie sich die Siedlung in die Wälder einfügt. Und die Brücke! Genau, wie Sie es mir erklärt haben. Das Ganze sieht aus wie eine Burganlage ohne Burg, dafür mit vielen Häusern.«

Georg Metzendorf zeigte auf einen weißen Fleck in der Mitte einer größeren Ansammlung von Dachsymbolen. »Das soll ein zentraler Platz werden, an dem ein Gasthaus und eine Kirche stehen und wo ein Markt oder ein Fest oder sogar eine Theateraufführung stattfinden könnten.«

»Vielleicht könnte dort auch eine Konsumanstalt gebaut werden, wie in den anderen Werkssiedlungen.«

Der Architekt nickte. »Ich habe auch an eine Einkaufsmöglichkeit gedacht. Was ist eine Konsumanstalt?«

Margarethe erklärte ihm das Projekt, das ihr Schwiegervater ins Leben gerufen hatte: eine Einrichtung, in der die Werksangehörigen zu vergünstigten Konditionen und wenn nötig auf Kredit lebensnotwendige Dinge einkaufen konnten.

»Eine interessante Lösung, die kannte ich nicht«, gab Georg Metzendorf zu. Er zog einen Bleistift aus der Tasche und wies mit der Spitze auf ein quer stehendes Rechteck am Kopfende des Platzes. »Hier könnte die Konsumanstalt hinkommen.«

»Wo werden Sie mit dem Bau beginnen?« Die Vorstellung, dass so viele Häuser gebaut werden mussten, überforderte Margarethe. Das konnte niemals in zwei oder drei Jahren geschehen!

»Ich dachte mir, wir fangen am Brückenkopf an. Und stellen zunächst das Areal bis zum Platz vor dem Gasthaus und Ihrer Konsumanstalt fertig. Sehen Sie hier …« Er ließ den Bleistift über den weißen Flächen kreisen, die zusammengenommen fast einen ovalen Ring bildeten. »Für diese Straße habe ich übrigens schon einen Namen.« Georg Metzendorf lächelte. »Ich hoffe, er gefällt Ihnen.« Sein Bleistift ging vom Brückenkopf bis zu dem gedachten Marktplatz. »Dies könnte die Giebelstraße werden, weil die Giebel der Häuser alle zur Straße zeigen. Oder wir nennen sie Marktstraße, denn der Weg führt ja auch direkt zu dem kleinen Markt. Wir haben auch über Steile Straße nachgedacht, weil es auf dieser Strecke eine Steigung geben wird, die vermutlich manch einen außer Atem bringt.«

Margarethe lachte. »Steile Straße gefällt mir, auch wenn ich hoffe, dass die Straße nicht allzu steil ausfallen wird.«

»Ich lasse den Torbogen so groß bauen, dass ein Automobil hindurchpasst«, versprach der Architekt.

»Lieber wäre mir, wenn auch eine Kutsche hindurchpasste«, konterte Margarethe.

»Das ist wirklich beeindruckend.« Johanna Brandt ging um den Tisch herum und betrachtete den Plan von allen Seiten. »Diese weißen Flächen hinter den Rechtecken – sind das Gärten?«

»Genau. Wie Sie sehen, habe ich die Häuser alle dicht an der Straße geplant. Vorgärten sind zwar hübsch, das ist keine Frage, aber sie könnten hier nur klein ausfallen. Das Ganze muss ja wirtschaftlich bleiben. Deshalb habe ich darauf verzichtet und stattdessen die Gärten hinter den Häusern größer geplant, damit sich die Familien dort aufhalten können, ohne dass ihnen gleich jeder Passant auf den Tisch gucken kann.«

»Apropos Tisch: Wollen wir uns nicht nebenan hinsetzen und etwas essen, während Sie uns erzählen, was Sie sich sonst gedacht haben? Ich glaube, Fräulein Brandt und ich haben Fantasie genug, um das Bild des Plans im Kopf mitzunehmen.«

»Auf einen Punkt möchte ich Sie aber hier noch hinweisen.« Georg Metzendorf zeigte auf zwei Gebäudegruppen am unteren und rechten Rand der Siedlung. »Ihnen war doch wichtig, dass die vorhandenen Gebäude eingebunden und erhalten werden. Sehen Sie, der Hülsmanns Hof ist hier im Norden. Ich könnte mir vorstellen, dass der Pächter seine Anlage mittelfristig um ein Gasthaus erweitert, was ebenso hier möglich wäre.« Er zeigte auf ein verwinkeltes Gebäude rechts unten, sah Margarethe an und schmunzelte. »Wenn Sie mit Graf Zeppelin über Ihren Hügel fliegen könnten, sähe der Hof übrigens ganz ähnlich aus. Was machen Ihre diesbezüglichen Pläne?«

Margarethe ging zur Tür, die zum Salon führte. »Das verrate ich Ihnen beim Kaffee!«

Während des Frühstücks berichtete sie dem Architekten und ihrer Gesellschafterin, dass sie bei der Durchsicht von Friedrichs Korrespondenz tatsächlich einen Brief von Ferdinand Graf von Zeppelin gefunden hatte: »Am 13. Juni 1892 hat er meinem Mann eine Beschreibung mit einer Zeichnung seines Luftschiffes geschickt. In dem Brief bezieht er sich auf ein Gespräch, das die beiden anscheinend geführt hatten, und mich lässt er grüßen. Das erklärt auch, warum er mir nach dem Tod meines Mannes kondolierte. Haben Sie das Schreiben gefunden, Fräulein Brandt?«

Ihre Gesellschafterin schüttelte den Kopf. »Ich vermute, dass das Schreiben an die Hauptverwaltung ging. Herr Müller sieht die Unterlagen durch.«

»Ich bin sicher, dass es eine Karte oder einen Brief gab, weil ich mit dem Namen zuerst nichts anfangen konnte. Aber wenn der nicht auftaucht, macht das auch nichts. Ich habe entschieden, ihm zu schreiben, dass ich mich freue, dass seine Arbeit mit den Luftschiffen solche schönen Fortschritte macht, und mein Mann sich sicher ärgern würde, dass er das Angebot, finanziell einzusteigen, nicht angenommen hat.« Sie legte das Besteck nebeneinander auf den Teller und tupfte mit der Serviette ihren Mund ab. »Unter uns: Wäre Friedrich in das Geschäft eingestiegen, wäre das Geld heute weg. Haben Sie mir nicht erzählt, dass die ersten Zeppeline abgestürzt und verbrannt sind?«

Georg Metzendorf nickte und erklärte Johanna Brandt, was er Margarethe berichtet hatte. »Ich finde es nachvollziehbar, dass Ihr Mann damals nicht eingestiegen ist. Das war ein völlig neuer Bereich, der mit seiner eigenen Arbeit wenig zu tun hatte. Bei Schiffen ist das etwas anderes, sie werden aus Stahl gefertigt, aber für einen Zeppelin wird vor allem Baumwollstoff benötigt, der mit einem besonderen

Lack beschichtet wird. Das Gestell besteht aus legiertem Aluminium, das, soweit ich weiß, im Sauerland hergestellt wird. Die Firma Krupp kommt als Lieferant also gar nicht infrage.«

»Da haben Sie recht. Direktor Groß hat die Sache damals geprüft und abgelehnt.«

»Wirklich schade, dann hätten Sie Graf von Zeppelin fragen können, ob er auf dem Flug, der im September bei der Luftfahrtschau in Frankfurt geplant ist, über Essen und Bochum fliegt. Ich kam auf die Idee, als Frau Geheimrat sich wünschte, sie könnte die Dahlhauser Siedlung in Bochum von oben betrachten«, erläuterte Georg Metzendorf Johanna Brandt, die bei dem Gespräch verwundert von einem zum anderen geblickt hatte.

»Das ist aber schon eine Weile her, oder?«

Margarethe lachte. »Das war im Winter, als Herr Metzendorf mich mitgenommen hat, um die Siedlung von Herrn Schmohl zu besichtigen.«

»Jetzt verstehe ich, weshalb Sie plötzlich die alte Korrespondenz benötigen.«

»Ich werde Graf Zeppelin schreiben. Entweder er antwortet, oder wir hören nichts von ihm.« Sie kniff die Augen zusammen, dachte nach und schmunzelte dann. »Außerdem werde ich mich bei Oberbürgermeister Holle erkundigen, ob eine Zeppelinfahrt über die Ruhrstädte geplant ist, wenn der Kaiser mit dem Luftschiff unterwegs ist.«

Sie nahm ihre Kaffeetasse und starrte hinein, als wollte sie dort die Zukunft lesen. »Eigentlich könnte ich auch dem Kaiser schreiben, dass es eine schöne Idee wäre, wenn er die Villa Hügel einmal von oben betrachtete.«

Nun lachte Georg Metzendorf. »Ich bin gespannt, was Sie ausrichten können. Wie man hört, sind weder Graf Zeppelin noch Kaiser Wilhelm Männer, die sich leicht um den Finger wickeln lassen.«

»Da kennen Sie unsere Frau Krupp schlecht.« Johanna Brandt erzählte ihm von der Rolle, die der Kaiser nach Friedrichs Tod gespielt hatte, und dass er sogar bei Berthas Trauung anwesend gewesen war.

»Das wusste ich nicht.« Der Architekt sah Margarethe bewundernd an. »Aber ich hätte es mir denken sollen, so wie Sie bisher im Hintergrund die Fäden für unsere Siedlung gesponnen haben. Meine Kollegen können es nicht glauben, dass für Ihr Projekt sämtliche baurechtlichen Vorschriften aufgehoben wurden.«

»Ich habe nicht viel getan. Allenfalls hier und da ein Gespräch geführt.« Dabei war allerdings hilfreich, dass die Arbeit ihrer Stiftung unter kaiserlichem Schutz stand. Dadurch, dass sie diese Stiftung im Beisein Seiner Majestät bekanntgegeben hatte, fühlte der sich wie ein Pate für sein Patenkind verantwortlich. Nicht, dass sie ihn von jedem Problem unterrichtete. Aber wann immer sich die Gelegenheit bot, berichtete sie ihm oder Kaiserin Auguste Viktoria von dem Fortgang der Siedlung über dem Mühlbachtal oder von einem Stillstand, wenn trotz der Einbindung der Stadt Essen eine bürokratische Hürde im Weg stand.

»Mir kann es nur recht sein. Ich freue mich, dass ich hier meine Ideen verwirklichen kann.« Georg Metzendorf sah auf die Uhr. »Möchten Sie noch einmal auf den Plan schauen? Sonst würde ich mich auf den Weg machen. Herr Schmohl und ich haben einen Termin im Bauamt der Stadt wegen der Raumhöhe.«

»Worum geht es da?« Margarethe schob ihr Kaffeegedeck beiseite und griff nach dem Notizbuch, das auf dem vierten leeren Stuhl lag.

»Sie wissen ja, dass mir die Proportionen der Häuser in Bochum nicht gefallen haben. Herr Schmohl hat mir erklärt, dass die Dächer vor allem deshalb so spitz zulaufen, weil das Baurecht eine bestimmte Deckenhöhe vorschreibt. Meine Idee ist nun, die Räume nicht ganz so hoch zu bauen, wodurch die Häuser kleiner wirken.«

»Ich wusste nicht, dass es Vorschriften für Raumhöhen gibt.« Johanna Brandt sah den Architekten erstaunt an. »Wenn ich an die Kammern in meinem Elternhaus denke … Da konnte ich kaum stehen, die waren höchstens 1,70 Meter hoch.«

»Das ist natürlich in jeder Region anders«, antwortete Georg Metzendorf. »Hier bei uns müssen die Räume eine Höhe von 2,80 bis 3,00 Meter haben. Ich würde gern runtergehen auf 2,50 Meter. Dann ist immer noch viel Raum über einer Tür, wenn man davon ausgeht, dass diese zwei Meter hoch ist. Bei zwei Stockwerken sparen wir auf diese Weise einen ganzen Meter.«

»Eine pfiffige Idee.« Margarethe notierte die Zahlen in ihr Buch, damit sie diese griffbereit hatte, falls sich ein Gespräch mit dem Oberbürgermeister ergab. Vielleicht konnte Gustav seinen Einfluss geltend machen. Oder Ernst Haux, falls das Thema in der Stadtverordnetenversammlung zur Sprache kam. »Dann haben wir ja jeder unsere Aufgaben.« Sie stand auf und signalisierte damit, dass sie den Architekten nicht länger aufzuhalten gedachte. »Ich werde direkt den Brief an Graf von Zeppelin schreiben. Würden Sie das Nachrichtenbüro bitten, mehr über diese Luftfahrtschau in Frankfurt herauszufinden, Fräulein Brandt?«

»Ich gebe mir Mühe, die Herren von meinem Wunsch für die Raumhöhe zu überzeugen. Habe die Ehre!« Georg Metzendorf schüttelte Margarethe und ihrer Gesellschafterin die Hand und ging zur Tür. Im Türrahmen stoppte er. »Jetzt hätte ich fast meinen Plan vergessen. Geben Sie es zu, Sie wollten sich Ihre Siedlung gerne länger ansehen.«

»Das stimmt natürlich, aber ich sehe ja, wie viel Arbeit es ist, einen solchen Plan zu zeichnen. Vielleicht versuche ich den kleinen Teil, der zuerst gebaut werden soll, nachzuzeichnen.«

Der Architekt sah Margarethe überrascht an. »Sie zeichnen?«

»Gelegentlich. Früher habe ich mehr gezeichnet, aber Ihr Plan hat mich motiviert, es wieder einmal zu versuchen.« Tatsächlich hatte es Margarethe in den Fingern gejuckt, den Plan abzuzeichnen, als er auf dem Tisch lag. Sie würde sehen, ob sie ihn nicht aus dem Gedächtnis skizzieren konnte, um sich täglich daran zu erfreuen.

»Wenn Sie nicht weiterkommen, melden Sie sich«, bat Georg Metzendorf, als sie ihn durch die Halle zum Ausgang begleitete. »Vielleicht kann Herr Schmohl einen der Lehrlinge im Baubüro mit einer Kopie beauftragen. Die jungen Herren müssen schließlich lernen, Pläne zu zeichnen. Das ging mir in den ersten Jahren im Büro meines Bruders nicht anders.«

Die Aussicht, bald ihre Siedlung in einem Rahmen an der Wand hängen zu sehen, beflügelte Margarethe. Nachdem sie die Tür hinter dem Gast geschlossen hatte, eilte sie sofort in ihr Arbeitszimmer und schrieb an Graf Zeppelin.

KAPITEL 39

September 1909

Margarethe ließ die Denkschrift über den Ausbau ihres Stiftungsgeländes sinken, die Georg Metzendorf in die kleine Villa geschickt hatte, als sie mit Barbara, Tilo und Ursula in Mittenwald gewesen war. Da sich die Planungen für ihre Siedlung über den Sommer zogen, hatten sich die trüben Stimmungen, an denen sie nicht erst seit den Wechseljahren litt, stärker gezeigt. Obwohl sie sich bemühte, ihre Unruhe im Beisein ihrer Töchter zu verbergen, blieb diese nicht unbemerkt, und sie formulierten immer häufiger ihre Sorge um das Wohl der Mutter. Nach einem Treffen der Familien Anfang August, von dem Margarethe sich schnell zurückgezogen hatte, hatte Barbara entschieden, dass ihre Mutter eine Luftveränderung bräuchte.

Zunächst hatte Margarethe nichts davon wissen wollen, schließlich konnten täglich Fortschritte der Bauplanung vermeldet werden, und sie wollte auf keinen Fall den ersten Spatenstich verpassen. Erst als Robert Schmohl und Georg Metzendorf ihr erklärten, dass mit einem Beginn der Bauarbeiten im August nicht zu rechnen war, hatte sie sich auf die Reise eingelassen.

Heute wusste sie, dass es die richtige Entscheidung gewesen war, mit ihrer Tochter, dem Schwiegersohn und der kleinen Enkelin nach Mittenwald zu fahren und einige Tage

auf einer Berghütte zu verbringen. Tilo war auf die Jagd gegangen, und sie hatte weitab von Stiftung und Wohltätigkeit
Muße, mit ihrer Enkelin zu spielen und mit Barbara über
das Leben als Witwe zu sprechen. Ihre Tochter hatte Margarethe in manchem den Kopf zurechtgerückt und sie mit
ihrer Lebensfreude angesteckt.

Erst in der Abgeschiedenheit war ihr klar geworden, dass
sie ihr Temperament im Laufe des Lebens verloren hatte. Es
musste einmal vorhanden gewesen sein, sonst hätte sie sich
niemals gegen ihre Eltern durchsetzen können. Sie hatte
auch erkannt, weshalb sie in diesem Sommer so missmutig
geworden war: Das Warten zermürbte sie, weil sie nichts tun
konnte. Der Plan war fertig, doch die Baugenehmigung für
die Häuser mit den geänderten Raumhöhen fehlte. Das Einzige, was sie selbst hätte tun können, wäre, die Baufläche von
Hand zu roden. Und dann war da dieser Graf von Zeppelin,
der nicht auf ihren Brief antwortete. Das ärgerte sie besonders, weil es ihr zeigte, dass sie nun eben nicht mehr Frau
Geheimrat Krupp war, sondern eine Witwe, die als Frau in
der Gesellschaft nichts zu sagen hatte. Nach Berthas Hochzeit hatte sie die Vorfreude auf ihre Siedlung in Spannung
gehalten, aber nun, wo es endlich losgehen könnte, stockte
alles – der Bau und ihr Leben.

»Wir sollten in fünfzehn Minuten aufbrechen.« Johanna
Brandt unterbrach ihre Gedanken und zeigte auf die Wand-
uhr.

»Ich weiß nicht, ob ich überhaupt mitfahren soll.«

»Sie *müssen* mit!«, erklärte die Gesellschafterin resolut.
»Nur dank Ihnen wird der Zeppelin überhaupt in Essen landen!«

»Ach was!« Auch nach ihrer Rückkehr aus Mittenwald

hatte sie keine Antwort von Graf Zeppelin vorgefunden. Sicher, er hatte vermutlich viel zu tun mit dem Bau des neuen Luftschiffs. Über das Nachrichtenbüro hatte sie erfahren, dass am 25. August die Erstfahrt des *LZ 6* erfolgt war, der sich gleich danach auf den Weg nach Berlin gemacht hatte. Der Kaiser, der an einer Rundfahrt über Berlin in der Passagierkabine teilnahm, war begeistert gewesen. Nun war das Luftschiff tatsächlich auf dem Weg an die Ruhr. Wer auch immer das angestoßen hatte – ob es ihr Brief war, Gustavs Nachfrage oder die Bitte von Oberbürgermeister Holle –, wusste niemand zu sagen. Graf Zeppelin hatte vom Badischen aus, wo er sich auf Wunsch des Kaisers beim diesjährigen Kaisermanöver gezeigt hatte, Düsseldorf angesteuert. Von dort sollte es den Rhein hinunter und dann entlang der Ruhr weitergehen.

Ob ein Fotograf an Bord war, wusste niemand.

Margarethe dachte daran, was sie sich in Mittenwald versprochen hatte. Sie wollte sich wieder mehr in das Leben stürzen und es leben, statt zu warten. Entschlossen stand sie auf. »Sie haben recht, wir sollten uns diese Luftzigarre anschauen.«

»Die Kutsche ist auch bereits vorgefahren«, berichtete Johanna Brandt.

»Dann lassen Sie uns fahren. Nicht dass das Luftschiff weitergezogen ist, wenn wir ankommen.« Margarethe ging voraus und begrüßte den Kutscher.

Friedrich Nacke nickte ihr von seinem Kutschbock zu. »Guten Tag, Frau Krupp. Ich habe den offenen Wagen gewählt, vielleicht können Sie unterwegs den Zeppelin entdecken.«

»Danke. Das ist eine gute Idee. Für einen 20. September ist das Wetter mild.«

»Die Landung soll in der Nähe der Lührmannstraße erfolgen«, informierte Johanna Brandt den Fahrer.

»Das weiß ich doch!« Der Kutscher wartete, bis die beiden Frauen sich hinten im Fond eingerichtet hatten, und schnalzte dann mit der Zunge, damit die beiden Pferde sich in Bewegung setzten.

»Was Herr Lührmann wohl dazu gesagt hätte, dass neben seiner Straße ein Luftschiff landet?«, sinnierte Johanna Brandt, als sie über die Straßen schaukelten.

»Er würde sich wundern wie wir«, vermutete Margarethe. »Oder auch nicht. Er war ein sympathischer Mann und hat mit seinen Stiftungen viel Gutes für die Menschen in Essen getan. In den letzten Jahren war er sicher verbittert, nachdem seine einzige Tochter so früh verstorben ist.«

Margarethe sah in die Ferne. Sie hatte Edmund Lührmann vor einigen Jahren kennengelernt, nicht in Essen, sondern bei einem Aufenthalt in Wernigerode mit Barbara. Diese hatte herausgefunden, dass ein Essener in dem Harzstädtchen lebte, und den Kontakt hergestellt. Sie hatten ein gemeinsames Thema gefunden in der Fürsorge für Kinder und Benachteiligte und waren danach lose in Verbindung geblieben. Daher wusste sie, dass er sich Anfang des Jahres einen lang gehegten Wunsch erfüllen wollte, mit dem Schiff nach Buenos Aires zu fahren. Der Nachruf in der *Essener Volkszeitung* hatte sie erschüttert, weil der Wohltäter kurz nach seiner Ankunft in Argentinien einem Herzschlag erlegen war.

»Schauen Sie, dahinten!« Ganz entgegen ihrer sonstigen Art stieß Johanna Brandt Margarethe mit dem Ellbogen in die Seite.

Tatsächlich war in der Ferne am Himmel etwas zu sehen,

was wie ein Querstrich aussah. Das musste das Luftschiff sein.

»Mir war nicht klar, dass der Platz so nah an meinem Stiftungshügel liegt. Da hätte die Luftzigarre wirklich gut auf unserem Gelände niedergehen können.« Margarethes Stirn legte sich in Falten, ihre Lippen waren zusammengepresst und die Augen zu Schlitzen geworden.

»Da sind wir. Weiter kann ich Sie nicht fahren, dort vorne ist alles abgesperrt.« Mit einem vernehmlichen »Brr« brachte der Kutscher die Pferde zum Stehen.

Margarethe schüttelte ihren Ärger ab. Johanna Brandt und Friedrich Nacke konnten nichts dafür, dass dieser Graf ihr nicht geantwortet hatte. Sie blickte auf den Platz neben der Straße. »Ich hätte nicht gedacht, dass so viele Menschen kommen.«

Überall auf der Fläche standen Männer, einige in langen Röcken mit steifen Hüten, andere in Arbeitskleidung mit ihrer Kappe auf dem Kopf. Frauen waren kaum zu sehen.

»Es gibt einen Bereich für die Honoratioren«, berichtete Johanna Brandt. »Dorthin müssten wir allerdings zu Fuß gehen.«

»Das wäre nicht schlimm, ich bin gern auf Schusters Rappen unterwegs. Wenn ich richtig sehe, müssten wir uns allerdings durch die Menschenmenge kämpfen, nicht wahr?«

Ihre Gesellschafterin nickte. »Ja, leider. Wenn ich ehrlich bin, würde ich lieber hierbleiben.«

»Hätte ich darüber nachgedacht, hätten wir doch die Ferngläser mitnehmen sollen, mit denen wir in Sayneck das Wild beobachtet haben.«

Johanna Brandt zog aus ihrer Tasche zwei Ferngläser hervor. »Die habe ich sicherheitshalber eingepackt. Ich wusste nicht, wie nah die Kutsche an den Landeplatz heranfahren kann.«

»Dann bleiben wir hier. Dem Grafen will ich ohnehin nicht die Hand schütteln.«

»Ich denke, der Oberbürgermeister wird ihn begrüßen sowie ein paar Herren aus der Stadtverordnetenversammlung. Ihr Schwiegersohn ist sicher bereits dort, zumindest habe ich das im Haus gehört. Ihre Tochter wollte mit Alfried nachkommen.«

Margarethe seufzte. Sie hatte sich über Bertha gar keine Gedanken gemacht, war davon ausgegangen, dass sie mit Gustav zum Empfangskomitee gehören würde. Aber natürlich hätte sie Alfried nicht mitnehmen können.

»Sicher sieht sich Ihre Tochter das Spektakel mit dem Kleinen ebenfalls aus der Ferne an.« Johanna Brandt hatte den Satz nicht beendet, da ertönte in ihrem Rücken ein Pfiff. Als sie sich umblickten, hielt hinter ihrer Kutsche ein weiteres Gespann, in dem der kleine Alfried stand und aufgeregt auf den Strich am Himmel zeigte, der inzwischen die Größe einer sehr dicken Zigarre angenommen hatte.

Aus der Ferne beobachteten die Frauen, wie das Luftschiff langsam auf dem Feld herunterging.

»Ich bin froh, dass ich nicht in der Kabine sitze«, stellte Margarethe fest. Die Vorstellung, den riesigen Ballon über sich hängen zu haben, erschien ihr nicht allzu verlockend. Dennoch war sie beeindruckt von dem Luftschiff und von Graf Zeppelin, der über zehn Jahre seinen Traum verfolgt hatte. Er war bereits sechzig Jahre alt gewesen, als er Friedrich vor sechzehn Jahren um Unterstützung gebeten hatte. Trotz aller Rückschläge hatte er weiter an seine Idee geglaubt und immer wieder von vorn angefangen.

Auch wenn sie sich weiterhin über ihn ärgerte: Sie würde

sich ein Beispiel an ihm nehmen. Sie war 55 Jahre alt und musste niemanden um finanzielle Unterstützung bitten, um ihre Träume zu verwirklichen. Sie hatte alle Möglichkeiten und kannte die entscheidenden Personen. Es gab keinen Grund, nicht hoffnungsvoll in die Zukunft zu blicken.

KAPITEL 40

Herbst 1909

Ein Hauch von Melancholie überkam Margarethe, als sie von ihrem Salonfenster die Gärtner beobachtete, die Orangenbäumchen und Palmen, Bananenstauden und Agaven auf den alten Pflanzwagen packten, den noch Alfred hatte bauen lassen. Diese Arbeit war ein untrügliches Zeichen dafür, dass der Winter nahte. Solange nur die bunten Blätter von den Bäumen fielen, konnte sie sich einreden, wie schön der goldene Oktober sei. Aber nun standen bis auf die Nadelbäume nur Gerippe in den Gärten, das Wasser der Fontänen war abgestellt, und jetzt verschwanden auch die Pflanzen, die sie und Friedrich von den ersten glücklichen Reisen mitgebracht hatten.

Sieben Jahre waren vergangen seit dem letzten großen Zerwürfnis mit ihrem Mann, als er sie nach Jena geschickt hatte, statt ihr zu erlauben, ihm in den schwersten Monaten seines Lebens beizustehen. Sieben Jahre. Eine lange Zeit, und obwohl das Unternehmen längst von Gustav gelenkt wurde, zerrte die Presse Friedrichs Tod alljährlich wieder ans Licht. Nun wurde gar angezweifelt, dass er wirklich verstorben sei. Es hieß, er lebe in Amerika und lenke von dort aus weiter die Geschicke der Krupp-Werke. Das Nachrichtenbüro hatte versucht, ihr diesen Artikel zu verheimlichen. Aber wie hieß es so schön: Wer gierige Verwandte hat, braucht keine Feinde.

Um Alois von Wertbach war es ruhig geworden, seit es ihm nicht gelungen war, Mittel für die Rückreise aus Pretoria nach Deutschland aufzutreiben. Gelegentlich meldete der Krupp-Vertreter vor Ort nur, dass er angeklopft und um Geld gebeten habe. Gustav hatte ihm deutlich zu verstehen gegeben, dass von dieser Seite keine Hilfe zu erwarten war. Sie selbst unterstützte weiterhin Alois' ehemalige Frau und gelegentlich auch seine Kinder, die nicht nach ihrem nichtsnutzigen Vater geraten waren.

Leider war es bisher nicht gelungen, mit ihrem Cousin Waldemar von Keimsdorff einen ähnlichen Kompromiss zu schließen. Auf dem Hügel war er nicht mehr erschienen. Gustav hatte dafür gesorgt, dass das Gelände eingezäunt wurde und der Zugang nur an den offiziellen Toren möglich war. Die Pförtner waren instruiert, niemanden einzulassen, der nicht angemeldet war. Sicher wechselte das Personal, das Waren abholte und lieferte, und auch die Fahrer der Gäste waren nicht stets dieselben, aber eines war Margarethe gewiss: Als so jemand würde sich Waldemar von Keimsdorff niemals einschleichen.

Dank Tilos guter Kontakte zur Gendarmerie hatte es nur einen weiteren Versuch Waldemars gegeben, mit Barbara in Bonn in Verbindung zu treten. Damals hatte er sich unversehens neben sie auf eine Bank gesetzt, als sie Ursula im Park beim Spielen im Sandkasten zusah. Aber derzeit war die Familie in Sicherheit. Mitte Oktober hatten Tilo und Barbara sich auf der *Rolling Billy* eingeschifft, wie der Ozeandampfer *Kaiser Wilhelm* oft genannt wurde. Wenn Margarethe sich Sorgen um die beiden machen musste, dann eher, ob das Schiff sicher die amerikanische Küste erreichte. Noch waren sie auf See, und sie sagte sich täglich, dass keine Nachrichten in dem Fall gute Nachrichten waren.

Mit einem langen tiefen Atemzug, der in einem ebenso langen Seufzen endete, wandte sie sich vom Fenster ab. Auf dem Tisch lag Waldemars Brief mit dem Artikel über Friedrich. Es war schon bemerkenswert, wie sehr es sie auch nach all dieser Zeit schmerzte, an ihren Mann zu denken. Besonders schlimm war es, wenn sein Engagement und sein Lebenswerk verhöhnt wurden. Sicher hatte ihr Schwiegervater dieses Haus gebaut, das wie eine Burg über der Stadt thronte. Sicher lebten er und seine Nachfahren in komfortablen Verhältnissen und mussten nicht darben. Aber alle Krupps hatten immer darauf geachtet, dass es ihren Arbeitern und Angestellten gut ging. Friedrich zu unterstellen, dass er seit sieben Jahren in Saus und Braus in Amerika lebe und sich nicht um die Menschen in Essen kümmerte, war unverfroren. Und es wertete all das ab, was sie in den vier Jahren als Treuhänderin vollbracht hatte, und auch was Bertha und Gustav seit ihrer Hochzeit erreicht hatten. Viele Annehmlichkeiten für die Bürger in Essen und der Region wären ohne ihre Unterstützung niemals möglich gewesen.

Nachdenklich betrachtete sie die Einladung zur Einweihung der evangelischen Kirche eine Woche nach Friedrichs Todestag. Auch diese Gemeinde stünde ohne ihre Spende ohne Orgel da.

»Soll ich Herrn von Keimsdorff für Sie antworten?«

Margarethe schreckte auf. Sie hatte Johanna Brandt völlig vergessen, die noch immer mit Notizblock und Stift bereit saß, um sich Anweisungen für die Antworten auf eingegangene Korrespondenz diktieren zu lassen.

Margarethe schüttelte den Kopf. Sie nahm Brief und Artikel und zerriss sie in viele kleine Schnipsel. »Nein! Jede Antwort gäbe ihm das Gefühl, wichtig zu sein, und verstärkt bloß seine Vorstellung, er hätte einen Anspruch auf

Zuwendungen von meiner Seite. Bitte suchen Sie auch die anderen Schreiben von ihm heraus und vernichten sie. Ich möchte nicht, dass er weiterhin in meinem Leben auftaucht. Solange meine Mutter lebte, habe ich ihn ihr zuliebe toleriert, aber nun ist Schluss. Die wenigen Jahre, die ich noch zu leben habe, sind mein Leben, und das lasse ich mir nicht von diesen aufgeblasenen Nichtsnutzen und Schmarotzern vermiesen.«

Ihre Gesellschafterin hob den Stift auf, der ihr bei Margarethes Ausbruch aus der Hand gefallen war. »Sie haben völlig recht, er tanzt Ihnen schon viel zu lange auf der Nase herum. Mit dem Geld, das er bekommen hat, könnte meine Schwester Susanne ihre ganze Familie ein Leben lang versorgen.«

»Wenn Sie Hilfe für Ihre Familie benötigen, sagen Sie das bitte.« Margarethe sah Johanna Brandt erschrocken an. Sie wusste, dass sie eine Schwester hatte, weil sie gelegentlich einige Tage dort verbrachte.

»Das weiß ich doch und wollte auch gar nicht darauf hinaus. Ich frage mich nur bei jedem Scheck, den Sie Menschen ausstellen, die ohnehin über Geld verfügen, was ärmere Leute davon alles an Lebensnotwendigem kaufen könnten.«

Margarethe schob die Schnipsel zusammen. »Das denke ich auch oft. Deshalb lasse ich mir immer ausführlich erklären, wofür das Geld benötigt wird. Ich weiß, diese langen Briefe von Tante Paula sind fürchterlich, die Schrift ist schwer zu lesen und das Selbstmitleid kaum zu ertragen, aber wenn sie etwas von mir will, soll sie das zumindest begründen.«

Johanna Brandt schmunzelte. All diese Briefe befanden sich in einem gesonderten Ordner, dadurch fiel besonders auf, dass die Schreiben fast monatlich eingingen.

»Was machen wir mit dem Brief von Fritz Menshausen?«

Margarethe setzte sich an den Tisch und überflog, was ihr der Sohn des ehemaligen Direktors auf ihr Kondolenzschreiben geantwortet hatte. Carl Menshausen war ein Weggefährte Friedrichs, der ihr immer verbunden geblieben war. Vor zwei Jahren hatte er ihr in einem langen Schreiben anvertraut, dass er täglich mit seinem Tod rechnete, und sie gebeten, sich in dem Fall um seine Familie zu kümmern. Im August hatte sein Sohn sie benachrichtigt, dass der Vater verstorben war. Margarethe hatte ihm in einem persönlichen Brief kondoliert und erklärt, wie sehr sie mit der Familie trauerte und dass sie sich jederzeit an ihn wenden könnten, wenn sie Unterstützung benötigten.

»Ich werde ihm in Ruhe antworten.« Sie legte den Brief zur Seite. »Es ist ein Jahr der Abschiede, nicht wahr? Erst der kleine Arnold, dann Carl Menshausen, Anton Dohrn ... Barbara, Tilo und Ursula in Amerika ... Wer weiß, wer noch gehen wird.«

»Ach, Frau Krupp, weg mit den trüben Gedanken! Barbara wird in wenigen Monaten zurück sein und sicher ganz viel zu erzählen haben.« Johanna Brandt winkte mit dem Papier, das als Nächstes auf ihrem Stapel lag. »Schauen Sie, das ist doch eine gute Nachricht: Das Bauamt hat dem Wunsch von Herrn Metzendorf und Herrn Schmohl entsprochen. In Ihrer Siedlung dürfen endlich niedrigere Häuser gebaut werden. Sogar die Treppen können schmaler gesetzt werden, sodass mehr Platz zum Wohnen bleibt. Und sehen Sie sich das einmal an.« Sie zog aus dem Papierstapel einen Brief hervor, den sie als weniger wichtig eingestuft hatte, während sie die Nachricht des Baurats referierte. »In Wohngeschossen müssen die Treppen eigentlich mindestens einen Meter breit sein, damit zwei Personen aneinander vorbeigehen können. Das muss Herr Metzendorf nicht beachten, deshalb sind die Treppen nur achtzig Zentimeter breit, das reicht für eine Person und einen Tisch, wenn man ihn nach oben bringen muss.«

»Danke, dass Sie immer versuchen, mich aufzumuntern.« Margarethe lächelte vorsichtig. Als sie den Brief, den Johanna Brandt ihr reichte, und seine Anlagen sah, verteilte sich die Freude auf dem ganzen Gesicht. »Graf von Zeppelin entschuldigt sich, dass er nicht früher geantwortet hat. Er meint, ich hätte sicher mitbekommen, dass er in Essen gelandet ist. Leider hätte er mich nicht persönlich treffen können, aber das könnten wir bei anderer Gelegenheit nachholen. Da mir die Luftaufnahmen so wichtig seien, habe er einen Fotografen an Bord genommen, der während der Fahrt die Städte von oben aufgenommen hat. Er bedankt sich sogar für die Anregung.«

Sie betrachtete die Fotografien, die dem Brief beigelegt waren. Auf der einen waren ganz deutlich die spitzen Dächer der Häuser der Siedlung Dahlhauser Heide in Bochum zu sehen und auf der anderen eine Brachfläche auf einem Hochplateau, von Tälern umgeben mit den Anfängen einer Brücke an einer Seite. Ihr Hügel, den Georg Metzendorf und Robert Schmohl im Scherz »Margarethenhügel« nannten, um eine Verwechslung mit dem Hügel der Villa zu vermeiden.

»Das ist unglaublich, oder?« Johanna Brandt stand auf und stellte sich neben Margarethe. »Sehen Sie mal, sogar die kleinen Wasserläufe in den Tälern sind auf dem Bild zu erkennen.«

»Das ist wirklich eine Freude.« Margarethe strahlte. Sie konnte es kaum erwarten, Georg Metzendorf die Aufnahmen zu zeigen, der sie ein wenig damit aufgezogen hatte, dass sie nicht im Zeppelin mitgefahren war. Nun hatte der Graf ihre Idee aufgegriffen, und sie besaß eine Fotografie vom Platz ihrer künftigen Siedlung. »Wissen Sie was? Das wird das erste Foto einer Dokumentation über den Bau meiner Kolonie. Bitte besorgen Sie mir doch ein schönes, dickes Album.«

Johanna Brandt notierte die Anweisung und schob die restlichen Briefe zurück in die Postmappe. »Das reicht für heute, oder? Wollen wir vor dem Essen mit Herrn Hugenberg und seiner Frau eine Runde Tennis spielen?«

Margarethe legte die Papiere zusammen und stand auf. »Das ist eine gute Idee. Lassen Sie uns die trüben Gedanken wegschlagen. Ich bin gespannt auf Herrn Hugenberg. Meine Wahl für den Vorsitz des Direktoriums war er nicht. Aber Gustav hat ihn befürwortet, und er ist es, der mit ihm zusammenarbeiten muss. Als Vorsitzender des Aufsichtsrates wird es Gustav hoffentlich gelingen, ihn von den Krupp-Traditionen zu überzeugen. Sicher muss das Unternehmen mit der Zeit gehen, aber es wäre mir arg, wenn die Arbeiter und ihre Belange sowie alles, was Alfred, Friedrich und ich aufgebaut haben, vernachlässigt würden. Mir ist er außerdem zu volkstümlich im eigentlichen Wortsinn, also zu sehr auf die Nation ausgerichtet. Ich weiß nicht, ob das für ein Weltunternehmen so passend ist.«

Als sie kurz darauf in Tenniskleidung aus dem Eingang des kleinen Hauses kamen, liefen ihnen Ursula und Alfried entgegen, so schnell es die kurzen Beinchen von Zweijährigen erlaubten.

»Oma! Oma!«, rief Ursula und streckte die Ärmchen nach ihrer Großmutter aus.

Margarethe fing sie auf und schwenkte sie in der Luft. Ihre trübe Stimmung war mit einem Mal wie weggeblasen, und von dem Zwicken im Rücken, das sie gelegentlich plagte, spürte sie nichts mehr.

»Oma!« Alfrieds Stimme war ein leicht weinerlicher Ton beigemischt. Schnell setzte Margarethe ihre Enkelin ab und drehte sich einmal mit Alfried um sich selbst, die Hände unter seinen Achseln. Wie Ursula zuvor quietschte auch er nun vor Vergnügen und rief jedes Mal, wenn sie aufhören wollte: »Noch mal!«

Ursulas soeben noch lachendes Gesicht verzog sich. Schnell ergriff Johanna Brandt das Mädchen und ließ es durch die Luft fliegen.

»Genug!«, sagte Margarethe schließlich und signalisierte dem Kinderfräulein, dass es ihnen die Kinder abnehmen sollte. »Wir müssen jetzt arbeiten!«, sagte sie mit fester Stimme zu den Kindern, die daraufhin ernst nickten. Es tat ihr fast leid, dass so kleine Kinder das Wort Arbeit bereits mit Ernst verbanden. Andererseits war es praktisch, dass sie bei dem Stichwort nicht quengelten, und es blieb zu hoffen, dass sie als Erwachsene noch lernten, wie schön es war, zu arbeiten und etwas zu bewegen. Sie hatte ihre Aufgaben immer zuverlässig erledigt und sich manches Mal gewünscht, sie könnte in den Tag hineinleben ohne Aufträge und Pflichten. Jetzt, wo sie täglich frei entscheiden konnte, was sie tat, wünschte sie sich oft ihren eng getakteten Terminkalender zurück. Sie hatte nicht damit gerechnet, dass sich der Bau ihrer Siedlung so hinziehen und für sie letztlich so wenig Arbeit bedeuten würde.

KAPITEL 41

Frühjahr 1910

»Was ist los?« Margarethe sah Georg Metzendorf an, der mit tiefen Falten auf der Stirn zu ihrer Verabredung an der Brückenbaustelle erschienen war. »Gibt es Schwierigkeiten?«

»Ach was!« Der Architekt wedelte mit der Hand in der Luft, als wollte er alles Unangenehme wegschieben.

»Nun sagen Sie schon, was Sie bedrückt!«

»Ich ärgere mich bloß über den Oberbürgermeister! Er hat mich zu sich zitiert, weil ich angeblich nur auswärtige Handwerker auf Ihrer Baustelle einsetzen will. Die Essener Betriebe haben sich beschwert.«

Margarethe sah, wie sich seine Hände zu Fäusten ballten. Sie konnte ihn gut verstehen. Wann immer sie in den letzten Wochen miteinander gesprochen hatten, waren die benötigten Handwerker ein Thema. Beim Bau der Brücke waren sämtliche Firmen aus Essen im Einsatz gewesen, immerhin mussten 172 Meter überbrückt werden, und das schaffte ein einzelner Betrieb nicht in der geplanten Zeit. Die Krupp-Werke konnten keine Kräfte entbehren, da gleichzeitig die Siedlung in Bochum fertiggestellt wurde. Außerdem hatte der Beamtenverein Georg Metzendorf überredet, zusammen mit den künftigen Bewohnern in diesem Jahr auch die im Essener Südviertel vorgesehenen Häuser zu planen. Wenn nun außerdem in Hattingen nahe der Henrichshütte gebaut würde, wo der dortige Bürgermeister eine weitere Siedlung ebenfalls nach Georg Metzendorfs Plänen errichten wollte, war mit einer Knappheit der Handwerker zu rechnen. Sie hatte den Architekten ermuntert, in seiner Heimat und im Schwäbischen, wo Robert Schmohl weiterhin über gute Kontakte verfügte, Arbeitskräfte suchen zu lassen. Noch ehe diese den ersten Handschlag getan hatten, rechneten die ortsansässigen Handwerksbetriebe also im Vorhinein mit Nachteilen.

»Ärgern Sie sich nicht. Baurat Schmohl wird sich darum kümmern und die Sache richtigstellen. Wir sind doch froh, dass Sie Fachkräfte organisieren.« Sie lächelte. »Wir wollen schließlich in diesem Jahrzehnt fertig werden und nicht erst, wenn man mich als Tattergreisin durch den Torbogen schieben muss.«

Georg Metzendorf lachte. Dieses Geplänkel hatte sich zu einem Ritual zwischen ihnen entwickelt, das ihre Stimmung verbesserte, wann immer es Rückschläge gab. Die blieben bei einem solchen Mammutprojekt nicht aus. Die meisten Hindernisse hatte der Architekt jedoch elegant umrundet und sogar positive Impulse daraus gezogen.

»Sie haben recht, aber es hat mich getroffen, dass mir unterstellt wird, ich hielte nichts von der Leistung der hiesigen Handwerker. Liebend gern würde ich ausschließlich Kräfte aus der Region einsetzen, aber die Meister haben reihenweise abgewunken, als ich sie anfragte. Und, ganz ehrlich, in meinem Vertrag steht, dass ich für die Verpflichtung der Fachkräfte zuständig bin. Dann fühle ich mich auch dazu verpflichtet und gucke mich woanders um, wenn ich nicht vor Ort fündig werde. Ich kämpfe um jeden Handwerker hier, dabei sollte ich längst in Brüssel sein, damit für die Weltausstellung alles fertig wird.«

»Sie haben gerade wirklich viel um die Ohren: unser Projekt, die Siedlung in Hattingen ...«

»Genau, dort drängt der Bürgermeister auf einen baldigen Baustart, nachdem seine Baugenossenschaft nun unter Dach und Fach ist. Vierhundert Häuser sollen in Welper in den nächsten Jahren gebaut werden. Eigentlich sind solche Aufgaben wirklich reizvoll, die kann ich nicht ablehnen. Aber nun hat der Kaiser vorgeschlagen, dass ich für die Weltausstellung in Brüssel vor Ort zwei Arbeiterhäuser errichte, um die Vielfalt deutscher Baukunst und Architektur vorzustellen.« Georg Metzendorf strich seine wenigen Haare zurück, die der Wind nach vorn geweht hatte, während er mit Margarethe zwischen Sandsteinen und Schienenteilen durch die Baustelle balancierte.

»Dann sollten Sie jetzt aber wirklich dort sein. Die Eröffnung ist schon im April, oder?« Margarethe sah sich verwundert zu dem Architekten um. »Das geht doch gar nicht mehr.«

Ein breites Grinsen zog sich über das Gesicht des Architekten. »Ich habe eine Lösung gefunden. Wir bauen ein Fertighaus. Bei einer Probe haben wir fünf Tage gebraucht, mein Ziel ist es, in vier Tagen fertig zu werden.« Er wies mit den Händen auf die Baustelle. »Und deshalb kann ich jetzt hier sein.«

»Dann lassen Sie uns endlich anschauen, welche Fortschritte Ihre Brücke macht.«

Margarethe staunte, als sie die Bögen aus Ruhrsandstein sah, die trotz der unterschiedlichen Höhen durch den Abschluss oben, der später die Fahrbahn bilden würde, einheitlich wirkten. An manchen Stellen war das Mühlbachtal bis zu dreizehn Meter tief. Es waren Bahnschienen bis zu den Pfeilern gelegt worden, auf denen Steinblöcke in Loren dahin transportiert wurden, wo man sie einsetzte. Ein Bogen führte über die bereits vorhandenen Schienen der Eisenbahnlinie nach Heißen. Während sie die Baustelle besichtigten, hörten sie aus der Ferne das Signal einer Lokomotive. Langsam fuhr diese mit ihren Waggons unter dem Bogen hindurch, der durch Holzgerüste abgesichert war.

»Das passt ja genau!«, stellte Margarethe fest.

»Das habe ich ja auch geplant«, antwortete Georg Metzendorf selbstsicher. Sie wusste, dass ihn die Höhe der Brücke einige Nächte lang den Schlaf gekostet hatte, weil jeder Zentimeter zusätzliche Kosten verursachte. Andererseits mussten die heutigen Züge problemlos unter der Brücke hindurchfahren können, und es sollte Spielraum vorhanden sein, falls künftige Waggons oder Lokomotiven höher konstruiert würden. Der Architekt war extra nach Dresden gefahren, um sich mit Gustav Hartmann zu beraten, der nicht nur Friedrichs Testamentsvollstrecker war, sondern auch Unternehmer mit einer Lokomotivfabrik in Lugansk, die zu den führenden Herstellern von Lokomotiven gehörte.

Nachdem der Zug zischend vorbeigefahren war, näherten sie sich dem Pfeiler neben der Eisenbahntrasse. Auf der anderen Seite ging es steil bergab und der nächste Pfeiler war fast doppelt so hoch. Margarethe beobachtete, wie Männer wieselflink die Leiter hinaufkletterten zu einem Zwischenboden in dem Gerüst, der etwa zwei Meter unter dem Bogen lag.

»Ein solches Bauwerk ist für mich ein Buch mit sieben Siegeln.« Sie lachte. »Das übersteigt meine Vorstellungskraft.«

»Jeder hat seine Stärken. Ich bewundere es, wie Sie auch die schwierigsten Situationen in Positive wenden und dass jeder Ihnen von seinen Sorgen erzählt.«

Kaum hatte er den Satz vollendet, sprach einer der Handwerker Margarethe an. An seiner Art zu sprechen erkannte sie den Einheimischen.

»Jnädije Frau Geheimrat, meine Frau hat mich befohlen, Ihnen ze danken, wenn ich Se sehe.«

Sie wusste nicht, womit sie ihm oder seiner Frau geholfen hatte, aber sie hatte ihre Fürsorge auf die Handwerker und Arbeiter an der Baustelle ausgedehnt und, wann immer Robert Schmohl oder Georg Metzendorf ihr einen Notfall vortrugen, mit Rat oder Geld geholfen.

»Gern geschehen!«, antwortete sie und lächelte den Mann an, als wüsste sie genau, wovon er sprach. Sie zuckte nicht mit den Wimpern, als er ihr mit beiden schmutzigen Händen die Hand schüttelte. Die weißen Handschuhe, die sie zum Frühlingswetter angezogen hatte, konnten gewaschen werden. Wenn der Mann mit einer Freude im Herzen nach Hause ging, war das wichtiger.

»Das meine ich«, sagte Georg Metzendorf, als sie an der Steilkante entlang über die Bahnschienen zurückgingen, wobei sie immer im Blick hatten, ob ihnen eine Lore entgegenkam. »Ich habe dem Mann versprochen, Ihnen sein Anliegen, mit Geld für den Schulranzen des Ältesten von vier Kindern auszuhelfen, vorzutragen. Hat er mir für die Vermittlung gedankt? Nein! Er hat Sie gesehen und war hingerissen.«

»Nun übertreiben Sie nicht, Freude am Umgang mit Menschen kann jeder lernen. Brücken zu planen hingegen braucht Ihre Begabung und eine große Vorstellungskraft. Aber wann geht denn endlich der Bau der Siedlung los? Wenn die Brücke fertig ist, sollte wenigstens das erste Haus stehen, oder?«

»Damit sind wir wieder am Anfang unseres Gesprächs

angekommen. Sobald die Arbeiter kommen dürfen und hier nicht wie Fremdkörper behandelt werden, können wir bauen. Von mir aus kann es morgen losgehen.« Georg Metzendorf half Margarethe in die Kutsche und wartete, bis er auch Johanna Brandt, die stehen geblieben war, um die Brücke zu zeichnen, seinen Arm reichen konnte. »Einen schönen Tag noch und hoffentlich bis bald oben auf dem Margarethenhügel zum Richtfest!« Er zwinkerte Margarethe zu, die sich mit einem Lächeln in ihrem Sitz zurücklehnte.

KAPITEL 42

September 1910

Bedächtig setzte Margarethe einen Fuß vor den anderen. Sie hatte sich vom Kutscher auf der Holsterhauser Seite der neuen Brücke absetzen lassen und genoss nun jeden Schritt, der sie ihrer Hügelsiedlung näher brachte. Gleichzeitig mit dem ersten Gebäude war die Brücke fertig geworden; wenn auch zunächst nur für Fußgänger, bis die Statik überprüft und Pfeiler und Brückenfläche notfalls verstärkt worden waren. Sie wusste, dass sich vor allem die Fahrer der Möbelwagen und andere Lieferanten ärgerten, dass sie weiterhin den Umweg über die Lührmannstraße in Kauf nehmen mussten, um auf den Hügel zu kommen.

Vor sich sah Margarethe das Torhaus, genau wie Georg Metzendorf es ihr vor fast zwei Jahren beschrieben hatte. Die Brücke führte direkt zum Tor, das symmetrisch die Mitte eines größeren Gebäudes bildete, das sich noch im Rohbau befand. Die Fensteröffnungen über dem Tor waren leer, aber der gezimmerte Dachstuhl war unter den ersten Dachziegeln schon zu erkennen. Ähnlich wirkten die beiden Häuser, die an das Torhaus gebaut waren; auch hier hatten die Handwerker noch einiges zu tun, bis die Räume bezugsfertig waren.

»Herzlich willkommen in Ihrer Siedlung, verehrte Frau Geheimrat!« Georg Metzendorf nahm sie am Ende der

Brücke in Empfang und half ihr die provisorischen Stufen zum Torhaus hinauf. »Hier kommen richtige Treppenstufen hin, rechts und links wird es, wie wir es besprochen haben, Pfeiler mit eingelassenen Brunnen und Fahnenmasten geben. Sobald dieser Bereich fertig ist, werden Sie mit Ihrer Kutsche oder einem Automobil die Rampen rechts und links des Torbogens hinauffahren und von dort unter dem Bogen hindurch in die Giebelstraße einbiegen können.«

Margarethe verzog das Gesicht. »Sie mit Ihrer Giebelstraße, der Name gefällt mir überhaupt nicht. Welche Namen werden die anderen Straßen bekommen? Mir würde etwas wie Trautes Heim oder Im stillen Winkel gefallen. Ich glaube, Sie haben mit Ihren Entwürfen die Romantikerin in mir geweckt.«

Mit einem leisen Lachen deutete der Architekt auf ein kleines Häuschen vor dem Torbogen. »Hier bekommen Sie einen Vorgeschmack davon, wie die zukünftigen Häuser aussehen werden.«

»Es ist wunderbar, wie Sie den Stil von Gebäuden Ihrer Heimat umgesetzt haben.« Margarethe lachte. »In die Zeitschriften für moderne Architektur werden Sie es damit kaum schaffen. Aber für mich, und ich bin sicher, für viele andere Menschen ebenfalls, entsteht automatisch ein Gefühl von Heimat, wenn ich die geschwungenen Dächer sehe, die überstehenden Dachgauben und die Fenster mit ihren freundlich wirkenden Fensterläden. Hätte ich mir meine Siedlung bildlich vorstellen können, hätte sie vermutlich exakt so ausgesehen.«

»Danke!« Georg Metzendorf hielt ihr die Tür zu dem kleinen Häuschen auf. »Ich freue mich, dass ich Ihre Vorstellungen getroffen habe. Darf ich Ihnen Herrn Spahn vorstellen? Er sorgt als Bauführer dafür, dass alles nach Plan umgesetzt wird. Er hat hier in dem Häuschen seinen Arbeitsplatz und wohnt auch darin. So kann er stets alles überwachen.« Er wies auf Margarethe: »Das ist Frau Geheimrat Krupp.«

Margarethe lächelte. »Guten Tag, Herr Spahn, ›Frau Krupp‹ reicht völlig, aber den Titel bekomme ich aus Herrn Metzendorf einfach nicht heraus. Herzlichen Dank, dass Sie hier eine so wichtige Aufgabe übernehmen.« Sie sah sich in dem Häuschen um. »Doch ist es nicht belastend, ständig die Arbeit vor Augen zu haben?«

»Aber nein! Ich freue mich jeden Morgen, wenn ich aus dem Fenster schaue. Und meine Frau dankt Gott jeden Tag, dass er mir diese schöne Stelle beschert hat. Dauernd redet sie von der praktischen Spülküche.« Der Arbeiter holte tief Luft und fuhr fort, ohne dass jemand dazwischenkam. »Ich finde die Badewanne am besten.«

»Vielen …« Georg Metzendorf versuchte, den Redefluss des Bauführers zu unterbrechen, doch Margarethe bedeutete ihm mit einem Kopfschütteln, dass er den Mann reden lassen solle.

»Ich wünsche mir, dass alle anderen Bewohner, die hier auf dem Hügel leben werden, dies mit derselben Begeisterung tun«, sagte sie, als der Mann fertig war. Sie wandte sich zur Tür und blieb vor dem Haus kurz stehen. Rechts sah sie den Rohbau des Torhauses, das eine Art Brückenkopf bildete.

»Das Dach des Torhauses sieht aus wie ein Hut«, stellte sie fest.

Der Architekt lachte laut. »Und Sie sprechen davon, dass Sie keine Fantasie haben. Das ist wirklich herrlich. Aber Sie haben recht. Wenn ich mir Ihren Hut anschaue – geben Sie zu, Sie haben ihn von Ihrer Modistin nach dem Vorbild des Hauses erstellen lassen.«

»Hören Sie auf, mich zu foppen! Erzählen Sie mir lieber, wie es nun weitergeht.« Margarethe spürte, dass ihre Wangen warm wurden. Dieser junge Architekt schaffte es immer wieder, sie zum Lachen zu bringen. Barbara hatte bei ihrem letzten Besuch auf dem Hügel schon scherzhaft gefragt, ob ihre alte Mutter sich etwa in den jungen Hessen verliebt hätte. Das war es nicht, allenfalls sah sie in ihm den Sohn, den ihr das Schicksal versagt hatte.

Sie balancierte über ein Brett, das in das Haus führte. Auf dem Weg, der einmal als Straße gepflastert werden sollte, blieb sie stehen und sah die Anhöhe hinauf. »Ist das nicht Ihr Sohn dahinten zwischen den Jungen?«

»Dieser Lausebengel!«, entfuhr es Georg Metzendorf. »Ich habe ihm eingeschärft, nicht auf der Baustelle zu spielen.«

Doch Margarethe sah an seinem Blick, dass er stolz auf den Jungen war, der in kurzer Zeit in der neuen Stadt Freunde gefunden hatte.

»Erinnern Sie sich noch, wie Sie mir Ihre Familie vorgestellt haben?«, fragte sie. Bei ihrem Besuch in der Familie war dem Jungen eine Münze aus der Tasche gefallen und vor ihren Fuß gerollt. Die Mutter hatte verraten, dass der Vater ihm ein Goldstück geschenkt hatte, von dem er im Notfall, wenn es ihm in der Fremde ganz schlecht ginge, eine Fahrkarte in die alte Heimat kaufen konnte.

Georg Metzendorf lächelte. »Oh ja! Das weiß ich noch. Der Kleine war damals acht und der Umzug vom beschaulichen Bensheim in die turbulente Industriestadt ein Kulturschock. Aber kommen Sie, was die Jungen können, können wir auch, oder? Passen Sie nur auf, dass Sie mit Ihrem Kleid nicht in dem Baumaterial oder im Schutt hängen bleiben.« Georg Metzendorf bot Margarethe seinen Arm an, doch sie winkte ab. Sie konnte das Gleichgewicht besser halten, wenn sie allein ging, notfalls diente der Regenschirm, zu dem sie Johanna Brandt überredet hatte, dazu, sich abzustützen.

»Kaum zu glauben, dass wir hier in einer Industriestadt sind.« Margarethe war beeindruckt, wie wenig von den knatternden Automobilen und dem Schreien der Gendarmen und Zeitungsjungen zu hören war. »Wie in einer anderen Welt.«

»Ja!« Georg Metzendorf strahlte. »Ein Reporter hat geschrieben, dass er den Eindruck hatte, dass hier ein Stück Frieden im Großstadtlärm, ein Märchen inmitten der modernen Unrast entstehen könnte.«

»Womöglich sollten wir die Siedlung Märchen-Siedlung nennen oder Märchen-Kolonie.« Margarethe sah die Zweifel im Gesicht des Architekten. »Märchenhöhe vielleicht.«

»Warten wir einmal ab. Ich bin sicher, spätestens, wenn die ersten Häuser stehen und bewohnt sind, wird sich ein Name finden. Ich habe sogar schon eine Idee.«

KAPITEL 43

März 1911

»*Ein Stück Zukunftsstaat wird hier geschaffen.*«

Ungläubig ließ Margarethe die *Essener Arbeiter-Zeitung* sinken. Sie konnte kaum glauben, dass die Zeitung, die sonst keine Gelegenheit ausließ, ihre Familie und das Unternehmen als Ausbeuter und Kapitalisten anzuprangern, so positiv über ihr Projekt berichtete. Gleichzeitig freute sie sich, dass es ihr gelungen war, etwas in Gang zu setzen, das als zukunftsfähig angesehen wurde.

Drei Tage zuvor hatte bereits der *Rheinisch-Westfälische Anzeiger* ein Loblied auf Georg Metzendorf verfasst: »*Billig hat man vordem schon gebaut. Wie man billig und doch zugleich schön unter Betonung künstlerischer Ansprüche bauen kann, das hat uns mit wenigen andern zugleich Metzendorf praktisch vorgeführt.*«

Barbara hatte sich furchtbar über das Wort »billig« empört, nachdem Margarethe ihr den Artikel nach Berlin geschickt hatte, dann aber den positiven Kern des Beitrags anerkannt. Würde sie noch in Bonn wohnen, wäre sie vermutlich direkt in die Redaktion des *Rheinisch-Westfälischen Anzeigers* gestürmt, um sich zu beschweren. Zu Margarethes Bedauern war die Familie Wilmowsky mit Kind und Kegel im September nach Berlin umgezogen, weil Tilo seit Oktober als Regierungsassessor im Landratsamt Niederbarnim arbeitete. Einzig die von ihnen jetzt bewohnte wunderschöne Villa im Grunewald versöhnte sie damit, dass ihre Tochter und Enkelin Ursula so weit weg wohnten. Für eine Fahrt nach Bonn hatte sie kurzfristig den Salonwagen nutzen können, da er innerhalb eines Tages wieder in Essen sein konnte, um für Gustav, Bertha und die Direktoren verfügbar zu sein. Eine Reise nach Berlin musste geplant werden.

»Haben Sie den Leserbrief gesehen?« Johanna Brandt faltete die Zeitung so, dass der anonyme Brief in der *Essener Zeitung* leicht lesbar war. »Ein gewisser G. beschwert sich, dass die Straßen in der Siedlung nicht fertig sind und die Wagen bis an die Achsen im Lehm stecken.«

»Ich weiß. Mir ging es beim Rundgang durch die Siedlung mit Herrn Metzendorf nicht anders. Als ich zurückkam, konnte ich meine Schuhe wegwerfen. Aber es war nicht alles gleichzeitig zu leisten – Häuser und Straßen –, und es wäre auch wenig sinnvoll gewesen, zuerst die Straßen anzulegen und dann die Gebäude. Die Wartelisten für die Wohnungen waren ellenlang. Viele Bewohner behelfen sich, indem sie Bretter über die Pfützen legen, um zu ihrem Haus zu kommen.«

»Wann wollen Sie denn losfahren? Sie hatten doch geplant, dem ersten Mieter persönlich einen Rosenstock für seinen Garten zu überreichen.«

Margarethe sah auf die Uhr. »Wir haben noch Zeit. Ich habe mich mit Herrn Metzendorf, Herrn Schmohl und Herrn Haux um 16 Uhr verabredet. Vorher sind die Möbelpacker noch vor Ort, da stehen wir nur im Weg herum. Das Nachrichtenbüro hat die Zeitungen eingeladen, um ein Foto zu machen.« Sie seufzte. »Schade, dass Herr Hartmann diesen Tag nicht mehr erleben kann. Seit dem Tod meines Mannes hat er mich begleitet und mir Mut gemacht, wenn ich kurz davorstand, alles hinzuwerfen und mich in ein Kämmerchen zurückzuziehen.«

Sie holte tief Luft, weil ihr die Tränen in die Augen stiegen, wenn sie an den Brief dachte, den Gustav Hartmann ihr zum Abschied geschrieben hatte. Wenig später war ihr langjähriger Weggefährte in einem Sanatorium verstorben.

»Alles in Ordnung, Frau Krupp?« Johanna Brandt sah sie eindringlich an.

Margarethe bemühte sich um ein Lächeln. »Ja, ja. Was haben Sie gefragt?«

»Ich wollte wissen, wem Sie den Rosenstock denn nun überreichen. Wenn ich es richtig im Kopf habe, gab es da doch Unstimmigkeiten, wer denn nun als erster Mieter gilt.«

Margarethe zog die Schultern hoch. Johanna Brandt sprach einen wunden Punkt an, über den sie mit dem Nachrichtenbüro lange konferiert hatte. Die Mietverträge liefen offiziell ab dem 1. April. Einzig der Bauführer hatte sein Häuschen vorher beziehen dürfen, weil er vor Ort sein musste. Aber der hatte gleich abgewunken, dass er sich nicht als erster Mieter sähe. Am 1. April würde nur Peter Mohr, der Stadtgärtner, neu einziehen. Die anderen Familien sollten in den nächsten Tagen folgen.

Oberbürgermeister Holle war begeistert, dass mit Peter Mohr ein städtischer Angestellter und nicht ein Krupp-Arbeiter als erster Mieter begrüßt wurde. Auch der Leiter des Nachrichtenbüros, Adolf Lauter, war glücklich, weil das zeigte, dass die Siedlung nicht nur für Krupp-Angehörige gebaut wurde. So weit wäre alles wunderbar gelaufen. Nun hatte aber mit Erlaubnis des Architekten bereits Mitte März ein Weichensteller aus dem Krupp-Werk, Franz Dittrich, sein Häuschen bezogen. Genau genommen war er also der erste Mieter.

»Ich weiß nicht, wie Herr Lauter das Problem gelöst hat. Ich habe unseren Gärtner gebeten, zwei möglichst ähnliche Stöcke der Friedrich-Krupp-Rose vorzubereiten.«

Margarethe seufzte. »Ich bin auch nicht glücklich mit den Straßennamen. Da hatte ich mir ein Mitspracherecht ausgebeten, aber der Ausschuss hat längst Nägel mit Köpfen gemacht. Dass mit der Sommerburgstraße Bezug genommen wird auf die aufgelassene Burg, halte ich für eine gute Idee. Dadurch wird an die Nähe zur Stadt und ihre Traditionen erinnert. Mit dem Rosenweg kann ich leben, er erzeugt immerhin eine positive Stimmung. Aber Winkelpfad und Giebelstraße?! Das sind doch Hirngespinste von Männern, die nur Bauzeichnungen im Kopf haben!«

Sie legte die Zeitung, die noch immer vor ihr lag, geräuschvoll zusammen. »Dabei hatte mir Herr Metzendorf in die Hand versprochen, dass die Siedlung Straßennamen haben wird, die Bilder im Kopf entstehen lassen. Wenn man ›Steile Straße‹ hört, fällt einem vielleicht ein, dass es mühsam sein könnte, sie entlangzugehen; ein jeder hat sofort Felsen oder Steilküsten im Sinn. Na gut, meine Idee, eine Straße ›Trautes Heim‹ zu nennen, ist möglicherweise wirklich dumm. Aber das war das Erste, was mir einfiel, als ich das fertige Brückenhäuschen sah.«

Johanna Brandt versuchte vergeblich, ihren Redefluss zu unterbrechen. Mit jedem Wort erregte Margarethe sich mehr. »Beruhigen Sie sich doch. Denken Sie an Ihr Herz.«

»Ich bin ja schon ruhig.«

»Noch sind die Schilder nicht angefertigt«, sagte die Gesellschafterin. »Da kann sich noch einiges ändern. Sie wissen doch, Papier ist geduldig. Und wenn Herr Metzendorf Ihnen bildliche Namen versprochen hat, dann wird er sich auch durchsetzen. Vielleicht hat er längst die richtigen

Schilder mit Namen nach Ihrem Geschmack in Auftrag gegeben.«

Margarethe atmete tief durch. »Sie verstehen es wirklich, einen aufzumuntern. Aber Sie haben recht. Nichts ist so leicht zu ändern wie Straßennamen. Entscheidend ist, dass der erste Teil meines großen Projekts fertig geworden ist. Ich bin trotz Matsch und Pfützen jedes Mal entzückt, wenn ich unter dem Torbogen stehe und in die Siedlung schaue.« Sie glättete die halb zerknüllte Zeitung und stand auf. »Ich bin so neugierig, was die Menschen von ihren neuen Wohnungen halten!«

KAPITEL 44

Sommer 1911

Margarethe hatte Georg Metzendorf gebeten, ihr in einem Haus der Siedlung ein Büro einzurichten, um dort wie früher in der Hauptverwaltung regelmäßig Sprechstunden abzuhalten. Inzwischen hatte sich herumgesprochen, dass »unsere Frau Geheimrat«, wie viele sie nannten, Rat- und Hilfesuchende nun in ihrer Siedlung auf der Margarethenhöhe empfing, wie die Kolonie auf ihrem Hügel seit April offiziell hieß.

Margarethe spürte, wie sie mit jedem Schritt vom Torbogen zu ihrem Büro stärker wurde. Sie dachte daran, wie Georg Metzendorf sie unter einem Vorwand in die Stadtverordnetenversammlung ins Rathaus gelockt hatte. Sie waren zum letzten Tagesordnungspunkt in den Ratssaal gerufen worden, und Oberbürgermeister Holle hatte verkündet, dass die Siedlung, die sie gestiftet hatte, von nun ihren Namen tragen sollte: Margarethenhöhe. Alle Ratsmitglieder waren aufgestanden und hatten applaudiert. Wenn sie daran dachte, standen ihr wieder Tränen in den Augen.

Nach wie vor war es jedes Mal ein erhebendes Gefühl, wenn sie auf den Hügel fuhr, der in den künftigen Stadtkarten ihren Namen trüge. Manches Mal musste sie schlucken, wenn sie über die Brücke ging und die kleine Ansammlung von Häusern betrachtete, die nur dank ihres Engagements so vielen Menschen nun ein Heim bot.

»Guten Tag, Frau Geheimrat!« Ein Mann mit abgelaufenen Schuhen und abgewetzter Jacke betrat ihr kleines Büro in dem Häuschen an der Steilen Straße, wie der Weg vom Torbogen zum Marktplatz nun ganz offiziell hieß. Es befand sich in dem Raum neben der Wohnküche, in dem in den anderen Häusern ein Schlafzimmer oder die gute Stube eingerichtet war. Georg Metzendorf hatte vorgeschlagen, das Haus mit ihrem Büro als Musterhaus mit seinen auf die Gebäude abgestimmten Möbeln auszustatten, damit neue Mieter sich einen Eindruck verschaffen konnten, wie ihr Heim aussehen könnte. Die Möbel mussten die Mieter selbst bestellen und bezahlen, allerdings konnten sie dafür bei der Stiftung einen Kredit beantragen. Dafür lagen die Mietkosten so niedrig, dass es jeder Familie möglich sein sollte, die Kosten für die Inneneinrichtung in Raten abzubezahlen. Viele Mieter brachten ohnehin eigene Möbel mit, die meisten hatten schließlich auch vorher nicht auf dem Boden geschlafen und auf Kisten gesessen. Manche verfügten über wunderschöne Möbel aus der Familie, von denen sie sich nicht trennen wollten.

»Mein Name ist Werner Zimmermann«, stellte sich der Mann vor. Abwartend blieb er in der Tür stehen, bis Margarethe ihm zum dritten Mal ein Zeichen gab, dass er sich auf den Stuhl vor ihrem Tisch setzen solle. Erst jetzt kam er langsam näher, wobei er den rechten Fuß nachzog.

Als er seine Hände auf die Tischkante legte, bemerkte sie schwarze Flecken an Daumen, Zeige- und Mittelfinger. Neugierig beugte sie sich zu ihm herüber. Ein Arbeiter war er sicher nicht.

»Bitte entschuldigen Sie, dass ich wegen einer solchen

Kleinigkeit vorstellig werde.« Er zog die Hände wieder an den Körper und knetete sie nervös.

»Worum geht es denn?« Margarethe zwang sich, geduldig und freundlich zu bleiben. Der Mann machte sein Anliegen wirklich spannend. Die Bittsteller, die sie sonst aufsuchten, traten teils forsch, teils vorsichtig in den Raum, aber alle formulierten klar und deutlich, was sie wollten. In den letzten Wochen waren das vor allem Bretter gewesen, um Pfützen zu überbrücken oder einen Zaun zu errichten, an dem sie Rosen und Ranken setzen konnten.

»Wissen Sie?« Schon wieder begann er so umständlich.

»Sagen Sie einfach frei heraus, was Sie wünschen«, forderte Margarethe ihn auf und lächelte aufmunternd.

»Einen Briefkasten!«

»Einen Briefkasten?«

»Ja, einen Kasten, in den wir die Briefe einwerfen können, die weggeschickt werden sollen.« Der Mann legte seinen Kopf zur Seite und betrachtete sie, als wollte er in ihrem Gesicht lesen, ob sie ihn verstanden hätte. Natürlich hatte sie ihn verstanden. Aber wie kam er ausgerechnet auf diese Idee?

»Ich arbeite in der Stadt als Schreiber«, erklärte der Mann. »Ich liebe es, zu schreiben, und zu Hause verfasse ich Briefe und Geschichten, manchmal sogar Gedichte. Viele davon sind für meine Familie, die im ganzen Reich verstreut lebt, oder für alte Freunde.«

»Das ist doch ein wunderbares Steckenpferd.« Margarethe war beeindruckt, dass sich unter den Mietern ein solcher Feingeist befand. Vielleicht sollte sie bei der Auswahl der neuen Bewohner gezielt nach Künstlern suchen. Die Hochebene eignete sich hervorragend, um ein Atelier einzurichten. Warum war sie nicht früher darauf gekommen? Jetzt waren alle Häuser belegt. Bis die nächsten fertig waren, würde es einige Zeit dauern, denn sie hatten entschieden, zunächst das Gasthaus und die Konsumanstalt zu bauen. Wie ärgerlich, dass ihr das nicht früher eingefallen war. Hier hatten Künstler Ruhe, eine wunderbare Aussicht und viel Grün, um sich zu zerstreuen. Womöglich gelang es ihnen sogar, mehrere Künstler hier anzusiedeln, sodass ein Austausch unter Gleichgesinnten ermöglicht wurde. Maler, Bildhauer, vielleicht sogar ein Goldschmied. Sie nahm sich vor, ihren Bruder Felix zu fragen, was er von dieser Idee hielt.

»Frau Geheimrat, geht es Ihnen gut?«

Margarethe blickte den Mann auf der anderen Seite des Schreibtisches an. »Bitte entschuldigen Sie, Sie haben einen Gedanken angestoßen. Aber zurück zu Ihnen. Was hat es mit dem Briefkasten auf sich?«

»Bisher müssen wir zur Defreggerstraße gehen, wenn wir einen Brief absenden möchten. Oder bis zur Kaulbachhöhe. Am Städtischen Krankenhaus gibt es einen Briefkasten. Aber …«, der Mann machte eine kleine Pause. »Sie haben vielleicht gesehen, dass ich nicht so gut zu Fuß bin. Meine Hände sind sehr viel flinker.«

Margarethe lächelte, weil er dabei die Finger immer wieder verschränkte oder knetete.

»Der Fußweg zum Briefkasten ist lang und beschwerlich für mich. Manchmal darf ich die Briefe im Rathaus aufgeben, aber meinen Kollegen wird es langsam zu viel. Es ist ja auch so, dass die Menge an Stadtpost stetig zunimmt, seit immer mehr Menschen hierherziehen.«

»Wissen Sie was? Ich notiere mir Ihre Anregung und gebe sie weiter. Und damit Sie sofort Hilfe bekommen, schlage ich Ihnen vor, ein Nachbarskind zu bitten, ob es nicht Ihre Briefe gegen ein kleines Taschengeld einwerfen könnte.«

Margarethe sah, wie der Mann abwechselnd nickte und das Gesicht unglücklich verzog. Sie fragte sich, wie viel er verdiente. Papier und Tinte rissen sicher ein Loch in seine Haushaltskasse. Kinder hatte er vermutlich nicht, sonst wäre er selbst auf die Idee verfallen.

»Sind Sie verheiratet?«

Der Mann hob überrascht den Kopf. »Ja, aber meine Frau ist auch nicht gut zu Fuß. Sie hat angeboten, die Briefe wegzubringen, aber das möchte ich nicht.«

»Dann machen wir es so: Bis ein Briefkasten aufgestellt ist, übernehme ich das Taschengeld für das Postkind.«

»Danke sehr!« Der Mann starrte sie an, als wäre ihm ein Geist begegnet, und brachte zunächst nichts weiter hervor. Als er sich wieder beruhigt hatte, berichtete er, dass er bisher die Briefe auf dem Fußweg zur Arbeit eingeworfen hatte. »Das war ein großer Umweg, aber eine gute Lösung. Allerdings hat mir die Stadt jetzt, wo die Straßenbahn endlich fertig ist, eine Fahrkarte geschenkt, damit ich nicht mehr zu Fuß zur Arbeit gehen muss.«

Offensichtlich hält der Oberbürgermeister große Stücke auf ihn, dachte Margarethe und notierte zufrieden auf einem Blatt Papier, was sie vereinbart hatten. Auf den Zettel, über dem oben groß »Metzendorf« stand, schrieb sie: *Briefkasten,* und auf einen anderen Zettel, den sie Franz Otto Müller übergeben würde, vermerkte sie, dass sie ein angemessenes Taschengeld für das Botenkind versprochen hatte.

»Herzlichen Dank, Frau Geheimrat!«, verabschiedete sich der Mann und verließ langsam den Raum.

Kaum hatte er das Haus verlassen, stürmte Georg Metzendorf durch die Tür, ehe sich diese schließen konnte. »Einen wunderschönen Tag, verehrte Frau Geheimrat!« Er legte ihr eine Ausgabe der Zeitschrift *Garden Cities and Town Planning* hin.

»Haben Sie neue Ideen gefunden, die Sie mir unterjubeln möchten?«, scherzte Margarethe und wedelte mit ihrem Notizzettel. »Sorgen Sie lieber dafür, dass so bald wie möglich ein Briefkasten installiert wird, damit der Stadtschreiber seine Briefe und Geschichten nicht so weit tragen muss.«

Der Architekt blickte sie kurz irritiert an, dann besann er sich auf seinen Gedanken. »Keine neuen Ideen, ein Bericht über Ihre Idee. Erinnern Sie sich an die englische Studiengruppe, die im April hier war? Eine Woche bevor der Stadtrat den Namen Margarethenhöhe beschloss? In dieser Ausgabe finden Sie einen Bericht darüber.«

»Sie meinen diese Abordnung der englischen Gartenstadtgesellschaft, die ich verpasst habe, weil ich Ostern in Berlin bei meiner Tochter verbrachte?«

»Genau. Aber den Vortrag, den Robert Schmidt gehalten habe, haben Sie bekommen, oder nicht?«

Margarethe erinnerte sich, dass Georg Metzendorf verärgert gewesen war, weil der Leiter des Essener Stadterweiterungsamtes ihn nicht informiert und ohne Rücksprache zudem ein Referat über die Siedlung auf dem Hügel gehalten hatte. Sein Ärger war erst verflogen, als er von allen Seiten auf den Vortrag angesprochen wurde. Robert Schmidt hatte den Bezug ihrer Kolonie zu Ebenezer Howard und seinen Forderungen an eine Gartenstadt hergestellt. Besonders hervorgehoben hatte er den Kinderwagenradius, der in Howards Konzept auftauchte, danach sollte jede Mutter in der Lage sein, innerhalb von zehn Minuten mit ihren Kindern im Grünen zu sein. Der Beamte hatte selbstbewusst behauptet, dieser Idee sei die Stadt Essen mit der Margarethe-

Krupp-Stiftung und Georg Metzendorf längst voraus. So hätten das weder sie noch der Architekt formulieren können.

»Das muss ich in Ruhe lesen, mein Englisch ist etwas eingerostet, seitdem ich nicht mehr ständig ausländische Gäste empfangen muss.« Margarethe versuchte dennoch, sich einen ersten Eindruck zu verschaffen. Sie las Überschrift und Ende und freute sich. »Haben Sie damit gerechnet, dass wir so gut wegkommen in der Bibel der Gartenstädte?«

Georg Metzendorf zog die Schultern hoch. »Ich habe es gehofft. Ein schöner Ausgleich zu der bösen Bemerkung aus der Zeitung aus dem Ruhrgebiet, die unsere Siedlung abschätzig als ›süddeutsche Kleinromantik‹ bezeichnet hat. Die Anmerkung über die fremde süddeutsche Neigung zum kunstgewerblich Spielerischen in den Dach- und Giebelformen, die nicht in die Gegend passt, hat mich sehr gekränkt.«

Margarethe freute sich, dass er mit ihr über seine Enttäuschungen sprach, zumal er sich öffentlich nicht zu dieser Kritik geäußert hatte. Völlig zu Recht! In ihren Augen war die Bemerkung keine Kritik, sondern allenfalls eine spitzfindige, wenn nicht bösartige Einordnung. Sie hatte ihn immer darin bestärkt, einen Stil zu entwickeln, bei dem die Menschen Heimatgefühle bekamen. Das war im Jugendstil nicht viel anders: Die Künstler griffen ebenfalls Ranken und Blüten auf, ohne dass jemand dafür persönlich angegriffen wurde. Die Fachwerkhäuser, die Robert Schmohl in der Siedlung Dahlhauser Heide hatte errichten lassen, wirkten anders heimelig, eher bäuerlich, während die Häuser der Margarethenhöhe an alte Burgen und Urlaub in süddeutschen Landen erinnerten.

»Lassen Sie sich davon nicht ärgern. Denken Sie daran, was Professor Stübben letztes Jahr vor der Städtebaukommission in London gesagt hat: Unsere Siedlung ist mit das Beste, was Deutschlands Städtebau zurzeit zu bieten hat. Das ist so etwas wie ein Ritterschlag. Immerhin ist Stübben eine Koryphäe.«

Sie ließ die Augen über den Artikel gleiten. »Sehen Sie nur, es werden sogar die Höfe, die wir haben stehen lassen, erwähnt.« Sie lachte. »Selbst der Hof von Bauer Jansen, der in seinem Garten unter dem großen Birnbaum Bänke aus Pfählen und Brettern angelegt hat, damit die Familien auf ihrem Spaziergang eine Rast einlegen können. Wie wir es von Anfang an gesagt und Sie es immer betont haben: Die vorhandene Bebauung muss harmonisch mit dem Neuen verbunden werden.«

»Das ist völlig richtig. Freuen wir uns über die Anerkennung. Man kann es sowieso nicht allen recht machen, und wichtig ist, dass die Mieter sich wohlfühlen. Was hat es mit dem Briefkasten auf sich?«

Margarethe berichtete ihm von dem Besucher und erfuhr, dass es nicht an dem Architekten lag, dass sich die Aufstellung eines Briefkastens verzögerte, sondern an der Post, die ihren Antrag noch nicht bearbeitet hatte. Nachdem er sich verabschiedet hatte, lehnte sie sich zufrieden zurück und betrachtete die Wohnungseinrichtung, bis es an der Haustür klopfte.

Sekunden später sagte eine ihr wohlbekannte, allerdings nicht wohlgelittene Stimme: »Guten Tag, verehrte Cousine. Ich dachte mir, ich statte dir in deiner kleinen Stadt einen Besuch ab!«

Obwohl ihr ein Schauer über den Rücken lief, als sie Waldemar von Keimsdorff sah und hörte, zwang Margarethe sich zu einem neutralen Gesichtsausdruck. Er sollte nicht sehen, wie sehr sein Besuch sie erschreckte. Sie hatte fest damit gerechnet, dass er es aufgegeben hatte, sie und ihre Familie zu verfolgen.

»Wie schön, dass ich endlich wieder jemanden aus deiner Familie erreiche. Der Hügel ist ja gesichert wie der Kaiserpalast und Barbara von einem Tag auf den anderen aus Bonn verschwunden.« Waldemar von Keimsdorff sah sie erwartungsvoll an.

Was wollte er? Margarethe spürte, dass er unsicher wurde, als sie nicht sofort antwortete. Es waren also vor allem Geduld und Selbstdisziplin, mit denen sie ihn in seine Schranken weisen konnte. Sie nahm den Stift, mit dem sie zuvor den Wunsch des Stadtschreibers vermerkt hatte, und kritzelte sinnlose Worte auf einen Zettel. Sollte er ruhig denken, sie wäre sehr beschäftigt.

Als ihr keine Begriffe mehr einfielen, schrieb sie die Namen ihrer Familienmitglieder auf: Bertha, Gustav, Alfried, Claus, Barbara, Tilo, Ursula und Friedrich, ihr jüngster Enkel, den Barbara und Tilo nach seinem Großvater benannt hatten.

»Margarethe?« Der verhasste Cousin trat einige Schritte näher an den Schreibtisch, sodass er von ihrem Platz aus geradezu bedrohlich wirkte.

Rasch erhob sie sich, um ihm auf Augenhöhe zu begegnen.

»Was willst du?« Sie war selbst überrascht, wie kalt ihre Frage klang. Vermutlich war es die Sorge um die Kinder, die ihr die Kraft gab, einen abweisenden Ton anzuschlagen, der nicht ihrem Naturell entsprach.

»Ich brauche Geld!«

Was sonst? Margarethes Augenbrauen zogen sich zusammen. Bisher hatte er sich wenigstens Mühe gegeben, einen Unfall oder ein anderes Missgeschick vorzutäuschen, für das er eine finanzielle Unterstützung benötigte.

»Dann geh arbeiten.«

»Warum? Du hast genug von deinem Mann geerbt, scheint mir. Ich habe in der Zeitung gelesen, wie viel du in dieses Nest hier gesteckt hast. Davon hätte ich mehr als ein sorgloses Leben haben können.« Er sah sie verächtlich an. »Du hast das Geld auch nicht mit Arbeit verdient, sondern geerbt. Da kannst du gut was abgeben.«

Sie ballte die Fäuste, während sie darüber nachdachte, wie sie ihren Cousin loswerden konnte. Zu ihrer wöchentlichen Sprechstunde kamen an einem Tag viele, an anderen gar keine Bittsteller. Es war gut möglich, dass hier niemand nach ihr sah. Sie war Waldemar ausgeliefert, und sein wutverzerrtes Gesicht ließ erahnen, dass er handgreiflich werden könnte, wenn er seinen Willen nicht bekam. Seine Hände umklammerten die Lehne des Stuhls vor dem Tisch, die Knöchel stachen weiß hervor, so heftig pressten sich seine Finger gegen das Holz.

»Du hast mehr Geld bekommen, als du jemals selbst verdient hast. Mehr gibt es nicht. Lass meine Familie in Ruhe!« Margarethe redete langsam, damit ihre Stimme nicht vor Aufregung kippte.

»Entweder, du sorgst dafür, dass ich einen monatlichen Wechsel bekomme, mit dem ich mir ein Leben leisten kann, wie es sich für einen von Keimsdorff geziemt, oder ...« Er starrte sie an, nahm die Hände von der Lehne und warf sie in die Höhe. »Oder: Bumm! Du weißt, wovon ich rede.«

Dann war es also tatsächlich Waldemar gewesen, der im Winter nach Friedrichs Tod das Feuerwerk auf dem Hügel gezündet hatte, das beinahe in einem Unglück resultiert hätte. Sie hatte ihm immer schon viel Böses zugetraut. Bereits als Kind hatte er beim Spielen erst Ruhe gegeben, wenn mindestens ein Kind verletzt war oder zumindest weinte.

»Willst du mich erpressen?« Sie kniff die Augen zusammen und wich Waldemar von Keimsdorffs wütendem Blick nicht für eine Sekunde aus. »Du kannst einen regelmäßigen Wechsel bekommen, wenn du dafür arbeitest. Wir brauchen beim Bau der Siedlung immer Hilfskräfte. Ich spreche gern mit Herrn Metzendorf darüber!«

»Worüber möchten Sie mit mir sprechen?«

Margarethe spürte, wie die Spannung in ihrem Körper nachließ, als Georg Metzendorf hinter ihrem Cousin zum Vorschein kam. Neben ihm standen der für die Siedlung zuständige Gendarm und einige Männer und Frauen aus der Siedlung.

Waldemar drehte sich um und zuckte zusammen, als er die Menschen hinter sich bemerkte.

»Darf ich vorstellen. Das ist mein Cousin Waldemar von Keimsdorff.« Es gelang ihr, zu sprechen, ohne dass ihre Stimme zitterte. »Er braucht Geld, und ich habe ihm versprochen, ein gutes Wort für ihn bei Ihnen einzulegen.«

Der Architekt nickte. »Sie sind einfach zu gut für diese Welt, Frau Geheimrat. Pech für Ihren Cousin, dass ich schon länger hinter ihm stehe. Es hat mich gewundert, dass so viele Leute vor der Tür standen, als ich vorbeikam. Sie haben mir berichtet, dass ein gut gekleideter Herr ins Haus gegangen sei. Und sie fanden es unmöglich, dass er es wagte, so laut die Stimme gegen Sie zu erheben, Frau Krupp. Da habe ich mir die Freiheit genommen anzuhören, was er zu sagen hat. Für mich klang das wie Erpressung und nach einer Drohung, deshalb habe ich die Polizei holen lassen.«

Er wandte sich um. »Meine Herren, ich habe hier einen Kunden für Sie!« Zu Waldemar sagte er: »Und damit Sie das ganz klar sehen: Sollte hier in der Siedlung oder im Umfeld der Familie Krupp jemals irgendetwas ›Bumm‹

machen, sind Sie der Erste, bei dem die Polizei vor der Tür steht.«

Margarethe ließ sich auf den Stuhl sinken. Ihre Beine zitterten, und ihr Herz raste. »Danke!«

»Wer solche Verwandte hat, braucht keine Feinde!«, stellte Georg Metzendorf fest und sah sie an. »Was meinte er damit, als er sagte, dass Sie wüssten, wovon die Rede ist? Hat es einen Anschlag gegeben?«

Der Polizist, der mit Waldemar von Keimsdorff schon fast aus der Tür war, drehte sich um. »Das würde mich auch interessieren.« Er überließ es seinem Kollegen, Margarethes Cousin abzuführen, und ließ sich auf dem Stuhl vor dem Schreibtisch nieder.

»Es ist schon einige Zeit her.« Ihre Stimme zitterte leicht, als sie den Vorfall im Park auf dem Hügel schilderte.

»Wir werden diesem Herrn gehörig auf den Zahn fühlen und Ihnen Bescheid geben. Aber ich denke, wenn Sie beide aussagen, dass er Sie bedroht und erpresst hat, wird er erst einmal einige Zeit in Gewahrsam bleiben.« Der Polizist verbeugte sich vor ihr und folgte seinem Kollegen aus dem Haus.

Gut, dass Mutter das nicht erleben muss, dachte Margarethe, aber sie wusste, dass das Schicksal ihr ein Geschenk gemacht hatte. Waldemar von Keimsdorff hätte niemals Ruhe gegeben. Auch wenn er seinen Hass auf die Krupp-Familie nicht so offen darlegte wie sein Onkel Alois, war er zerfressen von Neid und Missgunst. Irgendwann hätte er herausgefunden, wo Barbara und Tilo nun lebten, oder es wäre ihm gelungen, sich auf den Hügel zu schleichen, wo ihre Enkelsöhne im Park spielten.

Tränen der Erleichterung liefen ihr die Wangen herunter. Sie trocknete ihr Gesicht und sah Georg Metzendorf an.

»Danke, dass Sie zurückgekommen sind und so besonnen reagiert haben.«

»Dafür bin ich ebenfalls da!« Der Architekt lachte. »Ich lasse mir doch nicht von einem solchen Fatzke unsere Siedlung kaputtmachen. Was bildet der sich eigentlich ein?« Dabei hob er so theatralisch die Hände, dass Margarethe nicht anders konnte, als in sein Lachen einzustimmen.

»Wer wartet denn noch draußen, um sein Anliegen vorzubringen?«, fragte sie, nachdem sie sich gefasst hatte und auch ihr Herz wieder ruhig schlug.

»Sie sind wirklich eine ganz besondere Frau!«, fand Georg Metzendorf. »Darum können Sie sich nächste Woche kümmern. Fahren Sie nach Hause, und berichten Sie Ihren Töchtern, dass sie sich keine Sorge mehr machen müssen.«

Margarethe winkte ab. »Ich glaube nicht, dass sie sich in diesem Moment sorgen. Ob ich sie jetzt oder heute Abend benachrichtige, ist gleichgültig. Aber für die Menschen, die draußen warten, können der halbe Tag und vielmehr noch eine ganze Woche lebensentscheidend sein.«

Georg Metzendorf gab Margarethe die Hand und drückte sie länger als sonst. Er schaute sie an. »Sie sind wirklich eine ganz besondere Frau, und ich bin dankbar, dass ich mit Ihnen zusammenarbeiten darf.«

KAPITEL 45

Januar 1912

»Ich wünsche Ihnen, dass das neue Jahr ebenso erfolgreich wird wie das letzte, Herr Professor.« Margarethe überreichte Georg Metzendorf ein Hufeisen, das sie in der Gärtnerei mit einer der kostbaren Orchideen hatte dekorieren lassen. »Sie müssen mir unbedingt von der Zeremonie erzählen, in der Großherzog Ernst-Ludwig von Hessen Ihnen den Professorentitel überreicht hat. Haben Sie eine Urkunde bekommen? Eine Medaille umgehängt oder einen Talar übergezogen?«

»Danke, Frau Geheimrat, das wünsche ich Ihnen auch.« Der Architekt überreichte ihr ein flaches Geschenk, das weder nach Kleeblatt noch Glücksschwein, Schornsteinfeger oder einem anderen Glückssymbol aussah. »Und Sie müssen unbedingt von Ihrer Berlin-Reise berichten. Geht es Ihrer Tochter gut? Ihre Enkelin ist inzwischen sicher längst eine kleine Dame.« Er lächelte verschmitzt. »Haben Sie in Berlin eines der Kaufhäuser besucht?«

Margarethe war irritiert. Dass er sich nach ihrer Familie erkundigte, war reine Höflichkeit. Aber warum wollte er wissen, ob sie einkaufen war? Sie schob den Gedanken beiseite und betrachtete das Geschenk. »Was ist das?«

»Schauen Sie selbst!«

Sie öffnete das Papier und fand eine schön gebundene

Mappe vor. Das Dekor der Mappe erinnerte sie daran, dass sie im neuen Jahr endlich die letzten Fotos von der Baustelle einkleben musste. Durch ihren Aufenthalt im Grunewald war das in Vergessenheit geraten, obwohl Johanna Brandt sie nach der Rückkehr daran erinnert hatte. Das Album sollte fertig sein, wenn die Margarethenhöhe so weit war, dass sie feierlich eingeweiht werden konnte.

»Nun öffnen Sie das Ding endlich. Es ist wichtig!«, drängelte Georg Metzendorf.

Margarethe klappte den Deckel auf. »Mhm. Haben Sie das Wertheim-Kaufhaus in Berlin gezeichnet?« Sie sah genauer hin. »Oder ist es das Warenhaus Tietz in Düsseldorf?«

»Nein.« Der Architekt zappelte auf seinem Stuhl wie ein aufgeregtes Kind. »Sehen Sie genau hin. Erkennen Sie die Treppenstufen vor dem Gebäude?«

Sie stutzte. »Das ist die Treppe am kleinen Markt. Dort, wo rechts der Friseur Luttrop seinen Salon hat. Aber was? Nein! Ist das etwa die Skizze für die Konsumanstalt?«

»Ich habe im Winter nicht nur den Talar beim Großherzog abgeholt.« Georg Metzendorf lächelte verschmitzt. »Wir haben auch mit dem Bau des Ladens begonnen. Die Fassade ist noch nicht fertig. Ich wollte erst wissen, ob sie Ihnen gefällt. Ich habe tatsächlich die Rippenstruktur anderer Kaufhäuser übernommen, und meine Kollegen haben gleich gesagt, das Gebäude sähe aus wie eine Kreuzung aus den Berliner Wertheim-Kaufhäusern von Alfred Messels und dem Warenhaus, das Joseph Maria Olbrich für Tietz in Düsseldorf gebaut hat.«

»Das ist wunderbar.« Margarethe betrachtete die Skizze eingehend. »Na gut, stilistisch passt es nicht zu den Wohnhäusern in der Siedlung, aber an so einem zentralen Platz macht das nichts, oder?«

»So ist es. Das Gasthaus, das mit seinen Flügelbauten und dem Verandavorbau ebenfalls eher vornehm klassisch wirkt, und die Konsumanstalt stehen sich an den Kopfseiten des kleinen Marktes gegenüber. Rechts und links die Häuser werden mit einem Laubengang versehen, sodass sich die Rippen oder Pfeiler, wie auch immer man sie nennen will, rund um den Platz wiederfinden. Das Prinzip werde ich auf angemessene Weise wieder aufgreifen, wenn ich die Kirche plane.«

»Hervorragend!« Margarethe blätterte weiter und betrachtete die Skizze des Gasthauses. »Hier haben Sie die Kirche ja schon gezeichnet«, stellte sie überrascht fest.

»Ich hatte gerade einen schönen Schwung«, gab Georg Metzendorf zu. »Da können Sie sehen, wie ich die Rippen einbinden möchte.«

»Sie denken aber daran, dass wir die Kirche erst einmal zurückgestellt haben und die Wohnhäuser vorgehen!«, mahnte Margarethe.

»Natürlich, das haben wir so besprochen, und ich finde es auch richtig. Gotteshäuser finden die Menschen in der Stadt überall, Wohnraum ist knapp. Die Bewohner beklagen zwar, dass sie zur Messe nach Rüttenscheid oder Holsterhausen müssen, aber dafür haben sie die Konsumanstalt direkt um die Ecke.« Der Architekt zeigte auf zwei Quadrate in seiner Zeichnung. »Wenn die Bäckerei und die Metzgerei dort fertig sind, müssen die Anwohner die Siedlung nur noch für Gottes Segen und zur Arbeit verlassen.«

Margarethe lachte. »Manche können sogar zur Arbeit auf dem Margarethenhügel bleiben.«

»Ich glaube, das hat den französischen Architekten Charles-Édouard Jeanneret-Gris sehr beeindruckt«, stimmte Georg Metzendorf ihr zu. »Leider haben Sie seinen Besuch verpasst. Stellen Sie sich vor, er tauchte plötzlich hier auf und stellte mir Fragen zu der Denkschrift, die ich vor drei Jahren geschrieben habe. Er hat mich um Zustimmung gebeten, ob er Teile daraus ins Französische übersetzen und in seinen Schriften verwenden darf.«

»Ab sofort bleibe ich in Essen. Dann müssen meine Enkelkinder eben zu mir kommen.« Margarethe tat empört. »Ich verpasse ja die spannendsten Erlebnisse auf der Margarethenhöhe, wenn ich verreise. Im April die englische Delegation, dann der Besuch eines französischen Architekten. Ist er berühmt?«

Georg Metzendorf überlegte. »Das glaube ich nicht. Er ist ja noch sehr jung. Anfang zwanzig, schätze ich, obwohl er schon viel erlebt hat. Fast habe ich ihn darum beneidet, an wie vielen Orten er in seinem Alter bereits war. Er ist in der Schweiz aufgewachsen und hat wie ich zuerst eine handwerkliche Lehre gemacht, nur als Graveur und Ziseleur. Sein Lehrer hat ihm empfohlen, sich aufgrund seiner ausgeprägten Vorstellungskraft und exzellenten räumlichen Denkens lieber mit Architektur als mit Medaillen zu beschäftigen. Mit zwanzig ist er durch Italien gereist und hat alle wichtigen Städte besucht.«

»Und davon gibt es ja viele. Ich habe mit meinen Töchtern vor Jahren auch eine Rundreise gemacht, weil ich wollte, dass sie diese Kunst kennenlernen. Mailand, Florenz, Bologna, Padua und Venedig.«

»Nicht zu vergessen die Kartause von Ema in Galluzzo, aber das ist eher ein Geheimtipp.«

»Die haben wir tatsächlich nicht besucht.«

»Aber sicher waren Sie in Wien und haben sich die Werke der Künstler der Sezession angeschaut. Jeanneret hat ein halbes Jahr bei dem Wortführer der Künstlervereinigung gelebt und viel mitgenommen.« Georg Metzendorf seufzte.

Margarethe ahnte, was in seinem Kopf vorging. Er war
an der hessischen Bergstraße aufgewachsen und hatte dort
gelebt, bis er nach Essen gezogen war, wo er ein Projekt be-
treute, dessen Fertigstellung zehn, zwanzig oder auch dreißig Jahre dauern konnte. Da war selbst sie mit ihren wenigen
Jahren in Holyhead und Dessau weiter in der Welt herum-
gekommen. Ganz abgesehen von den Fernreisen, die sie mit
Friedrich unternommen hatte.

»Wer weiß, was aus dem noch wird«, tröstete sie den Architekten. »Sie sind immerhin so berühmt, dass der Kaiser
Sie für die Weltausstellung engagiert hat. Sie haben Häuser in der weltweit bekannten Darmstädter Mathildenhöhe
gebaut und sind nun eingeladen, in Dresden eine Häuserzeile in der Siedlung Hellerau zu planen. Sie haben vielleicht
nicht die Kunstwelt gesehen, aber dafür sieht die Kunstwelt
Sie!«

»Ach, Frau Geheimrat!« Georg Metzendorf lächelte sie
an.

»Ach, Herr Professor!« Margarethe lächelte zurück. Sie
freute sich, dass sie nun eine passende Erwiderung hatte,
wenn er sie wieder einmal »Frau Geheimrat« nannte.

»Was meinen Sie denn, wann wir den ersten Bauabschnitt
mit einem Fest einweihen können?« Sie zwinkerte dem Architekten zu. »Nachdem Sie meine Reiselust geweckt haben
und besondere Ereignisse anscheinend immer stattfinden,
wenn ich weg bin, frage ich lieber nach.«

Georg Metzendorf schmunzelte. »Schade, ich hätte so
gern Ruhm und Ehre allein eingeheimst. Nein, im Ernst, ich
denke, dass die Häuser an der Giebelstraße und am Kleinen
Markt im Juni, spätestens im Juli fertig sind. Das wäre ein
guter Zeitpunkt für ein Fest zur Einweihung.«

»Juli ist ohnehin eine schlechte Zeit für Reisen in den

Süden«, stellte Margarethe mit einem Lächeln fest. »Dann halte ich mir den Monat frei für Feierlichkeiten. Das passt gut, im August soll das hundertjährige Unternehmensjubiläum stattfinden.«

»Das ist doch wunderbar«, fand Georg Metzendorf. »Dann liegt das Fest auf der Margarethenhöhe auf jeden Fall vor dem Jubiläum. Ich könnte mir vorstellen, dass der Kaiser zu dem großen Fest eingeladen wird, oder?«

»Ja, der Termin ist bereits mit ihm abgestimmt.«

»Sehen Sie. Läge das Jubiläumsfest im April, wären wir keinesfalls fertig. Aber bis August können wir, wenn ich ein bisschen Druck beim Bauführer mache und notfalls Straßenarbeiter aus meiner Heimat engagiere, sogar die Straße gepflastert haben. Wie ich Sie kenne, wird es Ihnen gelingen, die Margarethenhöhe in das kaiserliche Besuchsprogramm zu schmuggeln.«

Margarethe strahlte zufrieden. Das klang gut. Lieber wäre es ihr, wenn der Kaiser extra wegen ihrer Siedlung käme, aber vielleicht hatte es sogar Vorteile, wenn die Margarethenhöhe Teil des Jubiläumsprogramms wurde. Ihr nächstes Ziel war, Bertha und Gustav davon zu überzeugen, dass der Kaiser nicht nur die Kaiserspiele zu sehen bekam, für die Alfried auf seinem Shetland-Pony seit einigen Tagen im Garten probte, sondern auch ihre Margarethenhöhe. Schließlich war der Kaiser Zeuge gewesen, wie sie ihre Stiftung und deren Zweck bekanntgegeben hatte. Und er hielt große Stücke auf Georg Metzendorf. So viele Argumente. Sie rieb sich die Hände.

»Ich glaube, ich verreise vor der Einweihung gar nicht mehr«, konstatierte sie. Stattdessen würde sie ihre Sprechstunden auf der Margarethenhöhe ausweiten und die Bewohner um Ideen bitten, wie man die Siedlung schöner machen konnte. »Wir könnten einen kleinen Wettbewerb ausschreiben.«

»Wofür?« Der Architekt, der gerade aufstand, ließ sich wieder auf den Stuhl fallen.

»So etwas wie ›Unser Haus soll schöner werden‹. Ich weiß, Sie mögen keine Vorgärten, und es gibt sie ja auch nicht. Aber die Häuser mit Loggien könnten sich überlegen, wie sie diese zu einem Blickfang machen. Oder die Bewohner könnten Ranken anpflanzen, sodass auch vor dem Haus ein wenig Natur zu sehen ist.«

»Zumindest könnte solch ein Wettbewerb die Leute ermuntern, ihre Fenster zu dekorieren. Es stört mich ohnehin, dass da Kochtöpfe stehen und teilweise sogar Wäsche hängt. Wofür haben wir den Garten so gelegt, dass die Frauen von der Wasch- und Spülküche einen direkten Zugang dazu haben!«

»Wir sollten den Aufruf bei der Einweihung starten, die zeitlich möglichst nah am Jubiläum liegen sollte. Sonst ist vielleicht schon alles weg, wenn der Kaiser kommt.«

»So schnell wachsen Ranken aber nicht«, widersprach Georg Metzendorf.

»Na gut, dann starten wir den Aufruf, sobald Pflanzwetter ist, und die Bewertung erfolgt nach dem Kaiserbesuch.«

Der Architekt lachte. »Jedes Mal, wenn ich mit Ihnen spreche, verstehe ich weniger, wieso Ihr Mann Ihnen die Leitung des Unternehmens nicht zugetraut hat. Sie denken an Details und haben vermutlich auch schon eine Vorstellung von der Preissumme, die Sie auszuloben gedenken.«

Für einen Moment war Margarethe trübsinnig geworden, dann schob sie den Gedanken an Friedrich beiseite. Hier ging es um ihr Projekt, und sie wollte dem Kaiser und der Welt zeigen, wozu sie fähig war, obwohl sie eine Frau war;

eine Gouvernante, wie manche Männer verächtlich sagten. »Ich schlage vor, dass alle, die sich beteiligen, per se fünfzig Mark bekommen und die ersten drei Preisträger, die wir durch eine Jury ermitteln lassen, 500, 300 und 100 Mark.«

Georg Metzendorf nickte. »Ich denke, das ist ein Anreiz, und die Idee, dass jeder fünfzig Mark bekommt, ist genial. Meine Rede! Frauen denken vielleicht anders, aber nicht weniger gut als Männer!«

Kapitel 46

Juli 1912

Margarethe musste sich auf der Tür des Automobils ab-
stützen, in dem sie über die Margarethenbrücke durch den
Torbogen die Steile Straße hinauf bis zum kleinen Markt
gefahren worden war. Sie war überwältigt von der Menschenmenge, die sich auf dem Platz zwischen Konsumanstalt und Gasthaus versammelt hatte.

Ein Mädchen trat mit einem Blumenstrauß auf sie zu.
Sie erkannte die älteste Tochter von Georg Metzendorf.

Mit ernstem Blick deklamierte die Achtjährige:

Du edle Frau! Aus grünen Einsamkeiten
ließ deine Güte diese Stadt ersteh'n.
Nun siehst du Straßen sich und Plätze breiten
und tausend frohe Menschen siehst du schreiten,
die sich in ihrer Traulichkeit ergeh'n.

Während das Kind zwei weitere Strophen aufsagte, suchte
Margarethe mit den Augen den Architekten, der ihr vom
Rand der Menge zuzwinkerte. Kaum merklich schüttelte sie
den Kopf. Sie hatte ausdrücklich darum gebeten, dass nicht
viel Gewese um sie gemacht wurde. Wenn jemand persönlich
geehrt werden sollte, dann der Erbauer. Sie hatte reichlichen
Dank dadurch erhalten, dass die Siedlung ihren Namen trug.

»Vielen Dank!« Sie wandte sich dem Mädchen zu, als der Beifall abebbte. »Das hast du sehr schön vorgetragen.« Es sprach für Georg Metzendorf, dass seine Tochter ihr das Gedicht zur Einweihung der Margarethenhöhe vortrug, obwohl das seinem Ältesten, dem elfjährigen Ernst, eher zugestanden hätte.

»Darf ich bitten, Frau Geheimrat?« Oberbürgermeister Holle war neben das Kind getreten und hielt Margarethe seinen Arm hin. »Die Überraschungen sind noch nicht zu Ende.«

Sie sah sich um. Georg Metzendorf war verschwunden. Bertha und Barbara, die inzwischen mit Alfried und Ursula näher gekommen waren, schauten ebenfalls ratlos drein.

Etwas unsicher schritt sie an der Seite von Wilhelm Holle über den freien Platz, den die Bewohner im unteren Teil des Marktes ausgespart hatten. Der Oberbürgermeister blieb neben dem Brunnen stehen, den sie bereits kannte. Georg Metzendorf hatte ihr die Skizze gezeigt, die Joseph Enseling angefertigt hatte. Er hatte ihr eine Skizze vorgestellt, allerdings nicht die für diesen Brunnen.

»Sie kennen vielleicht die Sage, dass unter der Sommerburg ein Schatz vergraben ist und die Essener immer wieder danach suchen. Einen dieser Schatzgräber hat der Bildhauer oben auf den Brunnen gesetzt. Sehen Sie die Spindel und den Spaten, die er dazu benötigt?«

Unversehens war neben Wilhelm Holle Georg Metzendorf mit einem unbekannten Mann aufgetaucht. »Das ist der Künstler, Joseph Enseling.«

Die düstere Miene des Oberbürgermeisters verriet ihr, dass ihm die Anwesenheit des Künstlers nicht gefiel. Schnell sagte er: »Nun müssen die Essener nicht länger nach dem Schatz graben, denn Sie haben ihnen einen Schatz geschenkt.« Er deutete auf die Inschrift auf dem Rand des Brunnens und las laut, damit auch die Gäste in der hinteren Reihe es hören konnten: »*Grabt Schätze nicht mit Spaten, sucht sie in edlen Taten.*«

Ein Schauer lief über Margarethes Rücken, sie konnte sich des Pathos in diesem Satz nicht erwehren.

»Ich kann Ihnen gar nicht sagen, wie dankbar die Stadt Essen Ihnen für diese große Tat ist. Sie haben es ermöglicht, dass Herr Metzendorf hier bei uns die neue Idealstadt errichtete. Dass dies gelungen ist, spürt man allenthalben anhand des Lebensmuts und der Lebensfrische, die hier unübersehbar sind.«

»Aber …«, setzte Margarethe an. Sie konnte ihren Satz jedoch nicht vollenden, weil ein Bewohner der Siedlung, den sie aus ihrer Sprechstunde kannte, sich in die Mitte des freien Platzes stellte und ein weiteres Gedicht aufsagte.

Sie bekam nur die ersten Sätze mit: »Nicht Wohnung nur, die Heimat fanden wir in diesen Häusern, diesen stillen Gärten«, dann spürte sie, wie ihr die Beine wegsackten.

Dr. Vogt hatte sie eindringlich gewarnt, sie müsse sich schonen. Er hatte gut reden. Sie konnte und wollte weder die Eröffnung des Friedrichsbads in Frohnhausen, das sie der Stadt geschenkt hatte, noch die Einweihung ihrer Siedlung auslassen. Dass ihre jüngste Enkelin Irmgard, die am 31. Mai geboren war, sich als kleiner Schreihals entwickelte, der gern nachts sein Unwesen trieb und ihre Kräfte über Gebühr in Anspruch nahm, hatte niemand wissen können. Eine kurzzeitige Übersiedlung nach Meineck oder Berlin war nicht infrage gekommen. Sie hatte unbedingt persönlich die Einladungen zur Einweihung unterschreiben und überreichen oder – mit einem Brief versehen – abschicken wollen.

»Es geht schon wieder!« Sie wimmelte Bertha und Gustav ab, die sie sofort aufgefangen hatten. Dennoch setzte sie sich auf den Stuhl, den Georg Metzendorf aus dem Gasthaus rasch herbeibrachte. Sie war froh, dass der Krupp'sche Werkschor samt Orchester für die musikalische Untermalung angeheuert worden war, so konnte sie während der Darbietung ihr Herz mit einer Tablette und etwas Wasser in den richtigen Rhythmus bringen und sich wieder sammeln, denn es war ja noch nicht vorbei. Schließlich hatte auch sie ein Geschenk mitgebracht.

Als der Dirigent die Arme sinken ließ, stand Margarethe auf. Sie schüttelte Bertha und Gustav, die sie unterhaken wollten, mit den Worten ab: »Es geht schon.«

Langsam trat sie auf den Brunnen zu und stellte sich mit dem Rücken dazu auf die zweite Stufe der Umrandung. Sie bedankte sich beim Oberbürgermeister, der Stadt Essen und allen Gästen, dass sie gekommen waren. Der Stadt widmete sie einen besonderen Dank für den ihr gewidmeten Schatzgräberbrunnen. »Ich freue mich sehr, dass der erste Teil der Siedlung, die ich mir gewünscht habe, fertiggestellt ist.«

Auf ihr Zeichen hin holte Johanna Brandt mehrere Körbe, die sie am Vortag in der Korbflechterei des Altenhofs besorgt hatte, aus dem Wagen und reichte sie Barbara, Bertha, Gustav und Tilo. »Mit einem kleinen Andenken möchte ich mich bei allen, die hier ihren Beitrag geleistet haben, bedanken. Meine Töchter und Schwiegersöhne werden mit Herrn Metzendorfs Hilfe die goldenen Bleistifte mit den drei Ringen verteilen. Der Bleistift steht dafür, dass diese Siedlung zuerst in Form von Bleistiftzeichnungen bestand. Die drei Ringe sind das Symbol der Firma Krupp. Auch wenn die Margarethenhöhe meine private Stiftung ist, so war sie nur möglich dank der Krupps.«

Sie lachte und fühlte sich mit jedem Wort sicherer. In den

letzten Tagen hatte sie immer wieder darüber nachgedacht, was sie sagen würde. Nun kamen die Worte wie von selbst.

»Hätte Friedrich Krupp mich nicht geheiratet, würde ich jetzt vielleicht irgendwo in einer Schule oder Familie Kinder unterrichten. Also haben wir die Siedlung auch ihm und seinem Werk zu verdanken. Die drei Ringe stehen für die Eisenräder, mit denen Alfred Krupp das Unternehmen aufgebaut hat. Aber sie passen ebenso zur Margarethenhöhe, wenn man sie als Symbol sieht für die Zusammenarbeit von Stiftung, Stadt und Krupp-Werken oder zwischen den Menschen, die hier zusammengewürfelt werden und mit ihrer je eigenen Geschichte allesamt eine Gemeinschaft bilden.«

Sie wartete den Applaus ab, der sich unvermittelt erhoben hatte, ehe sie fortfuhr. »Damit es eine echte Gartenstadt wird, fehlt noch das Grün darum herum.« Die Zuhörer lachten. »Ich weiß, dass Grün im Mühlbach- und Nachtigallental vorhanden ist, allerdings hatte ich bei der Schenkung vor fünf Jahren der Stadt in den Vertrag geschrieben, dass die Natur in ihrer ursprünglichen Form erhalten bleibt. Seit ich einmal in der Woche hier bin, habe ich festgestellt, dass es sinnvoll wäre, den Wald zu pflegen und, wo nötig, aufzuforsten. Ich wünsche mir, dass sich die Menschen aus Essen dort erholen können und natürlich auch die Bewohner der Margarethenhöhe. Aber die gehören ja inzwischen zu Essen, nicht wahr?«

Oberbürgermeister Holle räusperte sich vernehmlich. Die Beziehung zwischen Essen und Rüttenscheid war ein Kapitel für sich, das mit der Eingemeindung des Dorfes endete, woran die Familie Krupp einen nicht unerheblichen Anteil hatte.

Unter dem Applaus der Besucher stieg Margarethe wieder in das Automobil. Der Fahrer setzte sein Gefährt sofort in Bewegung, nachdem Johanna Brandt auf die Sitzbank gerutscht war.

»Jetzt habe ich vergessen, Herrn Metzendorf zu erwähnen«, ärgerte sich Margarethe schon auf der Brücke.

»Er wird es Ihnen nicht übel nehmen«, beruhigte ihre Gesellschafterin sie.

»Das ist es ja. Er wird es nicht übel nehmen, und er hat gewonnen. Ich wollte nicht, dass extra für mich so ein Aufheben gemacht wird. Aber ich habe nicht daran gedacht, mich um die Feier zu kümmern. Das ärgert mich.«

»Ich bin sicher, er wird seine Lorbeeren schon noch ernten«, befand Johanna Brandt. »Und letztlich hat er nur umgesetzt, was Sie angestoßen haben. Hätten Sie nicht die Vision gehabt, auf der Hochebene eine kleine Stadt, na, sagen wir, ein Dorf zu bauen, wäre er nie zum Zuge gekommen. Außerdem ist die Siedlung noch nicht fertig. Es fehlen eine Menge Häuser aus seinem Plan, die Kirche ist nicht gebaut, das Künstlerhaus nicht. Der soll erst einmal seine Arbeit fertig machen, dann wird er gefeiert.«

Margarethe konnte nicht anders. Sie musste lachen, das war eine so typische und letztendlich auch richtige Antwort, wie sie nur von Menschen kommen konnte, die sehr grundlegend dachten und nicht jedes Wort und jeden Moment auf die Goldwaage legten. »Sie haben recht«, sagte sie. »Die Margarethenhöhe ist mein geistiges Baby, aber Herr Metzendorf ist der Lehrer, der aus ihm eine Siedlung mit Herz gemacht hat.«

KAPITEL 47

August 1912

Nach der Einweihung der Margarethenhöhe hatten Barbara und Tilo darauf bestanden, Margarethe mit zu sich in den Grunewald zu nehmen.

»Hier kommst du doch nicht zur Ruhe!«, hatte Barbara ihr klargemacht und musste diesen Satz mehrmals wiederholen, weil der Baulärm ein Gespräch im Salon der kleinen Villa nahezu unmöglich machte. Seit Wochen wurde an der Stelle, wo 1906 die Kapelle für die Hochzeiten angebaut worden war, eine Festhalle gemauert und gezimmert. Karl Bernsau und Theodor Herms hatten diese Lösung vorgeschlagen, nachdem deutlich wurde, dass die zahlreichen Gäste, die zur Feier des Firmenjubiläums geladen waren, niemals alle in die untere oder obere Halle passen würden.

Margarethe hatte von den Vorbereitungen für das Jubiläum wenig mitbekommen. Sie hatte Gustav lediglich signalisiert, dass auf jeden Fall ein Besuch des Kaisers in der Margarethenhöhe eingeplant werden musste.

Erst als sie ihren Koffer in der Villa im Grunewald ausgepackt hatte und statt Baulärm und Arbeiterrufen nur die Wälder, das selbstvergessene Geplauder ihrer Enkelin und gelegentlich ein Glucksen des kleinen Friedrich hörte, spürte Margarethe, wie sehr die Hektik auf dem Hügel sie belastet hatte.

»Danke, dass ihr mich überredet habt, mit euch zu fahren«, sagte sie und konzentrierte sich auf ihren Zeichenblock, auf dem gerade das Porträt ihres Enkels entstand. Sie hatte vergessen, wie erholsam und entspannend es war, zu zeichnen.

Im Winter gelang es ihr beim Stricken oder Häkeln, abzuschalten, aber das Hantieren mit Wolle bereitete ihr im Hochsommer keine Freude. In der ersten Woche im Grunewald hatte sie jeden Baum und jede Blume mit und ohne Enkelkinder im Garten der Villa und in der Umgebung fotografiert und die Rollfilme zum Entwickeln ins Krupp-Labor nach Essen geschickt. Dann hielt ihr Ursula ein Blatt Papier und einen Stift hin und verlangte, Oma solle ein Haus zeichnen. Von dem Ergebnis war nicht nur die Kleine hellauf begeistert. Tilo besorgte im Landratsamt Papier, damit sie weitere Motive festhalten konnte. Ursula hatte immer neue Wünsche, eine Kutsche, ein Pferd, einen Fasan, einen Baum. Je mehr Margarethe zeichnete, umso weiter fühlte sie sich in ihre Kindheit zurückversetzt.

»Deine Zeichnungen sind wunderbar!« Barbara war unbemerkt ins Zimmer gekommen. »Ich wollte nur nachsehen, ob der kleine Mann einen Wunsch hat. Aber er guckt ja sehr zufrieden. So klein und schon ein solcher Charmeur.«

»Wie sein Vater halt!« Tilo betrat ebenfalls das Wohnzimmer und legte seinen Arm um Barbara.

Margarethe nahm rasch ein neues Blatt zur Hand und skizzierte die Umrisse des Paares, das so glücklich in die Wiege sah. Das würde ein schönes Weihnachtsgeschenk geben. Als die beiden sich regten, legte sie die angefangene Skizze ihres Enkels obenauf.

»Ich fürchte, ich muss meine Sachen packen.« Sie stand auf und klemmte die Papiere unter den Arm. »Gustav hat für morgen den Salonwagen angekündigt. Ihr wollt wirklich nicht mitkommen?«

»Die Ehrung der Jubilare schafft ihr allein«, antwortete Barbara an Tilos Stelle. »Die würden Bertha und Taffy übrigens auch ohne dich hinbekommen. Bleib doch noch. Am Mittwoch fahren wir sowieso nach Essen, da würde dir die Fahrt nicht lang.«

Ihre Tochter hatte recht. In den letzten Jahren hatte sie nicht immer an der jährlichen Jubilarfeier teilgenommen. Im Jubiläumsjahr war ihr jedoch wichtig, sowohl Friedrich als auch Alfred zu vertreten. Nicht einmal diejenigen, die für ihre 25-jährige Betriebszugehörigkeit geehrt wurden, hatten ihn noch gekannt, da sie erst in Alfreds Todesjahr die Tätigkeit für Krupp aufgenommen hatten. War es wirklich so lange her, dass sie am Sterbebett des Schwiegervaters gesessen hatte? Im November jährte sich selbst Friedrichs Tod schon zum zehnten Mal. Sie rieb sich die Augen.

»Das ist lieb, aber ich möchte gern die ganze Jubiläumswoche erleben. In den letzten Tagen habe ich mich gut erholt, und zumindest der Umbau wird abgeschlossen sein, wenn ich morgen eintreffe. Schließlich findet am Sonnabend bereits die erste Feier statt. Fräulein Brandt wird mich im Salonwagen empfangen und mir auf der Rückfahrt berichten, was während meiner Abwesenheit in Essen passiert ist.«

Nach ihrer Rückkehr auf den Hügel spürte Margarethe, dass sie tatsächlich über mehr Energie verfügte als vor der Abreise. Lag es an den arbeitsfreien Tagen im Grunewald oder daran, dass ihr jetzt richtig bewusst wurde, dass die erste Etappe ihres Ziels geschafft war? Auf jeden Fall waren die Bauwagen und Handwerker abgezogen, stattdessen liefen weiß gekleidete Köche und Köchinnen über das Gelände, um im Gewächshaus immer neue Zutaten für die Speisen zu holen.

Als sie am Samstagnachmittag über die Terrasse durch den Garten zur Festhalle ging, fühlte sie sich beschwingt, fast jugendlich. Sie freute sich darauf, den Jubilaren zusammen mit Bertha und Gustav die Gedenkmedaillen, Krawattennadeln und Geldgeschenke zu überreichen.

Als Vorsitzender des Aufsichtsrates hielt Gustav die Ansprache, was ihr einen Stich versetzte. Es wäre ihr lieber gewesen, wenn bei solchen Anlässen Bertha im Mittelpunkt gestanden hätte, schließlich war sie Friedrichs Tochter und Alfreds Enkelin.

Gustav erinnerte daran, wie sich Alfred aufgeopfert hatte, um das Unternehmen zu gründen. Seine Großmutter Therese, die das erst möglich gemacht hatte, erwähnte er nicht. Er beschwor den Geist der Krupp-Arbeiter herauf, als er sich an die Jubilare wandte. »Sie zählen sich zu den Kruppianern im vollen Sinne des Wortes. Sie sind Männer, die in voller Würdigung des guten alten Krupp'schen Geistes ihr Ideal sehen, in treuer Pflichterfüllung und hingebender Arbeit für die Aufgaben, die Ihnen das Werk und das Leben stellen.«

Diesen Satz musste Margarethe zweimal durchdenken, ehe sie ihn verstand, sodass sie sich gedanklich erst wieder in die Rede einklinkte, als Gustav von »deutschem Arbeitssinn« und »deutscher Arbeitsfreudigkeit« sprach. Sie konnte sich nicht erinnern, dass Alfred oder Friedrich dies je besonders betont hätten. Es klang ihr arg nach der Sprache dieses Alfred Hugenberg, der neben ihnen in der ersten Reihe saß. Im Vorfeld der Jubiläumsfeier hatte es mit ihm einigen Ärger gegeben, weil er den katholischen Arbeitervereinen verboten hatte, im Festzug mitzugehen. Sie war selbst sehr protestantisch erzogen worden, aber auf so etwas wäre sie niemals gekommen. Bertha hatte allerdings nur mit den Schultern gezuckt und Irmgard an die andere Brust gelegt, als Margarethe sich beklagte. Das war der Moment gewesen, in dem sie sich aus den Planungen endgültig zurückgezogen hatte.

Erst am Applaus der Gesellschaft erkannte sie, dass ihr Einsatz gekommen war. Da sie viele der Jubilare persönlich kannte, fiel es ihr trotz des Ärgers über die Ansprache nicht schwer, ein freundliches Gesicht zu machen. Manche Männer wohnten auf der Margarethenhöhe und sprachen ihr einen besonderen Dank aus. Dennoch verzichtete sie auf den Umtrunk, der die Gesellschaft im Festzelt an der Ruhr erwartete. Der Weg bis dorthin dauerte fünfzehn Minuten, die sie anschließend wieder heraufgehen musste, während die Jubilare direkt am Bahnhof in den Sonderzug nach Essen steigen konnten. Das Programm der nächsten Tage war voller Termine, den Höhepunkt würde am vorletzten Tag der Gang durch die Margarethenhöhe mit dem Kaiser bilden.

Sie verabschiedete sich in der Festhalle mit einer kleinen Ansprache, nachdem der Werkschor das von Otto Eccius gedichtete Festlied *Krupp bleibt doch Krupp* auf die Melodie von *Was die Welt morgen bringe* gesungen hatte.

Blieb Krupp wirklich Krupp? Nun, sie hatte ihren Teil dazu beigetragen, mehr konnte sie nicht tun.

Die Teilnahme am Festabend der Werksangehörigen drei Tage später hätte Margarethe am liebsten geschwänzt. Aber gerade jetzt war es wichtig, dass sie Zusammenhalt zeigten. Sie mochte Gustav, das war keine Frage, aber manche Entwicklungen, die sich im Werk ausbreiteten, gefielen ihr nicht. Vielleicht lag es daran, dass sie alt wurde, selbst wenn Georg Metzendorf immer wieder betonte, dass 58 kein Alter sei. Womöglich war es auch ihre Perspektive als Frau, derer sie sich mit jedem Jahr stärker bewusst wurde.

Gustav beschwor wieder die Werksgemeinschaft herauf und ließ den Kaiser hochleben, obwohl dieser erst am nächsten Tag anreisen würde. Der Chor sang die Krupp-Hymne, Ernst Haux hielt einen Festvortrag über die Geschichte des Unternehmens, der ihr ebenso wenig behagte wie Gustavs Rede, und die ausgewählten Werksangehörigen freuten sich, dass sie wieder einmal Gelegenheit bekamen, einige Worte mit ihr zu wechseln. Im Gespräch mit ihnen spürte sie die Anhänglichkeit, die Alfred so geliebt hatte. Es gab sie, die Arbeiter und Beamten, für die eine Stelle bei Krupp mehr war als Broterwerb und die daran mitarbeiten wollten, dass das Unternehmen und mit ihm die Stadt Essen an Bedeutung gewannen. Immer wieder hörte sie, wie sehr man sich darüber freue, dass die Margarethenhöhe Studiengruppen aus der ganzen Welt anzog.

Ihr Mann und Alfred Krupp haben dem Unternehmen einen Platz in der Weltwirtschaft gegeben. Sie haben dafür gesorgt, dass Essen von Künstlern in der ganzen Welt geschätzt wird. Diese Würdigung durch Meister Gustav Hösel, der als Sprecher der Jubilare beim Festabend auftrat, nahm Margarethe mit nach Hause, als sie und Johanna Brandt von Friedrich Nacke mit seiner Kutsche abgeholt wurden.

Am nächsten Morgen gesellte sich Margarethe zu den hohen Gästen. Sie zwinkerte Karl Bernsau zu, der das Frühstücksbüfett überwachte, auf dem sich gleich mehrere warme Speisen befanden, wie der Kaiser sie morgens liebte.

Nach dem Frühstück fand sie sich an der Seite des Reichskanzlers in der Kutsche wieder, während die anderen

Gäste in den Automobilen des Kaisers und des Prinzen, die der Hofmarschall nach Essen gesandt hatte, sowie mehreren von Gustav bestellten Fahrzeugen chauffiert wurden.

»Ich bin neugierig, was aus Ihrer Stiftung geworden ist«, eröffnete Theobald von Bethmann Hollweg das Gespräch. »Die Urkunde habe ich als Innenminister unterschrieben, das habe ich nicht vergessen. Zumal Sie Seine Majestät als Fürsprecher hatten. Er war sehr beeindruckt von Ihrem Engagement und wohl auch davon, dass Sie Ihr Wort hielten, das Sie bei der Hochzeit Ihrer Tochter Bertha gaben.«

Während Margarethe von ihren Enkelkindern berichtete, achtete sie zunächst nicht auf den Weg. Irgendwann stutzte sie jedoch. »Wir sind nicht richtig. Das ist doch nicht das Rathaus!«

Sie wunderte sich, der dienstälteste Kutscher hatte sich noch nie verfahren.

»Die Anweisung lautete, dass ich Sie zum Haus des Bergbaulichen Vereins bringe«, verteidigte sich der Kutscher.

Der Blick auf den Turm und das imposante Gebäude neben der Erlöserkirche bestätigte ihr, dass der Fahrer diese Aufgabe erfüllt hatte. Aber warum stand hier Oberbürgermeister Holle mit Kaiser Wilhelm, Prinz Heinrich und Gustav vor dem Gebäude? Ein Männerchor hatte sich gegenüber postiert und ließ den Kaiser hochleben, der einen Blumenstrauß in der Hand hielt, den ihm laut Plan die Tochter des Oberbürgermeisters überreichen sollte. Aber vor dem Rathaus! Sie sah den Reichskanzler fragend an.

Friedrich Nacke sprang von seinem Kutschbock und riss die Tür auf. Der Oberbürgermeister kam näher und reichte ihr seinen Arm. »Wie schön, Sie zu sehen, verehrte Frau Geheimrat.«

Sie bemerkte überrascht, dass er Gustav verschwörerisch

zuzwinkerte. Was hatten die beiden ausgeheckt? Sie hatten doch nicht etwa den Besuch auf der Margarethenhöhe aus dem Programm gestrichen? Wieso war dieser Termin beim Bergbaulichen Verein eingeschoben worden? Ihr Herz begann unruhig zu schlagen. Ärger und Aufregung vertrug sie nicht mehr, da konnte Georg Metzendorf noch so oft betonen, dass 58 kein Alter sei. Vielleicht zählten harte Jahre doppelt?

Der Oberbürgermeister führte sie durch die hohe Tür unter dem von Eduard Linse klassizistisch gestalteten Giebel die Treppen hinauf und lenkte sie sanft zu einem großen Raum, an dem sie aus den Augenwinkeln den Schriftzug »Sitzungszimmer« erkannte.

»Darf ich Sie bitten, Platz zu nehmen?« Der Oberbürgermeister blieb neben einem der Stühle am Kopf des Sitzungstisches stehen. Sie bemerkte den Kaiser und die weiteren Gäste unmittelbar hinter sich. Gustav stand an der anderen Seite neben Wilhelm Holle.

Sie sah ihren Schwiegersohn fragend an. Seine Antwort war nur jenes Lächeln, von dem Bertha schon nach der ersten Begegnung mit ihm geschwärmt hatte.

Ihr Blick suchte Barbara und Tilo, die mit den anderen hochrangigen Gästen hergefahren waren. Tilo sah aus, als würde er absichtlich eine unbeteiligte Miene machen, während Barbara neben ihm grinste wie das sprichwörtliche Honigkuchenpferd.

Verwirrt setzte sie sich auf den Stuhl, den Wilhelm Holle zurückgezogen hatte. Er selbst nahm an ihrer rechten Seite Platz, der Kaiser ließ sich links von ihr nieder. Als sich die anderen Gäste auf die restlichen Stühle verteilt hatten, stand der Oberbürgermeister auf und richtete das Wort an sie.

»Sehr verehrte Frau Geheimrat Krupp. Sie werden sich

vielleicht über den Aufenthalt hier wundern, wo Sie doch auf dem Weg zum Höhepunkt des Firmenjubiläums sind.«

Margarethe gab sich Mühe, die Irritation, die sie verspürte, zu verbergen. Johanna Brandt hatte gegenüber am Kopfende einen Platz gefunden, sie bewegte unmerklich die Handflächen. Ganz ruhig bleiben, sollte das heißen. Aber wobei sollte sie ruhig bleiben?

»Das Unternehmen Krupp ist ohne Zweifel bedeutsam für die Stadt, für Sie und für all die Menschen, die hier versammelt sind und die in der Hauptverwaltung auf Sie warten. Dazu werde ich später noch etwas beim Festakt sagen. Mir und auch den Stadtverordneten war es wichtig, dass wir jedoch Ihr Engagement, werte Frau Geheimrat, auf besondere Weise würdigen.«

Margarethe wusste nicht, wohin sie schauen sollte. Bei den ersten Worten hatte sie noch den Kopf in den Nacken gelegt, um Wilhelm Holle anzusehen.

»Sie haben vier Jahre lang die Geschicke des Unternehmens geleitet, das ist nur ein kleiner Teil von hundert Jahren. Was für uns viel bedeutsamer ist, ist das, was Sie für die Stadt und ihre Bürger getan haben.«

Sie suchte den Blick ihrer Gesellschafterin, die an der anderen Seite des Raumes hinter einem Stadtverordneten stand und ihr beruhigend zunickte.

»Erst in diesem Jahr haben wir das Friedrichsbad eröffnet, dessen Errichtung ohne Ihre Unterstützung nicht möglich gewesen wäre.«

Margarethe hielt die Luft an. Hoffentlich zählte er jetzt nicht alle Spenden auf, die sie in den dreißig Jahren getätigt hatte.

»Ich will die lange Liste nicht vorlesen, die mir mein Referent aufgeschrieben hat.«

Sie atmete erleichtert aus.

»Die größte Bedeutung hat ohnehin die Margarethenhöhe, die zu Recht Ihren Namen trägt. Ich bin sicher, dass sie auch in hundert Jahren noch Bestand haben wird und mit unserer Stadt in der ganzen Welt verbunden bleibt. Damit nicht in Vergessenheit gerät, wem wir das zu verdanken haben, hat die Stadtverordnetenversammlung entschieden, Sie, verehrte Frau Geheimrat, zur Ehrenbürgerin der Stadt Essen zu ernennen.«

Hatte sie richtig gehört? Der Applaus der Gäste um den Sitzungstisch ließ es vermuten. Sie schaute zum Oberbürgermeister, der sie erwartungsvoll ansah. Rasch erhob sie sich. Ihre Hände zitterten, als sie die Urkunde entgegennahm. Mit allem hatte sie gerechnet, aber nicht damit! Erst vor wenigen Wochen hatte sie Friedrichs Ehrenbürgerbrief in das Archiv gegeben und mit Johanna Brandt darüber gesprochen, wie traurig es war, dass Alfred diese Würdigung niemals zuteilgeworden war.

»Danke für diese Ehre«, war alles, was Margarethe in diesem Moment hervorzubringen vermochte.

»Wenn es jemand verdient hat, dann sind Sie es, verehrte Frau Krupp«, nahm Kaiser Wilhelm ihr das Wort ab. »Nicht nur für das, was Sie für die Stadt Essen getan haben.« Er sah in die Runde. »Ich sage nur: Germaniawerft.«

Margarethe lächelte. Immer wieder hatten die Direktoren, Bertha, Gustav, Barbara und Tilo sie gedrängt, zu erzählen, wie sie es geschafft hatte, den Kaiser zum Einlenken zu bewegen. Sie hatten einander jedoch versprochen, über das Gespräch Stillschweigen zu bewahren. Die wortlose Übereinstimmung mit dem höchsten Repräsentanten des Reiches, den sie nie besonders sympathisch gefunden hatte, gab ihr nun Kraft.

»Sollten wir nicht langsam weiter? Die Leute warten, und ich möchte Ihnen später meine Siedlung zeigen, Eure Majestät.«

Ehe einer der Herren reagieren konnte, war sie bereits auf dem Weg und ging, die Urkunde unter dem Arm, mit festerem Schritt, als sie sich zugetraut hätte, auf den Ausgang zu.

Als Margarethe am neuen Verwaltungsgebäude, das erst im November 1911 endgültig vom Bauamt abgenommen worden war, eintraf, wunderte sie sich, wie Gustav es geschafft hatte, vor dem Kaiser dort zu sein und Wilhelm zu begrüßen. »Wir freuen uns, Eure Kaiserliche und Königliche Majestät an der Schwelle zwischen dem ersten und zweiten Jahrhundert unserer Geschichte hier im Herzen der Krupp'schen Werke empfangen zu dürfen.«

Erst jetzt wurde ihr bewusst, dass dies der erste Besuch des Kaisers seit Gustavs Bestallung als Firmenlenker war; selbst in der Zeit ihrer Treuhänderschaft hatte sich Wilhelm häufiger auf dem Hügel aufgehalten.

Gedankenverloren schritt sie neben dem Kaiser an den fünfhundert in Reihen angeordneten Stühlen vorbei, die von Werksangehörigen, Beamten, heutigen und ehemaligen Direktoren und Geschäftspartnern besetzt waren, bis zu ihrem Ehrenplatz links neben Seiner Majestät.

Sie strich das brombeerfarbene Kleid zurecht, das sie für diesen Anlass hatte schneidern lassen. Wieder einmal ärgerte sie sich über die Mode, die vorschrieb, dass Frauen zu besonderen Ereignissen Hüte trugen. Wer hinter ihr und Bertha saß, konnte von den Festrednern nichts sehen.

Gustav begrüßte die Gäste vom Rednerpult aus und beschrieb bei der Nennung eines jeden Ehrengasts, in welcher Beziehung er zum Unternehmen stand. Die Ausführungen zur Firmengeschichte überließ er dem Festredner und ließ stattdessen den Kaiser hochleben.

Nachdem das Werksorchester den *Kaisermarsch* gespielt hatte, hielt Alfred Hugenberg als Vorsitzender des Direktoriums die Festansprache. Margarethe hätte lieber Ernst Haux dort gesehen, der das Unternehmen länger kannte und mehr Interesse an den Wohlfahrtseinrichtungen zeigte. Die Rede ließ sie an sich vorbeilaufen und stattdessen in Gedanken ihre Beziehung zur Familie Krupp Revue passieren.

Vierzig Jahre waren vergangen, seit sie als junge Frau Alfred Krupp und dessen Frau Bertha, die dann zu ihrer wichtigsten Fürsprecherin wurde, begegnet war und seit sie Friedrich kennengelernt hatte. Zehn Jahre später hatten sie geheiratet, weitere zehn Jahre später hatte sich ihre Liebe verloren, und keiner von ihnen hatte zu sagen vermocht, weshalb. Zehn Jahre darauf stand sie an Friedrichs Totenbett, und heute, in ihrem vierzigsten Krupp-Jahr, würde sie dem Kaiser ihr eigenes Werk präsentieren.

Als hätte der Kaiser ihre Gedanken gelesen, erinnerte er in seinem Glückwunsch daran, dass er drei Krupp-Generationen kennengelernt hatte. »Alfred Krupp hat mich nur als Kronprinz gekannt, aber mein Großvater hat immer viel von ihm und seiner Bedeutung für das Reich gesprochen. Mit Friedrich hat mich die Begeisterung für Natur und Technik verbunden, und Sie, Frau von Bohlen und Halbach, habe ich stets als ferne Tochter erlebt; Sie konnten gerade laufen, als ich Ihnen zum ersten Mal auf dem Hügel begegnete. Mit Interesse beobachte ich, wie Sie, Herr von Bohlen und Halbach, das Unternehmen in eine neue Zukunft führen. Dabei sollten wir aber unsere verehrte Frau Krupp nicht vergessen, die ich am längsten von Ihnen allen hier kenne. Wir haben so manche Partie miteinander bestanden, nicht nur im Tennis.«

Margarethe schmunzelte. Obwohl sie die Blicke der Männer hinter sich nicht sehen konnte, wusste sie, dass diese überrascht waren. Sollten sie. Es war an der Zeit, dass sie lernten, dass Frauen mehr waren als schönes Beiwerk. Ob es das Krupp-Werk oder ihre Siedlung in hundert Jahren noch geben würde, war ungewiss. Frauen aber, die würden bleiben und sich mit jedem Jahr mehr einmischen. Und vielleicht – sie dachte an Queen Victoria, die sie während ihrer Zeit in England bewundert hatte –, vielleicht gab es in hundert Jahren auch im Deutschen Reich eine Kaiserin, die das Land regierte.

EPILOG

Margarethe war froh, dass sie auf Johanna Brandt und ihre Modistin gehört und den Hut zu ihrem brombeerfarbenen Kleid mit einem Schleier hatte versehen lassen. Er verbarg, dass ihre Augen feucht wurden, als sie nach dem Festakt neben Wilhelm im kaiserlichen Automobil an der Haltestelle Mühlenbach vorbei über die Brücke zur Margarethenhöhe fuhr. Der Wagen hielt vor der Freitreppe, über der das Torhaus hinweg lugte, und sie schluckte. Zum Glück ergriff der Kaiser das Wort. Er rief in seiner Ansprache die Anfänge der Stiftung in Erinnerung, und sie musste nur nicken.

Bis zum Ende seiner kurzen Würdigung hatte sie sich wieder gefasst. Langsam stieg sie neben Seiner Majestät die Freitreppe hinauf, rechts und links an den Fahnenmasten wehten die Flaggen Preußens und des Deutschen Reiches. Ihr Schwiegersohn Gustav und Georg Metzendorf erwarteten sie vor dem Torbogen. Der Architekt mit unsicherem Gesichtsausdruck, schließlich war dieser Tag auch für ihn ein besonderes Ereignis.

Gemeinsam mit dem Kaiser, Gustav und Georg Metzendorf ging Margarethe die Steile Straße hoch. Vor den Häusern standen die Bewohner mit ihren Kindern und winkten mit Fähnchen. Dank ihres Wettbewerbs waren alle Häuser herausgeputzt, in den Fenstern standen Wappen des Kaiser-hauses, aus den Loggien hingen Fahnen, und hier und da rankte ein Efeu oder Wein die Mauer hinauf.

Georg Metzendorf und Gustav stoppten ihren Gang.

»Darf ich Ihnen Herrn Wulfmeier vorstellen, Eure Majestät?« Gustav wies auf einen Mann, der neben der Haustür stand und sie sichtlich nervös erwartete.

Margarethe war ihm ein aufmunterndes Lächeln zu. Sie kannte den Mann, weil sie ihn wie auch die anderen der knapp zweihundert Familien, die inzwischen auf ihrem Hügel lebten, mit Salz und Brot zum Einzug besucht hatte. »Herr Wulfmeier hat sich bereit erklärt, Ihnen einen Blick in sein Haus zu gewähren.«

»Ihre, Eure … Majestät!«, stammelte der Mann.

Wilhelm unterbrach ihn freundlich. »Schon gut. Ich weiß ja, wer ich bin, aber ich möchte wissen, wie es in dem Haus aussieht. Im Vergleich mit meinem Palast wirkt es sehr klein.«

»Wie heißt es so schön, Raum ist auch in der kleinsten Hütte?«, mischte sich Georg Metzendorf in seinem hessischen Dialekt ein. Er drängte an allen vorbei und betrat das Haus. Das WC neben der Tür ließ er in seiner Beschreibung aus. Stattdessen schilderte er ausführlich das von ihm entworfene Heizungssystem, um mit den Worten zu schließen: »Und hier ist die Spülküche mit der Badewanne.« Er öffnete die Tür zu dem kleinen Raum neben der Wohnküche.

»Das ist ja ein Ding!«, staunte der Kaiser und wandte sich an Herrn Wulfmeier. »Da haben Sie es besser als ich. Ich muss mir jeden Samstag die Wanne in den Palast tragen lassen, um ein Bad zu nehmen.«

Margarethe sah die betretenen Gesichter der Männer,

die mit dem Kaiser direkt in oder vor der Spülküche standen, und schmunzelte. Es galt als unschicklich, über solche alltäglichen Gewohnheiten im Kaiserpalast zu sprechen; so etwas geschah nicht einmal unter der Hand. Selbst die monarchiekritischen Zeitungen sparten diesen Bereich aus.

»Vielleicht sollten wir weitergehen!«, rief sie und löste geschäftige Betriebsamkeit aus, als hätte sie einen Spielkreisel aufgezogen.

»Ich hoffe, Sie konnten sich einen Eindruck verschaffen, Eure Majestät«, sagte sie, als sie wieder vor der Tür standen. »Ich wollte den Besuch nicht abbrechen, aber die Menschen hier in der Siedlung warten darauf, dass Sie erscheinen.«

Der Kaiser stimmte ihr zu und setzte den Weg fort. Unterwegs hatte er keine Gelegenheit mehr, Fragen zu stellen, weil immer wieder Menschen »Es lebe der Kaiser!« riefen und er ihnen zuwinkte. Prinz Heinrich, der mit dem Kanzler, dem Oberbürgermeister, Admiral von Tirpitz und Bertha hinter ihnen ging, tat es seinem Vater nach.

Auch der kleine Markt, auf dem der Kaiser eine Verschnaufpause einlegte, stand voller Menschen. Wilhelm blickte schweigend die in den ersten Augusttagen gepflasterte Straße entlang, die sie hinaufgegangen waren, und auf den Platz zwischen Konsumanstalt und Gasthaus.

Margarethe sah Gustav und Georg Metzendorf unsicher an. Bisher hatten ihre Gefühle die Oberhand gehabt, jetzt meldete sich ihr Verstand. Würde das, was ihr und dem Architekten so gefiel, was die Spötter »Rothenburg an der Ruhr« nannten, vor den Augen des obersten Repräsentanten des Staates Gnade finden?

In diesem Augenblick aber wandte sich Kaiser Wilhelm zu ihr um und reichte ihr die Hand. »Herzlichen Glückwunsch, verehrte Frau Krupp! Hätten Sie nicht bereits alle Ehrungen, die ich verleihen kann – jetzt würde ich sie herausholen. Diese Siedlung trägt zu Recht Ihren Namen. Mit der Margarethenhöhe ist Ihnen etwas für die Ewigkeit gelungen!«

NACHWORT

Was Sie gelesen haben, ist ein Roman, ein Werk der Fiktion, auch wenn ich mich dafür von Menschen, Orten und Ereignissen habe inspirieren lassen, die es wirklich gegeben hat. Margarethe Krupp hat tatsächlich nach dem Tod ihres Mannes Friedrich Alfred Krupp im November 1902 bis zur Hochzeit seiner Erbin Bertha im Oktober 1906 das Krupp-Unternehmen als Treuhänderin geleitet. Es ist belegt, dass sie am Tag der Trauung bekannt gegeben hat, dass sie eine Stiftung für Wohnungsfürsorge ins Leben rief, und diese hat wirklich mit dem ausführenden Architekten Georg Metzendorf die Margarethenhöhe gebaut.

Mir war es wichtig, diesen Roman zu schreiben, weil ich der Ansicht bin, dass Margarethe Krupp und ihr Werk viel zu wenig bekannt sind. Ich habe in den letzten drei Jahren unzählige Artikel und viele Bücher über das Unternehmen in jener Zeit gelesen. Teilweise wurde sie ganz vergessen, an anderer Stelle wurde sie herablassend als »Ex-Gouvernante« bezeichnet, oder es wurde festgestellt, dass sie sich nicht um die Emanzipation der Frauen gekümmert habe. Ich hatte den Eindruck, dass sie immer aus der Zeit der Schreibenden und ihrer Einstellung zur Rolle der Frau betrachtet wurde. Nach dem, was ich über Margarethe Krupp aus ihren eigenen Briefen und der von ihr autorisierten Biografie und einigen Notizen ihrer Tochter Barbara erfahren habe, hat sie sehr viel mehr bewirkt, als ihr allgemein zugeschrieben wird. Das legt auch ihre Lebensgeschichte vor der Heirat mit Friedrich Krupp nahe.

Margarethe Krupp wurde 1854 geboren, in einem Umfeld, in dem Mädchen in erster Linie darauf vorbereitet wurden, zu heiraten, zu einer Zeit, in der Mädchenbildung auf ein Minimum beschränkt war. Sie hat sich gegen ihre Eltern durchgesetzt, weil sie eine richtige Schule besuchen wollte, und später, um eine Ausbildung als Lehrerin zu absolvieren. 1876 hat sie sich selbst eine Stelle in England gesucht und dort eineinhalb Jahre weit weg von Freundinnen und Familie gearbeitet, ehe sie an den Hof des Herzogs von Anhalt empfohlen wurde, wo sie bis zu ihrer Hochzeit arbeitete.

Ich denke nicht, dass eine Frau mit dieser Power sich nach der Eheschließung, bei der sie für ihre Zeit schon alt war, 28 nämlich, auf die Rolle als Hausmütterchen hat reduzieren lassen. Das konnte sie auch gar nicht, immerhin hatte sie den Betrieb auf dem Hügel mit einer wachsenden Zahl von Einrichtungen und Mitarbeitern zu managen. Und ich kann nicht glauben, dass sie sich nach dem Tod ihres Mannes nur passiv verhalten haben soll. Dagegen spricht für mich ihr Vorgehen bei der Gründung ihrer eigenen Stiftung. Das muss man sich erst einmal trauen: bei der Hochzeitsfeier der Tochter ein solches Vorhaben bekannt zu geben.

Dieser Roman ist daher eine Mischung aus Fakten und meinem Blick auf das Leben Margarethe Krupps. An manchen Stellen habe ich die zeitliche Abfolge verändert, und die Räume habe ich so genutzt, wie ich sie für meine Geschichte brauchte. So habe ich kurzerhand das Sitzungszimmer, das Margarethe Krupp im Hotel Margarethenhöhe einrichten ließ, in die Villa Hügel verschoben. Einige Personen haben neue Namen bekommen, vor allem diejenigen, die in der Geschichte nicht sehr gut wegkommen. Es gab solche Menschen, die Drohbriefe an Friedrich Alfred Krupp habe ich zum Beispiel auf Mikrofilm gelesen, aber manchmal musste ich das Verhalten überzeichnen, um Spannungsmomente einzubauen, und eine Lovestory wollte ich Margarethe nicht andichten, weil es dafür im Gegensatz zu den Bettelbriefen und Drohungen keine Belege gibt. Einige Details habe ich zugunsten der Dramaturgie etwas verändert, vor allem am Ende des Buchs. Fotos vom Rundgang Kaiser Wilhelms II. durch die Margarethenhöhe zeigen, dass in der ersten Reihe die Männer gingen, was mich aus heutiger Sicht ärgert. Deshalb habe ich Margarethe die Ehre erwiesen, im Wagen des Kaisers, der tatsächlich durch Essen zur Margarethenhöhe fuhr, allerdings mit Gustav Krupp von Bohlen und Halbach, sitzen zu dürfen und ihm ihre Siedlung zu zeigen. Mein Roman ist eben Fiktion auf der Grundlage eines spannenden Lebens.

Der Name Krupp ruft bei manchen Menschen böse Erinnerungen hervor. Margarethes Enkel Alfried Krupp, der in meinem Roman ein kleiner Junge ist, wurde nach dem Zweiten Weltkrieg aufgrund seiner Verflechtungen mit dem NS-Regime wegen »Verbrechens gegen die Menschlichkeit« verurteilt. Margarethe Krupp lebte zu der Zeit nicht mehr, sie ist 1931 im Alter von 76 Jahren verstorben. Ihr Wirken ist vielleicht auch nur aufgrund der Taten ihrer Nachfahren in den Hintergrund gerückt. Dabei ist sie eine von vielen Frauen, die ihren Weg in einer männerbestimmten Welt beschritten haben.

Ja, sie ist nicht für das Wahlrecht der Frauen auf die Straße gegangen. Aber sie hat durch ihr Vorbild und ihr Engagement dazu beigetragen, dass Frauen heute nicht mehr auf Rollenklischees reduziert, sondern in ihrer individuellen Einzigartigkeit gesehen werden – auch wenn wir das Ideal einer gesellschaftlichen Gleichberechtigung der Geschlechter längst noch nicht erreicht haben.

Hagen, im Juni 2023

DANKSAGUNG

Mein Dank dafür, dass ich diesen Roman schreiben konnte, gilt vor allem Margarethe Krupp, die fast im Verborgenen etwas ganz Besonderes geschaffen hat. Den Grundstock für einen gesamten Stadtteil zu legen, das wäre heute außergewöhnlich und war es vor über hundert Jahren erst recht. Leider konnte ich sie nicht persönlich kennenlernen, aber ich konnte viele Briefe von ihr einsehen und die Biografie lesen, die 1925 von der Autorin Anna Caspary gemeinsam mit ihr verfasst wurde. Auch in Büchern über ihren Mann Friedrich Alfred Krupp und andere Familienmitglieder sowie das Unternehmen Krupp habe ich einiges über ihr Leben erfahren. Besonders hilfreich für meinen Roman war die Dissertation über die Margarethenhöhe von Andreas Helffrich. Er hat in seiner Arbeit ein Bild von Margarethe Krupp gezeichnet, das genau meiner Vorstellung von ihr entspricht.

Recherche ist immer selektiv und subjektiv. Ich fühlte mich in meiner Vorstellung von Margarethe Krupp auch durch die Arbeit in zwei Archiven bestätigt, in denen Briefe und andere Dokumente von ihr und über ihr Leben aufbewahrt werden. Ich danke dem Historischen Krupp-Archiv in Essen, in dem ich durch viele Rollen Mikrofilm blättern durfte, und dem Landesarchiv Sachsen-Anhalt in Wernigerode, in dem ich Fotoalben und Briefe im Original anfassen und auswerten konnte.

Diese Recherche wäre nicht möglich gewesen ohne das Corona-Stipendium »Auf geht's 2022« des Landes Nordrhein-Westfalen. Für mich war das Stipendium ein Motivationsruf; ich bezweifle, dass dieses Buch ohne die Unterstützung heute vorliegen würde. Dazu beigetragen haben auch meine Freundinnen und Kolleginnen Andrea Behnke, Indra Janorschke und Patrizia Zannini, die mich ermutigt haben, weiterzuschreiben. Die Rohfassung umfasste 840.000 Zeichen – da gab es einige Momente, in denen ich aufhören wollte. Und schließlich danke ich meiner Agentin Ulrike Brandes, dass sie sich sofort für die Geschichte erwärmt hat, und der Lektorin Dr. Stefanie Heinen vom Lübbe Verlag, dass sie sich von meiner Begeisterung für Margarethe Krupp und die Margarethenhöhe hat anstecken lassen.

Ich war übrigens nicht allein mit meiner Begeisterung für Margarethe Krupp. Der Reisejournalist Jules Huret berichtete vor gut hundert Jahren in einem Artikel:

»Es geht in Essen alles viel besser, seit Friedrich Krupp gestorben ist‹, hatte irgendjemand zu mir gesagt. ›Seine Frau ist viel klüger und hat einen lebhafteren, wenn auch vielleicht nicht ganz so kühlen Verstand.‹«

Historische Daten aus dem Leben Margarethe Krupps

15. März 1854	Geburt in Breslau als Margarethe von Ende
1866–1868	Besuch der Höheren Töchterschule am Ritterplatz in Breslau
1868–1870	Besuch des Lehrerinnenseminars am Ritterplatz in Breslau
1878–1880	Beschäftigung als Erzieherin in Holyhead, Nordwales
1878–1880	Beschäftigung als Erzieherin am Hof des Fürsten von Anhalt in Dessau
19. August 1882	Hochzeit mit Friedrich Alfred Krupp
1882–1883	Wohnen im Gartenhaus der Gussstahlfabrik
1883	Einzug ins Logierhaus auf dem Hügel
29. März 1886	Geburt ihrer Tochter Bertha
14. Juli 1887	Tod ihres Schwiegervaters Alfred Krupp
1887	Umzug ins große Haus der Villa Hügel
25. September 1887	Geburt ihrer Tochter Barbara
4. September 1888	Tod ihrer Schwiegermutter Bertha Krupp
18. August 1889	Tod ihres Vaters August von Ende

22. November 1902	Tod ihres Mannes Friedrich Alfred Krupp
27. November 1902	Gründung der Friedrich-Alfred-Krupp-Stiftung
1902–1906	Leitung des Krupp-Unternehmens als Treuhänderin ihrer Tochter Bertha
23. Januar 1903	Genehmigung des Baus von drei Hochöfen in Rheinhausen
1. Juli 1903	Umwandlung des Unternehmens in eine Aktiengesellschaft
Januar 1905	Tod ihres Schwagers Roderich von Roeder
12. Juli 1905	Tod ihres Bruders Armin von Ende
3. März – 25. April 1906	Aufenthalt in Rom mit Bertha und Barbara
8.–10. August 1906	Besuch von Kaiser Wilhelm II. in der Villa Hügel
15. Oktober 1906	Hochzeit ihrer Tochter Bertha mit Gustav von Bohlen und Halbach sowie Bekanntgabe des Plans zur Gründung der Margarethe-Krupp-Stiftung
November 1906	Umzug in das Logierhaus auf dem Hügel
1. Dezember 1906	Unterzeichnung der Stiftungsurkunde
März 1907	Baugenehmigung für die Margarethenhöhe
7. Mai 1907	Hochzeit ihrer Tochter Barbara mit Tilo Wilmowsky
10. Mai 1907	Tod ihrer Mutter Eleonore von Ende
27. Mai 1907	Genehmigung der Margarethe-Krupp-Stiftung durch Kaiser Wilhelm II.

23. Juli 1907	Erste Sitzung des Stiftungsvorstandes
13. August 1907	Geburt von Alfried Krupp von Bohlen und Halbach, dem ersten Kind von Bertha und Gustav Krupp von Bohlen und Halbach
17. November 1907	Enthüllung des Friedrich-Alfred-Krupp-Denkmals auf dem Limbecker Platz
12. Mai 1908	Geburt von Ursula Wilmowsky, dem ersten Kind von Barbara und Tilo Wilmowsky
1. Januar 1909	Beginn des Vertrags mit Georg Metzendorf
Februar 1909	Baubeginn der Mühlbachtalbrücke
16. März 1909	Vorlage der ersten Planungsskizzen für die Siedlung
Juli 1909	Vorlage des Aufschließungsplans für die Siedlung
15. August 1909	Vorlage von Georg Metzendorfs Denkschrift zum Bau der Siedlung
20. September 1909	Landung des Zeppelins LZ 6 in Essen
10. September 1910	Einweihung der Brücke über das Mühlbachtal
1. April 1911	Erstbezug von Wohnungen in der Siedlung
21. April 1911	Beschluss der Stadtverordnetenversammlung über den Namen »Margarethenhöhe«
1. Juli 1912	Eröffnung des von Margarethe Krupp gestifteten Friedrichsbades in Essen

20. Juli 1912	Einweihung des Schatzgräber-Brunnens auf dem Kleinen Markt zu Ehren von Margarethe Krupp
8. August 1912	100-jähriges Jubiläum des Krupp-Unternehmens, Verleihung der Ehrenbürgerschaft an Margarethe Krupp und Besuch von Kaiser Wilhelm II. in der Margarethenhöhe
24. Februar 1931	Tod von Margarethe Krupp

Verwendete Literatur

Alfried Krupp von Bohlen und Halbach-Stiftung: *Krupp. Fotografien aus zwei Jahrhunderten.* München, Berlin: Deutscher Kunstverlag 2011

Bajohr, Frank: *Zwischen Krupp und Kommune. Sozialdemokratie, Arbeiterschaft und Stadtverwaltung in Essen vor dem Ersten Weltkrieg.* Essen: Klartext 1988

Beleke, Norbert / Mämpel, Wulf / Buchholz, Walter / Hesselmann, Frank R. / Schulz, Elisabeth / Zuuring, Liliane / Reiniger, Wolfgang / Beitz, Berthold: *Margarethenhöhe. Das Jahrhundertwerk.* Essen: Beleke 2006

Bösch, Delia: *Krupp entdecken. Auf den Spuren der drei Ringe.* Essen: Klartext 2011

Calogeras, Roy C.: *Die Krupp-Dynastie und die Wurzeln des deutschen Nationalcharakters.* München, Wien: Verlag Internationale Psychoanalyse 1989

Engelmann, Bernt: *Krupp: Die Geschichte eines Hauses – Legenden und Wirklichkeit.* München: Goldmann 1980[3]

Epkenhans, Michael / Stremmel, Ralf (Hrsg.): *Friedrich Alfred Krupp. Ein Unternehmer im Kaiserreich.* München: C. H. Beck 2010.

Friz, Diana Maria: *Margarethe Krupp. Das Leben meiner Urgroßmutter.* München: dtv 2009[2]

Dies.: *Bertha Krupp und ihre Kinder. Das Leben meiner Großmutter.* München: dtv 2011

Dies. / Kümmel, Birgit: *Mon plaisir. Aquarelle und Zeichnungen.* Bad Arolsen: Museum Bad Arolsen 2020

Haselhorst, Christa: *Der Park der Villa Hügel.* München: Deutscher
Kunstverlag 2017²

Helfrich, Andreas: *Die Margarethenhöhe Essen. Architekt und Auftraggeber vor dem Hintergrund der Kommunalpolitik Essen und der Firmen-
politik Krupp zwischen 1886 und 1914.* Weimar: VDG 2000

Huret, Jules: *Das Ruhrgebiet um 1900. Zu Besuch bei Krupp und Thyssen.
(Auszug aus: Jules Huret: In Deutschland, 1. Teil: Rheinland und West-
falen. 1907)* Essen: Henselowsky Boschmann 1998

James, Harold: *Krupp. Deutsche Legende und globales Unternehmen.*
München: C. H. Beck 2011

Köhne-Lindenlaub, Renate: *Villa Hügel. Unternehmerwohnsitz im Wan-
del der Zeit.* Berlin, München: Deutscher Kunstverlag 2015⁶

Kösters, Hans G.: *Margarethenhöhe. Dichtung in Stein und Grün.* Essen:
Beleke 1981

Metzendorf, Rainer / Mikuscheit, Achim: *Margarethenhöhe – Experi-
ment und Leitbild.* Essen: Margarethe Krupp-Stiftung / Bottrop:
Peter Pomp 1997

Muehlon, Wilhelm: *Ein Fremder im eigenen Land. Erinnerungen und
Tagebuchaufzeichnungen eines Krupp-Direktors 1908–1914.* Bremen:
Donat 1989

Pielhoff, Stephen / Murauer-Ziebach, Waltraud: *Im Hause Krupp. Die
Bediensteten der Villa Hügel.* München, Berlin: Deutscher Kunstverlag 2016

Schraut, Sylvia: *Bürgerinnen im Kaiserreich. Biografie eines Lebensstils.*
Stuttgart: Kohlhammer 2013

Schröder, Ernst: *Krupp: Geschichte einer Unternehmerfamilie.* Göttingen,
Zürich: Muster-Schmidt 1991

Steinhauer, Gerhard: *Gartenstadt Margarethenhöhe. 50 Jahre Margarethe-
Krupp-Stiftung für Wohnungsfürsorge in Essen.* Essen: Margarethe-
Krupp-Stiftung 1956

Stenglein, Frank: *Krupp. Höhen und Tiefen eines Industrieunternehmens.*
Essen: Klartext 2009

Stremmel, Ralf: *100 Jahre Historisches Archiv Krupp. Entwicklungen,
Aufgaben, Bestände.* München, Berlin: Deutscher Kunstverlag 2005

Stremmel, Ralf (Hrsg.): *Humboldt dankt. Adenauer dementiert. Briefe aus dem Historischen Archiv Krupp.* Darmstadt: Philipp von Zabern/Wissenschaftliche Buchgesellschaft 2017

Tenfelde, Klaus: *Krupp bleibt doch Krupp. Ein Jahrhundertfest – das Jubiläum der Firma Fried. Krupp AG in Essen 1912.* Essen: Klartext 2005

Werner, Johannes: *Maxe von Arnim. Tochter Bettinas/Gräfin von Oriola 1818–1894.* Leipzig: Koehler & Amelang 1937

Wilmowsky, Tilo: *Rückblickend möchte ich sagen …* Oldenburg, Hamburg: Gerhard Stalling 1961

Ein Land zwischen Verdrängen und Erwachen – das bildgewaltige Gesellschaftspanorama einer symbolträchtigen Zeit

Carolin Otto
BERCHTESGADEN
Roman. Der große
Gesellschaftsroman zum
80jährigen Jubiläum des
Kriegsendes

544 Seiten
ISBN 978-3-7577-0058-4

Berchtesgaden im Mai 1945. Die Lieblingsstadt des Führers kapituliert, die US-Amerikaner übernehmen die Regierung. Als die 19-jährige Sophie eine Stelle beim Military Government antritt, wird sie mit der Wahrheit über die deutschen Verbrechen konfrontiert. Sie trifft dort Menschen, die den Blick auf ihre Familie verändern. Da ist ihr Chef, der jüdische Emigrant Frank Rosenzweig, der auf Nachricht überlebender Verwandter hofft, und seine Freundin, die glamouröse Kriegsreporterin Meg. Der einst zum Tode verurteilte Bürgermeister Rudolf Kriss. Und der schwarze GI Sam, in den Sophie sich verliebt. In Berchtesgaden kreuzen sich ihre Wege auf schicksalhafte Weise ...

Lübbe

Sie kämpfte für die Rechte der Kinder: Eglantyne Jebb

Birgit Ebbert
EIN GESCHENK
FÜRS LEBEN
Roman über Eglantyne
Jebb, die Mutter der
Kinderrechte und
Gründerin von Save the
Children
400 Seiten
ISBN 978-3-7577-0104-8

1926. Säuglingsschwester Anni reist aus dem Ruhrgebiet nach Genf, um einer Spenderin den Dank ihres Heims zu übermitteln. Von ihrer Wohltäterin Eglantyne Jebb weiß sie nur, dass ihre Hilfe nach dem Großen Krieg vielen Kindern das Leben rettete. Schnell merkt sie: Die Lebenswelt ihrer Gastgeberin könnte sich von ihrer eigenen nicht mehr unterscheiden. Eglantyne ist Akademikerin, stammt aus einer vermögenden britischen Familie und kämpft seit Jahren für die Rechte der Kinder. Anni selbst ist ein Bergarbeiterkind, für das schon die Ausbildung zur Säuglingsschwester ein Aufstieg ist. Eins aber eint sie: der Wunsch, etwas zu bewegen, damit die Welt ein besserer Ort wird.

Lübbe